普通高等教育"十一五"国家级规划教材

中国轻工业"十三五"规划教材

食品物性学

（第三版）

李云飞　殷涌光　徐树来　金万镐　编著

中国轻工业出版社

图书在版编目（CIP）数据

食品物性学／李云飞等编著. — 3版. —北京：中国轻工业出版社，2025.5
ISBN 978-7-5184-1768-1

Ⅰ. ①食… Ⅱ. ①李… Ⅲ. ①食品—物性学 Ⅳ. ①TS201.7

中国版本图书馆CIP数据核字（2022）第011960号

责任编辑：马　妍
策划编辑：马　妍　　责任终审：白　洁　　封面设计：锋尚设计
版式设计：砚祥志远　　责任校对：宋绿叶　　责任监印：张　可

出版发行：中国轻工业出版社（北京鲁谷东街5号，邮编：100040）
印　　刷：三河市万龙印装有限公司
经　　销：各地新华书店
版　　次：2025年5月第3版第2次印刷
开　　本：787×1092　1/16　印张：21.25
字　　数：470千字
书　　号：ISBN 978-7-5184-1768-1　定价：55.00元

邮购电话：010-85119873
发行电话：010-85119832　010-85119912
网　　址：http://www.chlip.com.cn
Email：club@chlip.com.cn

版权所有　侵权必究
如发现图书残缺请与我社邮购联系调换
250846J1C302ZBQ

第二版前言 | Preface

食品物性学（Physical Properties of Foods）是食品科学与工程专业中一门重要的学科基础性课程，它经过近百年的发展过程，从食品流变性（rheology）到食品质构（texture）再到食品的光、电、热等物性，目前已经发展成相对完整的课程体系。日本、韩国、美国等许多国家的食品科学与工程专业开设此课程，并有相关的教材（如美国康奈尔大学 Malcolm Bourne 教授主编的 *Food Texture and Viscosity：Concept and Measurement*；日本種谷真一教授著的食品的物理等）。我国将其作为独立的课程开设较晚，而且主要是面向研究生开设。2001年教育部高等学校轻工与食品教学指导委员会第一次会议（青岛）讨论决定将"食品物性学"列入食品科学与工程本科专业的主干课程。目前，各院校开设的"食品物性学"课程学时不同，层次也不同。

本教材在第一版基础上做了较大幅度的改写，在改写过程中，参阅国外近几年发表或者出版的相关教材、专著和学术论文，在理论、实验等方面丰富了教材内容，并增加了物性分析与微观成像一章。由于作者水平有限，教材中的错误和不足在所难免，诚挚地期望读者批评指正。

李云飞
于上海交通大学

目录 | Contents

第一章 绪论 ··· 1
    一、食品形态 ··· 1
    二、食品质构 ··· 2
    三、质构描述 ··· 2
    四、食品流变学特性 ··· 2
    五、光学、电学、热力学特性 ··· 3
    六、食品物性与微观结构 ··· 3
    七、本课程的目的与特点 ··· 3

第二章 食品的主要形态与物理性质 ·· 4
    第一节 微观结构与作用力 ·· 4
    第二节 聚集体与内聚能 ·· 13
    第三节 食品分散体系 ·· 28
    第四节 动物肌肉组织 ·· 38
    第五节 植物细胞组织 ·· 40
    思考题 ·· 43

第三章 黏性食品的流变学特性 ··· 44
    第一节 黏性流体的流变学基础 ·· 44
    第二节 流变学参数实验确定方法 ·· 53
    第三节 剪切黏度的影响因素 ··· 68
    思考题 ·· 76

第四章 黏弹性食品的流变学特性 ··· 77
    第一节 力学特性 ··· 78
    第二节 力学模型 ··· 83
    第三节 Boltzmann 叠加原理及其应用 ······································ 100
    第四节 静态流变参数的实验方法 ·· 102
    第五节 动态流变参数的实验方法 ·· 106

思考题 ·· 112

第五章 食品质构

第一节 食品质构概论 ·· 113
第二节 食品质构的仪器测定 ··· 121
第三节 搅拌型测试仪 ·· 131
第四节 电子鼻及其在食品嗅觉识别中的应用 ·· 132
第五节 电子舌及其在食品味觉识别中的应用 ·· 134
第六节 食品质构的感官检验与仪器测定的关系 ··· 136
第七节 食品质构的生理学方法检测 ··· 142
第八节 食品质构评价应用 ··· 148
思考题 ·· 155

第六章 颗粒食品的物理特征与流动特性

第一节 形状与尺寸 ··· 156
第二节 体积与表面积 ·· 161
第三节 密度 ·· 166
第四节 孔隙率 ··· 171
第五节 复水性 ··· 174
第六节 基本物理特征的统计分析 ·· 177
第七节 散粒体流动特性 ·· 181
第八节 粉尘爆炸 ··· 196
思考题 ·· 198

第七章 食品热物性

第一节 热导率 ··· 199
第二节 比热容 ··· 211
第三节 焓 ··· 219
第四节 热扩散系数 ··· 224
思考题 ·· 224

第八章 食品的电特性

第一节 概述 ·· 225
第二节 介电性能与影响因素 ··· 227
第三节 介电松弛 ··· 235
第四节 电导特性 ··· 237
第五节 食品介电特性的测定 ··· 240
第六节 电磁辐射 ··· 243

第七节　静电利用 · 253
　　第八节　电渗透脱水 · 258
　　第九节　通电加热 · 261
　　思考题 · 263

第九章　食品的光学性质 · 264
　　第一节　色度学基础 · 265
　　第二节　食品光学测定原理 · 275
　　第三节　食品光学性质的应用 · 276
　　第四节　应用实例 · 289
　　思考题 · 297

第十章　物性分析与微观成像技术 · 298
　　第一节　差示扫描量热技术 · 298
　　第二节　热重分析仪 · 303
　　第三节　核磁共振 · 304
　　第四节　原子力显微镜技术 · 309
　　第五节　激光扫描共聚焦显微镜技术 · 312
　　第六节　透射电镜与扫描电镜 · 316
　　思考题 · 318

第十一章　食品物性学实验 · 319
　　实验一　食品质构仪器测试及感官检验实验 · 319
　　实验二　食品挥发性风味物质的电子鼻测试实验 · 321
　　实验三　食品味觉识别的电子舌测试实验 · 323

参考文献 · 326

第一章 绪论

食品物性学（Physical Properties of Foods）重点讲述食品和食品原料的物理性质和工程特性，如力学特性、流变学特性、质构特性、光学特性、介电特性和热特性等。这些特性与食品组成、微观结构、次价力、表面状态等因素相关，进而影响食品的流动性、黏弹性、凝聚性、附着性、质构和口感；影响食品某些组分的扩散性、松弛性和质量稳定性，与食品生物化学反应速率相关联；影响食品对环境光、电、热的反应，与食品分析检测相关联。食品物性学在日本又称食品物理学（Food Physics），与食品化学相对应。国际上，许多食品学术期刊设有食品物性研究方面的专栏，如 *Journal of Food Science*，*Journal of Food Engineering*，*European Food Research & Technology*，*Food Research International* 等。目前，食品物性学已经成为食品科学与工程领域重要的技术内容之一。

一般认为，决定食品质量的主要因素有：

（1）用眼睛感知的颜色、形状、尺寸、光泽等表观性状，称为视觉感应；

（2）用鼻、舌感知的风味，称为化学感应；

（3）用身体某些部位通过接触而感知到的细腻程度、咀嚼时产生的声音等特性，称为食品质构特性；

（4）食品中蛋白质、碳水化合物、脂肪、维生素、矿物质、纤维素等物质含量与比例，称为营养价值。

食品制造成本、食用方便性和包装等因素也是非常重要的，但是，这些因素不属于食品质量因素。上述四个质量因素中，前三个属于被感知的因素，因此，通常称为感官特性。感官特性是评价食品质量的重要特性，消费者通过食用食品，可以获得感官上的愉悦，例如对麻、辣、烫等特殊风味的追求，对酥脆食品口感的追求等。感官特性与食品物性密切相关，深入研究则属于食品或者食品原料的力学、热学、光学等理论问题。

一、食品形态

物质一般有三种状态，即固态、液态和气态。虽然没有气态食品，但是含有大量气体的食品却很多，按体积计算，冰淇淋一般含有50%气体，新鲜苹果中含有36%的气体，爆米花和膨化食品中气体含量可高达90%以上。液态和固态是食品的主要形态，是食品物性学课程主要研究的内容。然而，在后续的课程中将会介绍，大量的食品形态很难划分是固态还是液态，某些液态食品在一定条件下呈现固态特性，而某些固态食品在某些条件下却呈现液态特性。从微观结构有序性看，又有结晶态、液晶态和玻璃态。从力学特性看，有黏性体、弹性体、黏弹性体等。因此，在教材编写上形态与章节的划分并不严格。

二、食品质构

质构在感官特性中的重要程度分为以下三个方面：

（1）**关键因素** 对于某些食品，其质构决定其质量，如肉类、薯片、爆米花、芹菜等；

（2）**重要因素** 对于某些食品，其质构对其质量影响较大，但不是关键因素，如水果、蔬菜、奶酪、面制品、糖果等。

（3）**次要因素** 对于某些食品，其质构对其质量影响不大，如饮料、汤类和粥饭等。

质构对产品售价影响很大，以美国牛肉为例，比较韧和干硬的牛肉售价很低，1kg 不足 3 美元，而 1kg 鲜嫩牛肉却高达 20 多美元。另外，消费者在购买食品时，质构直接影响消费者对食品的选购倾向。

曾经有人对 94 种食品做过调查，以满分 10 分计算，结果是，认为外观重要的得 2.57 分，风味重要的得 4.92 分，质构重要的得 2.51 分，食品质构的重要性低于风味的重要性。如果将风味得分平均分为香气和味道，则外观得分 2.57 分，香气得分 2.46 分，味道得分 2.46 分，质构得分 2.51 分，质构的重要性不低于其他因素。还有人做过调查，认为质构重要的人群，其学历高于受调查者的整体水平。对于质构要求最高的食品依次为：鲜豆芽、鲜芹菜、白面包、脱粒稻谷、甘蓝、麦片、苹果、爆米花、胡萝卜等；而对于质构最无要求的食品依次是：咖啡、软饮料、红葡萄酒、啤酒、酱油、葡萄汁、柠檬汁等。

三、质构描述

曾经对日本 140 名在校女大学生进行调查，让她们对 97 种食品的质构进行描述，结果得到 406 个描述词语。以同样方式，对澳大利亚 208 名大学生进行调查，让他们对 50 种食品的质构进行描述，得到 108 个描述词语。对美国 100 名消费者进行调查，得到 78 个描述词语。其中使用频率最高的有 10 个。关于质构的描述词语，各国都做过不同程度的调查，发现尽管质构描述词语数量差异很大，而且各种词语之间的含义很难确切转换，但是，人们对质构已经形成共识，认为食品质构是一个可以区分和描述的重要感官特性。某些食品质构影响人们感官评价结果作用明显，某些食品质构影响作用较弱。本教材第五章专门论述食品质构。

四、食品流变学特性

食品流变学特性在食品物性学中是非常重要的内容，它研究食品原料、中间产品在加工过程中的变形和流动问题，研究最终产品在消费咀嚼过程中变形与恢复问题，是研究半固态食品的重要物性的相关理论。有人认为，世界上最大的流变特性实验室在厨房，打蛋和搅蛋过程中蛋液的流动特性，和面时面团的弹性和塑性，花生酱的涂抹性等，这些都是典型的流变特性。在食品工业中饮料和果酱的输送也是非常重要的技术问题，它与输送管道和动力配备直接相关。在贮藏过程中，产品形态改变也与流变特性相关，形态改变不但影响产品的外观，同时也伴随着生化方面的变化。流变特性与质构有很强的关联性，人们的咀嚼过程是使食物不断变形和细化的过程，是一个流变学问题，而口腔对食物的接触感受是食品质构问题，黏稠、滑软、强韧、嫩、脆等特性都与流变和质构相关。

五、 光学、电学、热力学特性

光学、电学、热力学特性与食品加工技术和检测技术关联较多。光学特性主要用于食品色泽检测、成分与颗粒粒径检测、分级与无损检测方面。电学特性主要用于加工和检测技术，在这部分内容中涉及静电、低频电、高频电和食品材料的介电特性，可以利用食品材料电特性差异，对材料进行加热、解冻、脱水、蒸煮和杀菌等。热力学特性侧重于热物性参数的检测技术与估计方法，是冷却与加热计算的基础内容。

六、 食品物性与微观结构

物性是食品材料的宏观表现，其实根本问题在于微观结构，尤其是对力学特性和质构影响更大。随着显微成像技术的发展，在食品物性研究以及工程食品开发方面，人们越来越多地借助于显微成像信息，揭示某些物性变化机理，从微米、亚微米甚至纳米级研究与开发新型食品。

七、 本课程的目的与特点

食品加工过程中的物性变化是不可避免的，有些物性变化是有利的，加工后的食品，其物性有利于人们消化吸收或满足口感，如小麦磨成粉后加工出不同质构的面包等；而有些物性变化是不利的，如冷冻食品、罐头食品和长期贮藏的果蔬产品，其质构变软、弹性减弱。为了获得消费者满意的食品，在加工与贮藏过程中，我们要采取必要的技术手段，如添加一些增稠剂提高产品的黏弹性，添加氯化钙提高果蔬的硬度等。通过本课程学习，学生应该掌握食品质量与物性间的关系；掌握影响食品物性的机理和物性检测评估方法；能够根据消费者对物性的不同嗜好，开发满足市场需求的新产品；了解食品材料的光学、电学、热力学特性，为开发利用光、电、热加工技术，降低光、电、热对食品品质的影响奠定基础；了解食品材料显微成像技术特点和相应的显微成像仪器功能，根据不同检测目的，能正确选择合适的成像方法。

本课程涉及的内容与高分子物理学有很多相似之处，主要原因是食品中的蛋白质、多糖和脂肪等主要成分属于高分子或较大分子物质，它们以一定结构形态和物性影响食品的感官价值、营养价值和稳定性。高分子物理学是以橡胶和塑料为研究对象的课程，它突出材料强度和材料对光学、电学、热力学的稳定性问题。食品物性学研究的材料非常复杂，有些是有生命的活体，有些是有特殊组织结构的物质（例如：果蔬产品和加工制品），高分子和小分子物质混杂（例如：高分子物质降解形成的小分子物质等），这些都有别于高分子物理学。本课程还与力学、光学、电学、热力学等课程有联系，但最大差异还是来自于研究材料的差异。我们是利用这些学科基本知识，解决食品和农产品的物性问题。因此，想要学好本课程，需要有较好的物理学和工程基础储备。

第二章

食品的主要形态与物理性质

本章内容提要

本章介绍原子间和分子间的各种作用力,突出生物材料在构造和构象中的主要化学键和次价键。重点介绍高分子链柔性与聚集态类型,从分子排列有序性角度,论述和介绍聚合体的凝聚强度及玻璃化转变理论。结合食品主要原料和成分,讨论其结构特点与物性的关系。本章内容是后续章节关于食品材料的流变性、黏弹性和光电特性等内容的重要基础。

食品的组成与结构都比较复杂,在分子层面上,有一定量的大分子和小分子相互作用,而且两者比例不断变化,如蛋白质的不断降解过程就是大分子比例减少,小分子比例增加的过程;在结构排列上,有结晶体、液晶体、无定形或玻璃体,在形态上有固态、液态和气态,这些形态往往相互掺杂或转变。食品在贮藏与加工过程中,受外界环境影响,其组成和微观结构形态不断变化,在宏观上,将导致食品质地、流变学特性的变化,或者引起食品的光学、电学、热力学特性变化。因此,在食品加工和贮藏中,要开发设计具有一定物性的食品或调控某种食品材料的物性,首先在微观上应该清楚引起物性变化的机理,这是学习本章的目的。

第一节 微观结构与作用力

物质的结构是指物质的组成单元,即原子或分子之间相互吸引和相互排斥的作用达到平衡时在空间的几何排列。分子内原子之间的几何排列称为分子结构,分子之间的几何排列称为聚集态结构。

高分子是由许多($10^3 \sim 10^5$ 数量级)小分子单元键合而成的长链状分子。量变引起质变,相对分子质量足够大的长链高分子结构远比小分子复杂得多。高分子聚集态结构的研究内容概括在表 2-1 中。其中高分子链的近程结构又称一级结构,远程结构又称二级结构,高分子的聚集态结构又称三级或更高级结构。

表 2-1　　　　　　　　　　　高分子链与聚集态结构

高分子链结构		研究内容
高分子链的结构	近程结构	结构单元的化学组成 结构单元的键合方式与序列 结构单元的立体构型和空间排列 支化与交联 端基
	远程结构	高分子的大小（相对分子质量及其分布） 高分子形态（高分子链的柔性）
高分子聚集态结构		晶态结构 非晶态结构 取向结构 织态结构

一、高聚物分子内原子间与分子间的相互作用

分子内原子之间有相互作用力，分子之间也有相互作用力。这种相互作用包括吸引力和推拒力。键合原子之间的吸引力有键合力，非键合原子间、基团间和分子间的吸引力有范德瓦耳斯力（又称范德华力）、氢键和其他作用力。当原子间或分子间的距离很小时，由于芯电子的相互作用，呈现推拒力。分子内原子之间、分子与分子之间的吸引力和推拒力随它们之间的距离而改变。当吸引力和推拒力达到平衡时，就形成平衡态结构。

1. 键合力（Bonds）

键合力包括共价键、离子键和金属键。在食品中，主要是共价键和离子键。几种主要共价键的键长和键能如表 2-2 所示。其中 C—N 是连接氨基酸的肽键，其键能维持蛋白质的一级结构形态，与维持蛋白质空间构象的其他次价键相比，其键能较高，因此蛋白质构象容易发生变化，但是氨基酸链不易断开。S—S 是维持蛋白质三级结构的键合力，称为二硫键，其值略低于肽键。

表 2-2　　　　　　　　　食品材料中主要共价键的键长和键能

共价键	键长/nm	键能/(kJ/mol)
C—C	0.154	348
C=C	0.134	611
C—H	0.110	415
C—N	0.147	306
C≡N	0.115	892
C—O	0.146	360
C=O	0.121	745

续表

共价键	键长/nm	键能/(kJ/mol)
N—H	0.101	389
O—H	0.096	465
O—O	0.132	147
S—S	0.204	264

离子键又称盐键或盐桥，它是正电荷与负电荷之间的一种静电相互作用，吸引力与电荷电量的乘积成正比，与电荷质点间的距离平方成反比，而且几乎没有方向性。在溶液中此吸引力随周围介质的介电常数增大而降低。在近中性环境中，蛋白质分子中的酸性氨基酸残基侧链电离后带负电荷，而碱性氨基酸残基侧链电离后带正电荷，二者之间可形成离子键。离子键在生物大分子中有很强的作用，图 2-1 是离子键在某些大分子间的作用示意图。

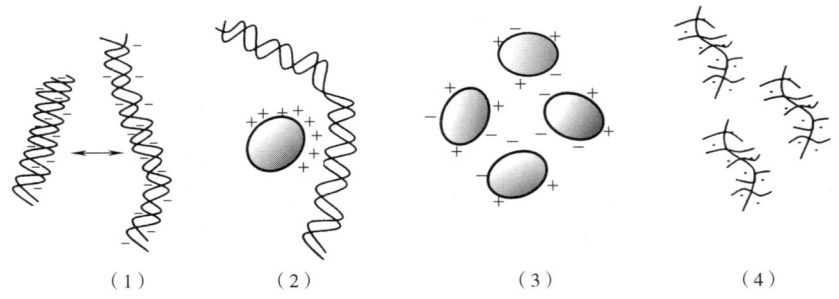

图 2-1　离子键在某些大分子间的作用示意图
(1) DNA 链间　(2) 蛋白质，DNA 间　(3) 蛋白质间　(4) 蛋白多糖间

2. 范德瓦耳斯力和其他介观力（Van der Waals Forces and Mesoscopic Forces）

非键合原子间和分子间的相互作用力包括范德瓦耳斯力、氢键和其他作用力。范德瓦耳斯力包括静电力、诱导力和色散力。

(1) 静电力（Electrostatic Force）　是极性分子间的相互作用力，由极性分子的永久偶极（Permanent Dipoles）之间的静电相互作用引起。作用能（E_k）为 12~20kJ/mol，与分子偶极矩的大小、分子间的距离和绝对温度之间的关系如下：

$$E_k = -\frac{2\mu_1^2\mu_2^2}{3R^6 kT} \tag{2-1}$$

式中　μ_1, μ_2——两种极性分子的偶极矩；
　　　R——分子间的距离，nm；
　　　T——绝对温度，K；
　　　k——玻尔兹曼常数。

从式（2-1）可以看出，静电力大小受分子间的距离影响最大。

(2) 诱导力（Debye Force）　当极性分子与其他分子（包括极性分子和非极性分子）相互

作用时，其他分子产生诱导偶极（Induced Dipoles）。极性分子的永久偶极与其他分子的诱导偶极之间的作用力称为诱导力（E_D）。作用能的大小为：

$$E_D = -\frac{\alpha_1\mu_1^2 + \alpha_2\mu_2^2}{R^6} \qquad (2-2)$$

式中　α_1，α_2——两种分子的极化率，也就是单位电场强度作用下诱导的偶极矩。诱导作用能一般为 6~12kJ/mol。

（3）色散力（Dispersion Force）　在一切分子中，原子内的电子不停地旋转，原子核也不停地振动，因而在任何一瞬间，一些电子与原子核之间必然会发生相对位移，使分子产生瞬间偶极。瞬间偶极之间的相互作用力称为色散力。色散力（E_L）存在于一切极性和非极性分子中，其作用能的大小可表示为：

$$E_L = -\frac{3}{2}\left(\frac{I_1 I_2}{I_1 + I_2}\right)\frac{\alpha_1\alpha_2}{R^6} \qquad (2-3)$$

式中　I_1，I_2——两种分子的电离能。

色散力的作用能一般为 0.8~8kJ/mol。

范德瓦耳斯力是永远存在于一切分子之间的吸引力，没有方向性和饱和性。作用能比化学键能小 1~2 个数量级。作用范围较宽（0.1nm<R<10nm），随着距离增大，作用力明显下降，但是在大于 10nm 时仍然检测到该作用力，并且与 R^{-7} 成正比，而不是与 R^{-6} 成正比。当两物体并非是两个点时，它们之间的范德瓦耳斯力与之间的距离也并非与 R^{-6} 成正比，例如点和大平板之间的范德瓦耳斯力与 R^{-2} 成正比，当距离增大时，范德瓦耳斯力与 R^{-3} 成正比。

（4）氢键（Hydrogen Bond）　它是极性很强的 X—H 键上的氢原子与另一个键上电负性很大的 Y 原子之间相互吸引而形成的（X—H⋯Y）。氢键既有饱和性又有方向性：X—H 只能与一个 Y 原子形成氢键，而且 X—H⋯Y 要在同一直线上，氢键的作用能比化学键小得多，但比范德瓦耳斯力大一些，为 12~30kJ/mol。X、Y 的电负性越大，Y 的半径越小，形成的氢键越强，氢键作用半径一般为 0.17~0.20nm。氢键可以在分子间形成，也可以在分子内形成，聚酰胺、纤维素和蛋白质等都有分子间的氢键。表 2-3 是部分氢键的键能。

表 2-3　　　　　　　　　　　部分氢键的键能

氢键类型	O—H⋯N	O—H⋯O	N—H⋯N	N—H⋯O	F—H⋯F
键长/nm	0.30	0.27	0.31	0.29	0.24
键能/（kJ/mol）	12.6	12.6~34.3	5.44~21.0	16.7	28.0

（5）疏水键（Hydrophobic Effect）　当疏水化合物或基团进入水中时，体系界面自由能增加，熵减少，这是一个热力学不稳定问题。为此，体系将力图趋向稳定，尽量减少疏水混合物与水接触面积，在熵驱动下，疏水化合物自发地相互靠近。因此，疏水键并不是因为疏水基团之间存在特别的引力，而是体系为了稳定，自发调整而形成的。疏水键的键能在 5~30kJ/mol，主要与疏水基团的大小和形状有关。疏水键在稳定蛋白质的三维结构方面占有突出地位，如图 2-2 所示。

上述各种分子间力可统称为次价力。对高聚物来说，分子链之间的次价力具有加和性，可以按照链节作为分子链间的作用单位进行加和。所以分子链间的次价力随相对分子质量的增加而增大。一般高分子的相对分子质量比小分子的相对分子质量大千百倍，其分子链间次价力的总和可以超过主价力（键合力）。图2-3中有维持蛋白质结构的各种键，主链是肽键键合，侧链是各种次价键和二硫键。

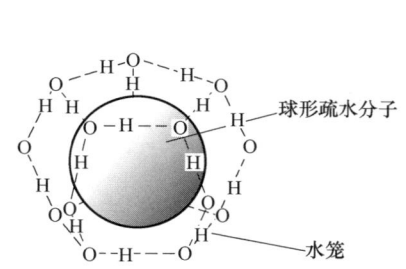

图2-2 疏水化合物被水笼包裹示意图

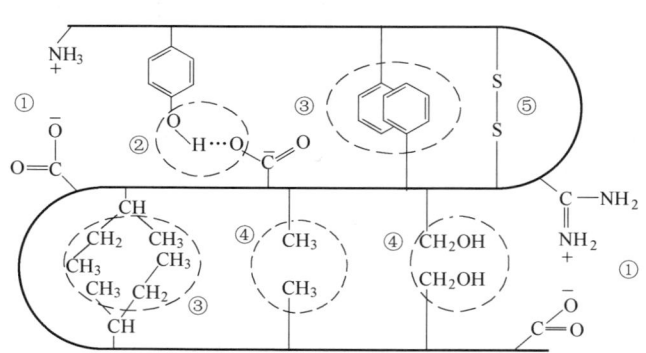

图2-3 维持蛋白质结构的键与力
① 盐键　② 氢键　③ 疏水作用　④ 范德瓦耳斯力　⑤ 二硫键

（6）空间力（Steric Force）　当溶剂分子受到某种物体的两个面的约束时，将会产生一种波动性的空间力，其大小与约束面内溶剂分子排除的体积有关。如果是大小相同的刚性球体，如图2-4所示，在两个平面内产生的空间力 F 可由式（2-4）确定。

$$F = A\cos\left(\frac{2\pi r}{\lambda}\right) e^{-r\lambda} \tag{2-4}$$

式中　A——常数；
　　　r——物体表面间的距离，nm；
　　　λ——溶剂分子直径，nm。

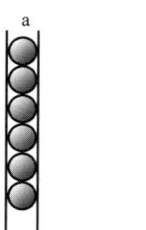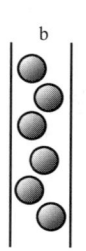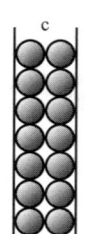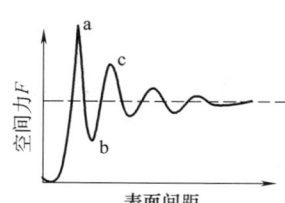

图2-4 空间力与物体表面间距离的关系
a、b、c 表示两平板三种状态，产生三类空间力

如果物体表面吸附某种柔性聚合物，由于构象熵的作用，物体表面间仍然会产生一种空间力（Steric Entropic Force）。如图2-5所示，这种空间力与聚合物链段的柔软性有关，与两物体之间的距离有关。对于稳定的聚合体系，单位表面积上的斥力 F' 近似为：

$$F' \approx 36kTe^{-r/R_g} \tag{2-5}$$

式中 k——玻耳兹曼常数；

T——绝对温度，K；

r——物体表面间的距离，nm；

R_g——聚合物自由链段的旋转半径，nm。

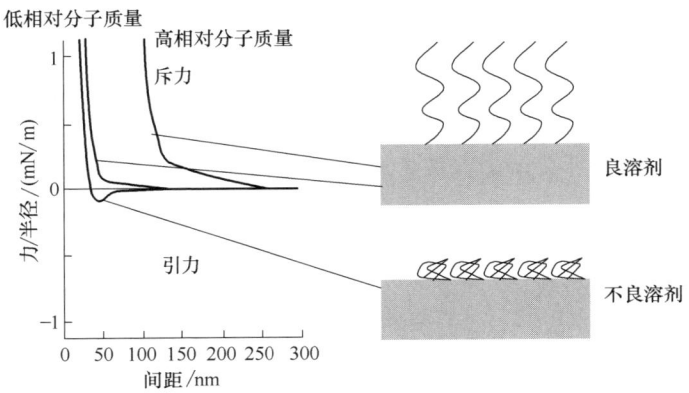

图 2-5　表面吸附的聚合物在不同溶剂中的力

（7）排空力（Depletion Force）　聚合物进入胶体水溶液时，将降低溶剂的化学势，产生一个使胶体粒子聚合的力 F''。如图 2-6 所示，当胶体粒子聚合时，粒子之间的聚合物将被排除，形成低于体相聚合物浓度的区域，其 F'' 大小与渗透压有关。

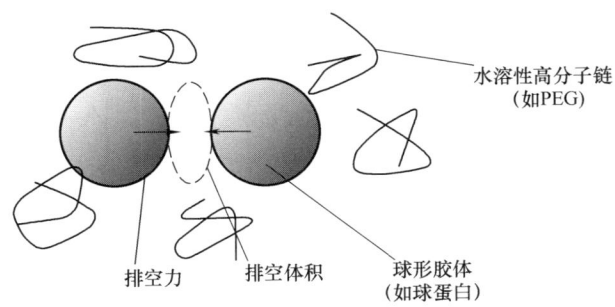

图 2-6　水溶性聚合物溶胶粒子间的排空力（如聚乙二醇）

$$\Pi = \frac{N}{V}kT$$

$$F'' = -\Pi V_{dep} = -\Pi \frac{4}{3}\pi R_g^3 \tag{2-6}$$

式中 Π——渗透压；

R_g——聚合物分子旋转半径，nm；

N/V——聚合物链密度，g/cm³；

V_{dep}——排除聚合物的体积,cm³;

k——玻耳兹曼常数;

T——绝对温度,K。

从表达式可以看出,该作用力与聚合物浓度有关,与链的柔性有关。

空间力和排空力与分子组装、聚集、相变等过程相关。

二、高分子链内旋转

高分子链中含有成千上万个 σ 键。如果主链上每个单键的内旋转都是完全自由的,则这种高分子链称为自由连接链。它可采取的构象数将无穷多,且瞬息万变。这是柔性高分子链的理想状态。

实际高分子链中,由于分子上非键合原子之间的相互作用,内旋转一般是受阻的(图2-7),因此每个键只能处于圆锥面上若干个有限的位置上。不过,即使每个单键在空间可取的位置数很少,一个含有许多个单键的高分子链所能实现的构象数仍然十分可观。假设每个单键在内旋转中可取的位置数为 m,那么,一个包含 n 个单键的高分子链可能的构象数就为 m^{n-1}。当 n 足够大时,无疑是一个庞大的数字。其中绝大部分的构象所对应的分子形态都是卷曲的(图2-8)。

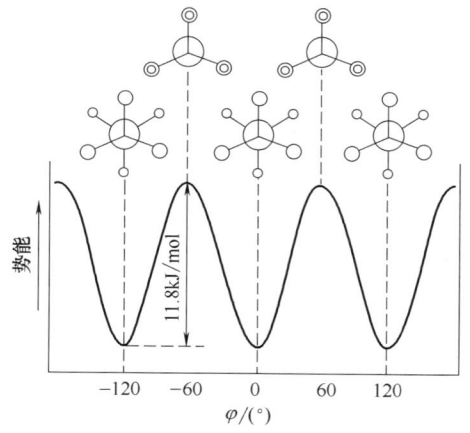

图2-7 乙烷分子的内旋转位能曲线

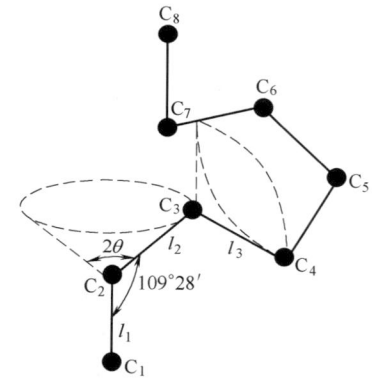

图2-8 键角固定的高分子链的内旋转

可见,高分子链具有柔性的根本原因在于它含有许多可以内旋转的 σ 单键。如果高分子主链上没有单键,则分子中所有原子在空间的排布是确定的,即只存在一种构象,这种分子就是刚性分子。如果高分子主链上有单键,但数目不多,则这种分子所能采取的构象数也很有限,柔性不大。

除了上述高分子主链中含有单键的数量以外,影响高分子链柔性的还有主链成分、能垒、取代基的数量、取代基的体积和极性以及温度等。键越长,键角越大,链的柔性越好。取代基越大、数量越多、极性越强,链的柔性越差。如果主链上含有芳香环或者杂环成分,由于环的结构体积大、电子云密度高、色散力强,阻碍了主链单键的内旋转,链的柔性也很差。

三、高分子链柔性

(1) 平衡态柔性——链段　链段是指高分子链中划分出来的可以任意取向的最小链单元。这是一个统计的概念,用来表征高分子链在热力学平衡条件下的平衡态柔性。可以这样来理解它,如果高分子链中每个单键相对于前一个键在空间取向的位置数为 m,那么,当每个键的位置固定后,第 2 个键相对于第 1 个键的空间取向位置数就是 m;同样,第 3 个键相对于第 2 个键取向的位置数也是 m,因此第 3 个键相对于第 1 个键取向的位置数就是 m^2,以此类推,第 (i+1) 个键相对于第 1 个键取向的位置数便是 m^i。显然,只要 i 足够大,第 (i+1) 个键在空间取向的位置数就很多,实际上已与第 1 个键的位置不相关了。将第一个键到第 i 个键组成的这一部分中可以独立运动的单元称为链段,其长度用链段中所包含的链结构单元数或相对分子质量来表示。例如,纤维素单体相对分子质量为 162,链段长度 2.57nm,链段内含有结构单元数为 5;而甲基纤维素单体相对分子质量为 186,链段长度 8.10nm,链段内含有结构单元数为 16。

因此,高分子链可看作由若干个链段组成,链段与链段之间为自由连接。不难理解,高分子链上的单键越容易内旋转,相邻键的空间位置就越不确定,链段就越短。在极端的情况下,如果高分子链上每个键都能完全自由地内旋转,即所有键之间都是自由连接的,那么链段的长度就等于键长,这种高分子是理想的柔性链。相反,如果高分子链上所有的键都不允许内旋转,则这种高分子便是绝对的刚性分子,其链段的长度就等于整个分子链的长度。

(2) 平衡态柔性——末端距　末端距是指分子链两端点间的直线距离 r,是高分子链柔性的一种表示法。可以想象,分子链柔性越好,末端距越短。但是,对于支化型高分子,分子链有多个末端,此时,末端距表示法失去意义。高分子链末端距如图 2-9 所示。

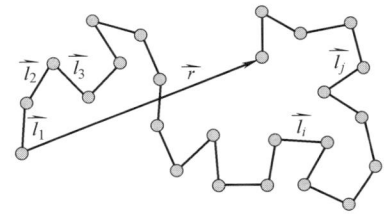

图 2-9　高分子链末端距

考虑由 n 个单键组成的某种高分子链,其每个单键都可以自由转动,这种高分子链称为自由连接链。如果每个单键的键长均为 l,相邻两个单键所构成的键角为任意值,根据矢量代数可知,其均方末端距 $<r^2>_{f,j}$ 为:

$$<r^2>_{f,j} = nl^2 \tag{2-7}$$

式中　n——单键数量;

　　　l——单键长度,nm;

　　　f, j——自由连接链。

如果单键的内旋转是在键长与键角保持不变的情况下进行,这种高分子链称为自由旋转链。其均方末端距 $<r^2>_{f,r}$ 为:

$$<r^2>_{f,r} = nl^2 \cdot \frac{1+\cos\theta}{1-\cos\theta} \tag{2-8}$$

式中　θ——单键键角的补角。例如,C—C 键角为 109.5°,而 θ = 70.5°;

　　　f, r——自由旋转链。

如果考虑非键合原子对相邻原子的影响,单键内旋转将进一步受到阻碍,即自由旋转链变为受阻旋转链。其均方末端距$<r^2>_{h,r}$为：

$$<r^2>_{h,r} = nl^2 \cdot \frac{1+\cos\theta}{1-\cos\theta} \cdot \frac{1+\overline{\cos\phi}}{1-\overline{\cos\phi}} \tag{2-9}$$

式中　ϕ——内旋转角；

　　　h, r——受阻旋转链。

上述三个均方末端距均以单键作为旋转单元，而实际上，高分子链的运动单元是链段。无扰链是高分子链在某种理想的稀溶液中和适当温度下，溶剂分子与链段、溶剂与溶剂、链段与链段之间的作用力均等，呈自然卷曲状态下的链。其均方末端距$<r^2>_0$为：

$$<r^2>_0 = \sigma <r^2>_{h,r} \tag{2-10}$$

式中　σ——空间位阻参数，其值与溶剂性质和温度有关。σ越大，说明高分子链内旋转阻力越大，链的柔性越差；

　　　r——自然卷曲链。

（3）动态柔性　动态柔性是指高分子链在一定环境下，从一种平衡态构象转变为另一种平衡态构象的速率。它与高分子链单元内旋转位能和热能有关，其关系式为：

$$\tau = \tau_0 \exp\left(\frac{\Delta E}{kT}\right) \tag{2-11}$$

式中　τ——构象转变时间，min；

　　　τ_0——ΔE为0时构象转变时间，min；

　　　ΔE——内旋转位能，kJ；

　　　k——玻尔兹曼常数，K；

　　　T——热力学温度，K。

当$\Delta E \ll kT$时，表明平衡态构象间发生转变的时间很短，动态柔性好。

四、高分子链构象

许多天然和合成的高分子都是线形长链分子，分子链直径为零点几纳米，长度可达几百、几千甚至几万纳米。如肌球蛋白丝直径约10nm，而长约1500nm；肌动蛋白丝直径6~8nm，而长约1000nm；由蛋白质组成的纳豆，直径几微米，而长度可达几十米。这样的分子链犹如一根直径仅1mm而长度为几十米的钢丝。经验告诉我们，这样的钢丝，如果不用拉力把它拉直，就很容易卷曲。高分子链由于单键的内旋转，比钢丝还要柔软，可以在空间呈现各种形态，并随条件和环境的变化而变化。长链高分子的这种柔性是高分子材料具有一系列宏观特性的根本原因。

根据统计热力学，熵是量度体系无序程度的热力学函数。体系的熵值（S）与构象数（W）之间的关系服从玻尔兹曼公式：

$$S = k\ln W \tag{2-12}$$

式中　S——体系的熵值；

　　　k——玻尔兹曼常数；

W——构象数。

当高分子链取伸直形态时,构象数为 1,因而构象熵为 0。当高分子链取可变的卷曲形态时,构象数很大,相应的构象熵值很高。根据热力学熵增原理,自然界中一切过程都自发地朝熵值增大的方向发展。不难理解,高分子链在无外力作用下总是自发地取卷曲的形态。这就是高分子链柔性的实质。

随着分子的热运动,高分子链的构象不停地变化,椭球状高分子链的长轴与短轴之比也不停地改变。通常把无规改变构象的椭球状高分子称为无规线团。实验表明,除少数蛋白质分子以外,线形高分子在溶液中的构象是无规线团;非晶态本体高聚物中的高分子链也是无规线团,但无规线团之间互相贯穿。图 2-10 是高分子链的几种构象,其形态取决于分子链的柔性、溶剂性质以及其他环境因素。

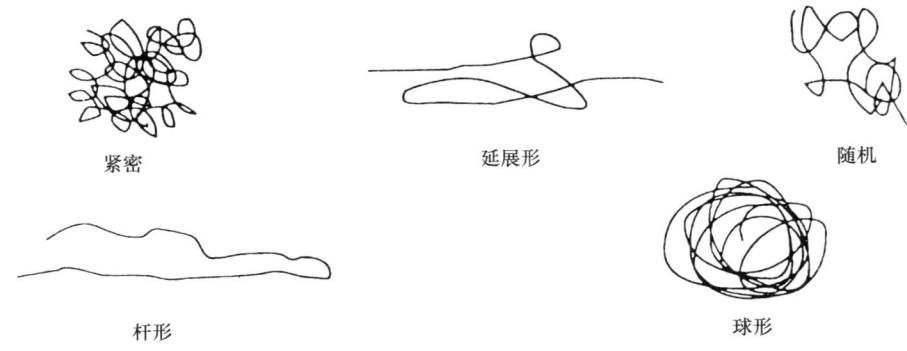

图 2-10　高分子链构象示意图

高分子链也可通过各种键能形成支化的或交联的高分子,也可能联系起来形成一个相对分子质量很大的三维空间网。对于支化、交联和三维结构的高分子,其柔软性和溶解性都受到影响,甚至失去柔软性和溶解性。有试验表明,蚕丝液中的丝蛋白是线团状的链状分子。当慢慢拉伸时,圆球分子之间只有滑动,没有其他变化,所以整个液体只是流动。当快速拉伸时,各个分子还来不及流动就被抻开了。被拉开的丝蛋白链状分子有了新的排列,产生了变异,相互靠近的分子之间产生了很强的结合力。这种丝蛋白分子之间的结合力虽然比共价键的作用力弱,但是长链的各链节之间却有很强的结合,所以形成了整体上很结实的蚕丝。蛋清和纳豆也具有同样的性质,当慢速拉动时,不成丝,过快拉动时,丝断裂,只有合适的拉丝速度,才能形成很好的丝线。

第二节　聚集体与内聚能

根据分子排列与形态特点,聚集体形态主要有以下几种:
(1) 气体,气态　分子间的几何排列不但远程无序,近程也无序。
(2) 液体,液态　分子间的几何排列只有近程有序(即在 1~2 分子层内排列有序),而远程无序。

(3) 结晶体，固态　分子（或原子、离子）间的几何排列具有三维远程有序。

(4) 液晶体，半固态　分子间几何排列相当有序，在某方向上接近于晶态分子排列，具有一定的流动性。

(5) 玻璃体，固态（无定形）　分子间的几何排列只有近程有序，而远程无序，即与液态分子排列相似，是一种过渡的、热力学不稳定态。

此外，对于食品材料，以半固态的凝胶和液态的溶胶形态存在较多，是高分子和小分子交联混合，网状骨架和分散物质相互贯穿，局部晶体、液晶体、液体和玻璃体可能共存的混合体。

一、聚集体的内聚能（Cohesive Energy）

分子间相互作用能的大小通常用内聚能或内聚能密度来表示。内聚能定义为 1mol 的聚集体气化时所吸收的能量。

$$\Delta E = L_\mathrm{V} - RT \tag{2-13}$$

式中　ΔE——内聚能，kJ；

L_V——摩尔汽化热，kJ/mol；

RT——汽化时做的膨胀功，W。

对于小分子化合物，其内聚能近似等于恒容蒸发热或升华热，可以利用热力学数据直接计算出来。对于高聚物来说，由于分子链很长，分子之间的相互作用力很大，甚至超过化学键的能量。因此，在高聚物加热过程中，吸收的能量还不足以使分子汽化时，已足以破坏高分子链上的化学键。事实上，相对分子质量足够大的高聚物不存在气态。因此，各种高聚物的内聚能不可能直接通过测定它们的汽化热来计算，而只能通过其他方法，如测定溶度参数、平衡溶胀比等来估计。显然，高分子链上的极性基团的极性越小，单位摩尔体积中的内聚能就越低，高分子链的柔软性就越好。

二、结晶体（Crystal）

食品或原料的某些组分在加工、贮藏过程中，常常会呈结晶体或者发生部分结晶变化，如水、氯化钠、蛋白质、脂肪、碳水化合物等，这些结晶态对加工食品的质构和物性影响很大。例如，硬度增加和各向异性的力学性质等。小分子材料结晶与高分子材料结晶略有不同，小分子可以在三维方向上形成有序的分子排列或者离子排列，形成立方晶体。而高分子由于链较长，且具有一定的柔软性，在结晶排序过程中往往受支链情况、侧基数量、侧基性质以及环境条件等影响，很难实现整条链的有序排列。一般情况下，是链段的有序排列，其间存在着非晶体。

在热力学上，结晶体是稳定的形态。如果没有外界热量介入，结晶体是不可能向非晶体转变的。在结晶体转变过程中，总是有能量的吸收或者释放，体积 V 和熵 S 将发生非连续性变化。由于体积 V 和熵 S 都是吉布斯化学势 G 的一阶导数，即：

$$V = \left(\frac{\partial G}{\partial p}\right)_\mathrm{T}, \quad S = -\left(\frac{\partial G}{\partial T}\right)_\mathrm{P} \tag{2-14}$$

故将结晶体相变称为热力学一级相变。

1. 晶核（Crystal Nucleus）

晶核生成是结晶过程的始点，分为均相成核和异相成核两种。均相成核是指离子、分子或者分子链段在力的作用下瞬时形成具有一定尺寸的初始聚集体，其他离子、分子或者分子链段可在其上进行有序的排列增长。异相成核是指体系中存在着杂质，这些杂质为离子、分子或者分子链段提供有序排列增长的场所。均相成核体系需要物质具备一定的成核自由能和界面自由能，否则，初始聚集体难以维持稳定的相态。即：

$$\Delta G(r) = \frac{4}{3}\pi r^3 \Delta G_b + 4\pi r^2 \Delta G_s \tag{2-15}$$

式中 $\Delta G(r)$ ——体系自由能，kJ；
ΔG_b ——单位体积成核自由能，kJ；
ΔG_s ——新生界面单位面积自由能，kJ；
r ——晶核半径，nm。

在等压下，液固相变熵 ΔS_m 为：

$$\Delta S_m = \left(\frac{\partial G_c}{\partial T}\right)_P - \left(\frac{\partial G_l}{\partial T}\right)_P = \frac{\Delta H_m}{T_m}$$

$$\Delta G_b \approx -\frac{\Delta H_m}{T_m}\Delta T \tag{2-16}$$

式中 G_c ——晶体自由能，kJ；
G_l ——液体自由能，kJ；
ΔH_m ——相变潜热，kJ/mol；
T_m ——相变温度，K。

图 2-11 是固液相自由能与温度的关系，从图中可见，过冷度 ΔT 越大，体积自由能也越大，成核趋势越强。将式（2-16）代入式（2-15），并对半径 r 求导，得到自由能 $\Delta G(r)$ 最大时对应的半径 r^* 和最大自由能 ΔG^*：

$$r^* = \frac{2\Delta G_s T_m}{\Delta H_m \Delta T} \tag{2-17}$$

$$\Delta G^* = \frac{16\pi}{3}\Delta G_s^3 \left(\frac{T_m}{\Delta H_m}\right)^2 \frac{1}{\Delta T^2} \tag{2-18}$$

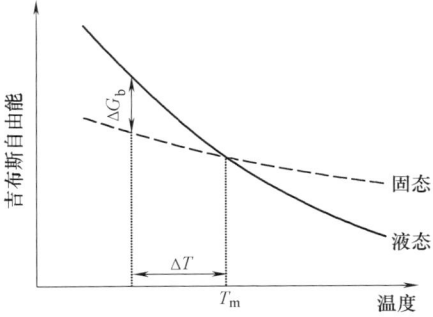

图 2-11 固液相自由能与温度的关系

根据热力学理论，在等温等压条件下，自发过程是按吉布斯自由能减少的方向进行，因此，从式（2-17）和式（2-18）可知，初始聚集体（晶核半径）必须大于 r^* 才能形成自发的结晶过程。体系自由能与晶核半径的关系如图 2-12 所示。

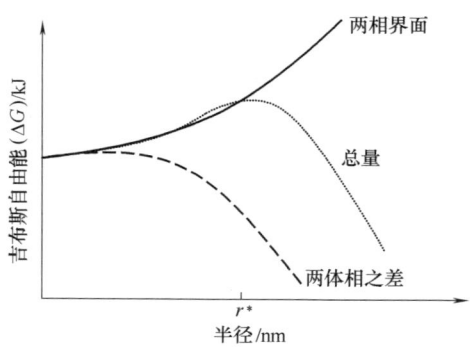

图 2-12　体系自由能与晶核半径的关系

2. 晶型（Crystal Form）

离子、分子或者分子链段在空间的三维排列形成空间格子，在空间格子中选取对称性最高、最简单、体积最小的重复阵列作为晶胞，它代表了整个晶体的结构，或者说晶体是由晶胞堆砌而成。晶胞的几何形状是平行六面体，如图 2-13 所示，有晶面、晶胞轴（a、b、c）和晶胞夹角（α、β、γ），并由此分为七个晶系，共十四种晶格，如图 2-14 和表 2-4 所示。

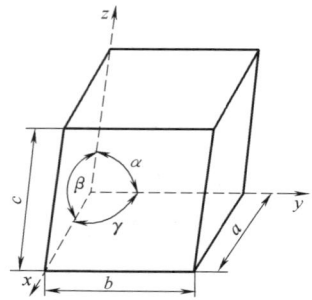

图 2-13　晶胞结构与参数

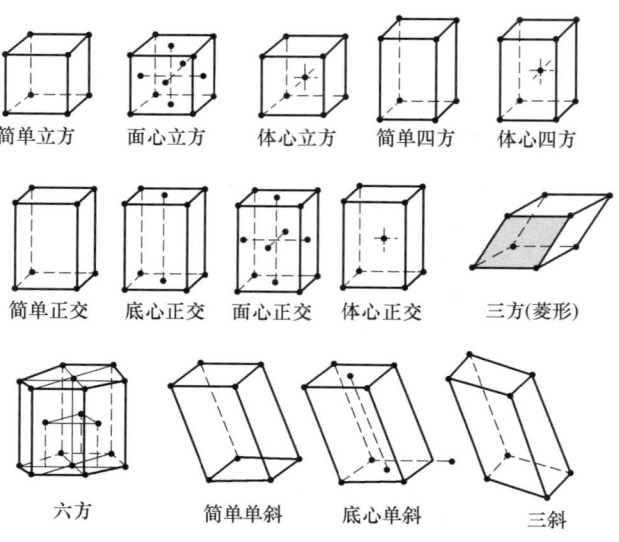

图 2-14　十四种晶格结构

表 2-4　　　　　　　　　　　　　　七个晶系的晶胞参数

晶系	晶胞轴	晶胞夹角
立方（Cubic）	$a=b=c$	$\alpha=\beta=\gamma=90°$
四方（Tetragonal）	$a=b\neq c$	$\alpha=\beta=\gamma=90°$
斜方（正交）（Orthorhombic）	$a\neq b\neq c$	$\alpha=\beta=\gamma=90°$
三方（菱形）（Rhombohedral）	$a=b=c$	$\alpha=\beta=\gamma\neq90°$
六方（Hexagonal）	$a=b\neq c$	$\alpha=\beta=90°,\ \gamma=120°$
单斜（Monoclinic）	$a\neq b\neq c$	$\alpha=\gamma=90°,\ \beta\neq90°$
三斜（Triclinic）	$a\neq b\neq c$	$\alpha\neq\beta\neq\gamma\neq90°$

3. 示例

食用脂肪常以结晶体形式存在，主要有六方晶系、三斜晶系和斜方正交晶系。六方晶系形成的结晶体又称 α 型结晶，是快速冷却条件下形成的晶体。α 型熔点最低，密度也最小，是三种结晶体中最不稳定的一种。三斜晶系形成的结晶体称为 β 型，其熔点最高，密度也最大，晶粒长度为 25~1001μm，是三种结晶体中最稳定的一种。斜方正交晶系形成的结晶体称为 β′型，晶粒呈针状，长度约 1μm，其稳定性介于 α 型和 β 型之间。图 2-15 为 β 和 β′型晶胞结构示意图，其中（b/a）面为晶胞底平面，而（c/a）面为棱柱面，棱柱的每一个边由两个脂肪分子组成，其间隔为 d，通过氢键将羧酸连接成"音叉"或者"椅式"结构。因此，每个棱柱上下端面是由甲基构成，棱柱与棱柱之间的结合程度即取决于两个相邻端面间的甲基作用力。

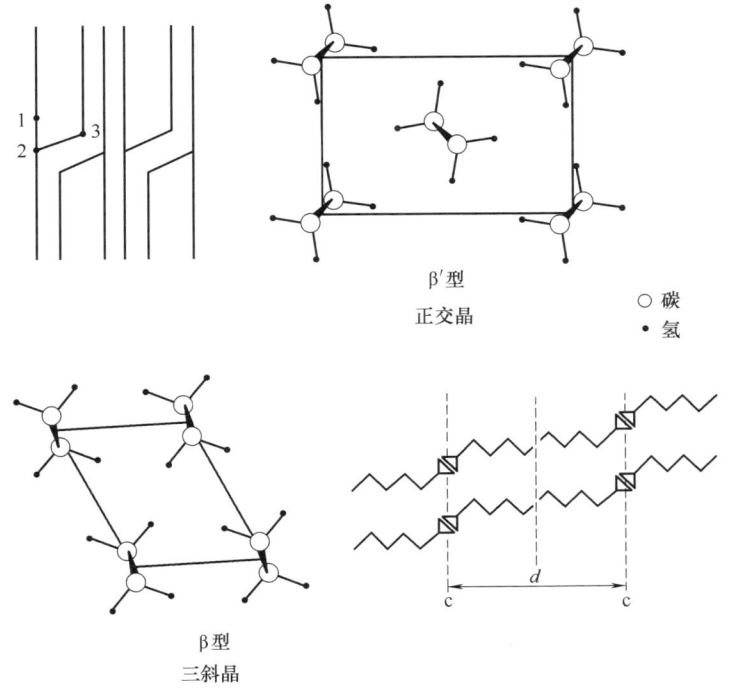

图 2-15　脂肪晶胞结构与脂肪酸分子链构象

脂肪结晶体主要物性参数是熔点,对食品风味和质构影响较大。熔点与脂肪中的脂肪酸有密切关系,主要是脂肪酸饱和度、碳链长度、脂肪酸种类和数量,以及同分异构体种类等。熔点高,其实质是分子链间的内聚力大,因此,相同脂肪酸易于形成规则的排列方式,分子间的内聚力大;碳链长的脂肪酸比碳链短的脂肪酸加和内聚力大,熔点高;饱和脂肪酸链呈"之"线形,而不饱和脂肪酸在双键处出现曲结,因此,不饱和脂肪酸一般内聚力小、熔点低。顺式脂肪酸比反式脂肪酸有更多的弯曲,因此,分子间的内聚力较小,熔点低(表2-5)。

表 2-5　　　　　　　　　　　部分脂肪酸的熔点

脂肪酸	碳原子数	熔点/℃	脂肪酸	碳原子数	熔点/℃
乙酸	2	—	棕榈酸	16	62.9
丁酸	4	-7.9	硬脂酸	18	69.6
己酸	6	-3.4	花生酸	20	75.4
辛酸	8	16.7	山萮酸	22	80.0
癸酸	10	31.6	油酸	18-1	16.3
月桂酸	12	44.2	亚油酸 γ-6	18-2	-6.5
肉豆蔻酸	14	54.4	亚油酸 γ-3	18-3	-12.8

三、液晶体(Liquid Crystal)

1. 液晶体结构

液晶体是介于固体和液体之间的一种物体,是有序的流体。1888年,奥地利植物学家 Friedrich Reinitzer 首次发现液晶体。在其观察从植物中分离精制出的苯甲酸胆固醇(Cholesteryl Benzoate)的熔解行为时,发现此化合物加热至145℃时,固体会熔化,呈现一种介于固相和液相间的半熔融白浊状液体,当温度升高至179℃时,才形成清澈的各向同性的液体(Isotropic Liquid)。在随后的研究中,人们借助于偏光显微镜发现,此黏稠的半流动性白浊液体,具有各向异性的结晶所特有的双折射率(Birefringence)光学性质,并将这种似晶体的液体命名为液晶。

液晶体与结晶体的关系由分子的空间位置、排列方向和构象有序性决定。液晶结构特征如图2-16所示。当分子排列具有一定方向性或者同时具有一定构象性时,界定为液晶体。液晶体有热致型和溶致型两种。热致型液晶是温度变化时形成的液晶,如图2-17所示。溶致型液晶是当浓度达到某一值时形成的液晶。根据分子空间位置、排列方向和构象特点,有四种类型。①层状液晶:分子分层聚集,同一层分子排列紧密,方向一致。但是层与层之间是弱键连接,容易断裂发生滑移,表现出液体特性。这种液晶在一维方向上分布有序,在一维(A相)或者二维(C相)方向上取向有序,因此,又称近晶体。②线状液晶:分子在一维方向上具有方向性,但是不具有分层特征。分子在该方向上容易滑移,表现出液体特性。③胆固醇液晶:又称手性线状液晶,分子排列具有线状液晶特点,而且排列方向呈螺旋状。胆固醇的大部分衍生物具有该种特征。④碟状液晶:又称柱状液晶,由类似碟状液晶排列而成(图2-18)。

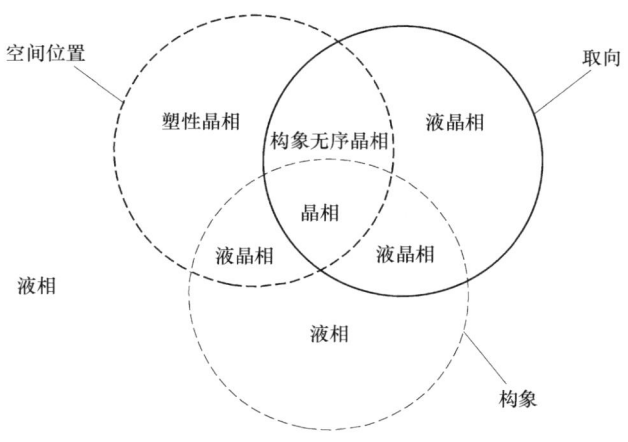

图 2-16 液晶结构特征

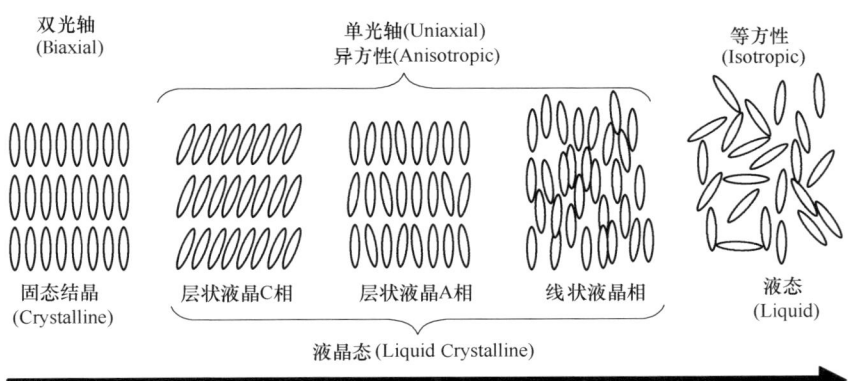

图 2-17 热致型液晶形成过程

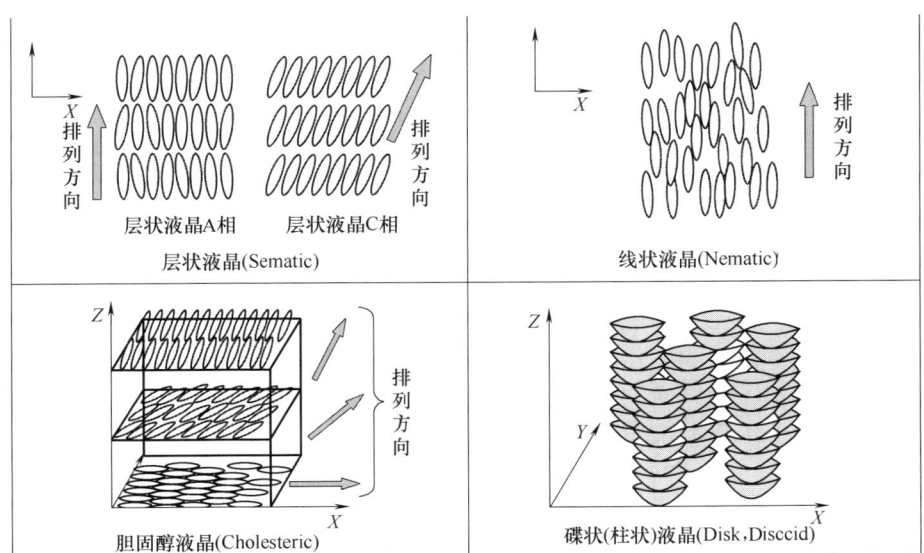

图 2-18 液晶分类示意图

2. 示例

淀粉是由直链多糖和支链多糖组成,构成密度不同的同心或者偏心层状结构,如图 2-19 所示。淀粉中的晶体实际是液晶体,主要由支链淀粉构成,其液晶类型随水分含量和温度等外部因素的变化而变化。图 2-20 是支链淀粉的液晶形态随水分含量的变化过程,从图中可知,分子支链产生水合作用,液晶从线状液晶转变成为层状液晶。图 2-21 是支链淀粉受热后液晶形态变化过程,从层状液晶变化成线状液晶,再变化成胶体,双螺旋分子结构被打开。

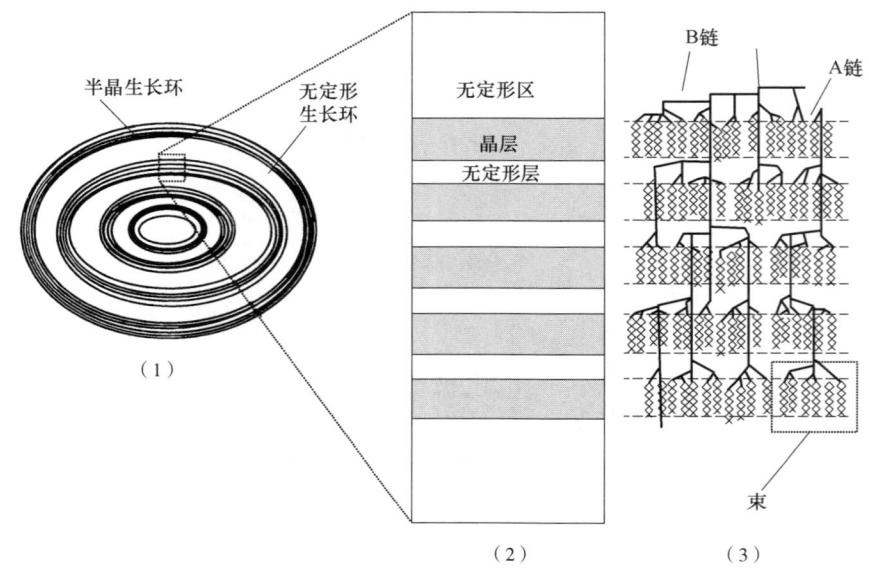

图 2-19 淀粉结构

(1) 淀粉颗粒形态 (3~100μm) (2) 生长环 (约100nm) (3) 晶层与无定形层 (约9nm)

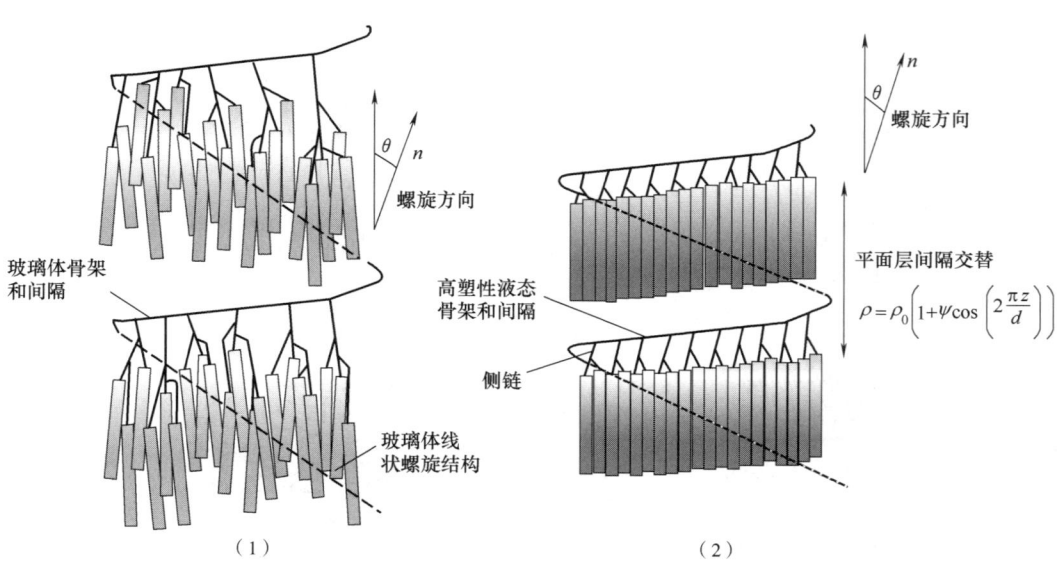

图 2-20 支链淀粉液晶形态随水分含量变化情况

(1) 脱水玻璃态线状结构 (2) 侧链水合层状液晶结构

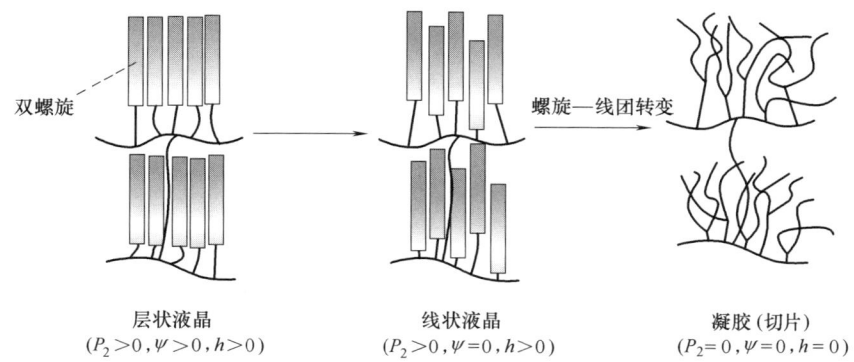

图 2-21　支链淀粉液晶形态随温度变化情况

此外，还有很多食品材料具有液晶态特征，例如，构成植物细胞壁的纤维素，具有线状液晶结构特征，如图 2-22 所示。构成昆虫甲壳的壳聚糖，具有胆固醇液晶结构特征。由于液晶结构的各向异性特点，在光电物性和机械特性方面都有明显不同的表现。

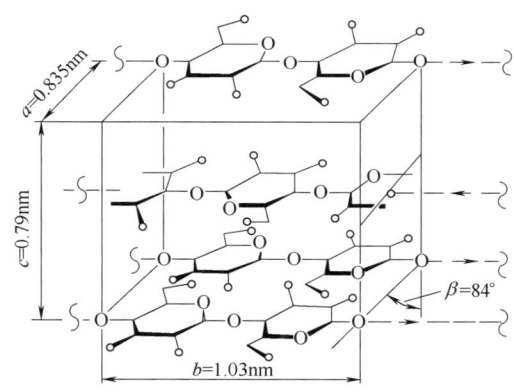

图 2-22　纤维素线状液晶结构

四、玻璃态与无定形态（Glass and Amorphous）

从 20 世纪 60 年代，人们开始探索食品和生物材料中的玻璃体问题，认为食品材料的某些物理变化和化学变化与分子的扩散能力有关，当某种组分的分子失去扩散能力时，其相关的化学反应将被抑制。

玻璃态是一种近程有序、远程无序的分子分布状态，与一般液态相比，其分子分布的无序性非常相似，因此，玻璃体也被视为液体或者过冷液体。从宏观物理性质看，玻璃体与液体相比具有较高的硬度和脆性，玻璃体的黏度远远大于液体，其黏度在 $10^{13} \sim 10^{14} Pa \cdot s$，而常温下液态水的黏度仅有 $1.005 \times 10^{-3} Pa \cdot s$。巨大的黏度使玻璃体具有抵抗自身重力能力，因而有坚硬的固体形态。玻璃态在动力学上是稳定的，如果过冷液体黏度达到 $10^{14} Pa \cdot s$，其流动速度仅为 $10^{-14} m/s$，或者说一个世纪仅能流动 $30\mu m$。玻璃态在热力学上是亚稳定的，在转变过程中，没有新相产生，也没有热量峰值，比体积 v 和熵 S 的变化斜率发生阶跃变化，即等压热膨胀系数 α、等温压缩系数 β 和比热容 c_p 发生阶跃变化。由于 α、β 和 c_p 是吉布斯化学势 G 的二阶导数，即：

$$\alpha = \frac{1}{v}\left(\frac{\partial v}{\partial T}\right)_P = \frac{1}{v}\frac{\partial}{\partial T}\left[\left(\frac{\partial G}{\partial P}\right)_T\right]_P \tag{2-19}$$

$$\beta = -\frac{1}{v}\left(\frac{\partial v}{\partial P}\right)_T = -\frac{1}{v}\frac{\partial}{\partial P}\left[\left(\frac{\partial G}{\partial P}\right)_T\right]_T = -\frac{1}{v}\left(\frac{\partial^2 G}{\partial P^2}\right)_T \tag{2-20}$$

$$c_p = T\left(\frac{\partial S}{\partial T}\right)_P = -T\frac{\partial}{\partial T}\left[\left(\frac{\partial S}{\partial T}\right)_P\right]_P = -T\left(\frac{\partial^2 G}{\partial T^2}\right)_P \tag{2-21}$$

故将这类变化称为热力学二级相变。

1. 玻璃化转变机理

关于玻璃化转变机理有多种假说，其中影响最大的是自由体积理论（Free Volume）。该理论认为，材料体积由两部分组成，一部分是被分子占据的体积，称为已占体积；另一部分是未被占据的体积，由分子间的孔穴组成，称为自由体积。自由体积给分子或分子链段的移动提供空间，如果材料中没有足够的自由体积，其原子、分子或者分子链段就无法运动，这是自由体积理论的核心思想。分子或者分子链段的运动与温度有关，当材料温度高于某一温度时，分子或者分子链段有足够的能量和自由体积空间用于构象调整甚至移动。在宏观上表现为很高的弹性，称为橡胶态或者无定形态。当材料温度低于某一值时，自由体积显著减少，分子或者分子链段没有足够的空间，其运动受到极大的限制甚至被冻结。在宏观上表现为很高的硬脆性，称为玻璃态。由玻璃态转变为橡胶态所对应的温度称为玻璃化转变温度 T_g（图 2-23）。自由体积理论认为，材料处于玻璃态时，其自由体积不再变化。图 2-23 显示了自由体积与温度变化的关系，在玻璃化转变温度处，自由体积出现一个转折，并随温度的升高线性明显增加。设玻璃化转变时材料的体积为 V_g，则：

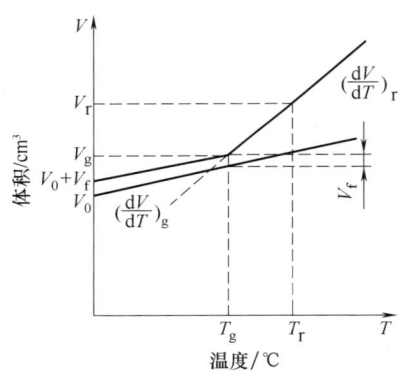

图 2-23　自由体积与温度的关系

$$V_g = V_0 + V_f + \left(\frac{dV}{dT}\right)_g \cdot T_g \tag{2-22}$$

式中　V_0——0K 时材料的已占体积，cm^3；

　　　V_f——T_g 时的自由体积，cm^3；

$(dV/dT)_g$——低于 T_g 时（处于玻璃态）材料的体积变化率，即已占体积变化率。

在高于 T_g 邻域某一温度 T，材料处于橡胶态，其体积为 V_r：

$$V_r = V_g + \left(\frac{dV}{dT}\right)_r (T - T_g) \tag{2-23}$$

式中　$(dV/dT)_r$——材料（橡胶态）的体积变化率（包括材料已占体积变化率和自由体积变化率）。

如果材料从玻璃态转变为橡胶态时已占体积变化率不变，则自由体积的变化率为 $(dV/dT)_r - (dV/dT)_g$，由此得出橡胶态材料的自由体积 $V_{f,r}$ 为：

$$V_{f,r} = V_f + (T - T_g)\left[\left(\frac{dV}{dT}\right)_r - \left(\frac{dV}{dT}\right)_g\right] \tag{2-24}$$

两边除以总体积 V：

$$\frac{V_{f,r}}{V} = \frac{V_f}{V} + (T - T_g)\left[\frac{1}{V}\left(\frac{dV}{dT}\right)_r - \frac{1}{V}\left(\frac{dV}{dT}\right)_g\right] \tag{2-25}$$

式中 $(1/V)(dV/dT)_r$ 与 $(1/V)(dV/dT)_g$——橡胶态和玻璃态下的热膨胀系数 α_r 和 α_g。

设自由体积与总体积之比为自由体积分数 f，则温度 T 处：

$$f = f_g + (T - T_g)(\alpha_r - \alpha_g) = f_g + \alpha_f(T - T_g) \tag{2-26}$$

式中 f_g——玻璃化转变时材料的自由体积分数。

实验发现，许多高分子材料在玻璃化转变温度附近的自由体积分数相差不大，均接近于 2.5%。也就是说，玻璃化转变时 $f = f_g$，从实验方面支持了玻璃化转变的等自由体积理论。

从以上分析可知，当材料从高于玻璃化转变温度开始冷却，已占体积将逐步缩小，自由体积随着分子或者分子链段的调整，逐步移到材料表面而释放，使自由体积也缩小。如果冷却速度较慢，分子或分子链段有充分的时间进行调整，已占体积达到充分小，被排出去的自由体积也充分大，根据体积膨胀系数的变化，得到的玻璃化转变温度较低。如果冷却速度非常快或者体系黏度很大，在一定时间内分子或分子链段来不及调整，这时已占体积缩小不充分，自由体积释放也不充分，得到的玻璃化转变温度较高。从低于玻璃化转变温度开始加热，加热速度对玻璃化转变温度的影响与冷却速度一样，即加热速度慢，已占体积膨胀充分，自由体积增加也充分，得到的玻璃化转变温度较低。加热速度快，分子或分子链段膨胀与调整相对滞后，得到的玻璃化转变温度较高。

2. 影响玻璃化转变温度的因素

根据材料在玻璃化转变温度的前后特性变化，可以认为，凡是使分子链柔性增加或者使分子间作用力降低的因素均导致 T_g 下降。因为，材料可以在相对低的温度下调整构象；反之，凡是使分子链段活动能力下降的因素均使 T_g 升高。因此，影响玻璃化转变温度的主要因素有主链柔顺性、侧基极性、侧基体积和侧基的对称性、相对分子质量、溶剂种类和数量以及温度和压力等因素。对于食品材料，水是重要的溶剂或者增塑剂。水对食品材料的玻璃化转变温度的影响很大，图 2-24 显示了水对淀粉玻璃化转变温度的影响，其中，$T_{g,s}$ 是无水淀粉的玻璃化转变温度，$T_{g,w}$ 是水的玻璃化转变温度，T_m 是熔点，T_g' 是部分玻璃化转变温度。即材料组成成分是

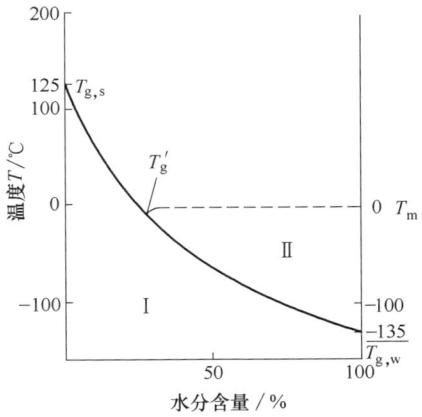

图 2-24 淀粉水溶液玻璃化转变过程
Ⅰ—玻璃态　Ⅱ—橡胶态

决定其玻璃化转变温度线形状的主要因素。更一般的食品状态图如图 2-25 所示，它包括平衡的相变线和不平衡的亚稳定共存区。图中 ABC 为冻结线，BD 为溶解度线，EFS 为玻璃化转变温度线。水溶液从 A 点开始冻结，在未达到 B 点前是冰晶与剩余溶液的混合体。当降温至 B 点时，剩余溶液中的固形物开始结晶，形成冰晶、剩余溶液和固形物晶体。当达到 C 点后，剩余溶液中能够结晶的水分已全部结晶，剩余溶液呈橡胶态。C 点称为最大冷冻浓缩点，C 点所对应的水分含量 [1-X'_s（干物质量）] 被视为不可冻结水的，它包括没有结晶的自由水和被固形物所吸附的束缚水，C 点所对应的温度 T'_m 为最大冷冻浓缩温度。从 C 点到 F 点没有新的晶体析出，而仅使剩余溶液从橡胶态转变为玻璃态，因此，F 点称为玻璃化转变点，对应的温度即是部分玻璃化转变温度 T'_g。Q 点是冻结线与玻璃化线的交点，如果 C 点与 Q 点重合，则最大冷冻浓缩温度 T'_m 与部分玻璃化转变温度 T'_g 相同。R 点温度是冻结食品中固形网格结构的玻璃化转变温度 T'''_g（或者 T_g），其值可由 DSC 检测到。LNO 线为 BET-单分子层水分含量线，其值由水的等温吸附曲线确定，是温度的函数，也是用水分活度评价食品稳定性的理论基础。从图中可知，BET-单分子层水分含量总是低于不可冻结水分含量。

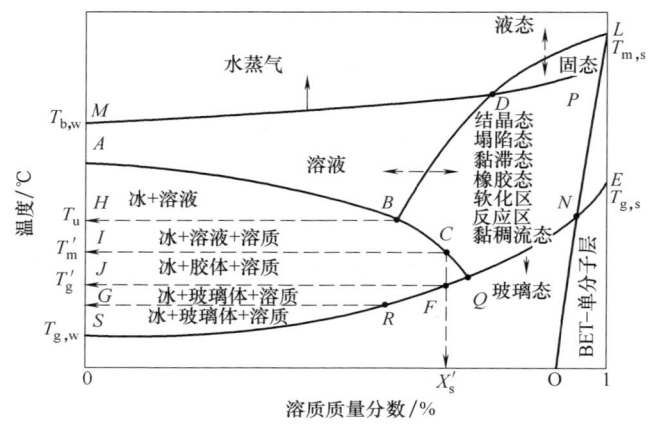

图 2-25　食品水溶液玻璃化转变过程

$T_{b,w}$—水的蒸发温度　$T_{m,s}$—溶质的熔点

3. 玻璃化转变温度确定方法

玻璃化转变不但具有热力学二级相变的特征，又具有动力学上的松弛特征。在玻璃化转变阶段，体系尚未达到平衡状态，材料的物理性质、机械性质、电学性质、热学性质等都发生不连续的变化，因此，玻璃化转变温度的检测方法就有热学、电学、力学和光学等方法。此外，还有基于热力学和动力学理论建立的玻璃化转变温度经验或者半经验表达式。

（1）差示扫描量热法（Differential Scanning Calorimetry，DSC）　DSC 方法是根据样品在升温或者降温过程中热容量的变化信息确定玻璃化转变温度，是一种最常用的方法。在选择升温或者降温模式中，由升温过程中的热容量信息确定玻璃化转变温度更多见。图 2-26 是典型的 DSC 热分析过程曲线。当降温速率较慢时，样品中的水分有充分的时间发生结晶，在 F 点出现放热峰 [图 2-26（1）]。当降温速率较快，或者样品可冻结水分较少时，降温过程没有放热峰，可冻结水分没有充分的时间结晶或者被固形物所束缚未能充分结晶 [图 2-26（2）]，但是在升温的过程中，在 E 点出现一个放热峰 [图 2-26（2）]，它表明被固形物束缚的可冻结水分在升温过程中由玻璃态转变成结晶态。这个转变又称反玻璃化转变。E 点处的反玻璃化现象对确定最大冷冻浓缩温度有很大的影响，也就是说，样品体系还没有达到平衡状态下的最大浓缩点。为了准确确定最大冷冻浓缩点，目前常采用退火处理，消除 E 点的反玻璃化现象。

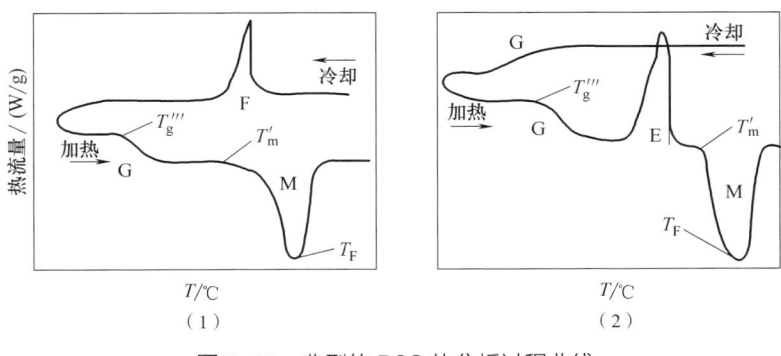

图 2-26　典型的 DSC 热分析过程曲线
（1）慢速冷冻　（2）快速冷冻

DSC 曲线形状和玻璃化转变温度与试验过程密切相关，不同的冷却速率、加热速率、样品大小和退火条件等都影响检测结果的准确性。目前，对玻璃化转变温度的研究报道均要说明试验条件，否则，研究结果没有可比性。

玻璃化转变温度 T_g' 常位于 T_g''' 与 T_m' 之间，是一个较宽的温度区。目前常采用转变过程的中间点作为玻璃化转变温度，即玻璃化转变前后的两条基线和转变过程线形成的中点（图2-27）。近几年，人们倾向于采用玻璃化转变开始、中间和结束三个温度表示（图2-28）。

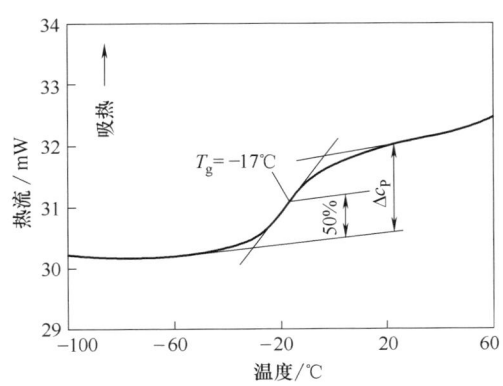

图 2-27　玻璃化转变温度中点温度确定方法

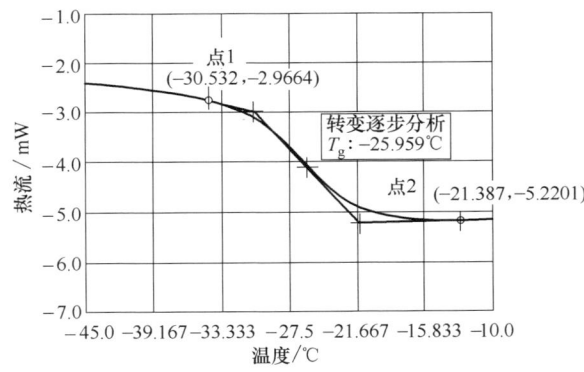

图 2-28　玻璃化转变温度始点、中点和终点温度确定方法

（2）动态机械热分析法（Dynamic Mechanical Thermal Analysis，DMTA）　用该方法确定食品材料的玻璃化转变温度是近几年基于材料流变学的一种新方法，与 DSC 方法比较，在某种情况下它有更高的灵敏度。这种方法包括热机分析法（Thermal Mechanical Analysis，TMA）、动态机械分析法（Dynamic Mechanical Analysis，DMA）等。它的基本原理是根据样品在一定频率

（或者温度）和一定响应变量（或者应力）作用下，由其结构力学性能随温度（或者频率）变化的信息确定玻璃化转变温度，称为流变学玻璃化转变温度或者网络结构玻璃化转变温度（Rheological Glass Transition Temperature，Network Glass Transition Temperature）。结构力学性能主要指材料的黏弹性，用贮存模量 G'（Storage Module）、损耗模量 G''（Loss Module）和损耗因子 δ（$\tan\delta = G''/G'$）表示。图 2-29 是无定形聚合物力学性能随温度、作用频率、相对分子质量、浓度的变化情况，其中可分为四个典型的区域，Ⅰ区为黏性主导区，呈分子流状态；Ⅱ区为弹性主导区，材料内部形成相对稳定的弹性网络结构（如常温下的橡皮糖）；Ⅲ区为玻璃化转变区；Ⅳ区为玻璃化区，在Ⅳ区域，生化反应和微生物生长均受到显著抑制。

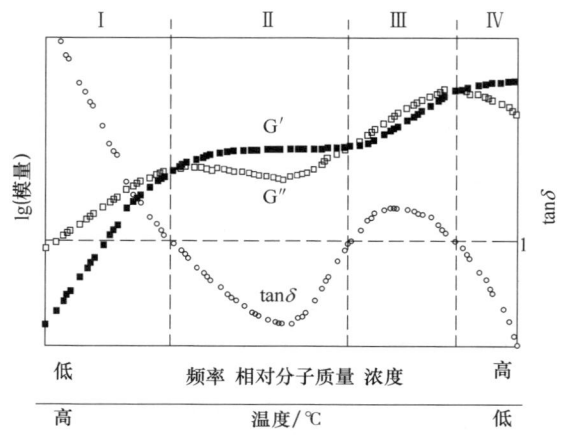

图 2-29　无定形聚合物力学性能与温度、作用频率、相对分子质量、浓度的关系

目前，由流变学确定玻璃化转变温度的方法有：①温度增加过程中贮存模量突然下降所对应的温度；②损耗模量最大时所对应的温度；③损耗因子最大时所对应的温度；④贮存模量和损耗模量交叉点所对应的温度；⑤贮存模量突然下降至结束两点对应的温度（图 2-30）；⑥贮存模量对温度一阶导数的方法，如图 2-31 所示，B 点是玻璃化转变起始点，而 C 点是玻璃化转变结束与玻璃化区的分界点。一般情况下，由流变学确定的玻璃化转变温度往往低于 DSC 确定的玻璃化转变温度。

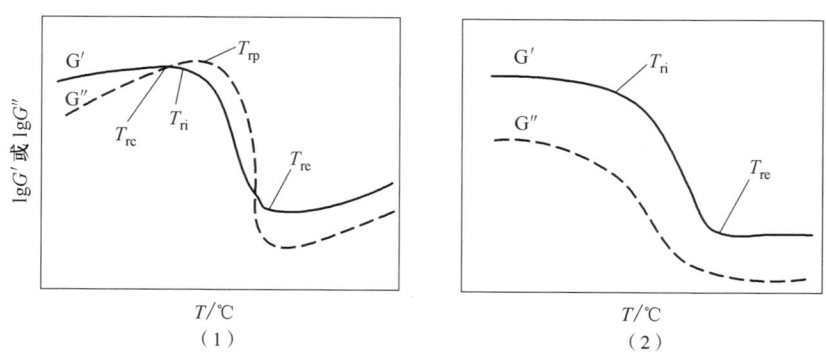

图 2-30　由流变学确定的玻璃化转变温度

（3）Gordon-Taylor 经验公式法　该方法认为，无定形共聚物的玻璃化转变温度介于两种单体组分的玻璃化转变温度之间，随着两种组分比例的变化，共聚物的玻璃化转变温度将随之做线性或者非线性改变。Gordon-Taylor 经验公式［式（2-27）］仍然是目前生物聚合物玻璃化转变温度的常用预测模型。水的玻璃化转变温度已公认为 $-135℃$，而溶质的玻璃化转变温度一般由试验获得，由式（2-27）进行非线性回归确定。

$$T_g = \frac{w_1 T_{g1} + k w_2 T_{g2}}{w_1 + k w_2} \qquad (2-27)$$

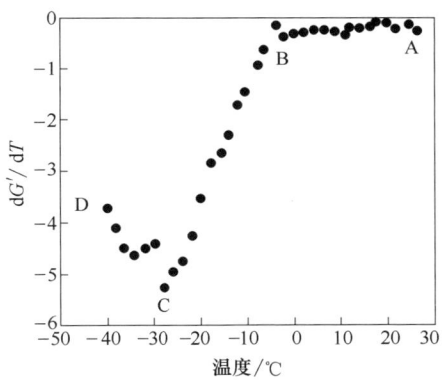

图 2-31　利用贮存模量对温度的一阶导数确定玻璃化转变温度

式中　T_g——生物聚合物玻璃化转变温度，℃；

w_1 和 w_2——溶质和水的质量分数，%；

T_{g1} 和 T_{g2}——溶质和水的玻璃化转变温度，℃；

k——Gordon-Taylor 常数，由实验确定（表 2-6）。

表 2-6　　　　　　　　　部分食品玻璃化转变温度 T_{g1} 与 k

名　称	$T_{g1}/℃$	k	资料来源
蒜粉	40.1	3.7	Rahman（2005）
金枪鱼	95.1	2.89	Rahman（2003）
红枣（Khalsa 品种）	57.4	3.2	Rahman（2004）
红枣（Barni 品种）	63.8	4.0	Kasapis（2000）
葡萄	20.0	3.3	Sereno（1995）
圆葱	50.0	4.0	Sereno（1995）
草莓	35.0	4.3	Sereno（1995）

五、物体内聚能对比

图 2-32 是物体玻璃化转变温度前后和物体熔化前后内聚能变化趋势。当物体处于玻璃化温度 T_g 以下时，物体的内聚能最大，且基本恒定。当物体温度超过 T_g 时，有两种趋势，一种是排列有序的结晶体，另一种是无定形的聚合体。结晶体在次价键作用下具有很高的内聚能，且基本恒定至熔化温度点 T_m。无定形聚合物随着温度增加，其内聚能显著下降，呈现出弹性物体特征，直至演变成为具有塑性和黏性的流动液体。两种形态

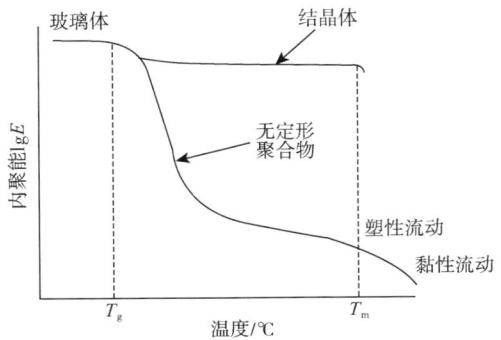

图 2-32　内聚能与温度的关系

的物体在经过 T_m 点时，结晶体发生相变，由固态变为液态，释放出内聚能；而无定形聚合物并未发生相变，仅是聚合物分子间出现明显的相对移动，宏观上呈现为液态。

第三节 食品分散体系

一般的食品不仅含有固体成分，而且还含有水和空气。食品属于分散系统，或者是说属于非均质分散系统，又称分散体系。所谓分散体系是指数微米以下，数纳米以上的微粒子在气体、液体或固体中浮游悬浊（即分散）的系统。在这一系统中，分散的微粒子称为分散相，而连续的气体、液体或固体称为分散介质。分散体系的一般特点是：①分散体系中的分散介质和分散相都以各自独立的状态存在，所以分散体系是一个非平衡状态。②每个分散介质和分散相之间都存在着接触面，整个分散体系的两相接触面面积很大，体系处于不稳定状态。

按照分散程度的高低（即分散粒子的大小），分散体系大致分为如下三种。

（1）分子分散体系　分散的粒子半径小于 10^{-7} cm，相当于单个分子或离子的大小。此时分散相与分散介质形成均匀的一相。因此分子分散体系是一种单相体系。与水的亲和力较强的化合物，如蔗糖溶于水后形成的"真溶液"就是例子。

（2）胶体分散体系　分散相粒子半径在 $10^{-7} \sim 10^{-5}$ cm，比单个分子大得多。分散相的每一粒子均为由许多分子或离子组成的集合体。虽然用肉眼或普通显微镜观察时体系呈透明状，与真溶液没有区别，但实际上分散相与分散介质已并非为一个相，存在着相界面。换言之，胶体分散体系为一个高分散的多相体系，有很大的比表面积和很高的表面能，致使胶体粒子具有自动聚结的趋势。与水亲和力差的难溶性固体物质高度分散于水中所形成的胶体分散体系，简称溶胶。

（3）粗分散体系　分散相的粒子半径在 $10^{-5} \sim 10^{-3}$ cm，可用普通显微镜甚至肉眼都能分辨出是多相体系。例如，"悬浮液"泥浆和"乳状液"牛乳就是例子。

除按分散相的粒子大小做如上分类以外，还常对多相的分散体系按照分散相与分散介质的聚集态来进行分类。可将分散体系分成如表 2-7 所示的 8 种类型。

表 2-7　　　　　　　　　多相分散体系的 8 种类型

分散介质	分散相	名称	实例
气体	液体	气溶胶	加香气的雾
	固体	粉体	面粉、淀粉、白糖、可可粉、脱脂乳粉
液体	气体	泡沫	搅打奶油、啤酒沫
	液体	乳胶体	牛乳、生奶油、奶油、蛋黄酱
	固体	溶胶	浓汤、淀粉糊
		悬浮液	酱汤、果汁
固体	气体	固体泡沫	面包、蛋糕、馒头
	液体	凝胶	琼脂、果胶、明胶
	固体	固溶胶	巧克力

一、食品中的水分

水是食品主要成分之一,也是食品分散体系的主要组成,水可作连续相的溶剂,也可作为分散相物体参与体系反应。是影响食品物性的重要物质。

1. 水的基本物性

水虽然是极普遍的简单的化合物,然而,与相近的其他低相对分子质量物质相比,它却有许多特殊的性质,比如,它的沸点和冰点分别为100℃和0℃,而氧为-183℃和-219℃,氢为-253℃和-269℃。在同族元素化合物中,一般周期表上方元素的化合物相对分子质量越小,沸点、冰点越低。如图2-33所示第Ⅵ族元素的氢化物H_2S(相对分子质量34)、H_2Se(相对分子质量81)、H_2Te(相对分子质量129.6)都符合这一规律。它们在常温下都是气体,以此类推,水的沸点、冰点应分别为-73℃和-91℃。而实际上水的沸点和冰点比这一推算值分别高出了173℃和91℃,在常温下呈液态。另外,在基本的有机化合物中,与水有相似的沸点、冰点的化合物并不多,只有

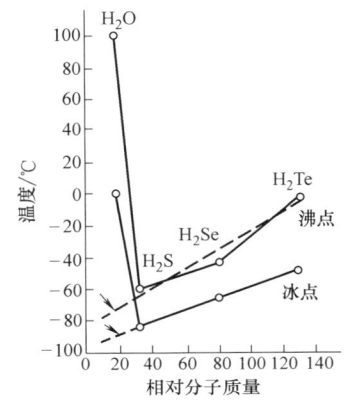

图2-33 第Ⅵ族元素氢化物的沸点和冰点

苯、环己烷、甲酸和乙酸,然而,这些物质的相对分子质量比水要大得多。目前,人们已经清楚水的特异性是由于氢键的作用。虽然水的相对分子质量较小,但是在氢键作用下,水分子构成分子团,显然,分子团的质量远大于单个水分子的质量。

由于水分子具有形成氢键的2个氢原子和2对孤对电子,所以,水分子最大可以形成4个氢键结合[图2-34(1)]。这样每个水分子与其他水分子有可能形成1~4个氢键结合形式的四种分子团结构,从而形成各种不同结构和大小的分子团。

水分子团是一种多孔隙的动态结构,每个水分子在结构中稳定的时间仅在10^{-12}s左右。在极短的时间内,于其平衡位置振动和排列,并不断有水分子脱离和加入分子团[图2-34(2)],这也是水具有低黏度和较好流动性的根本原因。

2. 水与离子、亲水溶质间的相互作用

离子和有机分子的离子基团与水形成水-离子键,其键能虽然远小于共价键,但是却大于水分子间的氢键,使水分子的流动性下降。图2-35是NaCl溶液中Na^+和Cl^-与水分子的相互作用,这种排列扰乱了水分子的正常结构(基于氢键的四面体排列)。当然,离子的效应远超过它们对水结构的影响。离子具有不同的水合(争夺水)、改变水的结构、影响水的介电常数以及决定胶体周围双电层的厚度等能力,因而显著地影响了其他非水溶质和悬浮在水介质中的物质的"相容程度"。于是,蛋白质的构象与胶体的稳定性也大大受到共存离子种类和数量的影响。

有些溶质具有亲水性,可以与水形成水-溶质氢键,其键能一般弱于水-离子键,与水分子之间氢键相互作用的强度大致相同。亲水溶质对水性质的影响程度,取决于水-溶质氢键的强度,如果强度较大,可能降低第一层水的流动性,或改变第一层水与体相水的其他性质。水能

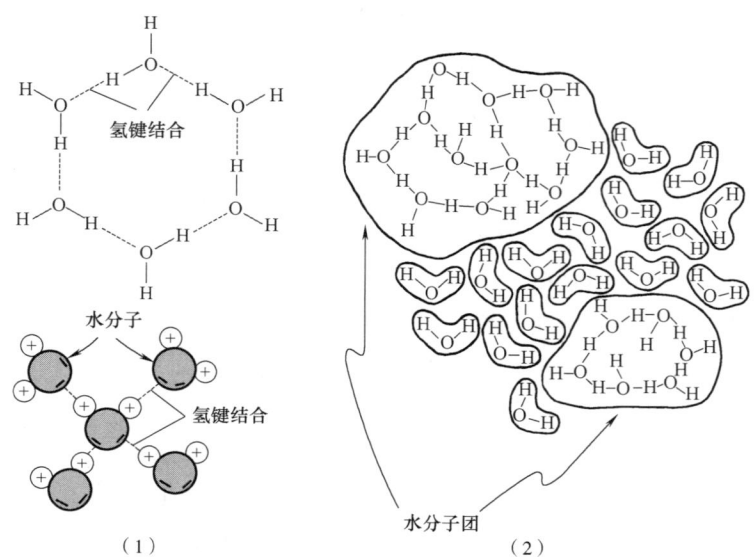

图 2-34 水分子间的作用力
(1) 分子间的氢键 (2) 分子团结构

与各种基团（如羟基、氨基、羰基、酰胺或亚氨基）形成氢键，即 H—O 和 H—N，这包含了食品中的大部分物质成分，如蛋白质和碳水化合物等。由于水参与并影响了溶质结构及物性，因此，通过水的这种性质，可以改善和调控食品某些特性。例如，在淀粉糊中加入糖，糖与水的结合改变淀粉的糊化，使糊化和糊化后的老化（β化）速度减慢。蛋白质的变性也需要水，因此，当糖存在时蛋白质的变性也会减慢。

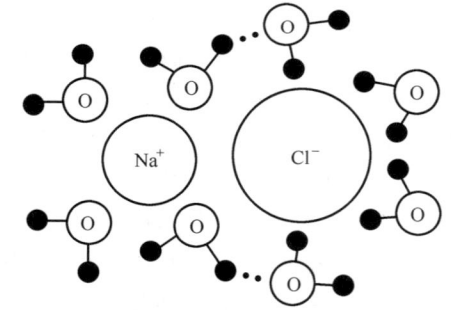

图 2-35 NaCl 溶液中离子与水分子的相互作用

3. 水与非极性物质的相互作用

由热力学可知，水与非极性物质（如烃类、稀有气体以及脂肪酸、氨基酸和蛋白质的非极性基团）混合时，将增大水的界面自由能，使体系不稳定。为此，体系向着降低自由能的方向发展，减少水与非极性物质的接触面积，最终形成笼状结构，如图 2-36 所示。笼状结构中的水分子，其排列类似于冰晶体，使体系的熵减少。

由于蛋白质的非极性基团暴露于水中，在疏水性作用下，使蛋白质折叠，并将大部分疏水性残基隐藏在折叠结构内部，如图 2-37 所示。事实上，尽管存在着疏水性作用，然而球状蛋白质中的非极性基团一般仍占据 40%~50% 的表面积，因此，疏水性作用被认为是维持球状蛋白质的立体结构、生体膜稳定性的重要因素。此外，在疏水性分子周围，水的构造对液状食品的物性和稳定性有很大影响，包括酒、调味料、饮料等。白酒和威士忌即使是同样成分，但处理方法和存放时间不同，对酒的美味影响是很大的。陈酿的酒在杯中显得"黏"，酒精挥发也慢

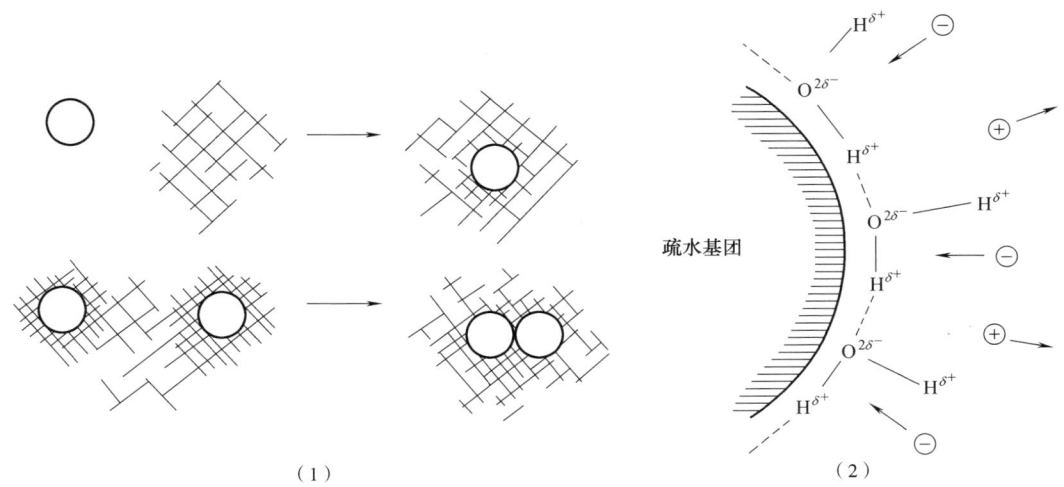

图 2-36 疏水过程（1）和水在非极性物质表面的排列（2）
注：空心球代表非极性物质，影线区代表水，虚线代表氢键

一些，这可以认为，酒在长期存放中，水分子与乙醇分子形成了疏水性的水合结构。因此，陈放的酒，口感也比较温和，没有即时调制的酒那么"辣"。

二、泡沫（Foam）

泡沫是指在液体中分散有许多气体的分散系统。气体由液体中的膜包裹成泡，把这种泡称为气泡，有大量气泡悬浮的液体称为气泡溶胶。当无数气泡分散在水中时溶液呈白色，这便是气泡溶胶（又称泡沫）。

另外，如啤酒上的气泡，液体中的气泡上浮到液面，并不消失，在液体上面形成气泡层。这样的气泡由很薄的液膜包裹，且相互隔壁相接，称为泡沫。如冰淇淋，有许多气泡在液体中处于分散状态，把这样的气泡称为分散气泡。

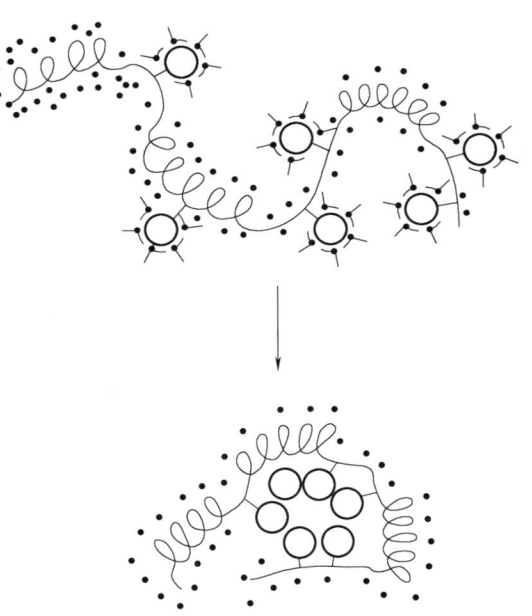

图 2-37 蛋白质的疏水性作用
注：空心球代表疏水基团

三、乳胶体（Emulsion Colloid）

乳胶体一般是指两种互不相溶的液体，其中一方为微小的液滴，分散在另一方液体的胶体中。如果把水和油轻轻地倒在杯子中，由于水分子之间和油分子之间的分子力有本质区别，水和油之间不存在相互作用，由于水和油的相对密度不同，油在上层水在下层，形成明显的油水

界面（液-液界面）。

在存在界面的情况下，液体内部的分子由于受到各方相同的分子力的作用而处于平衡状态，界面的分子则处于非平衡状态。比如，水和气体接触，由于气体的分子力很小，处于表面的水分子受到下面水分子的作用，表面积变小，把这种使表面积变小的作用力称为表面张力。如果把水和油进行激烈搅拌，那么水和油的界面受到破坏，形成一种液体分散于另一种液体的乳胶体。此时，分散的粒子越小，两相界面积总和则越大。由热力学平衡定律可知，乳胶体的两相界面积越大，系统的自由能越大，系统越不稳定，系统向界面积小的稳定状态变化。如果在水中添加少量的水溶性乳化剂后搅拌，那么与未添加乳化剂的相比不仅形成乳胶体所需要的作用力小，而且状态保持时间也长。此时形成的乳胶体，称为水包油型（记作 O/W 型）乳胶体（连续相为水，分散相为油）。如果把磷脂等油溶性乳化剂溶解在油中后进行搅拌，则形成油包水型（记作 W/O 型）乳胶体（连续相为油，分散相为水）。乳化剂附着在分散粒子的界面上，降低界面自由能，阻碍界面积减少速度，延长乳胶体状态维持时间。我们把具有这种作用的物质称为表面活性物质（又称表面活性剂或乳化剂）。制作蛋黄酱时蛋黄中的脂蛋白和磷脂就起乳化剂的作用。增加油相的体积分数可使蛋黄酱的硬度增加。如果水相和油相的体积分数相同，那么油滴越小弹性系数和黏性系数则越大，松弛时间越长。

生奶油（又称稀奶油）、蛋黄酱均属于 O/W 型，而黄油、人造奶油等属于 W/O 型。乳胶体在不使油与水分离的情况下，O/W 型经一定处理，可转变为 W/O 型，而 W/O 型也能变成 O/W 型。把这种连续相与分散相之间的转换现象称为相转换。例如，当持续激烈地搅拌 O/W 型生奶油时，就会发生相转换，变成 W/O 型的黄油。黄油是用这种方法由生奶油加工而成。相转换时，即使原来各相的组成比例不变，转换前与转换后乳胶体的物性也会发生明显变化。相转换的概念与过程如图 2-38 所示。

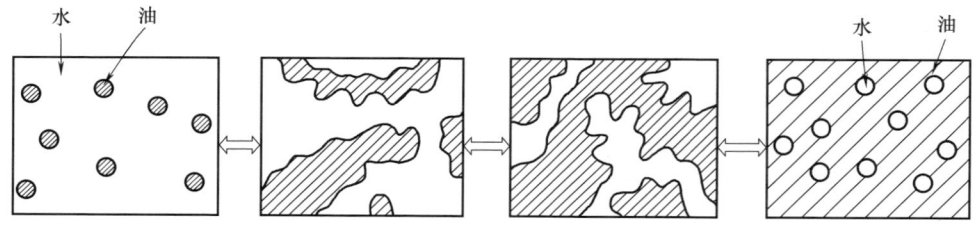

图 2-38　乳胶体相转换模型示意图

除了由两相构成的乳胶体外，还有多相乳胶体。所谓多相乳胶体是指：当把 O/W 或 W/O 型乳胶体整个看成一个连续相，给这样的乳胶体添加亲水性或亲油性的乳化剂后搅拌，此时各自的水或油又会成为分散相，得到 W/O/W 型或 O/W/O 型乳胶体。当 W/O 型乳胶体向 O/W 型相转换时，也能得到 W/O/W 型的多相乳胶体。乳胶体类型的判断，是研究其物性时首先要解决的问题。也就是说，连续相是水还是油，对它的物性起决定性作用。

四、悬浮液（Suspension）

固体微粒子分散于液体的分散体系，称为悬浮液。一般地说，当静止放置稀薄悬浮液时由于固体粒子受到浮力的作用，密度小于水的密度时固体粒子就能浮起来，但当固体粒子密度大于水的密度时就沉降，密度相同时固体粒子在水中保持静止状态。如果增加固体粒子的浓度，那么由于粒子之间的相互作用，黏度就增加。当水恰好填满了大量固体粒子的间隙时水起可塑剂的作用，变成黏土一样的固体状态，出现塑性。食品中一般胶体粒子的分散介质是水，所以把分散介质（连续相）是水的胶体称为亲水性胶体，这样的溶胶称为水溶胶。

五、凝胶体（Gel）

凝胶是由一定尺寸范围的粒子或者高分子在另一种介质中构成的三维网络结构形态，或者说另一种介质（例如：水和空气）填充在网络结构中。根据构成网络结构的物质特点，常可分为聚合物凝胶和粒子凝胶，如图 2-39 所示。

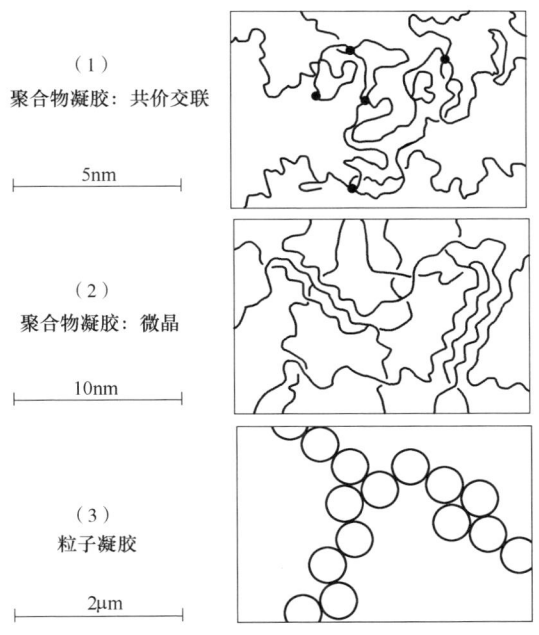

图 2-39 聚合物凝胶态和粒子凝胶态
注：图中黑点表示为交联点

（1）粒子凝胶 具有相互吸引趋势的粒子随机发生碰撞会形成粒子团，当这个粒子团再与另外的粒子团发生碰撞时又会形成更大的粒子团，最后形成一定的结构形态。这种聚集可以由改变体系 pH、离子强度或者是溶剂质量等因素而形成。在这种类型的凝胶中，表征体系性质的弹性模量与熵的关系很小，主要取决于焓效应及键的变形。通常情况下，粒子凝胶本质上呈分形特征，且由于粒子之间连接靠范德瓦耳斯力，因此这种凝胶结构比较脆弱，在较小应变范围内具有触变性；吸收膨胀并进而网架解体，形成可无限膨胀的溶胶。食品材料中，球状蛋白、脂肪晶粒和乳化液滴等都可能形成粒子凝胶。

（2）聚合物凝胶 聚合物凝胶都是由细而长的线形高分子，通过共价键、氢键、盐桥、二硫键、微晶区域、缠绕等方式形成交联点，构成一定的网络结构形态。根据热力学理论，高分子链在没有外力作用下，一般是朝着熵增的方向发展，即高分子链会自然卷曲。在外力作用下，高分子链这种无规线团结构才趋于有序。这种凝胶的黏弹性如何，取决于交联点数量和交联点间分子链的长度及柔性。总体上说，这种凝胶的黏弹性较好，因此，人们经常运用所谓的橡胶理论来讨论聚合物凝胶。食品材料中，多糖分子和某些线形蛋白质分子可能形成聚合物凝胶。

1. 多糖凝胶（Polysaccharide Gel）

多糖凝胶是食品常见形态，主要有淀粉、琼脂、海藻胶、卡拉胶、瓜尔豆胶、阿拉伯胶、黄原胶、果胶等。多糖分子链中规则有序的单糖链段常常与相邻分子链中同样的链段形成紧密的结构（图2-40），决定着凝胶温度、时间、强度和可逆性等性质。多糖水溶液的黏度与分子链形状、相对分子质量、浓度等有关，浓度越高，黏度越高。表2-8是常见多糖水溶液黏度与浓度的关系，其中，多数多糖具有低浓度、高黏度的特性。

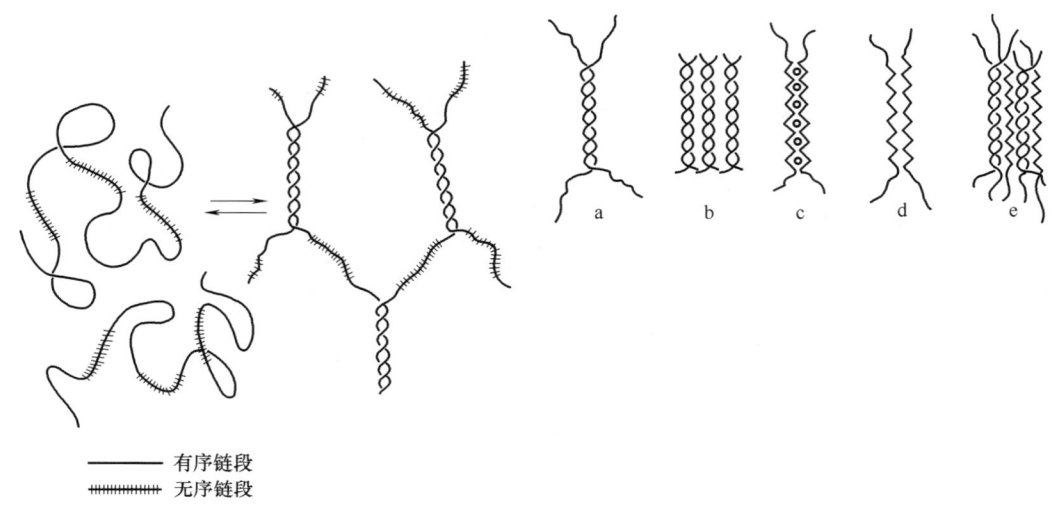

——— 有序链段
wwwww 无序链段

图 2-40 多糖分子链交联示意图

a—双螺旋结构　b—双螺旋束　c—蛋盒结构　d—折叠结构　e—双螺旋与折叠

表 2-8　　　　　常见多糖水溶液黏度与浓度的关系（25℃）　　　　单位：MPa·s

浓度/%	阿拉伯胶	黄芪胶	卡拉胶	海藻酸钠	甲基纤维素	刺槐豆胶	瓜尔豆胶
1		54	57	214	39	59	3025
2		906	397	3760	512	1114	25060
3		10605	4411	29400	3850	8260	111150
4		44275	25356		12750	39660	302500
5	7	111000	51425		67575	121000	510000
6		183500					
10	17						
20	41						
30	200						
40	936						
50	4163						

(1) 淀粉（Starch） 如前所述，天然淀粉是一种液晶态结构。在过量水中加热时，淀粉颗粒吸水膨胀，使处于亚稳定的直链淀粉析出进入水相，并由螺旋结构伸展成线形结构。由于线形结构占有较大的空间和具有不定的形状，增加了线形分子间的碰撞、摩擦和缠绕等机会，使淀粉溶液黏度增大。当对淀粉溶液进一步加热与搅拌后，大量的水分子进入支链淀粉的微晶区，断开微晶区内的氢键，导致微晶区域"熔化"，支链淀粉破碎并进入水相，黏度由最大开始下降。这个过程是淀粉糊化过程，其黏度随温度的变化情况如图 2-41 所示。

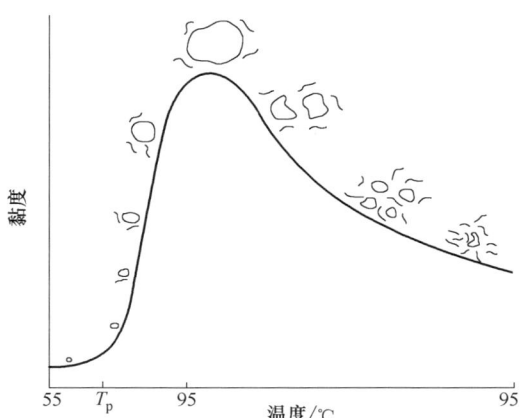

图 2-41 淀粉糊化过程中的黏度随温度的变化
颗粒—支链淀粉　曲线—直链淀粉

(2) 琼脂（Agar） 琼脂是从红藻中提取的多糖凝胶，是一种应用很广的凝胶剂。含量仅有 0.04% 时，即显示出凝胶效果。含量在 1.5% 时，32~39℃ 开始凝胶，并在 60~97℃ 下不熔化。这种较宽的凝胶稳定温度区是琼脂的独特之处。在食品工业中，利用琼脂的不可被人体吸收的特点和凝胶的热稳定性以及具有乳化功能的特点，在冰淇淋和雪泥类产品中作为添加剂（约 0.1%），在蛋黄酱、奶酪、糖果和焙烤食品中作为稳定剂（0.1%~1.0%），在肉制品中作为填充物或者替代品，有较好的凝胶质构特点。

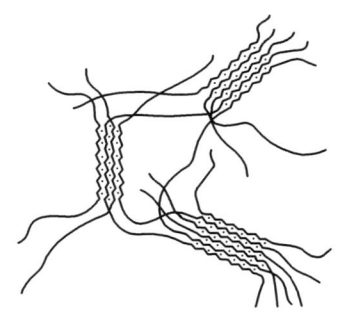

图 2-42 海藻酸钙凝胶结构示意图

(3) 海藻胶（Alginates） 海藻胶是从褐藻中提取的多糖物质，是褐藻细胞壁的主要成分。海藻胶溶于水，其水溶液黏度与海藻酸的相对分子质量有关，与盐的抗衡离子有关。在缺少二价阳离子和三价阳离子或者存在螯合剂的情况下，海藻胶水溶液黏度较低。但是，当多价阳离子增加（如钙离子）时，黏度也随之增加，因此，可通过调整阳离子浓度来控制海藻胶水溶液的黏度。图 2-42 是海藻酸钙凝胶结构示意图，钙离子在带有负电荷的海藻酸分子链中起到连接作用，形成蛋盒状的刚性较强的交连结构。图 2-43 显示了三种海藻胶样品的黏度与浓

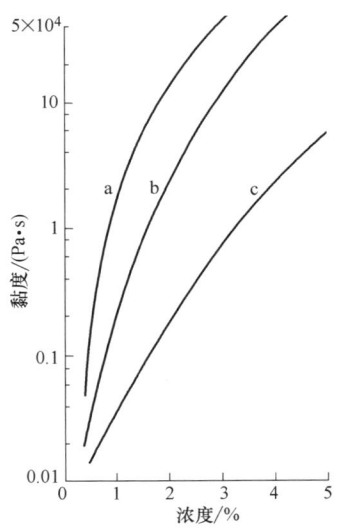

图 2-43 海藻胶黏度与浓度关系
注：a, b, c 为海藻胶相对分子质量，a>b>c

度的关系，从图中可见，同样浓度下（例如 1%）海藻胶的黏度范围非常宽，在 0.02~2Pa·s。此外，在 pH 4.5~10 时，海藻胶水溶液黏度不受 pH 影响，而在 pH 3~3.5 时黏度达到最大。在食品工业中，海藻胶是很强的增稠剂、稳定剂和凝胶剂，在浓度 0.25%~0.5% 条件下，可对糖果、焙烤食品和奶油巧克力等产品起到稳定作用，对冷藏中的冰淇淋起到抑制冰晶生长的作用。此外，海藻胶对鲜果汁和啤酒泡沫均能起到稳定的作用。

（4）卡拉胶（Carrageenans）　卡拉胶是从红藻中提取的多种多糖的混合物，主要有三种类型：κ 型、ι 型和 λ 型，它们的主要区别在于硫酸化程度不同。卡拉胶都溶于水，不过 λ 型能形成黏性溶液，κ 型和 ι 型能形成热可逆性胶体。当冷却时分子从卷曲状转变为螺旋状，螺旋结构自发结合形成三维的胶体结构。

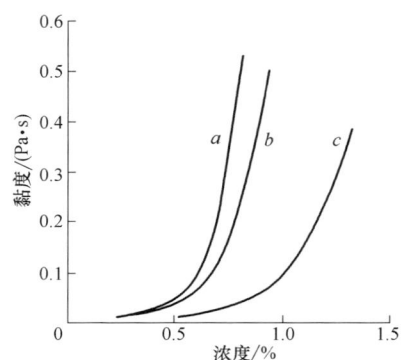

图 2-44　卡拉胶黏度与浓度的关系
a—刺麒麟菜提取物　b—$a:c=2:1$
c—鹿角菜提取物

随着电解质浓度增加，胶体胶凝温度也升高。钾离子、铷离子和铯离子对 κ 型卡拉胶螺旋结构有很强的缔合作用。因此，与其他电解质相比，可在较低浓度下形成螺旋结构和胶体。所以，κ 型卡拉胶与氯化钾形成的凝胶比与氯化钠形成的凝胶有更强的韧性。与 κ 型卡拉胶相比，ι 型卡拉胶强度小，弹性大，与离子没有 κ 型那种特异性作用。这可能是由于 ι 型卡拉胶主链上电荷过多，降低了螺旋结构的自发结合能力。在食品工业中，卡拉胶主要用于避免乳制品、甜点、肉制品和糖果等食品的脂肪分离问题。图 2-44 显示了两种红藻提取物水溶液黏度与浓度的关系，从图中可见，在很低的浓度下卡拉胶也有很大的黏度。在奶油巧克力中，0.03% 的卡拉胶即可避免脂肪分离。

（5）阿拉伯胶（Gum Arabic）　阿拉伯胶是从金合欢树（Acacia Senegal 和 Acacia Seyal）的树干和树枝中渗出的黏稠液。金合欢树生长在非洲撒哈拉地区，尤其在苏丹每年秋季可收获数万吨。当树木面临炎热、干旱或受伤等应激环境时就会渗出胶液，液体在太阳下干燥形成能用手拾起的小圆球（2~7cm）。阿拉伯树胶是由吡喃半乳糖（44%）、吡喃阿拉伯糖和呋喃糖（25%）、吡喃鼠李糖（14%）、吡喃葡萄糖醛酸（15.5%）和 4-O-甲基吡喃葡萄糖醛酸（1.5%）组成的复合多糖。此外，还有少量蛋白质（2%）作为结构成分。阿拉伯胶与其他多糖凝胶不同，在低浓度下黏度很小，当浓度达到 50% 左右时，黏度迅速增大，如图 2-45 所示。在食品工业中，阿拉伯树胶主要用于糖果、冰淇淋生产，避免蔗糖结晶、脂肪分离和冰晶生长等问题发生。作为软饮料中风味油的乳化剂，通过喷雾干燥方法，阿拉伯胶成为胶囊的壁材，将风味油包裹起来，在干制的汤料和蛋糕配料中以粉末状应用。

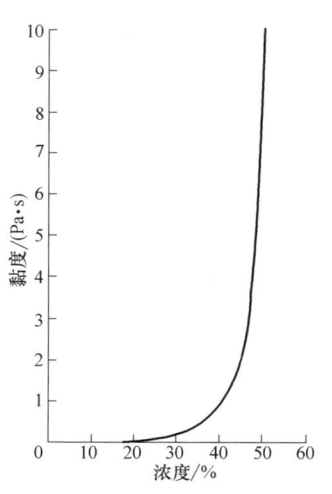

图 2-45　阿拉伯胶黏度变化

（6）种子胶　刺槐豆胶（或者角豆胶 Locust Bean or Carob）、刺云实胶（Tara）和瓜尔豆胶（Guar Gum）分别是豆科植物角豆、刺云豆（刺豆）和瓜尔豆种子胚乳中的多糖。它们的主链是由 β-1,4 糖苷键连接的吡喃甘露聚糖单位，侧链是以 α-1,4 糖苷键连接的吡喃半乳糖单位，相对分子质量是 10^6 数量级。刺槐豆胶、他拉胶和瓜尔豆胶的甘露糖与半乳糖之比（M/G）分别约为 4.5∶1，3∶1 和 2∶1。半乳糖残基沿甘露糖链呈不均匀性分布。半乳糖有阻止分子间缔合的倾向，因此，瓜尔豆胶能在冷水中溶解，而刺槐豆胶和他拉胶必须加热到高温才能完全溶解。一旦溶解，三种胶都具有形成高黏性溶液的特性。

刺槐豆胶在溶液中能自发缔合，形成冷冻中热不可逆胶体。刺槐豆胶常与其他多糖一起使用，特别是与 κ 型卡拉胶，能使胶体更强韧、更有弹性、透明度高和不易脱水收缩。刺槐豆胶与黄原胶一起使用，形成较强的热可逆性胶体。在食品工业中，作为食品增稠剂，瓜尔豆胶和刺槐豆胶可应用于多种食品，包括乳制品、甜点、焙烤食品、即食食品、酱汁和调味品。瓜尔豆胶用量约为 0.3%，其黏度随剪切速率增加而下降（图 2-46）。刺槐豆胶具有较强的持水能力，因此，常用于面筋含量低的面粉中起保水作用。

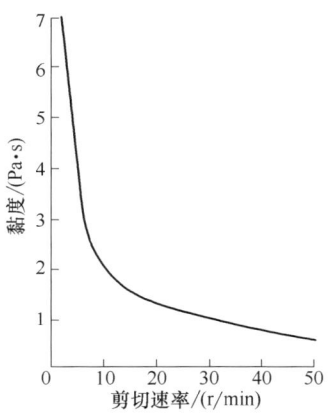

图 2-46　瓜尔豆胶黏度与剪切速率的关系

（7）黄原胶（Xanthan Gum）　黄原胶发现于 20 世纪 50 年代，是继右旋糖酐之后第二大商业开发的微生物多糖，目前其在食品工业中的应用越来越广泛。这种胶是由黄单胞菌属（主要是 *X. campestris* 菌株）有氧发酵制取。黄原胶分子主链像纤维素一样，由 β-1,4 糖苷键连接的吡喃葡萄糖构成，相对分子质量非常大（$>3\times10^6$），其水溶液黏度也非常高。黄原胶分子在溶液中经历了从卷曲到螺旋的热可逆性转变。当添加电解质后，转变温度升高。在不规则卷曲中，支链从主链伸出进入到溶液中，而在规则形状中，分子形成较硬的五折螺旋结构，支链向内折叠并与主链连接。现在一般认为螺旋是双股结构。黄原胶链的刚硬特性增加了剪切稀化流变性质，由于电解质促进螺旋结构的形成和连接，添加电解质增加了黄原胶溶液的黏度。在食品工业中，黄原胶的使用范围越来越广，包括涂抹料、蛋糕奶油、冻结和冷却的乳制品、酱和调味料。

（8）果胶（Pectin）　果胶是植物结构主要的组成物质，商品果胶是以苹果渣、柑橘类水果果皮作原料，通过水解制成水溶性果胶。果胶分子由直链 α-1,4-半乳糖醛酸残基构成，其中 80% 的残基是以甲基酯和 4% 的残基以 α-1,2-吡喃鼠李糖单元形式存在。α-1,2-吡喃鼠李糖单元沿直链分布，形成交联。L-阿拉伯糖、D-半乳糖和 D-木糖（10%~15%）连接在鼠李糖单位上形成衍生的支链，这些支链在半乳糖醛酸光滑主链上被称为绒毛区。如果酯化程度（DE）高于 50%，称为高甲氧基果胶（HM）。通过弱酸或弱碱去酯化，得到 DE<50% 的果胶称为低甲氧基果胶（LM）。果胶溶于水，在 pH 3~4 时最稳定，高于或低于这个值都会发生水解反应。高甲氧基果胶和低甲氧基果胶都能形成胶体。对于高甲氧基果胶（DE 60%~75%），在高含量的可溶性固形物（例如 50%~75% 的糖）和 pH<3.5 条件下，经过一段时间后发生凝胶。凝胶不具有热可逆性。连接区域是由于酯基团间的疏水作用和半乳糖醛酸主链上羟基基团分子间氢键作用的结果。对于低甲氧基果胶（DE 20%~40%），添加二价阳离子即可发生凝胶，而不需要高含

量的可溶性固形物和低 pH 条件。低甲氧基果胶凝胶迅速而且具有热可逆性。在食品工业中，果胶作为胶凝剂，在果酱和蜜饯、水果半加工料、低 pH 乳制品和糖果等生产中得到广泛的应用。

2. 明胶（Gelatin）

明胶是一种变性胶原，是蛋白质，动物毛皮和骨骼中纤维结缔组织的主要成分，主要来源于牛和猪。由于 20 世纪 90 年代英国爆发了疯牛病，人们研究采用其他的替代来源，鱼是其中比较常用的一种。胶原是原料经酸或碱处理后的提取物。酸处理是指在冷的稀释无机酸（pH 1.5~3.0）中浸泡至少 30h，而碱处理是指在饱和生石灰水中（pH 12.0）浸泡，然后用清水冲洗材料，得到 A 类（酸处理）和 B 类（碱处理）明胶。两种明胶主要氨基酸是甘氨酸、脯氨酸、丙氨酸和 4-羟基脯氨酸。A 类明胶包含少量的谷氨酸和天冬氨酸，因此 A 类明胶的等电点在 7.0~9.4，而 B 类明胶的等电点在 4.8~5.5。温度>40℃时，溶液中的胶体分子形成随机的卷曲状，但冷却后，分子链趋于有序排列，形成类胶原三股螺旋结构，再聚集形成透明的有弹性的胶体。明胶在糖果、肉类、乳制品和甜点生产中广泛应用。

第四节　动物肌肉组织

一、肌肉的一般结构

虽然家畜体上有 300 多块形状和尺寸各异的肌肉，但其基本结构是一样的（图 2-47，图 2-48）。肌肉的基本构造单位是肌纤维，肌纤维外有一层很薄的结缔组织，称为肌内膜；每 50~150 条肌纤维聚集成束，称为初级肌束，外包一层结缔组织，称为肌束膜；数十条初级肌束集结在一起并由较厚的结缔组织包围形成二级肌束；二级肌束再集结即形成了肌肉块，外面包有一层较厚的结缔组织称为肌外膜。这些分布在肌肉中的结缔组织膜既起着支架的作用，又起着保护作用，血管、神经通过三层膜穿行于其中，伸入到肌纤维的表面。此外，还有脂肪沉积于其中，使肌肉断面呈现大理石样纹理。

1. 肌纤维（Muscle Fiber）

与其他组织一样，肌肉组织也

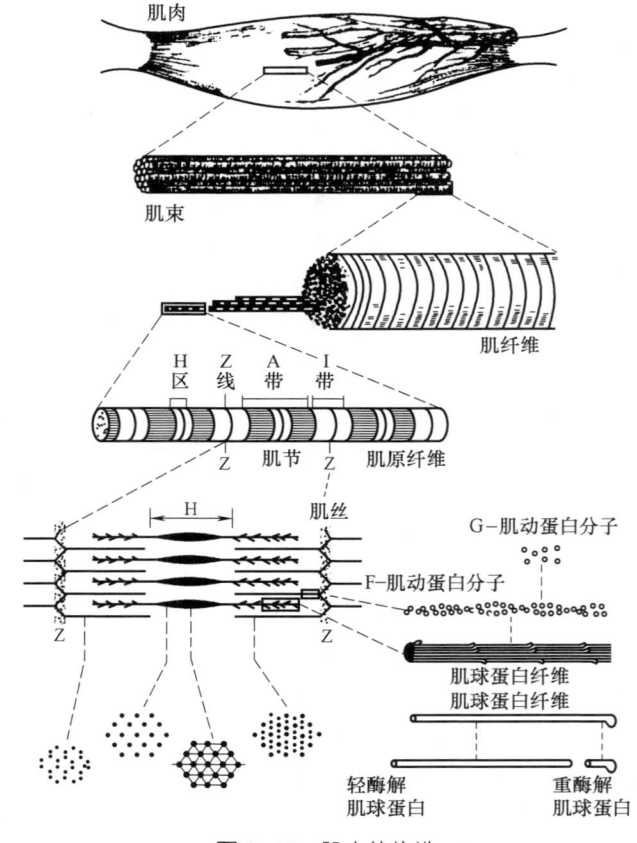

图 2-47　肌肉的构造

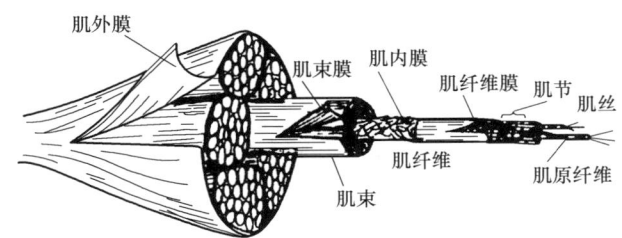

图 2-48 肌肉横断面构成

是由细胞构成的,但肌细胞是一种相当特殊化的细胞,呈长线状,不分支,两端逐渐尖细,因此又称肌纤维,如图 2-49 所示。肌纤维直径为 10~100μm,长为 1~40mm,最长可达 100mm。

2. 肌膜（Sarcolemma）

肌纤维本身具有的膜称为肌膜,也就是细胞膜,它由蛋白质和脂质组成,具有很好的韧性,因而可承受肌纤维的伸长和收缩。冷冻肉制品,解冻后汁液流失量相

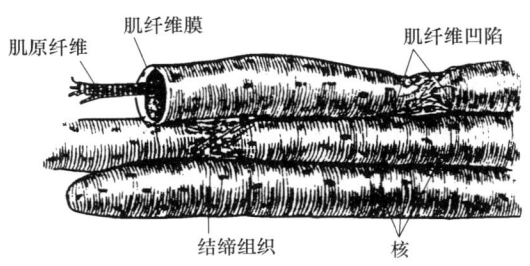

图 2-49 肌纤维示意图

对较少（与果蔬相比）,主要原因就是细胞膜强度和弹性好,能够承受水结冰时 9% 的体积膨胀率。

3. 肌原纤维（Myofibril）

肌原纤维是肌细胞独有的细胞器,占肌纤维固形成分的 60%~70%,是肌肉的伸缩装置。如图 2-47 所示,它呈细长的圆筒状结构,直径 1~2μm,其长轴与肌纤维的长轴相平行并浸润于肌浆中。一个肌纤维含有 1000~2000 根肌原纤维,肌原纤维又由肌丝组成,肌丝可分为粗丝和细丝,两者均平行整齐地排列于整个肌原纤维中。由于粗丝和细丝在某一区域形成重叠,从而形成了横纹,这也是"横纹肌"名称的来源。光线较暗的区域称为暗带（A 带）,光线较亮的区域称之为明带（I 带）。I 带的中央有一条暗线,称为 Z 线,它将 I 带从中间分为左右两半;A 带的中央也有一条暗线,称为 M 线,将 A 带分为左右两半。在 M 线附近有一颜色较浅的区域,称为"H 区"。把两个相邻 Z 线间的肌原纤维称为"肌节",它包括一个完整的 A 带和两个位于 A 带两边的半个 I 带。肌节是肌原纤维的重复构造单位,也是肌肉收缩、松弛交替发生的基本单位。肌节的长度不是恒定的,它取决于肌肉所处的状态。当肌肉收缩时,肌节变短;松弛时,肌节变长。哺乳动物肌肉放松时典型的肌节长度为 2.5μm。

构成肌原纤维的粗丝和细丝不仅大小形态不同,而且它们的组成性质和在肌节中的位置也不同。粗丝主要由肌球蛋白组成,故称为肌球蛋白丝,直径约 10nm,长约 1.5μm。A 带主要由平行排列的粗丝构成,另外有部分细丝插入。每条粗丝中段略粗,形成光镜下的中线及 H 区。粗丝上有许多横突伸出,这些横突实际上是肌球蛋白分子的头部。横突与插入的细丝相对。细丝主要由肌动蛋白分子组成,所以又称肌动蛋白丝,直径 6~8nm,自 I 线向两旁各扩张约 1.0μm。I 带主要由细丝构成,每条细丝从 I 线上伸出,插入粗丝间一定距离。在细丝与粗丝交

错穿插的区域，粗丝上的横突（6条）分别与6条细丝相对。因此，从肌原纤维的横断面上看 I 带只有细丝，呈六角形分布。在 A 带由于两种微丝交错穿插，所以可以看到以一条粗丝为中心，有 6 条细丝呈六角形包绕在周围。而 A 带的 H 区则只有粗丝呈三角形排列。

4. 肌浆（Sarcoplasm）

肌纤维的细胞质称为肌浆，填充于肌原纤维间和核的周围，是细胞内的胶体物质，含水分 75%～80%。肌浆内富含肌红蛋白、酶、肌糖原及其代谢产物和无机盐类等。

二、结缔组织（Connective Tissue）

结缔组织是将动物体内不同部分联结和固定在一起的组织，分布于体内各个部位，构成器官、血管和淋巴管的支架，包围和支撑着肌肉、筋腱和神经束，将皮肤联结于机体。结缔组织是由少量的细胞和大量的细胞外基质构成，后者的性质差异很大，可以是柔软的胶体，也可以是坚韧的纤维，在软骨，它的质地如橡皮，在骨骼中则充满钙盐而变得非常坚硬。肉中的结缔组织是由基质、细胞和细胞外纤维组成，胶原蛋白和弹性蛋白都属于细胞外纤维。

与肌纤维不一样，细胞外纤维可以构成致密的结缔组织，也可以构成网状松软的结缔组织，细胞外纤维对肉品物性影响非常大。

1. 胶原蛋白（Collagen）

胶原蛋白是动物体内最多的一种蛋白质，占动物体中总蛋白质的 20%～25%，对肉的嫩度有很大影响。胶原蛋白是结缔组织的主要结构蛋白，是筋腱的主要组成成分，也是软骨和骨骼的组成成分之一。胶原蛋白在肌肉中的分布是不一致的，主要与其生理功能有关。胶原蛋白种类较多，但不具备伸缩性。

2. 交联（Crosslinking）

胶原蛋白的不溶性和坚韧性是由于其分子间的交联，特别是成熟交联所致。交联是胶原蛋白分子的特定结构形成并整齐地排列于纤维分子之间的共价化学键。如果没有交联，胶原蛋白将失去力学强度，则可溶解于中性盐溶液。随着动物年龄的增加，肌肉结缔组织中的交联尤其是成熟交联的比例增加，这也是动物年龄增大，其肉嫩度下降的原因。

3. 其他蛋白质

除胶原蛋白（纤维）外，结缔组织中的纤维还有弹性蛋白和网状蛋白。弹性蛋白是一种具有高弹性的纤维蛋白，呈分叉形，在韧带和血管中分布较多，在肌肉中一般只有胶原蛋白的 1/10，但在半腱肌中，其比例可达到胶原蛋白的 40%，其组成特点是具有特异的赖氨酸，占到总氨基酸含量的 1.6%。网状蛋白形状和组成与胶原蛋白相似，但含有 10% 左右的脂肪，主要存在于肌内膜中。

第五节 植物细胞组织

植物性食品很多，但这里主要讨论细胞形态完整的果蔬产品。图 2-50 是典型的植物细胞结构，它与果蔬品种、生长条件以及采后贮藏与加工等因素有关，如果作为种子植物，其细胞内会贮藏大量的淀粉等物质；而作为未成熟的植物，其细胞内液泡占有大量的空间。又如，植物表皮细胞呈扁平状，相互嵌合在一起而不被外力拉断；根细胞呈管状，利于水分和营养物质的传输；而茎尖等分生组织，其细胞细小致密，表面积大，利于生长代谢的物质交换和能量交换。细胞的结构与形态直接影响果蔬产品的质构和质量。因此，目前对果蔬产品研究中，除了检测生化指标外，细胞结构形态变化等物性参数检测也越来越受重视。

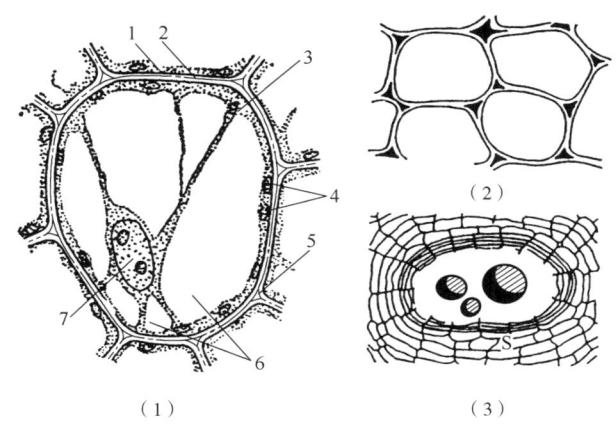

图 2-50　植物细胞结构

（1）细胞结构　（2）质壁分离　（3）细胞壁断裂

1—细胞壁　2—细胞间质　3—细胞质

4—叶绿体　5—细胞间隙　6—液泡　7—细胞核

影响果蔬产品质构的关键因素是细胞壁的强度和细胞膨压的大小，这两个因素决定细胞的完整性和形态，也决定果蔬产品的质构。

一、细胞壁（Cell Wall）

细胞壁的主要成分是纤维素、果胶质和半纤维素，有些细胞壁中还含有木质素、疏水的角质、木栓质和蜡质等成分。细胞壁分初生壁和次生壁，如图 2-51 所示。初生壁是细胞生长期间形成的组织结构，厚度 1~3nm，由纤维素中的微纤丝、果胶质、糖蛋白等物质构成，果胶质和糖蛋白起到交联微纤丝的作用，形成网状结构。果胶质使细胞壁具有很好的伸缩性，使细胞壁随着细胞的生长而扩大。次生壁是细胞停止生长，初生壁不再扩大时，在某些起着支撑作用或输导作用的细胞壁上形成的堆积增厚部分。次生壁主要由纤维素组成，而且排列致密，有一定的方向性，果胶质极少，且不含糖蛋白等物质，因此，次生壁的机械强度很高，

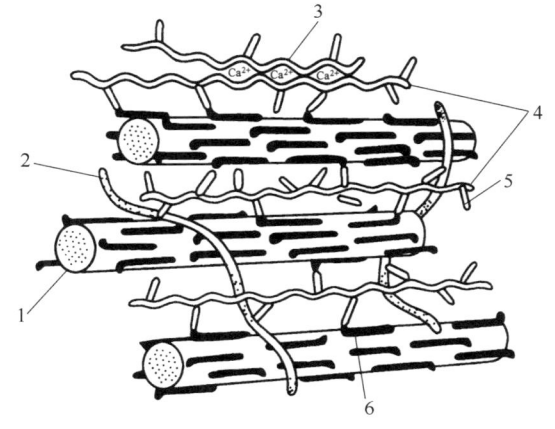

图 2-51　初生壁各组分网络结构

1—纤维素微纤丝　2—糖蛋白　3—果胶分子间的钙离子键

4—酸性果胶分子　5—中性果胶分子　6—半纤维素分子

伸缩性很小。细胞壁外层是中间层，主要成分是果胶质，其作用是黏结细胞。随着成熟，果蔬中释放出果胶酶，果胶酶能够溶解果胶质，使细胞与细胞分离，果蔬质构变软。

二、膨压（Turgor）

膨压是指细胞内溶液对细胞壁的压力，其作用方向一般向外，使细胞壁膨胀。膨压与细胞内外溶液的渗透压有关，对于新鲜果蔬产品，细胞中的液泡较大，而液泡中含有大量的糖、氨基酸和离子等物质，使细胞内的水势（溶质势）下降，如果细胞外溶液接近于纯水或高于细胞内水势，细胞将吸水膨胀。由于细胞壁的限制，细胞内溶液对细胞壁产生作用力（膨压），使细胞处于饱满状态。对于脱水种子，细胞内含有大量的淀粉和蛋白质等物质，这些物质具有亲水性，吸水后体积膨胀，水势（衬质势）上升。一般情况下，温带生长的植物叶细胞的溶质势在$-2\sim-1$MPa，夏季午后草本植物叶细胞的膨压在$0.3\sim0.5$MPa，而干燥的种子衬质势可达-100MPa。水势越低，说明细胞吸水能力越大，而膨压越大，说明细胞壁对细胞内溶液的限制越强。

在膨压作用下，细胞壁内将产生相应的应力与应变现象，用细胞体积模量K来描述：

$$K = V\frac{\mathrm{d}p}{\mathrm{d}V} \tag{2-28}$$

式中　　p——细胞膨压，Pa；

　　　　V——细胞体积，cm^3。

K越大，说明细胞壁越坚硬，弹性越小；反之，则说明细胞壁越柔软，弹性越大。显然，K值的大小既可以描述细胞壁的刚性，也可以描述细胞壁的弹性。

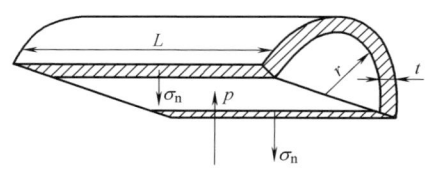

图2-52　丽藻细胞壁模型

由于细胞壁的主要成分是纤维素，而纤维素具有较大的弹性模量，因此，细胞壁的弹性是较小的。为了能有一个定量的了解，我们以丽藻细胞为例估算一下细胞的应变。

假设细胞壁可以用一个圆筒来模拟，如图2-52所示。设圆筒的半径为r，胞壁厚度为t，胞内流体压力为p。在图中，胞内液体沿径向作用的压强为p，它为胞壁中响应于径向压强的径向应力σ_n所平衡。设细胞长为L，则由图2-52可见：

$$2\sigma_n Lt = 2prL$$

由此解出：

$$\sigma_n = \frac{rp}{t}$$

如果细胞直径$d=1$mm，$t=5\mu$m，$p=6\times10^5$Pa，$\sigma_n=600\times10^5$Pa，丽藻细胞壁的弹性模量约为6.86×10^8Pa，其应变由胡克定律可算出为：

$$\frac{\Delta V}{V} = \frac{\sigma_n}{E} = 0.087$$

这说明细胞壁仅发生8.7%的形变。由于$p=6\times10^5$Pa是一个很大的压强，这个结果表明细胞壁是很坚硬的，由此我们自然理解了细胞壁是保持植物形态的骨架，同时，也说明为什么果蔬产品冻结后质量不如肉制品好的原因。

在应用上，式（2-28）中的 V 可用细胞中总渗透水的体积来代替。简单的计算表明，当细胞内束缚水体积很小时，细胞体应变 dV/V 可近似用相对含水量（RWC）的变化来代替。这样，式（2-28）就可变为：

$$K = \frac{dp}{dRWC} \approx \frac{\Delta p}{\Delta RWC} \tag{2-29}$$

当束缚水体积不能忽略时，K 可通过式（2-30）得到：

$$K = \frac{\Delta p}{\ln(\Pi_1/\Pi_2)} \tag{2-30}$$

式中　Π——细胞溶液的渗透压，Pa。

思考题

1. 为什么高分子材料没有气态？
2. 高分子链柔性如何评价，评价指标之间有何区别？
3. 什么是高分子链的链段？其长短与哪些因素有关？
4. 高分子材料的弹性一般远大于小分子材料，试用亥姆霍兹自由能理论和波尔兹曼有关熵的理论分析其原因。
5. 常见食品中有些是结晶体或者是部分结晶体，其物理性状如何？为什么高分子材料很难完全结晶？
6. 结合教材图 2-32，画图讨论不同成分的食品在不同降温速率下，其聚集形态的变化过程。
7. 自由体积、已占体积与温度关系是什么？是否与材料、时间相关？或者说，图 2-25 中，玻璃化转变温度线的起始点和形状与哪些因素有关？
8. 目前食品冷冻温度一般为 -18℃，如果该温度大于或者小于该食品的部分玻璃化转变温度 T'_g，从冷藏角度考虑，食品质量将发生何种变化？工业上普遍采用的 -18℃，你认为合理吗？
9. 结合图 2-25，画图分析不同冷冻速率过程（慢速、快速、极速）和不同干燥工艺过程（热风干燥、真空冷冻干燥等）。如果某种食品拟在玻璃化状态下保存，用上述冷冻或干燥过程能否实现，其保存环境如何？
10. 食品物性学是关于食品和食品原料的物理特性问题，但是能否影响食品或食品原料的生物学或者化学性质（如营养品质等）？举例说明。

第三章 黏性食品的流变学特性

CHAPTER 3

本章内容提要

本章重点介绍假塑性、胀塑性、宾厄姆和非宾厄姆等非牛顿流体的流动特点，给出相关的数学模型。介绍检测非牛顿流体的实验仪器和原理，并通过例题介绍非牛顿流体类型判别方法和模型参数的确定方法。最后讨论影响非牛顿流体黏度的相关因素，为深入解释非牛顿流体的流变学特性奠定理论基础。

流变学（Rheology）是研究物质的流动和形变的科学，主要研究作用于物体上的应力和由此产生的应变的规律，是力、形变和时间的函数。食品流变学在食品物性学中占有非常重要的地位。食品流变学性质对食品的运输、传送、加工工艺以及人在咀嚼食品时的满足感等都起着非常重要的作用。特别是在食品的烹饪、加工过程中，通过对流变学性质的研究不仅能够了解食品组织结构的变化情况，而且还可以找出与加工过程有关的力学性质的变化规律，从而可以控制产品的质量，鉴别食品的优劣，还可以为工艺及设备的设计提供有关数据。

为了研究方便，把具有流体性质的食品归属于黏性液态食品，把同时表现出固体性质和黏性流体性质的食品归属于黏弹性食品。黏性液态食品又可分为两大类，符合牛顿黏性定律的液体称为牛顿流体，不符合牛顿黏性定律的液体称为非牛顿流体。本章重点介绍黏性液体食品的流变学理论和检测方法。

第一节 黏性流体的流变学基础

一、黏性及牛顿黏性定律

黏性是表现流体流动性质的指标。水和油（食用植物油，下同）都是很容易流动的液体，但是我们把水和油分别倒在平板上时，就会发现水的摊开流动速度要比油快，也就是说，水比油更容易流动。这一现象说明油比水更黏。这种阻碍流体流动的性质称为黏性。设有两个平行平板，上板移动，下板固定，这时两平板内的液体就会出现不同的流速。紧贴固定板壁的流体质点，因与板壁的附着力大于分子的内聚力，所以速度为零，而与移动平板接触的液体层将随上平板一起移动。在垂直于流动方向的液体内部就会形成速度梯度，层与层之间存在着黏性阻力，如图3-1（1）所示。

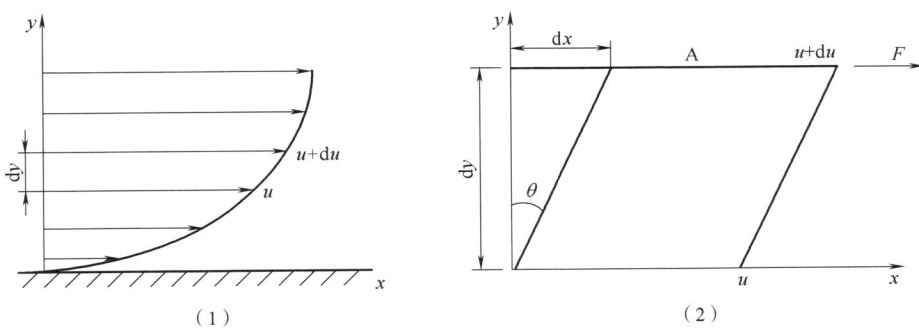

图3-1 （1）两平板间液体的黏性流动（2）取自（1）中的微元体

如果沿平行于流动方向取一流体微元，如图3-1（2）所示，微元的上下两层流体接触面积为 A（m^2），两层距离为 dy（m），两层间黏性阻力为 F（N），两层的流速分别为 u 和 $u+du$（m/s）。这一流体微元，可以看成是在某一短促时间 dt（s）内发生了剪切变形的过程。剪切应变 ε 一般用它在剪切应力作用下转过的角度（弧度）来表示，即 $\varepsilon = \theta = dx/dy$，则剪切应变的速度为：

$$\dot{\varepsilon} = \frac{\theta}{dt} = \frac{dx/dy}{dt} = \frac{dx/dt}{dy} = \frac{du}{dy}$$

可见液体的流动也是一个不断变形的过程。用应变大小与应变所需时间之比表示形变速率。上式表示的剪切应变速度 $\dot{\varepsilon}$ 就是液体的应变速率，又称剪切速率或速度梯度，单位为 s^{-1}。

另外，剪切应力 σ 可定义为：

$$\sigma = F/A$$

剪切应力 σ 实际是截面切线方向的应力分量，单位为 Pa。牛顿黏性定律指出：流体流动时剪切速率 $\dot{\varepsilon}$ 与剪切应力 σ 成正比关系，即：

$$\sigma = \eta \cdot \dot{\varepsilon} \tag{3-1}$$

式中，比例系数 η 称为黏度，是液体流动时由分子之间的摩擦产生的。因此，黏度是物质的固有性质。式（3-1）是黏性的基本法则。

二、黏性流体的分类及特点

1. 牛顿流体（Newtonian fluid）

剪切应力 σ 与剪切速率 $\dot{\varepsilon}$ 之间满足式（3-1）所表示的牛顿黏性定律的流体称为牛顿流体。式（3-1）称为牛顿流体的流动状态方程。牛顿流体的特征为：剪切应力与剪切速率成正比，黏度不随剪切速率的变化而变化。也就是说,在层流状态下,黏度是一个不随流速变化而变化的常量。牛顿流体的流动特性曲线如图3-2所示。

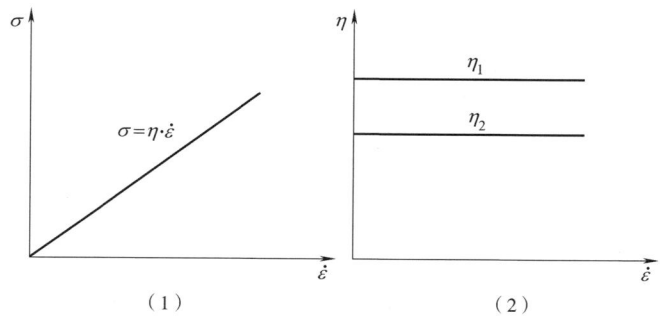

图3-2 牛顿流体流动特性曲线
(1) 剪切速率与剪切应力的关系 (2) 剪切速率与黏度的关系

严格地讲,理想的牛顿流体没有弹性,且不可压缩,各向同性。所以在自然界中理想的牛顿流体是不存在的。在流变学中只能把在一定范围内基本符合牛顿流动定律的流体按牛顿流体处理,其中最典型的是水。可归属于牛顿流体的食品有:糖水溶液、低浓度牛乳、油及其他透明稀溶液等。

2. 非牛顿流体 (Non-Newtonian Fluid)

剪切应力 σ 与剪切速率 $\dot{\varepsilon}$ 之间不满足式 (3-1) 关系,且流体的黏度不是常数,它随剪切速率的变化而变化,这种流体称为非牛顿流体。非牛顿流体的剪切应力 σ 与剪切速率 $\dot{\varepsilon}$ 之间的关系可用下列经验公式表示:

$$\sigma = k\dot{\varepsilon}^n \tag{3-2}$$

或者

$$\log\sigma = \log k + n\log\dot{\varepsilon} \qquad [3-2(1)]$$

式 (3-2) 称为非牛顿流体的流动状态方程,又称幂律模型。式中,k 为黏性系数,因为它与液体浓度有关,因此,又称 k 为浓度系数;n 为流动特性指数。在双对数坐标中描绘实验曲线,得到一条直线,并由截距和斜率确定黏性系数 k 和流动特性指数 n (图3-3)。显然当 $n=1$ 时,上式就是牛顿流体公式,这时 $k=\eta$,即 k 就成了黏度。设 $\eta_a = k \cdot \dot{\varepsilon}^{n-1}$,则非牛顿流体的流动状态方程可写成与牛顿流体相似的形式:

$$\sigma = \eta_a \cdot \dot{\varepsilon} \tag{3-3}$$

由式 (3-3) 可以看出,η_a 与 η 有同样量纲,表示同样物理特性,所以 η_a 称为表观黏度。然而与 η 不同的是,η_a 与浓度系数 k 和流动特性指数 n 有关,且是剪切速率 $\dot{\varepsilon}$ 的函数。因此,η_a 对应着一定的剪切速率,也就是说 η_a 是非牛顿流体在某一特定剪切速率下的黏度。

非牛顿流体还可以作如下分类:

(1) 假塑性流体 (Pseudoplastic Liquid) 在非牛顿流体流动状态方程中,当 $0<n<1$ 时,即表观黏度随着剪切应力或剪切速率的增大而减少的流动,称为假塑性流动。因为随着剪切速率

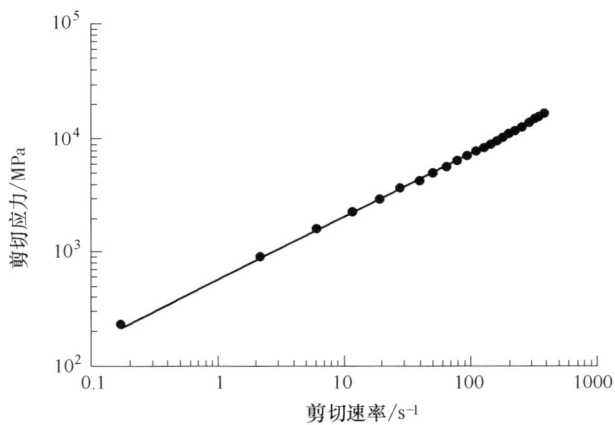

图 3-3 2.6% 木薯淀粉液黏度特性（加热条件 67℃，5min）

的增加，表观黏度减少，所以还称为剪切稀化流动。符合假塑性流动规律的流体称为假塑性流体。假塑性流体的流动特性曲线如图 3-4 所示。图中 $\eta_a = \tan\theta_i$（$i = 1, 2, 3, \cdots$）。

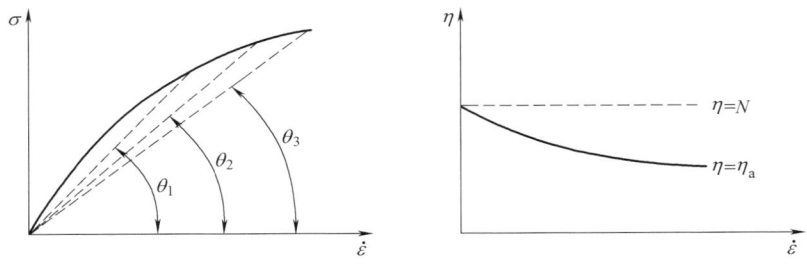

图 3-4 假塑性流体流动特性曲线

对假塑性流体的表观黏度随剪切速率增加而减少的原因可做如下解释：固形物在液体中悬浮或者在低速流体中流动时往往会发生絮凝和缠绕，增加固形物与流体之间的阻力，表现为高黏度性质。当流速增加，速度梯队增大，剪切力随之增大时，缠绕在一起的固形物或者聚集在一起的固形物会发生解体或者变形，从而降低流动阻力，表现出剪切稀化现象（图 3-5）。具有

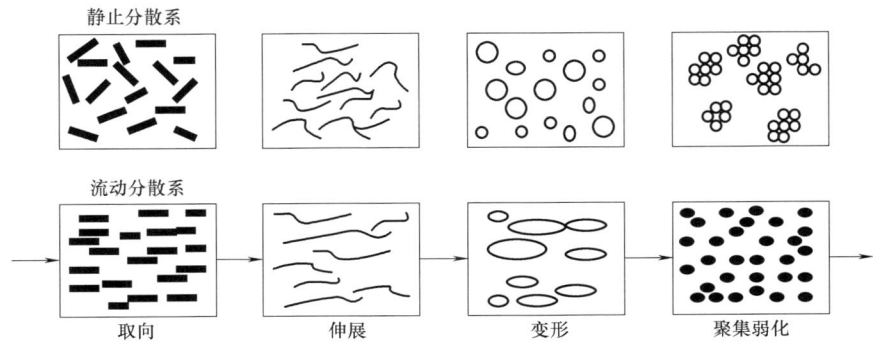

图 3-5 剪切稀化机理

假塑性流动性质的液体食品，大多含有链状高分子，它们在剪切力作用下或者卷曲成球状，或者沿流体流动方向变形，从而影响液体的黏性。一些研究表明，剪切稀化的程度与分子链的长短和线型有关，含直链分子多的液体比含多支结构分子的液体更易剪切稀化。

食品工业中遇到的一些高分子溶液、悬浮液和乳状液，如酱油、菜汤、番茄汁、浓糖水、淀粉糊、苹果酱等都是假塑性流体。大多数非牛顿流体都属于假塑性流体。

（2）胀塑性流体（Dialatant Liquid） 在非牛顿流体的流动状态方程中，如果 $1<n<\infty$，则称为胀塑性流动，其流动特性曲线如图3-6所示。其剪应力与剪切速率关系曲线虽然通过原点，但偏离 $\dot{\varepsilon}$ 轴向上弯曲，所以随着剪应力或剪切速率的增大，表观黏度 η_a 逐渐增大。由于这一特点，胀塑性流动又称剪切增稠流动。表现为胀塑性流动的流体，称为胀塑性流体。在液态食品中属于胀塑性流体者较少，比较典型的为生淀粉糊。当往淀粉中加水，混合成糊状后缓慢倾斜容器时淀粉糊会像液体那样流动。但如果施加更大的剪应力，用力快速搅动淀粉，那么淀粉糊反而变"硬"，失去流动性质，甚至用筷子迅速搅动，其阻力能使筷子折断。

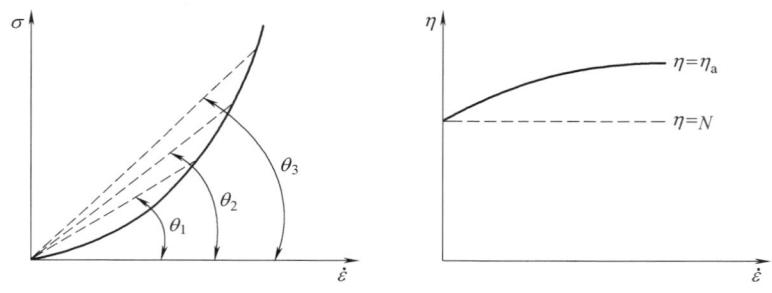

图 3-6 胀塑性流体流动特性曲线

剪切增稠现象可用胀容现象说明。如图3-7所示，具有剪切增稠现象的液体的胶体粒子一般处于致密充填状态，是糊状液体。作为分散介质的水，充满在致密排列的粒子间隙中。当施加应力较小、缓慢流动时，由于水的滑动与流动作用，胶体糊表现出较小的黏性阻力。可是如果用力搅动，致密排列的粒子就会一下子被搅乱，成为多孔隙的疏松排列构造。这时由于原来的水分再也不能填满粒子之间的间隙，粒子与粒子间无水层的滑润作用，黏性阻力会骤然增加，甚至失去流动性质。粒子在强烈的剪切作用下结构排列疏松，外观体积增大，把这种现象称为胀容现象。

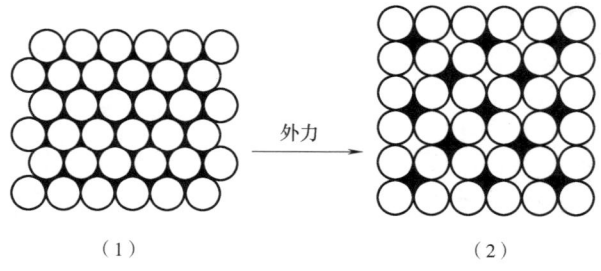

（1）　　　　　　　　　（2）

图 3-7 剪切增稠机理

（1）粒子未受扰动时的静止状态　（2）粒子受强烈扰动后的胀容状态

3. 塑性流体（Plastic Liquid）

根据宾厄姆理论，在流变学范围内将具有下述性质的物质称为塑性流体。当作用在物质上的剪切应力大于极限值时，物质开始流动，否则，物质就保持即时形状并停止流动。剪应力的极限值定义为屈服应力，即指使物体发生流动的最小应力，用 σ_0 表示。

塑性流体的流动状态方程为（Herschel-Bulkley 模型）：

$$\sigma - \sigma_0 = k \dot{\varepsilon}^n \tag{3-4}$$

式中　k——塑性流体的黏性系数；

　　　n——流动特性指数；

　　　σ_0——屈服应力。

塑性流体的流动特性曲线如图 3-8 所示。其流动特性曲线不通过坐标原点。

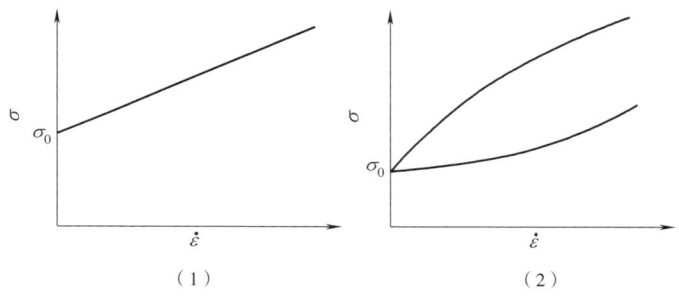

图 3-8　塑性流体流动曲线
（1）宾厄姆流动　（2）非宾厄姆塑性流动

对于塑性流动来说，当应力超过 σ_0 时，流动特性符合牛顿流动规律的，称为宾厄姆流动，不符合牛顿流动规律的称为非宾厄姆塑性流动。把具有上述流动特性的液体分别称为宾厄姆流体和非宾厄姆流体（Bingham Liquid，Non-Bingham Liquid）。部分食品的屈服应力及流动特性参数如表 3-1 和表 3-2 所示。

表 3-1　　　　　　　　　　部分宾厄姆流体食品的屈服应力

食品名称	屈服应力/Pa	食品名称	屈服应力/Pa
熔化的巧克力	1.2	酵母蛋白液（25%固形物）	4.2
搅奶油	40.0	番茄酱（11%固形物）	2.0
瓜尔豆胶水溶液（0.5%固形物）	2.0	大豆分离蛋白（20%固形物）	121.7
瓜尔豆胶水溶液（1.0%固形物）	13.5	乳清蛋白（20%固形物）	2.1
橘子汁（浓度60%）	0.7	黄杆菌胶水溶液（0.5%固形物）	2.0
梨酱（18.3%固形物）	3.5	黄杆菌胶水溶液（1.2%固形物）	4.5
梨酱（45.7%固形物）	33.9		

表 3-2　　　　　　　　　　　　非宾厄姆流体食品的流变特性参数

食品名称	测定温度/℃	n	k	σ_0/Pa
法国芥子酱	25	0.40	334	41.0
番茄酱	25	0.227	187	32.0
	45	0.267	160	24.0
	65	0.299	113	14.0
	95	0.253	74.5	10.5
白汁酱	120	0.55	3	0.4
（加热温度 80℃）	140	0.55	2	0.3
	160	0.56	2	0.3
白汁酱	120	0.59	35	5.7
（加热温度 90℃）	140	0.58	28	4.9
	160	0.58	24	4.1
白汁酱	120	0.46	75	10.5
（加热温度 97℃）	140	0.52	63	9.5
	160	0.60	43	7.9

4. 触变性流体（Thixotropic Liquid）

所谓触变性是指当液体在振动、搅拌、摇动时黏性减少，流动性增加，但静置一段时间后，又变得不易流动的现象，即黏度不但与剪切速率有关，而且也与剪切时间有关（图 3-9）。例如，番茄酱、蛋黄酱等在容器中放置一段时间后倾倒时则不易流动，但将容器猛烈摇动或用力搅拌即可变得容易流动。再长时间放置时又会变得不易流动。

触变性流体的机理可以理解为随着剪切应力的增加，粒子间结合的结构受到破坏，黏性减小。当作用力停止时粒子间结合的构造逐渐恢复原样，但需要一段时间。因此，剪切速率减少时的曲线与增加时的曲线不重叠，形成了与流动时间有关的滞后环。滞后环的面积大小反映流体的触变性强度。

炼乳触变性流动的特性曲线如图 3-10 所示。图中设定的剪切速率为 $4.6 s^{-1}$、$19.7 s^{-1}$、$49 s^{-1}$ 三个水平，改变剪切速率的时间间隔分别为 2s、60s、30min。由图可知，间隔时间越短，滞后曲线包围的面积越大，即结构破坏越大。新炼乳的滞后曲线包围面积明显小于陈放炼乳，陈放

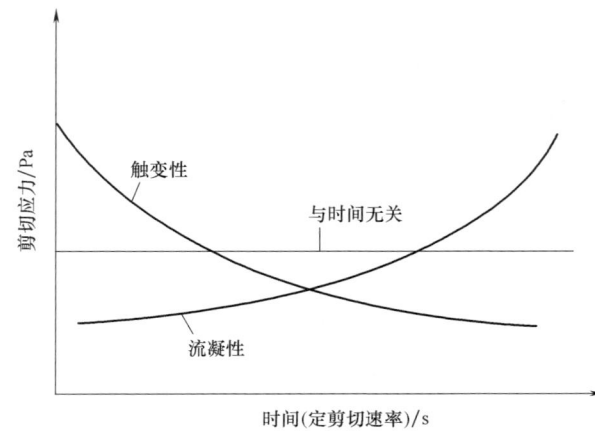

图 3-9　剪切应力与时间相关的流体

越久的炼乳其触变性越明显。Hostettler 用电子显微镜观察，证实了炼乳触变现象是由于炼乳结构内形成酪蛋白微胶束的原因。有触变现象的食品口感比较柔和爽口。

5. 流凝性流体（Rheopectic Liquid）

与触变性相反，流体黏度随剪切速率和剪切时间而增加，其应力与剪切速率的关系如图 3-9 所示。具有流凝性的食品往往呈黏稠性的口感。

触变性流体与假塑性流体有较多的相关关系，但是，二者不等同。触变性流体一定是假塑性流体，而假塑性流体不一定都具有触变性。流凝性流体与胀塑性流体的关系，如同触变性流体和假塑性流体一样，在食品工业中，糖浆具有典型的流凝性流体特征。

关于触变性流体和流凝性流体的数学模型较少，一种简单的模型是 Weltman 模型：

$$\sigma = A - B\lg t \quad (3-5)$$

式中　A——时间 1s 时的应力；
　　　B——常数，对于触变性流体，B 取正值，
　　　　　对于流凝性流体，B 取负值；
　　　t——时间，s。

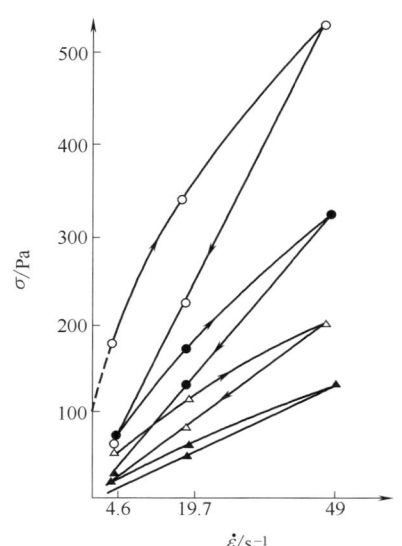

图 3-10　炼乳触变性流动的特性曲线
▲—▲　新炼乳
△—△　30min（改变剪切速率的间隔）
●—●　60s（改变剪切速率的间隔）
○—○　2s（改变剪切速率的间隔）

将实验数据在半对数坐标纸上绘图，即可确定 A、B 系数糯玉米糊化淀粉液 Weltman 模型参数如表 3-3 所示。

表 3-3　糯玉米糊化淀粉液 Weltman 模型参数（Da Silva et al.，1997）

参数	浓度/%	剪切速率/s⁻¹			
		50	100	200	300
A	3	6.97×10^{-2}	5.76×10^{-2}	4.22×10^{-2}	
	4	2.97×10^{-1}	2.08×10^{-1}	1.72×10^{-1}	9.54×10^{-2}
	5		5.39×10^{-1}	3.88×10^{-1}	3.55×10^{-1}
B	3	1.58×10^{-3}	5.71×10^{-4}	1.66×10^{-5}	
	4	3.15×10^{-3}	2.07×10^{-3}	5.29×10^{-3}	7.83×10^{-3}
	5		-8.30×10^{-5}	1.06×10^{-2}	8.79×10^{-3}

三、黏性流体的其他应力模型

真实的高分子黏性流体，其应力与剪切速率的关系非常复杂，为此，人们提出了数百种模型。表 3-4 是其中应用比较多的几种模型，除了前面介绍过的几种简单模型外，Cross 模型、

Carreau 模型、Casson 模型都有较好的应用特点。对于浓度较高的材料,其黏度随剪切速率的变化往往呈三个阶段,如图 3-11 所示。在低剪切速率下,材料的流动特性呈牛顿流体特性,这一阶段流体的黏性与剪切速率无关,称为零剪切黏度 η_0(Zero-Shear-Rate Viscosity)。超过某一剪切速率后,流动特性呈假塑性流体特征,黏度随剪切速率增加而下降。剪切速率进一步增加超过某一值时,黏度与剪切速率无关,称为无穷剪切黏度 η_∞(Infinite-Shear-Rate Viscosity)。对于这样三个阶段,也分别称为第一牛顿区、幂律区和第二牛顿区。在第一牛顿区内,由于剪切速率很低,高分子结构并未发生明显的调整。在幂律区,高分子结构和取向形态都可能发生改变,黏度下降。在第二牛顿区,剪切速率非常高,材料结构不再发生变化,因此黏度也恒定在较低值上。Cross 模型和 Carreau 模型对这种真实黏性特征有较好的模拟,由于 η_∞ 较小,而且实验方法很难确定,在应用中往往忽略无穷剪切黏度。

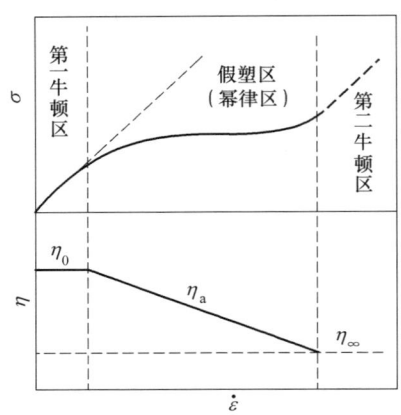

图 3-11 极端剪切速率下流变特性

表 3-4　　　　　　　　　　　　　黏性流体应力与剪切速率模型

公式	名称
$\sigma = \eta \dot{\varepsilon}$	牛顿模型
$\sigma = \dfrac{\dot{\varepsilon}}{\left[\dfrac{1}{\eta_0} + K\sigma^{(1/n)-1}\right]}$	Ellis 模型(适合低剪切速率)
$\sigma = [\eta_\infty \dot{\varepsilon} + K\dot{\varepsilon}^n]$	Sisko 模型(适合高剪切速率)
$\eta_a = \eta_\infty + \dfrac{\eta_0 - \eta_\infty}{1 + (\alpha\dot{\varepsilon})^m}$	Cross 模型(适合宽范围的剪切速率)
$\eta_a = \eta_\infty + \dfrac{\eta_0 - \eta_\infty}{[1 + (\lambda\dot{\varepsilon})^2]^n}$	Carreau 模型(适合宽范围的剪切速率)
$\sigma = k\dot{\varepsilon}^n$	幂律模型(实际应用最多的模型)
$\sigma - \sigma_0 = K\dot{\varepsilon}$	宾厄姆(Bingham Model)模型
$\sigma - \sigma_0 = K\dot{\varepsilon}^n$	Herschel-Bulkley 模型
$\sigma^{0.5} = K_0 + K_c\dot{\varepsilon}^{0.5}$	Casson 模型(适合巧克力)

第二节　流变学参数实验确定方法

一、毛细管黏度计（Capillary Flow Viscometers）

对液态食品来说无论是改善食用品质还是提高加工性能，最重要的流变特性还是黏度。因此，黏度测量是研究液态食品物性的重要手段。黏度测量时，一定要针对测定目的和被测对象的性质正确选择测定仪器。常见的测定仪器有：毛细管黏度计、圆筒旋转黏度仪、锥板旋转黏度仪、落球式黏度仪和平行板黏度仪等。

1. 测量原理

设毛细管半径为 R，长度为 L，两端压力差为 $\Delta p = p_A - p_B$，当时间 t 内流体流过的体积为 V 时，由流体力学可知，牛顿流体层流时（由于毛细管非常细，因此，流动均呈层流），压力与流量的关系可用哈根-伯肃叶公式表示：

$$\frac{\Delta p R}{2L} = \eta \left(\frac{4V}{\pi R^3 t} \right) \tag{3-6}$$

或

$$\eta = \frac{\pi \Delta p R^4}{8VL} t \tag{3-7}$$

虽然通过式（3-7）可以求出黏度，但在实际测定时，由于毛细管黏度计本身的加工精度、操作条件等复杂因素的影响，很难保证式（3-7）中各参数正确无误。为了减小误差、简化操作，毛细管黏度计多用来测定液体的相对黏度。也就是利用已知黏度的标准液（通常为纯水），通过对比标准液和被测液的毛细管通过时间，求出被测液的黏度。将标准液的测定值和被测液的测定值分别代入式（3-7），并将两式的左、右分别相比，可得下式：

$$\frac{\eta}{\eta_0} = \frac{\pi R^4 \Delta p t / 8L \overline{V}}{\pi R^4 \Delta p_0 t_0 / 8L \overline{V}} = \frac{\Delta p t}{\Delta p_0 t_0} = \frac{\rho t}{\rho_0 t_0}$$

式中　Δp、t 和 Δp_0、t_0——试样液和标准液在毛细管中流动时的压力差和通过时间。

测定时，使试样液与标准液的量相同，都是 $\overline{V}$；ρ、ρ_0 分别为试样液和标准液的密度（kg/m³）。于是试样液黏度 η（Pa·s）可由式（3-8）算出：

$$\eta = \eta_0 [(\rho t)/(\rho_0 t_0)] \tag{3-8}$$

式（3-8）中，已知标准液黏度，两种液体的密度不难求出。所以只要分别测出一定量的两种液体通过毛细管的时间，就可求出被测液体的黏度。

也可以把式（3-8）改写成以下形式：

$$\eta \rho_0 / \eta_0 \rho = t/t_0 \tag{3-9}$$

式中　η/ρ——运动黏度，一般用 ν 表示。

设标准液体的运动黏度为 ν_0，则

$$\nu = \nu_0 t / t_0 \tag{3-10}$$

因此，如果已知标准液体的运动黏度 ν_0，就可以由试样和标准液体的流下时间 t 和 t_0 求出试样的运动黏度。运动黏度的单位是 m^2/s。表 3-5 列出水的黏度、运动黏度及密度与温度的关系。

2. 常见毛细管黏度计结构及使用方法

毛细管黏度计种类很多，一般可以分为三大类：①定速流动式（活塞式）。测定时，可使液体以恒定流速通过毛细管，适于测定黏度随流动速度变化的非牛顿流体。②定压流动式。通常以恒定气压控制毛细管中压力维持不变，如枪式流变仪，适于测定具有触变性或具有屈服应力的流体。③位差式。流动压力靠液体自重产生。这也是最常见的毛细管黏度计类型，它多用来测定较低黏度的液体（0.4~20000MPa·s）。

（1）奥氏黏度计（Ostwald Type）　奥氏黏度计如图 3-12（1）所示。黏度计由导管、毛细管和球泡组成。毛细管的孔径和长度有一定的规格和精度要求。球泡两端导管上都有刻线（如 M_1、M_2 等），刻线之间导管和球泡的容积也有一定规格和较高精度要求。测定时，先把一定量（一定体积）的液体注入左边管，然后，将乳胶管套在右边导管的上部开口，把注入的液体抽吸到右管，直到上液面超过刻线 M_1。这时，使黏度计垂直竖立，去掉上部胶管，使液体在自重作用下向左管回流。注意测定液面通过 M_1 至 M_2 之间所需的时间，即一定量液体通过毛细管的时间。往往需要测定多次，取平均值。通过对标准液和试样液通过时间的测定，就可由式 (3-10) 求出液体黏度。

（2）乌式黏度计（Ubbelohde Type）　非稀释型乌式黏度计的结构 [图 3-12（2）] 与奥氏黏度计不同的是由三根竖管组成，其中右边管与中间球泡管的下部旁通。即在球泡管下部有一个小球泡与右管连通。这一结构可以在测量时，使流经毛细管的液体形成一个气悬液柱，也就是减少了因左边导管液面升高对毛细管中液流压力差带来的影响。测定方法是：首先向左管注入液体，然后堵住右管，由中间管吸上液体，直至充满上面的球泡。这时，同时打开中间管和右管，使液体自由流下，测定液面由 M_1 到 M_2 的时间。黏度值求法与奥氏黏度计相同。乌式黏度计与奥氏黏度计相比有如下优点：奥氏黏度计在液体流动时，由于左管液面上升对液柱的压力差有较大影响，因此不仅误差大，而且还要求每次加入的液量要准确和定量。相比之下，乌式黏度计对加入液量精度的要求略低一些。由于左管液面变化对奥氏黏度计影响较大，所以在测定时，奥氏黏度计要求毛细管的垂直度更严格。而乌式黏度计因为气悬液柱的存在，对垂直性要求可松一些。乌式黏度计对加入液量要求较宽，因此可以做成稀释型乌式黏度计 [图 3-12（3）]。用这种黏度计可以对同一试样多次稀释（加入分散介质），获得不同浓度下的黏度。

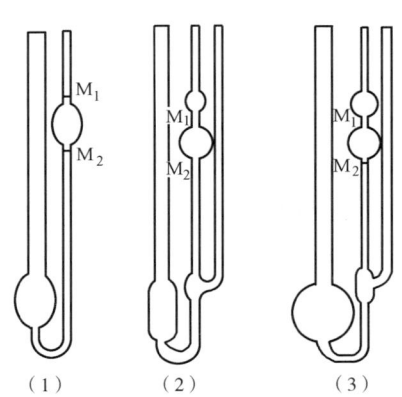

图 3-12　毛细管式黏度计
(1) 奥式黏度计　(2) 非稀释型乌式黏度计　(3) 稀释型乌式黏度计

表 3-5　　　　　　　　　　不同温度下水的黏度、运动黏度及密度

温度/℃	黏度/(Pa·s)	运动黏度/(m²/s)	密度/(kg/m³)	温度/℃	黏度/(Pa·s)	运动黏度/(m²/s)	密度/(kg/m³)
0	1.79×10^{-3}	1.79×10^{-6}	1000	60	4.66×10^{-4}	4.74×10^{-7}	983
10	1.31×10^{-3}	1.31×10^{-6}	1000	70	4.04×10^{-4}	4.13×10^{-7}	978
20	1.00×10^{-3}	1.00×10^{-6}	998	80	3.54×10^{-4}	3.64×10^{-7}	972
30	7.97×10^{-4}	8.00×10^{-7}	996	90	3.15×10^{-4}	3.26×10^{-7}	965
40	6.53×10^{-4}	6.58×10^{-7}	992	100	2.82×10^{-4}	2.94×10^{-7}	958
50	5.47×10^{-4}	5.53×10^{-7}	988				

【例题 3-1】利用毛细管黏度计测量巧克力熔浆的流动特性，已知毛细管直径1cm，长度60cm，测得压力差与流量如表3-6所示。(1) 证明巧克力熔浆为非牛顿流体；(2) 确定幂律模型、Herschel-Bulkley 模型和 Casson 模型系数；(3) 确定反映巧克力融浆流动特性最好的模型。

解：

（1）利用表 3-6 实验数据，分别计算出毛细管壁处的 $\sigma_w = \dfrac{\Delta P R}{2L}$ 和 $\dot{\varepsilon}_w = \dfrac{4V}{\pi R^3 t}$，并做散点图（图 3-13）。从散点图形可以看出，σ_w 与 $\dot{\varepsilon}_w$ 是非线性关系，而且截距也不是零（毛细管中心剪切速率是零，应力也是零）。因此，不满足牛顿流体的条件，属于非牛顿流体。

（2）根据幂律模型 $\sigma = k\dot{\varepsilon}^n$ 或者 $\ln\sigma = \ln k + n\ln\dot{\varepsilon}$，在双对数坐标纸上作图，得到图 3-14 和回归模型，$\ln\sigma_w = 0.273\ln\dot{\varepsilon}_w + 3.173$。回归系数 $R^2 = 0.953$，幂律模型参数分别为 $n = 0.273$，$k = 23.88$。

幂律模型为，$\sigma_w = 23.88\dot{\varepsilon}_w^{0.273}$。

根据 Herschel-Bulkley 模型 $\sigma - \sigma_0 = k\dot{\varepsilon}^n$，首先确定 σ_0，由图 3-13 可知，$\dot{\varepsilon} = 0$ 时，$\sigma_0 = 13\mathrm{Pa}$。将 Herschel-Bulkley 模型线性化，得 $\ln(\sigma_w - \sigma_0) = \ln k + n\ln\dot{\varepsilon}_w$。以 $\ln(\sigma_w - \sigma_0)$ 和 $\ln\dot{\varepsilon}_w$ 作图，得图 3-15。由图可见，$\ln(\sigma_w - \sigma_0) = 0.601\ln\dot{\varepsilon}_w + 1.897$，回归系数 $R^2 = 0.999$。Herschel-Bulkley 模型参数 $n = 0.601$，$k = 6.66$，Herschel-Bulkley 模型为，$\sigma_w = 13 + 6.66\dot{\varepsilon}_w^{0.601}$。

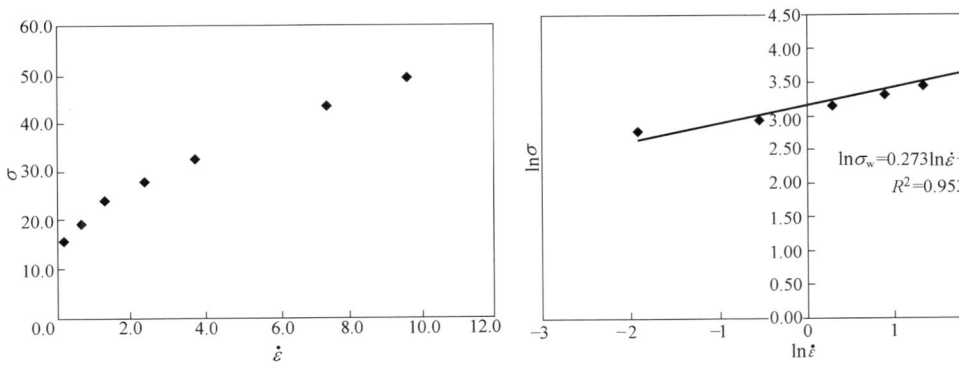

图 3-13　毛细管壁应力与剪切速率关系　　　　图 3-14　幂律模型拟合效果

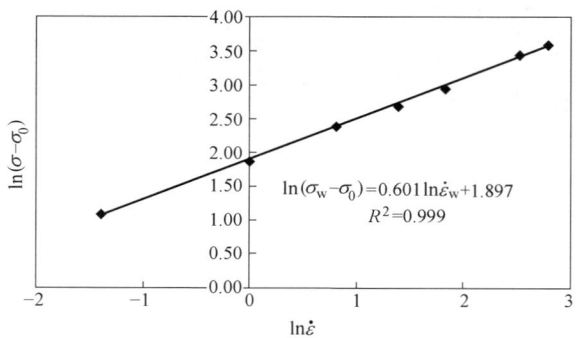

图 3-15　Herschel–Bulkley 模型拟合效果

根据 Casson 模型 $\sigma^{0.5}=K_0+K_c\dot{\varepsilon}^{0.5}$，以 $\sigma_w^{0.5}$ 和 $\dot{\varepsilon}_w^{0.5}$ 作图（图 3-16），得到 $\sigma_w^{0.5}=3.570+0.861\dot{\varepsilon}_w^{0.5}$，回归系数 $R^2=1.000$。K_0 反映屈服应力 σ_0 的大小，由此给出另一个 Casson 表达式，$\sigma^{0.5}=\sigma_0^{0.5}+K_c\dot{\varepsilon}^{0.5}$。比较两个表达式，可知 $\sigma_w^{0.5}=12.74^{0.5}+0.861\dot{\varepsilon}_w^{0.5}$，即 $\sigma_0=12.74\text{Pa}$，与前面确定的 13Pa 接近。

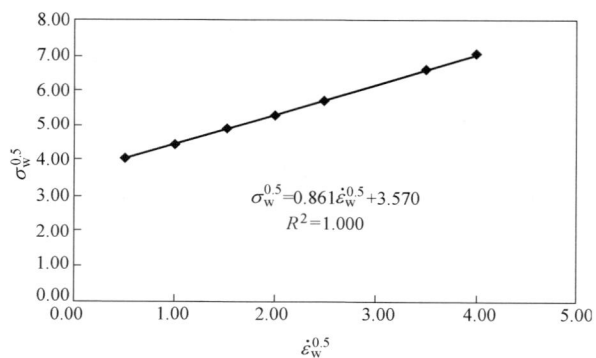

图 3-16　Casson 模型拟合效果

（3）比较上述三个模型模拟结果，可知 Casson 模型模拟巧克力熔浆的流动特性最好，因此，Casson 模型已经被国际相关机构定为研究可可粉和巧克力流变特性的官方模型。

表 3-6　　　　　　　　　　巧克力熔浆压力差与流量实验数据

压力差/Pa	流量/(cm³/s)
3840	0.01
4646	0.06
5762	0.13
6742	0.24
7798	0.37
10454	0.72
11760	0.94

【例题 3-2】用玻璃毛细管黏度计测量葵花子精制油的黏度，采用 50% 蔗糖溶液作为参考液，已知参考液 25℃ 时密度为 1227.4kg/m³，黏度 0.0126Pa·s，流过毛细管上下刻度的时间是 100s。根据实验结果（表 3-7），（1）试用 Arrhenium 模型分析温度对黏性的影响；活化能；Arrhenium 模型参数；（2）10℃ 该油的黏度是多少？

表 3-7　　　　　　　　不同温度下精制葵花子油密度和流过毛细管的时间

温度/℃	时间/s	密度/(kg/m³)	温度/℃	时间/s	密度/(kg/m³)
25	521	916	45	262	883
35	361	899	55	198	867

解：

（1）根据式（3-8），$\eta = \eta_0[(\rho t)/(\rho_0 t_0)]$ 和已知条件，计算不同温度下的黏度（表 3-8）。Arrhenium 方程是，$\eta = A\exp\left(\dfrac{E_a}{RT}\right)$，或者 $\ln\eta = \ln A + \left(\dfrac{E_a}{RT}\right)$。对 $\ln\eta$ 与 $1/T$ 作图（图 3-17），得到 $\ln\eta = -14.209 + \left(\dfrac{3332.4}{T}\right)$。由截距可知，Arrhenium 方程常数 $A = 6.758\times10^{-7}\,\text{Pa}\cdot\text{s}$，由气体常数 $R = 8.314\times10^{-3}\,\text{kJ}/(\text{mol}\cdot\text{K})$，可计算出活化能 $\Delta E = 27.705\,\text{kJ/mol}$。

表 3-8　　　　　　　　　不同温度下精制葵花子油黏度

温度/℃	黏度/(Pa·s)	温度/℃	黏度/(Pa·s)
25	0.049	45	0.024
35	0.033	55	0.018

（2）根据上面求出的表达式，将温度（273+10）K 代入，得：

$$\ln\eta = -14.209 + \left(\dfrac{3332.4}{283}\right) = -2.43$$

$$\eta = 0.09\ (\text{Pa}\cdot\text{s})$$

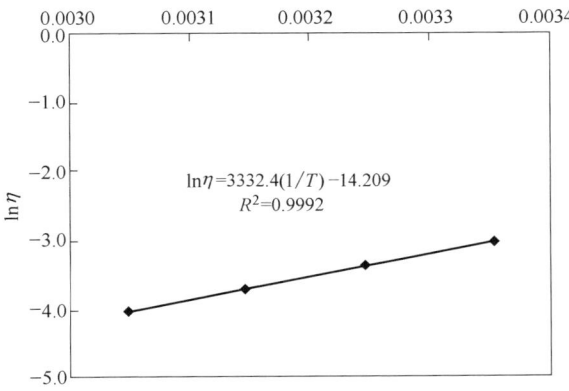

图 3-17　Arrhenium 方程应用于精制葵花子油

二、旋转圆筒黏度计 [Concentric Cylinder (Coaxial Rotational) Viscometers]

1. 测量原理

设半径为 R_i 和 R_o 的两圆筒同心套叠在一起（图3-18），外筒固定，内筒的旋转角速度为 ω_i，内筒在液体中的高度为 h，内外筒底面之间的距离为 l，则牛顿流体的黏度可用下面的 Margules 方程计算：

$$\omega_i = \frac{M}{4\pi h \eta}\left(\frac{1}{R_i^2} - \frac{1}{R_o^2}\right) \tag{3-11}$$

式中 M——作用于内筒的力矩。

对于非牛顿流体，由于 $\sigma = k \dot{\varepsilon}^n$，因此，其旋转角速度 ω_i 为：

$$\omega_i = \frac{n}{2k^{1/n}}\left(\frac{M}{2\pi h R_i^2}\right)^{1/n}\left[1 - \left(\frac{R_i}{R_o}\right)^{2/n}\right] \tag{3-12}$$

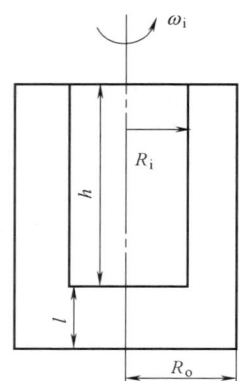

图3-18 内筒旋转型黏度计示意图

如果内筒与外筒间隙非常小，与转筒直径相比可以忽略不计时，间隙内的黏性应力可视为常数，而间隙内的剪切速率 $\dot{\varepsilon}$ 处处相等。剪切速率为：

$$\dot{\varepsilon}_i = \frac{\omega R_i}{R_o - R_i} = \frac{\omega}{\alpha - 1} \tag{3-13}$$

式中 $\alpha = R_o/R_i$。

剪切应力取平均值：

$$\sigma_{ave} = \frac{1}{2}(\sigma_i + \sigma_o) = \frac{M(1+\alpha)}{4\pi h R_o^2} \tag{3-14}$$

对于牛顿流体，剪切应力和剪切速率分别为：

$$\sigma_i = \frac{M}{2\pi h R_i^2} \tag{3-15}$$

$$\dot{\varepsilon}_i = 2\omega\left(\frac{\alpha^2}{\alpha^2 - 1}\right) \tag{3-16}$$

对于非牛顿流体，剪切应力仍可以用式（3-15），但是，剪切速率应该用下式计算：

$$\dot{\varepsilon}_i = \left(\frac{2\omega}{n}\right)\left(\frac{\alpha^{2/n}}{\alpha^{2/n} - 1}\right) \tag{3-17}$$

$$n = \frac{d(\ln\sigma_i)}{d(\ln\omega)} = \frac{d(\ln M)}{d(\ln\omega)} \tag{3-18}$$

2. 圆筒黏度计的基本构造及黏度测量

圆筒黏度计一般由三个主要部分组成：①测量系统；②转矩测量机构；③驱动机构。驱动机构一般采用多速电动机或凸轮变速器带动测量系统。测量系统由两个同轴圆筒组成，在内筒和外筒之间盛着被测试的液体，它的旋转方式有内筒旋转式和外筒旋转式两种。转矩测量机构是通过观察与转筒联结的弹性元件的扭转角来求平衡转矩。外筒旋转式黏度计的结构如图3-19所示。

把转筒所受的力矩 $M=K\theta$（式中 θ 表示弹性元件的扭转角，K 表示弹性元件的弹性系数）和转筒角速度 $\omega_i = 2\pi N/60$（r/min）代入式（3-11）得：

$$\eta = K_0 \frac{\theta}{N} \qquad (3-19)$$

式中 $K_0 = \dfrac{60K}{8\pi h}\left(\dfrac{1}{R_i^2} - \dfrac{1}{R_o^2}\right)$，是仪器常数。

还可把式（3-19）改写成如下形式：

$$\eta = K_N \theta \qquad [3-19(1)]$$

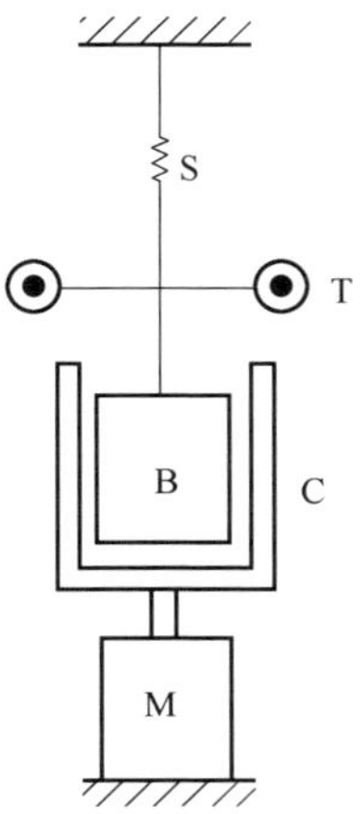

图3-19 外筒旋转式黏度计的结构

M—同步电动机　B—内筒　C—外转筒
S—弹簧　T—传感器

式中，$K_N = K_0/N$，称为换算系数，Pa·s。

也就是说，转速为 N 时所测定的指针偏转角 θ 乘换算系数 K_N 即得到黏度。

三、锥板式黏度计（Cone and Plate Viscometers）

在半径为 R 的平面圆板上放顶角很大的圆锥，使圆板或圆锥按一定角速度旋转。平面圆板和圆锥所成的锥板夹角很小，（0.5°~4°），所以有 $\varphi \approx \tan\varphi$，在这个锥板夹角间充满试样（图3-20）。设圆锥旋转角速度为 ω，则离转轴为 r 的和锥面接触部分的试样的速度为 $r\cdot\omega$，与静止圆板接触部分的试样的速度为0。因试样的厚度为 $r\cdot\tan\varphi = r\cdot\varphi$，所以剪切速率为：

$$\dot{\varepsilon} = \frac{r\omega}{r\varphi} = \frac{\omega}{\varphi} \qquad (3-20)$$

由此可知，剪切速率 $\dot{\varepsilon}$ 与角速度 ω、仪器常数 φ 有关，与试样内各点的位置无关，即锥板式黏度计内各点的剪切速率 $\dot{\varepsilon}$ 是均匀的。这是它与同轴圆筒型黏度计的主要区别。所以锥板式黏度计适于测定非牛顿液体的黏度。

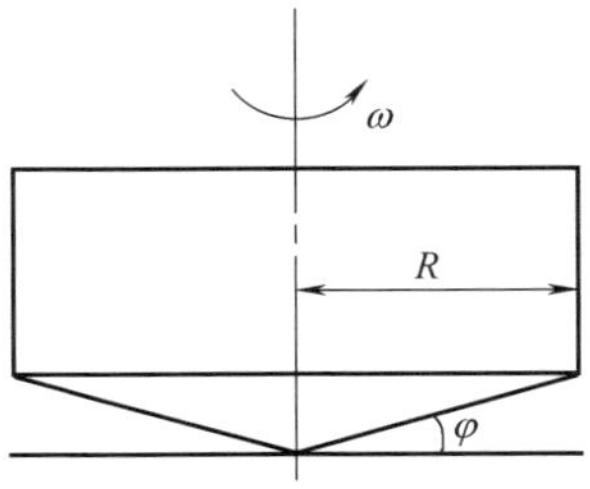

距离转轴为 r 和 $r+dr$ 之间的试样对转轴的力矩为：

$$dM = 2\pi r dr \cdot r\sigma = 2\pi r^2 \sigma dr$$

图3-20 锥板式黏度计示意图

r 从 $0 \rightarrow R$，对上式进行积分，得：

$$M = 2\pi\sigma \int_0^R r^2 dr = \frac{2}{3}\pi R^3 \sigma$$

$$\sigma = \frac{3M}{2\pi R^3} \qquad (3-21)$$

对于牛顿流体：

$$\frac{3M}{2\pi R^3} = \eta \frac{\omega}{\varphi} \tag{3-22}$$

对于非牛顿流体：

$$\frac{3M}{2\pi R^3} = k\left(\frac{\omega}{\varphi}\right)^n \tag{3-23}$$

对于特定的黏度计，$K_0 = \frac{3K\varphi}{0.2094\pi R^3}$，称为仪器常数，由仪器弹簧系数 K、平板与圆锥夹角 φ 和圆锥半径 R 等结构参数确定。牛顿流体的黏度可由式（3-24）计算：

$$\eta = \frac{\sigma}{\dot{\varepsilon}} = K_0 \frac{\theta}{N} \tag{3-24}$$

式中　θ——弹簧扭转角度，由仪器的表盘指针给出；
　　　N——圆锥转速，r/min。

【例题 3-3】 用锥板式黏度计测量半固态的乳制品，已知圆锥直径 50mm，圆锥与平板夹角为 1°，在 25℃ 下测得不同角速度下的扭矩（表 3-9）。分别试用牛顿黏性定律、幂律模型和 Herschel–Bulkley 模型进行分析。

表 3-9　　　　　　　　锥板式黏度计测量半固态乳制品数据

角速度/(rad/min)	扭矩/(N·m)	角速度/(rad/min)	扭矩/(N·m)
1.04	4.66×10^{-4}	52.2	11.73×10^{-4}
15.7	7.62×10^{-4}	73.1	13.56×10^{-4}
31.4	9.60×10^{-4}	104.4	15.96×10^{-4}

解：

（1）首先利用表 3-9 实验数据计算剪切速率和应力，$\dot{\varepsilon} = \frac{\omega}{60\tan\varphi}$，$\sigma = \frac{3M}{2\pi R^3}$，并作图（图 3-21）。从图 3-21 可知，由于截距不为零，因此，该乳制品不属于牛顿流体。

（2）利用幂律模型，在双对数坐标纸上作图（图 3-22），从而得到 k 值和 n 值。

$$\ln\sigma = 2.581 + 0.260\ln\dot{\varepsilon}\,(R^2 = 0.954)$$

$\ln k = 2.581$，$k = 13.210\,\text{Pa}\,(\text{s})^n$，$n = 0.260$，该乳制品的幂律模型为：

$$\sigma = 13.210\,\dot{\varepsilon}^{0.260}$$

（3）对于 Herschel–Bulkley 模型，首先由图 3-21 确定 σ_0，利用外延法可获得 $\sigma_0 \approx$ 13.5Pa·s。对 Herschel–Bulkley 模型两边取对数，得到线性化的表达式：

$$\ln(\sigma - \sigma_0) = \ln k + n\ln\dot{\varepsilon}$$

在双对数坐标纸上作图（图 3-23），得到线性拟合表达式：

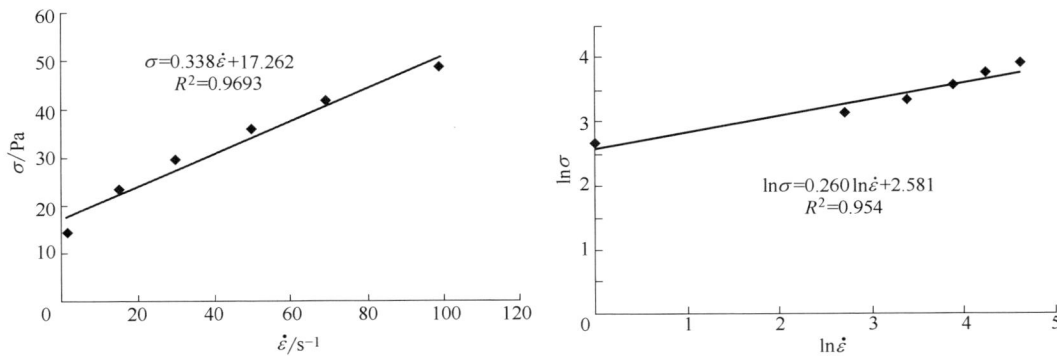

图 3-21 半固态乳制品应力与剪切速率的关系　　图 3-22 半固态乳制品幂律模型拟合效果

$$\ln(\sigma - \sigma_0) = 0.264 + 0.733\ln\dot\varepsilon \quad (R^2 = 0.998)$$

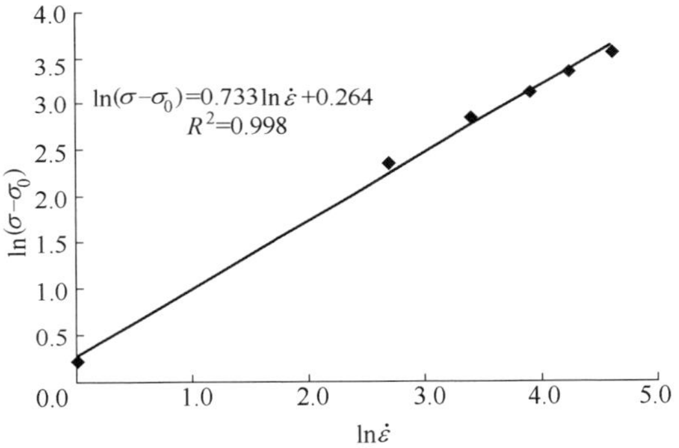

图 3-23 半固态乳制品 Herschel-Bulkley 模型拟合效果

从截距可知 $\ln k = 0.264$，$k = 1.302$，该乳制品的 Herschel-Bulkley 模型为：

$$\sigma = 13.5 + 1.302\dot\varepsilon^{0.733}$$

由拟合系数 R^2 可知，Herschel-Bulkley 模型更符合该乳制品的流变特性。

【例题 3-4】用锥板式黏度计测量某食品的黏度，已知圆锥半径 $R=25$mm，圆锥与平板夹角为 $1°$，在转速 16.7r/min 下，扭矩为 10mN·m，计算该食品的黏度。

解：

（1）计算剪切速率 $\dot\varepsilon$

$$\dot\varepsilon = \frac{\omega}{\tan\varphi} \approx \frac{\omega}{\varphi}$$

$$\dot\varepsilon = \frac{2\pi\dfrac{16.7}{60}}{1/360 \cdot 2\pi} = 100(\text{s}^{-1})$$

(2) 计算应力 σ

$$\sigma = \frac{3M}{2\pi R^3} = \frac{3 \times 10 \times 10^{-3}}{2\pi \times 0.025^3} = 305.6(\text{Pa})$$

(3) 计算黏度

$$\eta = \frac{\sigma}{\dot{\varepsilon}} = \frac{305.6}{100} = 3.056(\text{Pa} \cdot \text{s})$$

四、平行板式黏度计 (Parallel Plate Viscometers)

平行板式黏度计基本结构如图3-24所示,两块平板之间为被测样品,距离为 h,其间距可以根据被测样品的颗粒大小而定。两块平板中,一块以一定转速转动,另一块静止。通过检测不同转速下的扭矩,从而获得被测样品的流变特性。与锥板式黏度计相比较,平行板式黏度计被测样品的剪切速率和应力均不是恒定值,而是随直径变化。

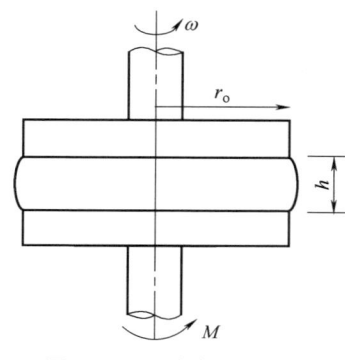

图3-24 平行板式黏度计

$$\dot{\varepsilon} = \omega \frac{r}{h} \tag{3-25}$$

$$\sigma = \frac{M}{2\pi R^3}\left[3 + \frac{\text{d}\ln M}{\text{d}\ln \dot{\varepsilon}}\right] \tag{3-26}$$

对于牛顿流体:

$$\sigma = \eta \dot{\varepsilon} = \eta \frac{\omega r}{h} \tag{3-27}$$

$$\frac{2M}{\pi R^3} = \eta\left(\frac{\omega R}{h}\right) \tag{3-28}$$

对于幂律模型流体:

$$\frac{M(3+n)}{2\pi R^3} = k\left(\frac{\omega R}{h}\right)^n \tag{3-29}$$

$$\sigma = \frac{M(3+n)}{2\pi R^3} \tag{3-30}$$

【例题 3-5】 某食品公司研发一种汤料,其流变特性是重要指标之一。采用平行板式黏度计对汤料样品测量,平行板半径 $R=25\text{mm}$,$h=0.7\text{mm}$,在 15℃ 下测量得到不同角速度下的扭矩(表3-10),试建立该汤料的幂律模型。

表3-10　　　　　　　　　平行板式黏度计测量汤料的数据

扭矩/(N·m)	角速度/(rad/min)	扭矩/(N·m)	角速度/(rad/min)
0.000821	2.3	0.001723	18
0.000972	4	0.002977	52
0.001190	7		

解: 利用实验数据,计算剪切速率,

$$\dot{\varepsilon} = \frac{(\omega/60)R}{h}$$

非牛顿流体的应力为:

$$\sigma = \frac{M}{2\pi R^3}\left[3 + \frac{d\ln M}{d\ln \dot{\varepsilon}}\right]$$

在双对数坐标纸上以 $\ln M$ 和 $\ln \dot{\varepsilon}$ 图，得到直线方程的斜率为 0.412，用此值替代 $\frac{d\ln M}{d\ln \dot{\varepsilon}}$,

$$\sigma = \frac{M}{2\pi R^3}[3 + 0.412]$$

利用实验测得的扭矩 M 值计算 σ，并以 $\ln \sigma$ 和 $\ln \dot{\varepsilon}$ 作图（图 3-25），得到:

$$\ln \sigma = 0.412\ln \dot{\varepsilon} + 3.173$$

$\ln k = 3.173$，$k = 23.879 \mathrm{Pa}(\mathrm{s})^n$，汤料的幂律模型为:

$$\sigma = 23.879 \dot{\varepsilon}^{0.412}$$

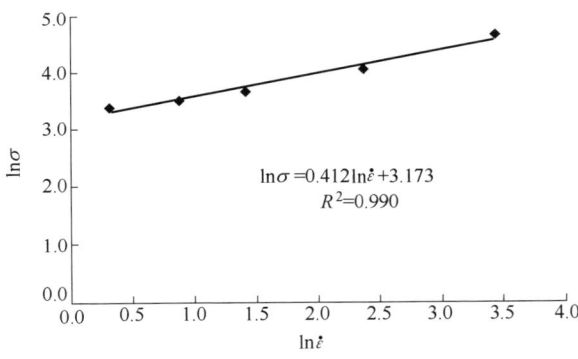

图 3-25 汤料幂律模型拟合效果

【例题 3-6】平板黏度计测量食品的流变特性，已知平板半径 37.5mm，平板间隙 1mm，当上平板转动 0.15°时，计算被测样品的变形量。

解：如图 3-26 所示，上平板转动 0.15°时，样品发生 γ 角变形。

$$\dot{\varepsilon} = \frac{\omega R}{h}$$

$$\varepsilon = \frac{\varphi R}{h} = \frac{\frac{0.15}{360} \times 2\pi \times 37.5}{1} = 0.1 = 10\%$$

【例题 3-7】用平板黏度计测量食品黏度，已知平板转速 30r/min，半径 25mm，间隙 1mm，测得扭矩 10mN·m，计算黏度。

解：

（1）计算应力

$$\sigma = \frac{2M}{\pi R^3} = \frac{2 \times 10 \times 10^{-3}}{\pi \times 0.025^3} = 407(\text{Pa})$$

（2）计算剪切速率

$$\dot{\varepsilon} = \omega \frac{R}{h} = \frac{2\pi n R}{h}$$

$$\dot{\varepsilon} = \frac{2\pi \times \frac{30}{60} \times 0.025}{0.001} = 78.5 \ (\text{s}^{-1})$$

（3）计算黏度

$$\eta = \frac{\sigma}{\dot{\varepsilon}} = \frac{407}{78.5} = 5.2 \ (\text{Pa} \cdot \text{s})$$

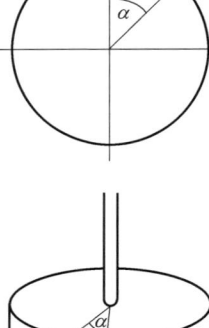

图3-26 平板转角与样品变形量

五、落球黏度计（Falling Ball Viscometers）

落球黏度计的测量原理是，在重力作用下，测量落球通过被测溶液所需要的时间。黏度高，同样条件下落球下落的时间长；反之，时间短。落球在下落过程中，其受力情况如图3-27所示，计算式为：

$$F_N = F_G - F_B - F_D \tag{3-31}$$

式中 F_N——合力，N；

F_G——球体重力，N；

F_B——球体受到的浮力，N；

F_D——拖拽力，N，即：

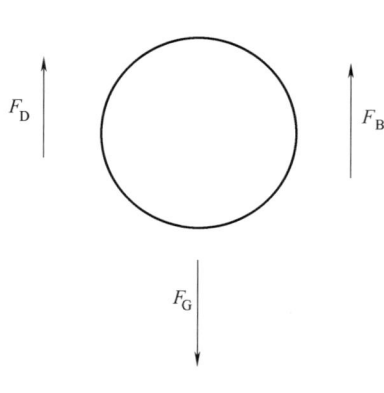 

图3-27 球体受力情况和落球黏度计

$$\frac{\pi D_{\mathrm{P}}^3 \rho_{\mathrm{P}}}{6} \cdot \frac{\mathrm{d}v}{\mathrm{d}t} = \frac{\pi D_{\mathrm{P}}^3 \rho_{\mathrm{P}} g}{6} - \frac{\pi D_{\mathrm{P}}^3 \rho_{\mathrm{f}} g}{6} - \frac{C_{\mathrm{D}} \pi D_{\mathrm{P}}^2 \rho_{\mathrm{f}} v^2}{8} \tag{3-32}$$

式中　　D_{P}——球体直径，m；

　　　　ρ_{P}——球体密度，kg/m³；

　　　　ρ_{f}——流体密度，kg/m³；

　　　　C_{D}——拖拽系数；

　　　　v——球体速度，m/s。

当球体下落达到平衡时，$\mathrm{d}v/\mathrm{d}t = 0$，球体达到恒定的速度 v_{t}，在 Stoke's 区域，流体的拖拽系数为 $C_{\mathrm{D}} = 24/Re$，式（3-32）改写为：

$$\frac{\pi D_{\mathrm{P}}^3 \rho_{\mathrm{P}} g}{6} = \frac{\pi D_{\mathrm{P}}^3 \rho_{\mathrm{f}} g}{6} + \frac{3\pi D_{\mathrm{P}} \eta v_{\mathrm{t}}}{1} \tag{3-33}$$

$$\eta = \frac{D_{\mathrm{P}}^2 (\rho_{\mathrm{P}} - \rho_{\mathrm{f}}) g}{18 v_{\mathrm{t}}} \tag{3-34}$$

落球黏度计适合于黏度较高的透明性食品。在落球直径选择上，应该有利于对恒定速度的准确判别，一般情况下，落球直径越大，下落速度越快，不利于实验观察。而且，落球直径大，会受到管壁效应影响，导致测量结果误差。如果管径大于球径10倍，管壁效应可以忽略。因此，在实验中尽量选择小的球体。

【例题 3-8】 用落球式黏度计测量葵花子油黏度，已知管长 10cm，球径 0.68mm，油和球的密度分别为 921kg/m³ 和 2420kg/m³，落球从顶面下落至底部 44.5s，确定该葵花籽油的黏度。

解：

（1）首先计算平衡时的速度

$$v_{\mathrm{t}} = \frac{L}{t} = \frac{0.1}{44.5} = 0.0022 \mathrm{m/s}$$

（2）计算黏度

$$\eta = \frac{D_{\mathrm{P}}^2 (\rho_{\mathrm{P}} - \rho_{\mathrm{f}}) g}{18 v_{\mathrm{t}}} = \frac{(0.68 \times 10^{-3})^2 \times (2420 - 921) \times (9.81)}{18 \times 0.0022} = 0.172 \mathrm{Pa \cdot s}$$

六、转子黏度计 [Single-Spindle Viscometers（Brookfield Viscometer）]

转子黏度计如图 3-28 所示，是由一根垂直轴通过弹簧连接到转子，转子在样品杯中旋转可获得不同转速下的扭矩。由于无法准确地知道转子在样品杯中的剪切速率，因此，这种黏度计无法给出应力与剪切速率的关系，只能通过标准液体标定仪器，并由此给出被测样品的黏度。由于标准液体往往是牛顿流体，因此，该黏度计比较适合牛顿流体黏度测量。购买黏度计时厂家配有直径不同的系列转子，在使用时需根据经验选择转子直径和转速，一般情况下，黏度较大的样品采用较小直径的转子，而黏度较低的样品采用较粗的转子。转子黏度计另一个特点是，比较适合用于测定样品是否具有触变性或者流凝性。

【例题 3-9】白汁酱（White Sauce）是面粉和马铃薯淀粉等用奶油或其他油脂炒后经过加热调制的塑性流体食品，是西餐的基本辅料。白汁酱的品质好坏主要取决于其黏性和屈服应力，用旋转黏度计测定白汁酱的剪应力与时间的关系曲线如图 3-29 所示。图中 σ_0 表示剪切速率为 $\dot{\varepsilon}$ 时的最大剪应力，σ_∞ 表示平衡剪应力。根据实验曲线确定其流变参数。

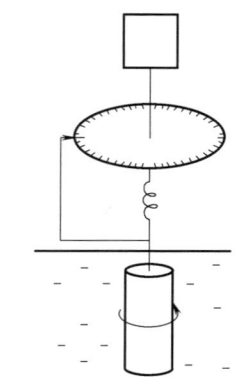

图 3-28 转子黏度计示意图

解：

（1）屈服应力测定

① 流动曲线法：从图 3-29 所示的 σ-t 曲线可知，白汁酱具有屈服应力和触变特性。根据实验曲线数据，分别作最大剪应力 σ_0 和平衡应力 σ_∞ 的 σ-$\dot{\varepsilon}$ 曲线（图 3-30），曲线直线部分的延长线和纵轴的交点（$\dot{\varepsilon}=0$）即为屈服应力。由于 σ-$\dot{\varepsilon}$ 关系呈曲线状，因此，其延长线的取法存在一定差异，由此确定的屈服应力也存在一定误差。σ_{f0} 是用最大剪应力 σ_0 确定的屈服应力，$\sigma_{f\infty}$ 是用平衡应力 σ_∞ 确定的屈服应力。

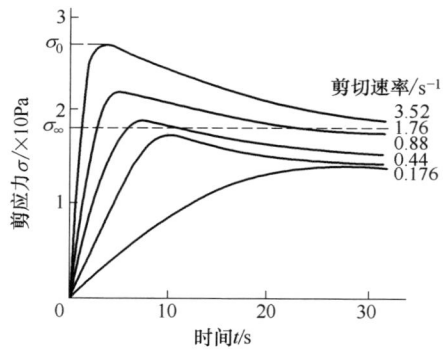

图 3-29 不同剪切速率下的应力-时间曲线

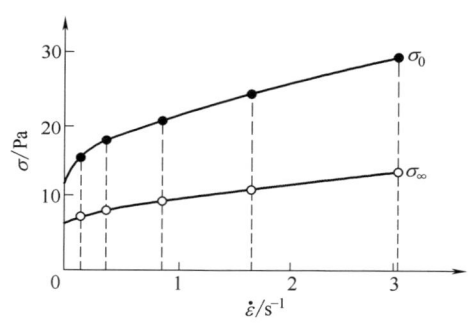

图 3-30 白汁酱的 σ-$\dot{\varepsilon}$ 关系

② Casson 法：根据图 3-29 所示的不同剪切速率下的 σ-t 曲线，作 $\sqrt{\sigma}$-$\sqrt{\dot{\varepsilon}}$ 关系图（图 3-31），得到直线，直线与纵轴的交点是 Casson 屈服应力 $\sqrt{\sigma_c}$。

③ 滞后曲线法：图 3-32 表示白汁酱的滞后曲线，曲线和纵轴的交点是屈服应力。图中 σ_{f1} 是流动开始时的屈服应力，σ_{f2} 是流动终止时的屈服应力。

三种方法求出的屈服应力列于表 3-11 中。由表可知，用三种不同方法求出的表示开始流动的屈服应力 σ_{f0}，σ_{f1}，σ_c 近似相等，表示流动终止时的屈服应力 $\sigma_{f\infty}$ 和 σ_{f2} 略有差别。总的看来，加热温度越高，屈服应力越小，越容易流动。白汁酱的屈服应力随温度变化按指数规律变化，把白汁酱摊抹在食品表面时（低温），需要保持一定厚度才能够成型，且要具有一定硬度。但在加工过程中（高温）又要求有容易流动的性质。因此，屈服应力是白汁酱加工工艺的重要物性之一。

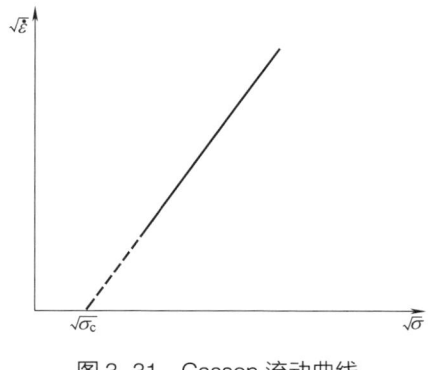

图 3-31 Casson 流动曲线

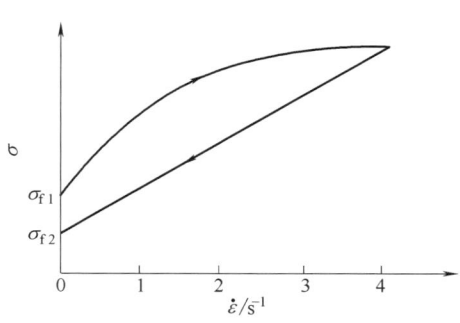

图 3-32 白汁酱的滞后曲线

表 3-11 　　　　　　　三种方法求得的白汁酱的屈服应力

加热温度/℃	流动曲线法		Casson 法	滞后曲线法	
	σ_{f0}	$\sigma_{f\infty}$	σ_c	σ_{f1}	σ_{f2}
120	103	68	105	105	75
140	95	60	95	98	71
160	90	58	79	94	66

（2）黏性系数 k 和流动指数 n 的测定　白汁酱的 σ-$\dot{\varepsilon}$ 曲线不是直线，是向上凸起的曲线（假塑性体）。因此，可以用式 $\sigma - \sigma_0 = k\dot{\varepsilon}^n$（$0<n<1$）表示其流动方程。其表观黏度为 $\eta_a = k\dot{\varepsilon}^{n-1}$，表观黏度 η_a 随温度上升而减少。用最小二乘法计算的各种温度下的黏性系数 k 和流动特性指数 n 列于表 3-12 中。黏性系数 k 随加热温度的升高而减小。

表 3-12　　　　　　　　白汁酱流变系数

加热温度/℃	120	140	160
k	89	72	67
n	0.5	0.57	0.59

（3）触变特征量的测定　白汁酱具有搅拌时变软、放置后变硬的性质（触变性）。触变性可以用滞后曲线所包围的面积大小表示。最大剪切速率 $\dot{\varepsilon}=234\mathrm{s}^{-1}$ 时各种加热温度下的触变特征量 T_h 列于表 3-13。可见，随着加热温度的升高，T_h 减小。显示与屈服应力黏性系数一样的倾向，说明随着加热温度的升高，小麦淀粉粒子的损伤，以及淀粉分子和脂亲和性阻碍淀粉颗粒的膨胀，影响了白汁酱的黏性特征，进而阻碍了产生触变性的结构形式。

表 3-13　　　　　　　　白汁酱的触变特征量

加热温度/℃	120	140	160
T_h/Pa	1.54×10^4	1.33×10^4	0.91×10^4

第三节 剪切黏度的影响因素

一、液态食品分散体系的黏度表示方法

在一般情况下，分散体系溶液的黏度比分散介质的黏度大。设 η_0 表示分散介质的黏度，η 表示溶液的黏度（表观黏度，Apparent Viscosity），则

$$\eta_r = \frac{\eta}{\eta_0} \tag{3-35}$$

η_r 称为相对黏度（Relative Viscosity）。

$$\eta_s = \frac{\eta - \eta_0}{\eta_0} = \eta_r - 1 \tag{3-36}$$

η_s 称为比黏度（Specific Viscosity）。

$$\eta_d = \frac{\eta_s}{c} \tag{3-37}$$

η_d 称为换算黏度（或还原黏度，Reduced Viscosity），式中 c 是溶液浓度。换算黏度表示单位浓度的溶液中黏度的增加比例。有时用相对黏度的对数与浓度的比来表示换算黏度，即：

$$\frac{\ln(\eta/\eta_0)}{c} = \frac{\ln\eta_r}{c} = \{\eta\} \tag{3-37(1)}$$

由式（3-37）和式［3-37（1）］可知，换算黏度表示在一定浓度的分散相中由于很多分散粒子的相互作用而增加的黏度对每个粒子进行平均分配的结果。如果忽略粒子间的相互作用，可用如下固有黏度（Intrinsic Viscosity）来表示，即：

$$\lim_{c \to 0} \frac{\eta_s}{c} = [\eta] \tag{3-38}$$

$$\lim_{c \to 0} \frac{\ln\eta_r}{c} = [\eta] \tag{3-38(1)}$$

当浓度接近 0 时，$\eta_r = 1$，故 $\ln\eta_r = \ln[1+(\eta_r-1)] = \eta_r - 1 = \eta_s$，式［3-38（1）］和式（3-38）相等。固有黏度与分散粒子的相对分子质量、分子形状等有关。以 η_s/c 和 c 或者 $\ln\eta_r/c$ 和 c 为坐标作图，常常是一条直线，其截距为 $[\eta]$，斜率为 $\dfrac{d}{dc}\left(\dfrac{\eta_s}{c}\right) = k'[\eta]^2$，其积分式：

$$\frac{\eta_s}{c} = [\eta] + k'[\eta]^2 c \tag{3-39}$$

式中 k'——Huggins 常数。

另一种表达式为：

$$\frac{\ln \eta_r}{c} = [\eta] - k''[\eta]^2 c \tag{3-40}$$

式中 k''——Kraemer 常数。

k' 与 k'' 均反映高分子与溶剂之间的作用关系。在良溶剂中，一般有 $k' = 0.4 \pm 0.1$，而 $k'' = 0.05 \pm 0.05$。通过测定几种浓度下的相对黏度和比黏度，采用外推至零浓度，得到的截距即是固有黏度 $[\eta]$，如图 3-33 所示。

可以通过下面两方面检验实验精度：①两种外推法至零浓度时应该交于一点；②$k' + k'' \approx 0.5$。以上两个条件中任意一个没有满足，就应当降低溶液浓度重新实验。

与固有黏度相关联的相对分子质量称为黏均相对分子质量，其表达式为：

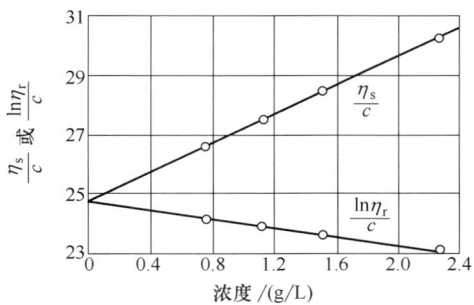

图 3-33 外推法确定固有黏度

$$[\eta] = KM^a \tag{3-41}$$

这称为 Mark-Houwink 方程，M 为黏均相对分子质量，K 和 a 为 Mark-Houwink 常数，由实验确定。

二、液态食品黏度的影响因素

1. 温度影响

液体的黏度是温度的函数。在一般情况下，温度每上升 1℃，黏度减小 5%~10%。在 T_g~(T_g+100K)，黏度与温度的关系符合 WLF 方程 [式（3-42）]。

$$\ln \frac{\eta}{\eta_{ref}} = \frac{-C_1(T - T_{ref})}{C_2 + (T - T_{ref})} \tag{3-42}$$

式中 ref——参考温度下的参数；

C_1、C_2——与物质有关的常数。

当参考温度为 $T_{ref} = T_g$ 时，即等于玻璃化转变温度时，对于完全的无定形，$C_1 = 17.44$，$C_2 = 51.6$。当参考温度选择 $T_{ref} = T_s$，即橡胶态转变温度时，$C_1 = 8.86$，$C_2 = 101.6$。由于生物聚合物 T_g 存在较大差异，因此，两个参数 $C_1 = 17.44$，$C_2 = 51.6$ 并不是通用的准确数值，只能作为参考使用。当 $T_s = T_g \pm 50$℃时，两个参数 $C_1 = 8.86$，$C_2 = 101.6$ 对所有的无定形聚合物有较好的适用性。

对于温度 $T > T_g + 100K$，黏度与温度的关系符合 Arrhenius 方程：

$$\eta = Ae^{B/T} \tag{3-43}$$

式中　η——黏度；

　　　T——绝对温度；

　　　A——常数。

$B=\Delta E/R$，ΔE 是黏性流活化能，R 是气体常数，$R=8.3$J/mol。将式（3-43）两边取对数，可得：

$$\ln\eta = \ln A + B/T \quad (3-44)$$

或

$$\lg\eta = \lg A + \frac{B}{2.303T} = A' + \frac{B'}{T} \quad [3-44(1)]$$

式中　$A'=\lg A$，$B'=0.4347B$。

式（3-44）和式［3-44（1）］表明，$\ln\eta$ 或 $\lg\eta$ 与 $1/T$ 呈线性关系。直线的截距为 A'，斜率为 B'。三个不同温度下测定试样的黏度，在对数坐标纸上画 $\lg\eta$-$1/T$ 曲线，在一定温度范围内成直线关系。有的液体在某种温度下出现弯曲点，直线的倾角发生变化。例如，水在35℃处出现弯曲点，这是氢结合的影响。

图3-34表示一种高黏度牛顿液体的黏度-温度关系的实测例。

对于非牛顿液体，黏度和转速有关。所以，测定各种转速下的黏度-温度关系，就会得到倾角不同的平行线。

在实际工艺中，对各种标准品做上述黏度-温度关系图，就可以根据图来推算任意温度下的黏度；也可以把黏度和温度的数据代入式（3-44）或式［3-44（1）］，做回归运算，计算任意温度下的黏度。图3-34的直线回归方程式可以用下式表示：

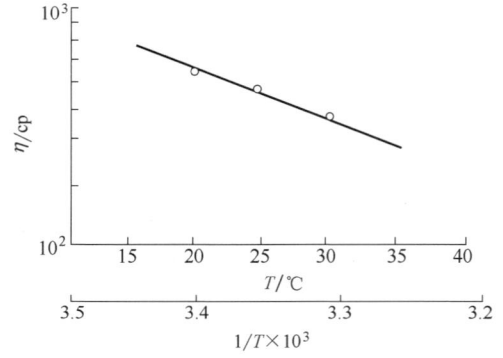

图3-34　黏度-温度关系/（1/K）

1cp=1×10^{-3}Pa·s

$$\lg\eta = -4.7181 + 2.205\times10^3 \cdot \frac{1}{T}$$

设黏度的温度系数为 α（即温度变化1℃时黏度的变化率），则根据下式计算20℃和25℃，及25℃和30℃时 α 的平均值：

$$\alpha_1 = \frac{\eta_{20}-\eta_{25}}{\eta_{20}\times(20-25)} = \frac{638-480}{638\times(20-25)} = -0.0495$$

$$\alpha_2 = \frac{\eta_{25}-\eta_{30}}{\eta_{25}\times(25-30)} = \frac{480-360}{480\times(25-30)} = -0.05$$

所以，α 的总平均值为 $\alpha=-0.05$。即对于上述高黏度牛顿液体而言，试样温度每上升1℃，黏度减小5%。这种方法只适用于温度变化在±10℃范围内的情况。

若已知黏度的温度系数 α 和任意温度 T_1 时的黏度 η_1，可以用下式计算任意温度 T_2 时的黏度 η_2（α 取绝对值）。

当 $T_2 > T_1$ 时，$\quad\quad\quad\quad \eta_{T2} = \eta_{T1}[1 - \alpha(T_2 - T_1)]$

当 $T_2 < T_1$ 时，$\quad\quad\quad\quad \eta_{T2} = \eta_{T1}[1 - \alpha(T_2 - T_1)]^{-1}$

$$= \eta_{T1}\{1 + \alpha(T_2 - T_1) + [\alpha(T_2 - T_1)]^2 + \cdots\}$$

由图 3-34 的直线倾角可以求试样的黏性流动活化能 ΔE。黏性流动活化能可表示液体流动的难易程度，活化能越大，流动阻力越大。在上例中，

$$B = \frac{1}{0.4343} \cdot \frac{\lg\eta_{20} - \lg\eta_{30}}{(1/T)_{20} - (1/T)_{30}}$$

$$= \frac{3.8028 - 3.5465}{0.4343 \times (1/293 - 1/303)} = 5.238 \times 10^3$$

$$\Delta E = B \times R = 5.238 \times 8.3 = 43.5 \text{J/mol}$$

2. 分散相的影响

（1）分散相的相对分子质量　分散相（Dispersed Phase）相对分子质量对黏度的影响主要与分子链长度、支化度和支链长度有关。研究发现，当相对分子质量较低时，零剪切黏度 η_0 基本与重均相对分子质量 M 的一次方成正比。

$$\eta_0 \propto M \quad\quad\quad\quad (3-45)$$

当重均相对分子质量大于临界值 M_c 时，分子链发生缠绕，相对分子质量对黏度的影响明显增大，零剪切黏度 η_0 基本与重均相对分子质量 M 的 3.4 次方成正比。

$$\eta_0 \propto M^{3.4} \quad\quad\quad\quad (3-46)$$

以零剪切黏度对重均相对分子质量作图，可获得一条折线，其转折点对应的相对分子质量即为临界相对分子质量 M_c。图 3-35 中有两种浓度的葡聚糖溶液，从图中可知，在相对分子质量 22000 左右，零剪切黏度出现明显增加，因此，可认为此时分子链发生了缠绕等。图 3-36 是玉米糖浆浓度及葡萄糖当量与黏度的关系图，由图中可见，在浓度一定条件下，葡萄糖当量（D.E.）5 的黏度比葡萄糖当量 10 明显高，说明其间可能存在临界相对分子质量 M_c。

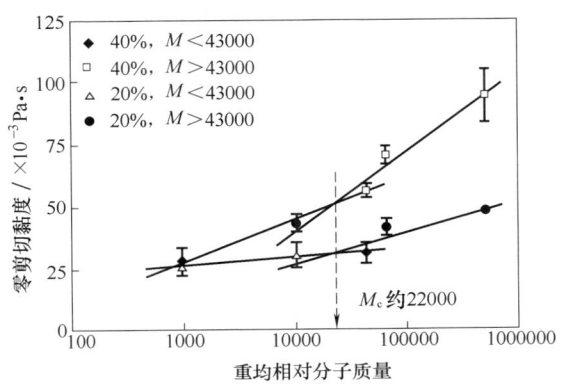

图 3-35　葡聚糖临界相对分子质量确定

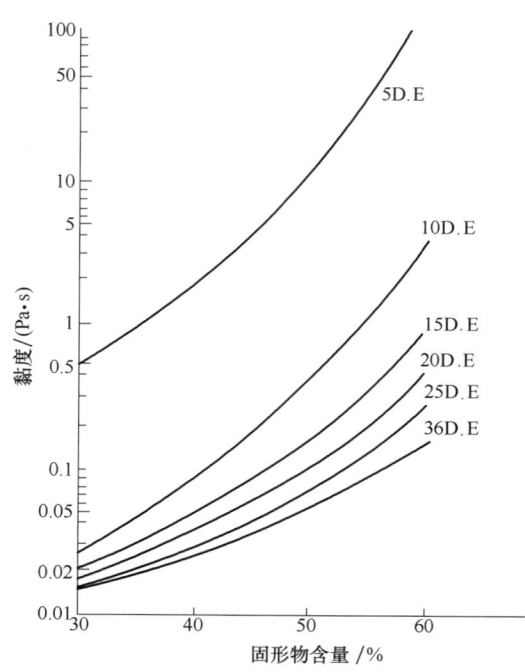

图 3-36　玉米糖浆浓度及葡萄糖当量与黏度的关系

（2）分散相的浓度　分散相为球形固体粒子的液体，影响其黏度的是分散相的容积率或容积分率。爱因斯坦根据流体动力学方法推导出如下公式：

$$\eta_r = \eta/\eta_0 = 1 + a\phi \tag{3-47}$$

式中　ϕ——分散相的容积率；
　　　a——常数。

当分散相为理想的刚性球且粒子间没有相互作用时，取 a 值为 2.5。即当 $a = 2.5$ 时，式（3-47）称为爱因斯坦公式。

爱因斯坦公式是理想状态的理论公式。当粒子表面存在水化层或分散介质吸附层、粒子变形、粒子有黏性时，该公式则不适用。但对很稀的悬浮液也可以近似地应用此式。

对于具有一定浓度的液体，也就是说，当分散相粒子浓度较高，粒子之间的碰撞、凝聚、聚合有可能使有效容积率发生变化时，布莱克曼推导出了一般化黏度公式：

$$\eta_r = (1 + \phi)^{2.5} \tag{3-48}$$

当把括号内的项展开成级数时，上式变为：

$$\eta_r = 1 + 2.5\phi + b(\phi^2) \tag{3-49}$$

式（3-49）是带有附加浓度修正项的爱因斯坦方程式。悬浊液表观黏度和浓度曲线的形状，在较低浓度时接近于一条直线；但随着浓度的增加，表观黏度也不断上升，这与实验所得的结果是一致的。如果将爱因斯坦方程式应用于中等浓度的悬浊液，则计算出的表观黏度值比实际偏小。

高浓度悬浊液，由于布朗运动，使微粒相互靠近、碰撞，这种碰撞使高浓度悬浊液在任何剪切速率下所表现出来的黏度要大大超过单纯由于浓度的增加而引起的黏度上升。因为在高浓度悬浊液中，微粒的密度很大，相互间的碰撞很难从理论上准确计算。有些学者提出了一些半定量的计算公式，用来对高浓度悬浊液的黏度进行推测。例如，蛋黄酱的黏度可用式（3-50）计算：

$$\ln\eta_r = \phi e^{a\phi} \tag{3-50}$$

对于巧克力，虽然分散于巧克力溶液中的可可粉不是球状粒子，而是纤维物质，但是可可粉的凝聚物从表观上可以近似为球形粒子。因此，可可粉的黏度可用式（3-51）表示：

$$\eta_r = \left(1 - \frac{\phi}{1-\varepsilon}\right)^{-K} \tag{3-51}$$

式中　ε——孔隙率；

　　　K——常数。

(3) 分散相黏度　当分散相为液体时，剪切力会使球状的分散相粒子发生旋转，因而会引起内部的流动。这种流动的程度与分散相的黏度有关。假设分散相的黏度为 η'，Taylor 推出了以下流体力学公式：

$$\eta_r = 1 + 2.5\left(\frac{\eta' + 2/5\eta_0}{\eta' + \eta_0}\right)\phi \tag{3-52}$$

显然，当分散相为刚体，即 $\eta' \to \infty$ 时，式（3-52）就变为爱因斯坦公式。对于浓度较大的乳浊液，只要 ϕ 不超过 0.4，Leviton 等人修正了式（3-52），推导出如下公式：

$$\ln\eta_r = 2.5\left(\frac{\eta'+2/5\eta_0}{\eta'+\eta_0}\right)(\phi+\phi^{5/3}+\phi^{1/3}) \tag{3-53}$$

由式（3-53）可以看出 η_r 与 ϕ 基本成直线关系。从图 3-37 可以看出，牛乳脂肪浓度与黏度基本符合这一关系。

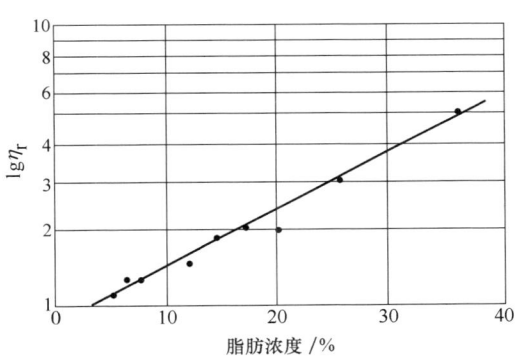

图 3-37　牛乳脂肪浓度与黏度的关系

乳化剂的添加，往往可以促成分散相与分散介质之间界面膜的强度，使其流动性质接近于刚性球的情况。

(4) 分散相的形状　爱因斯坦公式及上述其他公式仅考虑球形分散相问题，对于非球形分散相粒子，在某些场合对黏度的影响不可忽视。有人提出含形状因子的公式：

$$\eta = \eta_0\left(1 + 2.5F\frac{c}{\rho}\right) \tag{3-54}$$

式中　F——形状因子；

　　　c——浓度，N/m^3；

　　　ρ——微粒重度，N/m^3。

当微粒为球状时，相当于流体具有对称的阻力，因此 $F=1$，上式与式（3-47）吻合。另一种极端情况是，当微粒为一根细小纤维时，在流场中将会沿流线排列，从而具有最小阻力。显然，这时微粒的存在所引起的干扰被限制在它自身的容积中，爱因斯坦公式（3-47）的比例常数 $\alpha=1$。其他形状微粒的场合应在这两种极端情况范围之内。比较式（3-47）与式（3-54）可知，形状因子 F 值在 $0.4\sim1.0$。

实际上，形状因子的值并不容易确定。许多模型都是大量实验数据的经验模型，式（3-55）是另一种表达式，适用于长径比 $L/D\leqslant30$ 的聚合物黏性。长径比 $L/D=1$，是刚性球形，$F=0.68$；如果长径比 $L/D=6\sim8$，是粗糙的晶体形状，$F=0.44$。许多食品形状与球形相差较大，而接近于粗糙晶体形状。图 3-38 是式（3-55）预测悬浮颗粒形状对黏度影响的结果，其中晶体形状因子取 $F=0.44$，而球形形状因子取 $F=0.68$。

$$\eta_r = [1 - (\phi/F)]^{-2} \tag{3-55}$$

悬浮颗粒粒径 d_v 对溶液黏度有一定的影响，通过实验观察，在分散相容积率一定情况下，颗粒粒径小，说明粒子数量多，而且相互作用和接触概率较大，因此，黏度呈上升趋势。图 3-38 表示冰糕溶液中微粒的平均体积直径 d_v 与表观黏度 η_a 的关系。当容积分数小时，因为分散介质黏度的影响比 d_v 的影响大，所以即使增加 $1/d_v$，溶液黏度不变；但是容积分数超过 0.14 后，黏度随微粒直径的减小而增大。图 3-39 直线部分可用下面回归方程表示：

$$\eta_a = m \cdot \left(\frac{1}{d_v}\right) + c \tag{3-56}$$

式中 m、c——常数。

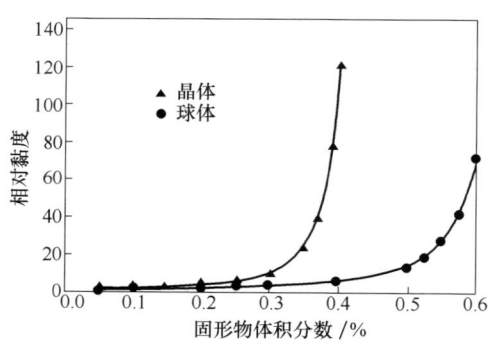

图 3-38 颗粒形状对黏度的影响

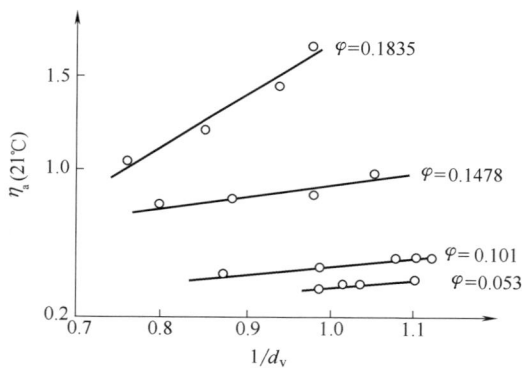

图 3-39 冰糕溶液中的微粒粒径与表观黏度的关系

假设冰糕中的脂肪球为刚性球，则按最疏密度填充计算（孔隙率为 0.47）时，相邻微粒之间的最短距离 a_m 可用下式表示，即：

$$a_m = d_v(\sqrt[3]{0.47/\varphi} - 1) \tag{3-57}$$

可见，微粒直径 d_v 对 a_m 的影响比容积分数 φ 的影响大得多。冰糕溶液的表观黏度 η_a 与 a_m 的关系满足对数关系（图 3-40）。图中○表示由式（3-57）计算的 a_m，●表示由粒径计算的

a_m,二者相差 0.5μm。

3. 分散介质的影响

无论是从爱因斯坦公式分析,还是从实际液体考虑,对乳浊液黏度影响最大的当然是分散介质(或连续相,continuous phase)本身的黏度。与分散介质本身黏度有关的影响因素主要是其本身的流变性质、化学组成、极性、pH以及电解质浓度等。

4. 乳化剂的影响

乳化剂对乳浊液黏度的影响主要有以下几方面:

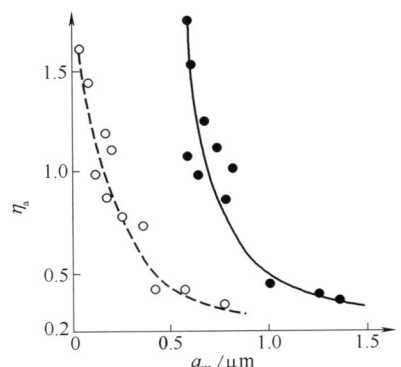

图 3-40 冰糕溶液的 $\eta_a - a_m$ 关系曲线
○—由式(3-57)计算的 a_m
●—由粒径计算的 a_m

(1) 化学成分影响到粒子间的位能。

(2) 乳化剂浓度及其对分散粒子分散程度(溶解度)的影响,还影响到乳浊液的状态。

(3) 粒子吸附乳化剂形成的膜厚及其对粒子流变性质、粒子间流动的影响。

(4) 改变粒子电荷性质引起的黏度效果。

(5) 稳定剂的影响。

为了调整液态食品的流动性,或形态与口感,往往要对分散介质添加稳定剂。稳定剂的添加,对分散介质的流变性质影响很大。因此,也影响液体整体的黏度。稳定剂的添加可使牛顿流体变成非牛顿流体、塑性流体或具有触变流动性质的流体。食品中常用的稳定剂除明胶、琼脂、海藻酸盐类、直链淀粉、支链淀粉、羧甲基纤维素(CMC)外,用得较多的还是胶类。图 3-41 给出了各种食用胶溶液黏度与剪切速率的关系。从图 3-41 可以看出,加热(80℃,10min)溶解的胶,比室温溶解的胶黏度要高。

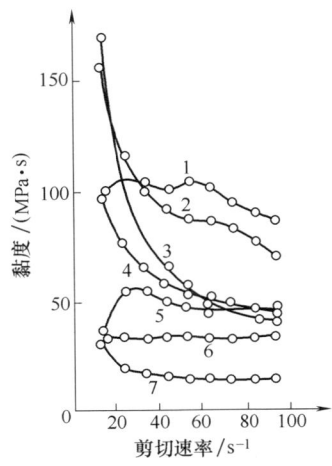

图 3-41 各种食用胶溶液的黏度与剪切速率的关系

1—0.5%角豆胶(加热溶解 80℃,10min) 2—0.5%瓜尔豆胶(加热溶解 80℃,10min)
3—0.25%黄原胶(室温溶解) 4—0.5%瓜尔豆胶(室温溶解)
5—1.0%罗望子胶(加热溶解 80℃,10min) 6—2.0%阿拉伯胶(室温溶解) 7—0.5%角豆胶(室温溶解)

思考题

1. 为什么说黏度是物性参数，而表观黏度不是物性参数？
2. 某种假塑性流体具有明显的零剪切黏度和无穷剪切黏度特征，请画出该流体的应力-应变速率曲线，并讨论不同黏度区该流体可能的微观形态。
3. 宾厄姆或者非宾厄姆流体的屈服应力是否等同其流动黏滞力？
4. 从使用角度论述，毛细管黏度仪、锥板黏度仪和同心圆柱黏度仪各自特点是什么？
5. 比较分析小分子溶液（如蔗糖）黏度与大分子溶液（如淀粉、琼脂等）黏度的异同？
6. 食品稳定剂或者增稠剂为什么大多为多糖，从动力学角度分析稳定剂或者增稠剂的作用机理。
7. 什么是黏均相对分子质量，如何通过实验的方法确定？
8. 分子链动态柔性表达式 [式 (2-11)] $\tau = \tau_0 \exp\left(\dfrac{\Delta E}{kT}\right)$ 与 Arrhenius 黏度-温度表达式 [式 (3-43)] $\eta = Ae^{B/T}$ 非常相似，比较其异同。
9. 利用乌式毛细管黏度仪测量不同浓度的乳清蛋白液，其流过时间如下表所示。已知溶剂为25℃恒温水，其流过毛细管时间为370s。试计算不同浓度蛋白液的相对黏度、比黏度和换算黏度；确定 Huggins 常数 K_1 和乳清蛋白的固有黏度。由于乳清蛋白含量很低，溶液密度可取水的密度。

蛋白浓度/(g/mL)	时间/s	蛋白浓度/(g/mL)	时间/s
0.0005	380.0	0.0020	405.3
0.0010	389.5	0.0025	413.5
0.0015	398.5		

10. 利用锥板黏度仪测量蛋糕糊流变特性（如下表）。已知锥板直径0.05m，锥角3°，蛋糕糊温度为25℃。确定该蛋糕糊流变特性和数学模型。

转速/(r/min)	扭矩/N·m	转速/(r/min)	扭矩/N·m
0	0	60	0.00097
10	0.00043	70	0.00101
20	0.00059	80	0.00104
30	0.00075	90	0.00107
40	0.00088	100	0.00109
50	0.00093		

第四章
黏弹性食品的流变学特性

CHAPTER 4

本章内容提要

本章初步介绍材料力学的基本参数和典型材料的应力-应变曲线。重点介绍由弹簧模型和阻尼模型（黏壶）组成的力学模型和数学模型，介绍静态条件下和交变动态条件下的应力松弛与蠕变滞后现象，结合例题说明模型的应用方法。介绍玻耳兹曼叠加原理，用例题说明了静态条件下的重复载荷问题分析方法。

黏弹性（Viscoelasticity）食品是指既具有固体的弹性，又具有液体的黏性这样两种特性的食品。图 4-1 所示为理想的弹性物体、理想的黏性物体和典型的黏弹性物体，当同时受到外力作用时，三种物体对外力的反应不同，其中，黏弹性体在 t_1（s）时表现近似理想的弹性体，而在 t_3（s）时表现近似理想的黏性体。人们咀嚼食品时，口腔作用在食品上的时间非常短，因此，感知食品似弹性体。但是，在加工如混合、搅拌、挤压等过程中，食品受到力的作用往往时间较长，这时黏弹性体更近似于黏性体。黏弹性食品往往都有一定形状的组织结构或者网格

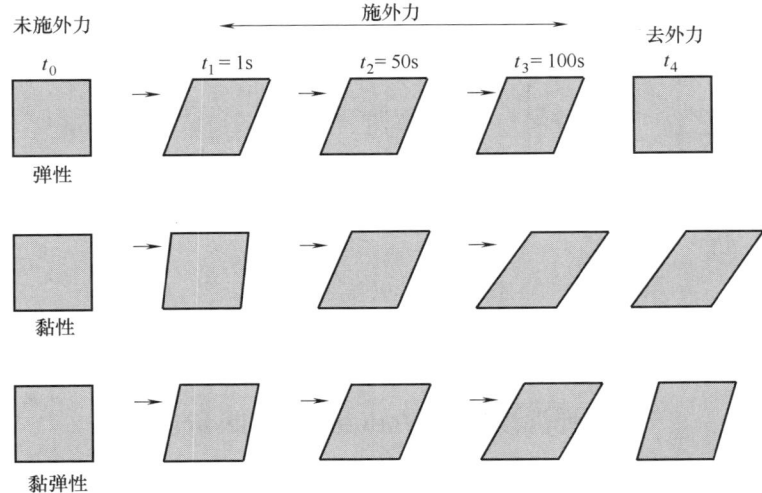

图 4-1 弹性、黏性和黏弹性体受力反应

结构，在受到外力作用时，将发生变形、屈服、断裂、流动等多种现象，是比较复杂的力学问题。黏弹性一般分为两种类型。①线性黏弹性：黏弹性质仅与时间有关，与外力大小等无关，多数食品在小的应变量内均可视为线性黏弹性体（表4-1）；②非线性黏弹性：黏弹性质不但与时间有关，而且与外力大小和应变速率等有关，食品在口腔内咀嚼时就是非线性黏弹性体，是非常复杂的力学问题。本章重点介绍线性黏弹性体的物理性质和实验分析方法。

表4-1　　　　　　　　　　　　线性黏弹性食品及应变量

食品	应变量范围/%	食品	应变量范围/%
海藻胶	5~8	焦糖奶油冰淇淋	
油炸玉米淀粉胶	4	糖果类型	9
法兰克福肠	1.5~3（3.8）	普通类型	3.5
新鲜水果	1.5~3	低热类型	3.5
肉类	0.5		

第一节　力学特性

当固体材料受到外力作用时，将表现出一定量的变化。外力作用方式不同，变形方式也将不同。图4-2为三种常见的外力作用方式：第一种方式是外力垂直于物体表面，在物体内部产生一个轴向的正应力；第二种方式是外力作用于物体的所有表面，导致体积收缩，如水下物体或者在压力箱体内的物体；第三种方式是外力作用方向平行于物体表面，导致物体扭曲或者折断。

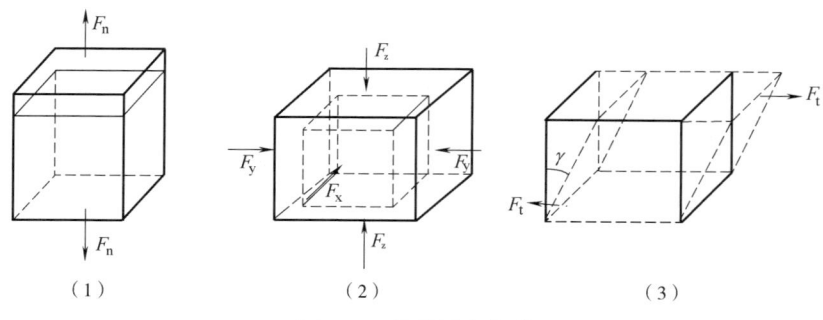

图4-2　物体受力方式
(1) 轴向力　(2) 体积力　(3) 剪切力

一、弹性模量（Modulus of Elasticity）

为了避免物体形状和尺寸对力学真实特性的影响，采用应力和应变替代力和变形。应力（正应力）是指垂直于外力作用方向单位面积上的力，单位 N/m^2 或 Pa。应变是指物体变形量与初始尺寸之比，是无量纲量。应力与应变表达式分别为：

$$\sigma = \frac{F}{A} \tag{4-1}$$

$$\varepsilon = \frac{\Delta l}{l} \tag{4-2}$$

式中　σ——应力，Pa；

　　　F——外力，N；

　　　A——面积，m^2；

　　　ε——应变；

　　　Δl——变形量，m；

　　　l——初始长度，m，如图4-3所示。

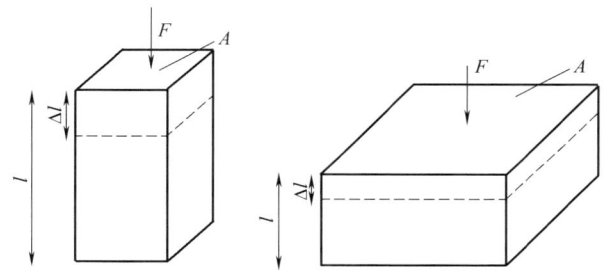

图4-3　形状和尺寸不同的物体产生的应变情况

由应力-应变关系可知，当物体受到的应力逐渐增大时，其应变也将随之增大。图4-4是典型的固体材料的应力-应变曲线，如果曲线通过原点，并呈直线关系，说明物体是弹性材料，其应力-应变关系符合胡克定律（Hooke's law），也就是说，当外力去掉后，变形可完全恢复。直线部分的倾角，即应力与应变的比值称为弹性模量（Modulus of Elasticity），$E=d\sigma/d\varepsilon$，其值大小反映物体变形的难易程度，倾角大，说明在同样应力下材料不易变形。在材料仅受轴向力作用时，弹性

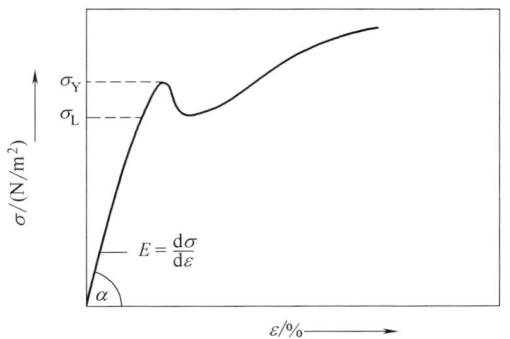

图4-4　应力-应变曲线

模量又称杨氏模量（Young's Modulus）。部分材料的弹性模量见表4-2所示。当应力继续增大时，应力-应变的直线关系有所偏离，出现偏离点的应力值称为弹性极限（Proportional Limit），用σ_L表示。超过弹性极限后，应力继续增加将导致材料在微观上出现短时的流动、断裂或者塌陷，此时的应力称为屈服应力σ_Y（Yield Stress）。对屈服应力的解释目前还不完善，自由体积理论认为，材料若发生屈服现象，首先应该有足够的自由体积，使分子或者链段有移动的空间。还有理论认为，外力作用下，分子或者链段间的次价键被断开，使它们能够相对滑移。超过屈服应力后，应力-应变曲线已偏离直线关系，继续增加应力，将会出现宏观上的流动或者变形，物体的组织结构明显受到破坏甚至破碎。

表 4-2　　部分材料的弹性模量

材　料	$E/(N/m^2)$	材　料	$E/(N/m^2)$
冰	9.9×10^9	脱水面条	3×10^9
不锈钢	195×10^9	鲜苹果	$(0.6\sim1.4)\times10^7$
铝	72×10^9	明胶	2×10^5
橡胶	8×10^5	香蕉	$(0.8\sim3)\times10^6$

屈服应力是食品流变学中重要参数之一，它反映材料的微观结构变化信息，是材料的弹性属性向塑性属性转变的应力点。对于食品材料，其应力-应变曲线差异很大，有些材料的屈服应力不明显，在这种情况下，硬材料往往采用 0.2% 方法辅助确定屈服应力，即材料应变量达到 0.002 时，作应力应变初始切线的平行线，其交点所对应的应力为屈服应力。图 4-5 是各种材料典型的力学特征，包括强弱、软硬、韧脆等性能。

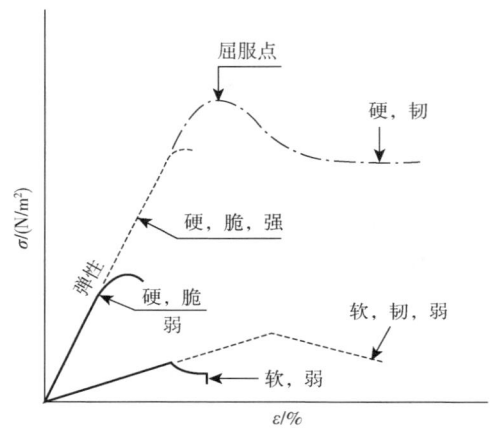

图 4-5　各种材料典型的力学特征

二、体积模量（Bulk Modulus）

设体积为 V 的物体表面所受的静水压为 p，当压力由 p 增大到 $p+\Delta p$ 时，物体体积减小了 ΔV，则体积应变 ε_V 为：

$$\varepsilon_V = -\frac{\Delta V}{V}$$

假设压力的变化 ΔP 和体积应变 ε_V 之间符合胡克定律，则：

$$dp = -K\frac{dV}{V}$$

$$K = -\frac{dp}{dV/V} = -V\left(\frac{dp}{dV}\right) \tag{4-3}$$

式中　K——体积模量，它是材料的固有性质，N/m^2。

部分材料的体积模量如表 4-3 所示。体积模量 K 的倒数称为体积压缩系数：

$$\beta = \frac{1}{K} = -\frac{1}{V}\left(\frac{dV}{dp}\right) \quad (4-4)$$

表 4-3　　　　　　　　　　　　部分材料体积模量

材料	体积模量(K)/(N/m^2)	材料	体积模量(K)/(N/m^2)
冰	10×10^9	橡皮	1.9×10^7
不锈钢	170×10^9	玻璃	3.8×10^9
面团	1.4×10^6		

物体在受到各方向力时，在各个方向上同样存在弹性变形和塑性变形。对于具有细胞结构的动植物食品，体积弹性变形基本归于细胞间隙的调整。如果材料各向同性，在应力作用下其各方向的应变量也相等，即体积模量处处相等。如果材料各向不同，如具有纤维结构的肉类食品，各方向上的体积模量不同，因此，在受到压缩或者膨胀力作用下，物体将发生变形。

三、剪切模量（Shear Modulus）

如图 4-6 所示，固定立方体的底面，上面沿切线方向施加力 F_t 时，发生如图所示的变形。这种变形称为剪切变形。设立方体的上面移动距离为 x，与它对应的角度为 γ，上面面积为 A，高度为 y，则上面单位面积上的作用力 σ 为：

$$\sigma = \frac{F_t}{A}$$

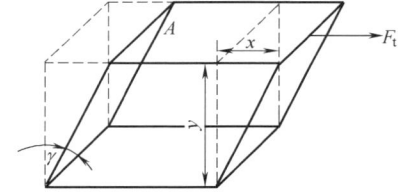

图 4-6　剪切力与剪应变

σ 称为剪切应力。相应的应变 ε 为：

$$\varepsilon = \frac{x}{y} = \tan\gamma = \gamma$$

ε 称为剪切应变。由胡克定律可得：

$$\sigma = G\varepsilon = G\gamma \quad (4-5)$$

比例系数 G 称为剪切模量，单位是 N/m^2。G 的倒数 $J = 1/G$ 称为剪切柔量，剪切模量反映材料受力弯曲或者扭曲的难易程度，是单位剪切变形所需要的剪切应力。

四、泊松比（Poisson's Ratio）

把棒状试样沿轴线方向拉伸时，除了在轴向发生拉伸应变 ε_l 外，横方向也产生压缩应变 ε_t，且有下列关系：

$$\varepsilon_t = -\mu \cdot \varepsilon_l \quad (4-6)$$

比例系数 μ 是物质的固有常数,称为泊松比,是无量纲的量。

在拉伸或压缩面团、凝胶等食品的过程中,物体的体积不发生变化,则泊松比等于 0.5。海绵状食品(如面包),在压缩的垂直方向没有明显的变形,则 $\mu=0$。其他部分食品的泊松比,如马铃薯为 0.49,苹果为 0.37,切达奶酪为 0.5。部分非食品材料的泊松比,如软木塞为 0,玻璃为 0.24,钢材为 0.3,橡皮为 0.49。

【**例题 4-1**】在分析干制面条流变特性时,往往借用市售脱水小麦麸纤维作为样品,已知纤维品直径 1.65mm、长度 150mm,拉伸实验结果如图 4-7 所示,确定(1)样品的弹性模量;(2)15MPa 下纤维品直径变化量为 2.43×10^{-3} mm,泊松比为多少?

解:

(1)弹性模量 E

由弹性模量定义 $E = d\sigma/d\varepsilon$,从图 4-7 斜率可知,$E = 5000$MPa。

(2)泊松比 μ

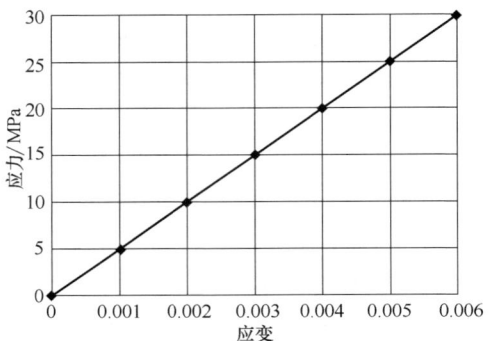

图 4-7 小麦麸纤维品应力-应变关系

$$\mu = \frac{\Delta D/D}{\Delta L/L}$$

从图 4-7 可知,当拉力为 15MPa,对应的应变 $\varepsilon = \frac{\Delta L}{L} = 0.003$,则:

$$\mu = \frac{2.43 \times 10^{-3}/1.65}{0.003} = 0.490$$

泊松比是杨氏模量 E、剪切模量 G 和体积模量 K 的重要关联参数,对于各向同性的材料,如果知道泊松比和任意一个模量,该种材料的另外两个模量即可求出,或者泊松比 μ、弹性模量 E、剪切模量 G 和体积模量 K 四个参数知道任意两个,另外两个即可求出。泊松比的取值范围 $0 \leq \mu \leq 0.5$,当材料硬度低、刚性弱,但是结构比较强时,材料易变形但是体积不易变化,即弹性模量 E 和剪切模量 G 较低,而体积模量 K 相比很大,这时 $\mu=0.5$。相反,当材料具有较高的压缩性和很高的刚性时,即弹性模量 E 和剪切模量 G 较高,而体积模量 K 相比很小,此时 $\mu=0$。在两种极端情况下,三种模量之间的关系如表 4-4 所示。实际上,多数材料的泊松比在 0~0.5,可由式(4-7)至式(4-10)计算。

表 4-4 两种极端特性下三种模量之间的转换关系

$\mu = 0.5$	$\mu = 0$
$G = \dfrac{E}{2(1+\mu)} = \dfrac{E}{3}$	$G = \dfrac{E}{2} = \dfrac{3}{2}K$
$K = \dfrac{E}{3(1-2\mu)} = \infty$	$K = \dfrac{E}{3(1-2\mu)} = \dfrac{E}{3}$
$E = 3G$	$E = 3K$

$$G = \frac{E}{2(1+\mu)} = \frac{3EK}{9K-E} = \frac{3K(1-2\mu)}{2(1+\mu)} \tag{4-7}$$

$$K = \frac{E}{3(1-2\mu)} = \frac{EG}{9G-3E} = \frac{2G(1+\mu)}{3(1+\mu)} \tag{4-8}$$

$$E = \frac{9GK}{3K+G} = 2G(1+\mu) = 3K(1-2\mu) \tag{4-9}$$

$$\mu = \frac{E-2G}{2G} = \frac{1-\frac{E}{3K}}{2} = \frac{3K-2G}{2(3K+G)} \tag{4-10}$$

由上式和表 4-4 可知，泊松比在两种极端情况下，弹性模量 E 与剪切模量 G、体积模量 K 之间存在简单的比例关系，如式（4-11）所示，这称为弹性模量的三倍定律。

$$E = 3G, \quad E = 3K \tag{4-11}$$

第二节　力学模型

一、力学现象分析

食品在加工、贮藏与消费过程中，受到各种各样力的作用，会发生弹性变形、塑性变形、黏滞流动、破碎、应力松弛、形态蠕变等现象。这些现象与材料本身、作用力性质以及作用时间等因素有关，可能表现一种现象，但更多的是几种现象的混合。

（1）黏滞流动　第三章中介绍的黏性理论均适用于本章的黏弹性食品，但是，这里突出的黏性部分是分散在一定形态的食品之中，而不是完全流动的食品。因此，本章的黏性流动与弹性、塑性、破碎等力学现象组合在一起讨论。在微观上更主要是链段之间的滑移。

（2）食品弹性　前文介绍了能弹性和熵弹性，对具有一定形状的食品在一定的应变范围内总是存在一定的弹性。对于具有一定网格结构的凝胶体，主要是熵弹性，弹性应变量较大。而对于脱水等硬质食品，其弹性应变量很小，主要是能弹性。熵弹性是指体系内分子链段构象变化引起的弹性，能弹性是指体系内分子键长键角变化引起的弹性。对于成分复杂的实际食品，具有熵弹性和能弹性的组分往往分散存在，与具有其他力学特性的组分混合在一起，在一定条件下表现出某种弹性特征。

（3）应力松弛（Stress Relaxation）　应力松弛是指试样瞬时变形后，在应变量不变情况下，试样内部的应力随时间的延长而下降的过程。值得注意的是，应力松弛是以一定大小的应变为条件的（ε 为常数）。应力松弛实际上是材料内部的黏性流动导致能量耗散，也就是说，材料在保持这种变形的过程中，一些高分子链或者链段在构象和空间位置上进行调整，以适应这种变形。链段调整意味着转动或者移动，由此产生黏性阻力，部分应力转变成不可回收的热量在环境中耗散，使应力下降。生活中我们可以感受到，用橡皮筋捆扎根数一定的铅笔，过段时间橡皮筋的捆扎力下降了，说明在应变量没有改变的前提下，橡皮筋发生了应力松弛。

（4）蠕变（Creep）　蠕变和应力松弛相反。蠕变是指把一定大小的力（应力）施加于黏弹性体时，物体的变形（应变）随时间的变化而逐渐增加的现象。要注意，蠕变是以一定大小的应力为条件的。例如，雨披挂在墙上，自重力没有改变，但是雨披却被慢慢拉长，这是生活中的蠕变现象。食品加工中，蠕变现象非常多，如面团的蠕变。蠕变与应力松弛现象本质是一样的，都是材料为了适应新的状态而做的微观调整，因此，都与时间有关。

二、黏弹性的力学模型

1. 单要素模型

（1）胡克（Spring）模型　在研究黏弹性体时，其弹性部分往往用一个代表弹性体的模型表示。胡克模型便是用一根理想的弹簧表示弹性的模型，因此又称弹簧体模型或胡克体。胡克模型代表完全弹性体的力学表现，即加上载荷的瞬间同时发生相应的变形，变形大小与受力的大小成正比。胡克模型符号及其应力-应变特征曲线如图4-8（1）所示。

（2）阻尼（Dashpot）模型　流变学中把物体黏性性质用一个阻尼体模型表示，因此称为阻尼模型或黏壶。阻尼模型符号及流动时应力-应变特征曲线如图4-8（2）所示。阻尼模型瞬时加载时，阻尼体即开始运动；当去载时阻尼模型立即停止运动，并保持其变形，没有弹性恢复。阻尼模型既可表示牛顿流体性质，也可表示非牛顿流体性质。

（3）滑块（Slider）模型　滑块模型又称摩擦片、文思特滑片。滑块模型虽不能独立地用来表示某种流变性质，但常与其他流变元件组合，表示有屈服应力存在的塑性流体性质。其代表符号及与虎克模型组合成的弹塑性体流变特性曲线如图4-8（3）所示。

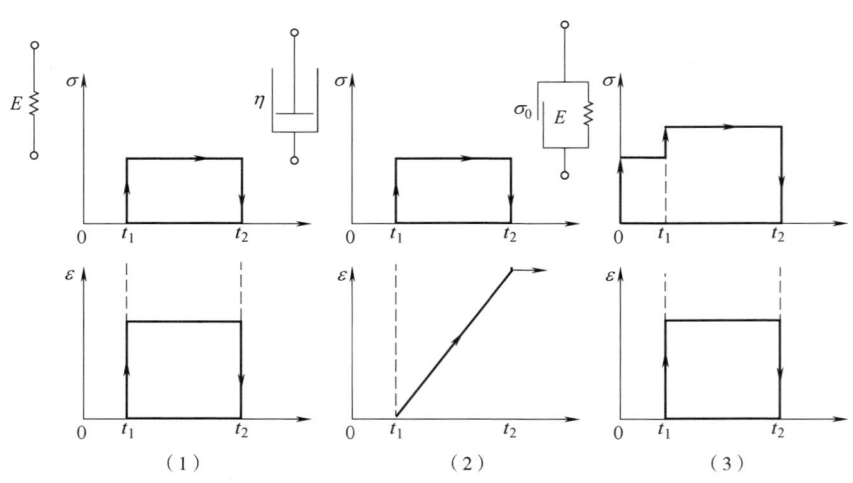

图 4-8　基本力学元件和模型
（1）胡克模型　（2）阻尼模型　（3）滑块模型

2. 麦克斯韦模型（Maxwell Model）

麦克斯韦模型是由一个弹簧和一个黏壶串联组成的，如图4-9（1）所示。这是最早提出的黏弹模型。这一模型可以用来形象地反映应力松弛过程。当模型一端受力而被拉伸一定长度时，由于弹簧可在刹那间变形，而黏壶由于黏性作用来不及移动，弹簧首先被拉开，然后在弹簧恢复力作用下，黏壶在黏性作用下被逐渐拉开，而弹簧在逐渐缩短，弹簧中的应力不断转变为黏壶中的摩擦力，直至全部转换，应力为零。这一过程与应力松弛过程相似。

当麦克斯韦模型受到拉力时，总应力等于弹簧上的应力，也等于黏壶上的应力，而总应变等于弹簧应变与黏壶应变之和。即：

$$\sigma = \sigma_E = \sigma_\eta \quad (4-12)$$

$$\varepsilon = \varepsilon_E + \varepsilon_\eta \quad (4-13)$$

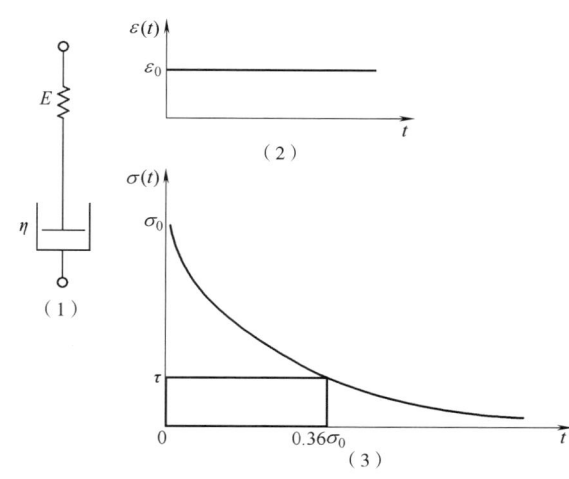

图 4-9 麦克斯韦模型及应力松弛曲线

将应变对时间微分，得：

$$\frac{d\varepsilon}{dt} = \frac{d\varepsilon_E}{dt} + \frac{d\varepsilon_\eta}{dt}$$

因为

$$\sigma = \sigma_\eta = E\varepsilon_E$$

所以

$$\varepsilon_E = \frac{\sigma}{E}, \quad \frac{d\varepsilon_E}{dt} = \frac{1}{E}\left(\frac{d\sigma}{dt}\right)$$

又因为

$$\sigma_\eta = \sigma = \eta \frac{d\varepsilon_\eta}{dt}$$

所以

$$\frac{d\varepsilon_\eta}{dt} = \frac{\sigma}{\eta}$$

经整理可得：

$$\frac{d\varepsilon}{dt} = \frac{1}{E} \cdot \frac{d\sigma}{dt} + \frac{\sigma}{\eta} \quad (4-14)$$

上式也可用积分式表示，即：

$$\varepsilon = \frac{\sigma}{E} + \frac{\sigma}{\eta}t \quad (4-15)$$

当 σ 一定，$t \to 0$ 时，

$$\varepsilon = \frac{\sigma}{E}$$

$t \to t$ 时，

$$\varepsilon = \frac{\sigma}{E} + \frac{\sigma}{\eta}t = A + Bt$$

可见，模型一开始总是以弹簧形变开始的，然后再由 Bt 项起作用。

在观察应力松弛过程时，可使模型很快拉伸到一定形变，并保持形变，此时，

因为
$$\frac{d\varepsilon}{dt} = \varepsilon = 0$$

所以
$$\frac{1}{E} \cdot \frac{d\sigma}{dt} + \frac{\sigma}{\eta} = 0$$

$$-\frac{d\sigma}{dt} = \frac{\sigma}{\eta}E$$

设 $\tau = \frac{1}{K} = \frac{\eta}{E}$，则上式可变为：

$$-\frac{d\sigma}{\sigma} = \frac{E}{\eta}dt = Kdt = \frac{dt}{\tau}$$

积分上式得：

$$\sigma(t) = \sigma_0 e^{-\frac{t}{\tau}} \tag{4-16}$$

式中 $\tau = \eta/E$ 定义为麦克斯韦模型的松弛时间，它是物质的黏度和弹性模量的比值。这就说明，松弛时间的产生是由于黏性和弹性同时存在而引起的。如果材料的黏性非常大，松弛时间也将最大，说明黏滞性很高的材料对链段等微观调整有阻碍作用，材料需要更多的时间完成调整。如果弹性模量非常大，松弛时间相对较短，说明材料的刚硬度很强，这种材料多属于弹性较好的固形物，调整的尺度往往是原子或者分子间距，因此，松弛时间很短。当 $t = \tau$ 时，$\sigma = \sigma_0/e$，表明麦克斯韦模型松弛时间 τ 的宏观物理意义，即指应力 σ 降到初始应力 σ_0 的 $1/e$（36.8%）时所需要的时间。

图 4-9（3）是麦克斯韦应力松弛曲线，图中应力下降与时间的关系服从指数规律，开始下降很快，然后逐渐变慢。这与实验结果大致相同。由此得到应力松弛时间的实验确定方法：即在应力坐标轴上从原点开始至初始应力 σ_0 的 36%，做水平线与实验曲线相交，交点对应的时间坐标即为应力松弛时间 τ。这也是通过松弛时间进一步确定弹簧弹性模量 E 和黏壶黏度 η 的实验方法。

应力松弛也可以用模量表示，即式（4-16）两边同除以初始应变量 ε_0：

$$\frac{\sigma(t)}{\varepsilon_0} = \frac{\sigma_0}{\varepsilon_0} e^{-t/\tau}$$

所以
$$E(t) = E_0 e^{-t/\tau} \tag{4-17}$$

式中　$E(t)$ ——松弛模量。

进行应力松弛试验时，首先要找出试样的应力与应变的线性关系范围，然后在这一范围内使试样达到并保持某一变形，测定其应力与时间的关系曲线，根据测定结果绘制松弛曲线并建立其流变学模型。一般来说，凝胶状食品在 10%~15% 的应变与应力保持线性

3. 开尔文模型（Kelvin Model）

开尔文模型是由一个弹簧和一个黏壶并联组成[图4-10（1）]，此模型可以描述食品的蠕变过程。当模型上作用恒定外力时，由于黏壶作用，弹簧不能被立即拉开，而是缓慢发生形变。去掉外力后，在弹簧回复力的作用下，又可慢慢恢复原状，无剩余变形，故类似于蠕变过程。

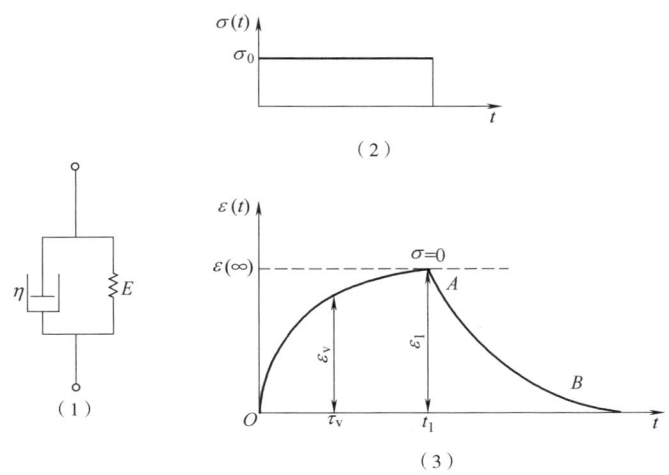

图4-10 开尔文模型及蠕变曲线

在这个模型中，作用于模型上的应力 σ 是由弹簧和黏壶共同承担的，而弹簧和黏壶的形变是相同的，并且与模型的总形变一致。即：

$$\sigma = \sigma_E + \sigma_\eta \tag{4-18}$$

$$\varepsilon = \varepsilon_E = \varepsilon_\eta \tag{4-19}$$

所以

$$\sigma = E\varepsilon(t) + \eta \frac{d\varepsilon(t)}{dt} \tag{4-20}$$

式（4-20）称为开尔文方程。

对于蠕变实验，应力是一个常数，即 $\sigma = \sigma_0$，于是

$$\frac{d\varepsilon(t)}{dt} + \frac{\varepsilon(t)}{\tau} = \frac{\sigma_0}{\eta} \tag{4-21}$$

积分上式得：

$$\varepsilon(t) = \frac{\sigma_0}{E}(1 - e^{-t/\tau}) \tag{4-22}$$

式中 $\tau = \eta/E$，称为蠕变推迟时间。

当 $t \to \infty$ 时，$\varepsilon(\infty) = \sigma_0/E$，称为平衡形变。将式（4-22）两边用 σ 除可得：

$$\frac{\varepsilon(t)}{\sigma} = J(t) = \frac{\varepsilon(\infty)}{\sigma}(1 - e^{-t/\tau}) \quad (4-23)$$
$$= J(\infty)(1 - e^{-t/\tau})$$

式中 $J(t)$——t 时刻柔量 $1/E(t)$；

$J(\infty)$——最大柔量 $1/E(\infty)$。

当 $t=\tau$ 时，$\varepsilon=\varepsilon(\infty)(1-1/e)=0.6321\varepsilon(\infty)$。由此可知，推迟时间的物理意义是形变达到平衡形变量（即最大形变量）的 63.21% 时所需要的时间。

设 $t=t_1$ 时，解除应力，此时 $\sigma=0$，则由式（4-20）可得：

$$E\varepsilon(t) + \eta\left[\frac{d\varepsilon(t)}{dt}\right] = 0$$

根据 τ 的定义，积分上式得：

所以
$$\varepsilon(t) = \varepsilon_1 e^{-\frac{t-t_1}{\tau}} \quad (4-24)$$

式中 ε_1——解除应力时的最大应变。

图 4-10（3）表示开尔文蠕变曲线。在应力一定时，应变增大的部分（OA 段）称为蠕变曲线，解除应力后，应变恢复的部分（AB 段）称为蠕变恢复曲线。

4. 多要素模型

麦克斯韦模型和开尔文模型虽然可以代表黏弹性体的某些流变规律，但这两个模型与实际的黏弹性体还有一定的差距。为了更确切地用模型表述实际黏弹性体的力学性质，就需要用更多的元件组成所谓的多要素模型。四要素模型就是最基本的多要素模型。

（1）四要素模型　四要素模型有许多等效表现形式，如图 4-11 所示。在研究不同的流变现象时，为了解析方便，可以选用不同的等效模型。

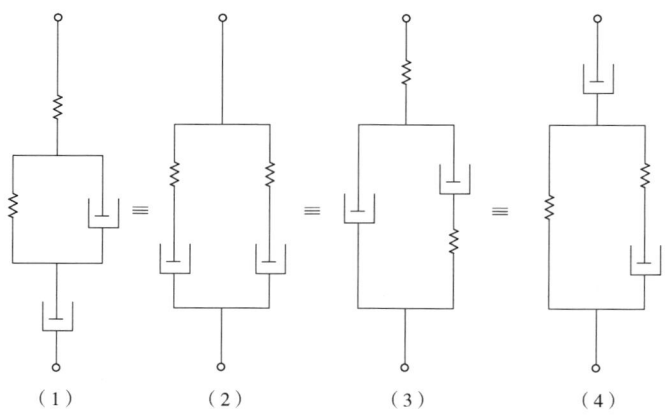

图 4-11　四要素模型（1）及其等效表现形式（2）（3）（4）

四要素模型的应力松弛过程解析：图 4-11 所示的四要素模型为等效模型，因此，选用图 4-11（2）所示的模型进行分析。显然，这一模型是由 2 个麦克斯韦模型并联而成。因此，总应力等于 2 个麦克斯韦模型应力之和。设这 2 个麦克斯韦模型各元件的黏弹性参数分别为 η_1、

E_1，η_2、E_2，2 个模型的应力松弛时间分别为 $\tau_1 = \eta_1/E_1$，$\tau_2 = \eta_2/E_2$，那么由式（4-16）可知，在恒定应变 ε_0 情况下，应力松弛公式为：

$$\sigma(t) = \varepsilon_0 E_1 e^{-t/\tau_1} + \varepsilon_0 E_2 e^{-t/\tau_2} \tag{4-25}$$

四要素模型的应力松弛曲线如图 4-12（1）所示。

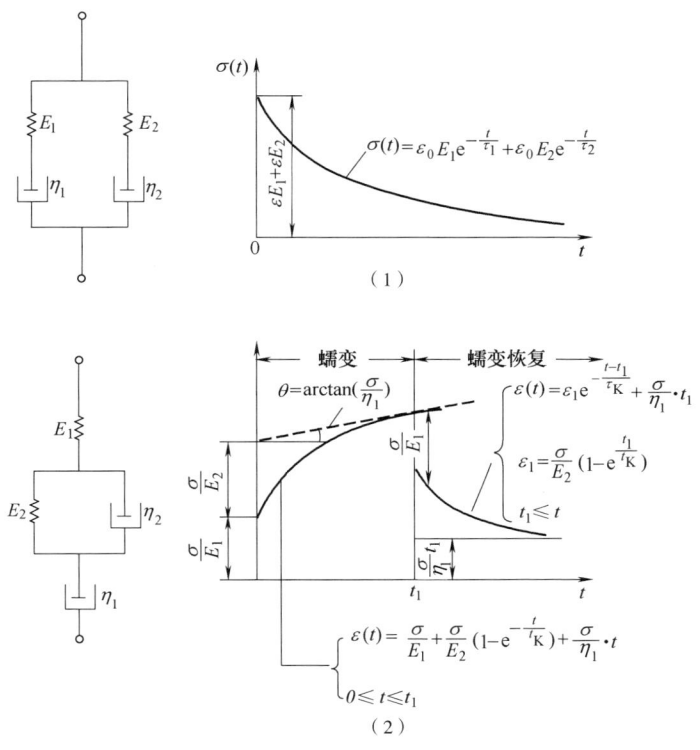

图 4-12　四要素模型解析
(1) 应力松弛曲线　(2) 蠕变特性曲线

四要素模型的蠕变过程解析：四要素模型的蠕变解析选用图 4-11（1）所示的模型比较方便。该模型相当于一个麦克斯韦模型与一个开尔文模型串联。当载荷应力 σ 时，模型的变形由三部分组成，一是由胡克体 E_1 产生的普弹形变，是在瞬间完成的，相当于分子链中链角、链长变化引起的普弹形变；二是 E_2 和 η_2 的并联模型（开尔文模型）产生的黏弹形变，相当于链段运动引起的高弹形变；三是由阻尼体 η_1 产生的黏性液体不可逆的塑性流动，相当于分子链相互位移。据前文推导总形变 $\varepsilon(t)$ 为：

$$\varepsilon(t) = \frac{\sigma}{E_1} + \frac{\sigma}{E_2}(1 - e^{-\frac{t}{\tau_K}}) + \frac{\sigma}{\eta_1}t \tag{4-26}$$

根据同样推理，也可得出四要素模型的卸载蠕变恢复解析式。四要素模型的蠕变特性曲线及有关解析式如图 4-12（2）所示。从图中蠕变特性曲线可以看出，当施加载荷 σ 时，立刻发生 σ/E_1 应变，这是由 E_1 的胡克模型产生的瞬时响应。然后的变形便是由 η_1 阻尼体在速度 σ/η_1

下的运动和开尔文模型黏弹性滞后运动的叠加。当 $t \to \infty$ 时，开尔文模型变形停止，曲线逐渐平行于 η_1 阻尼体的变形曲线。这是一条牛顿流动的直线，变形将不会停止。但当某一时刻 t_1 去掉载荷时，模型将恢复蠕变。首先是 E_1 胡克体瞬时恢复到原来长度，开尔文模型也会在 $t \to \infty$ 时完全恢复，然而 η_1 阻尼体流动的距离却无法恢复。也就是说，整个模型将产生残余变形，残余变形的大小为 $\sigma \cdot t_1 / \eta_1$。

（2）三要素模型　三要素模型可看作是四要素模型的一个特例。例如，当黏弹性体存在着不能完全松弛的残余应力，就可以认为图4-12（1）所示的四要素模型中 $\eta_2 \to \infty$，即 η_2 的阻尼体成了不能流动的刚性连接。这时模型便可简化为图4-13（1）所示的三要素模型。这时仍可利用式（4-25），只是因为 $\eta_2 \to \infty$，$\tau_2 \to \infty$，应力松弛式变为：

$$\sigma(t) = \varepsilon_0 E_1 e^{-\frac{t}{\tau_1}} + \varepsilon_0 E_2 \qquad (4-27)$$

显然当 $t \to \infty$ 时，存在残余应力，如图4-13（1）。

同样道理，当进行蠕变解析时，假设 $\eta_1 = \infty$，那么图4-12（2）所示的四要素模型会简化为图4-13（2）所示的三要素模型。这时式（4-26）蠕变公式为：

$$\varepsilon(t) = \frac{\sigma}{E_1} + \frac{\sigma}{E_2}(1 - e^{-\frac{t}{\tau_K}}) \qquad (4-28)$$

从图4-13（2）的蠕变曲线也可以看出，蠕变变形存在一个极限值，当去掉载荷时变形可以完全恢复。

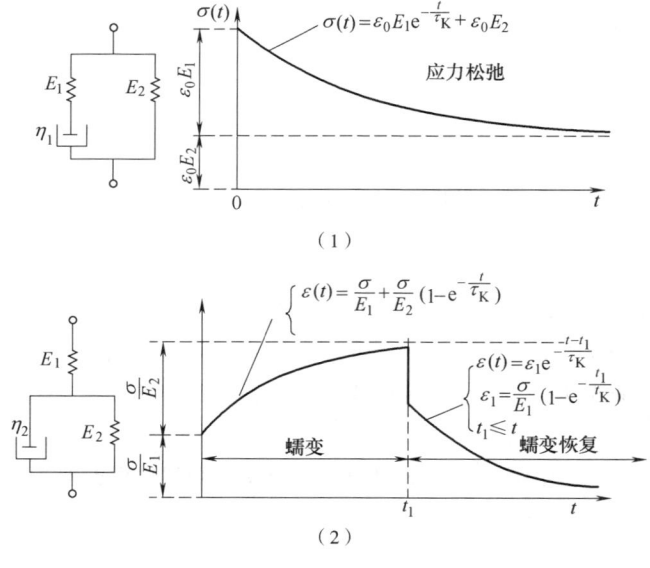

图4-13　三要素模型解析
（1）应力松弛　（2）蠕变曲线

【例题4-2】用结冷胶做应力松弛实验，已知应力松弛达到平衡状态需要10min，并且符合麦克斯韦三要素模型，根据实验结果（表4-5）确定模型参数。

表 4-5　　　　　　　　　　　结冷胶应力松弛实验数据

时间/min	应力/kPa	时间/min	应力/kPa
0.00	45.0	3.00	13.5
0.10	39.0	4.00	12.0
0.25	35.0	5.00	10.8
0.50	29.0	6.00	10.5
1.00	22.5	7.00	10.2
1.50	18.5	8.00	10.0
2.00	16.0	10.00	9.5

解：根据题意和图 4-13（1），$\varepsilon_0 E_1 = \sigma_0 - \sigma_2$，应力松弛平衡即为 $\sigma_2 = 9.5\text{kPa}$，将式（4-27）改写为：

$$\sigma(t) = (\sigma_0 - \sigma_2)e^{-\frac{t}{\tau_1}} + \sigma_2$$

两边取对数，$\ln[\sigma(t) - \sigma_2] = \ln(\sigma_0 - \sigma_2) - \left(\frac{t}{\tau_1}\right)$，作 $\ln(\sigma - \sigma_2)$ 与时间关系图（图4-14），从斜率中得到 $\tau_1 = 1.887\text{min}$，从截距中得到 $(\sigma_0 - \sigma_2) = 24.62\text{kPa}$。结冷胶的应力松弛三要素模型为：

$$\sigma = 9.5 + 24.62\exp\left(-\frac{t}{1.887}\right)$$

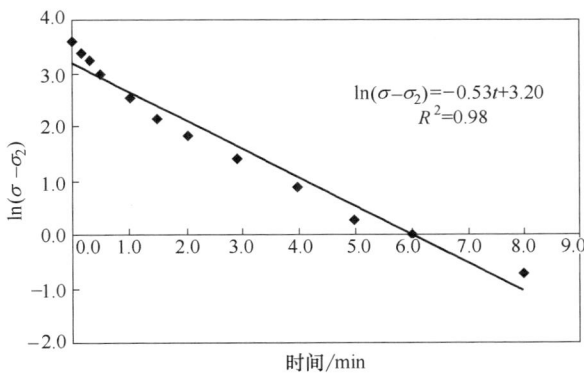

图 4-14　结冷胶应力松弛对数曲线

【例题 4-3】 蠕变实验曲线如图 4-12（2）所示，已知应力 σ。根据实验曲线确定四要素模型参数。

解：

(1) 因为应力为已知，在图上量取初始应变量 ε_0，并由 $\varepsilon_0 = \sigma/E_1$ 计算出 $E_1 = \sigma/\varepsilon_0$。

(2) E_2 可由蠕变曲线的渐近线与纵坐标截距减去初始应变量求出。

(3) η_1 可用蠕变恢复曲线所示的残余应变 $(\sigma/\eta_1) \cdot t_1$ 测值算得。

(4) η_2 和推迟时间 τ_K 有两种求法，一种为解析法，另一种是作图法。由式（4-26）知：

$$\frac{\sigma}{E_2}(1 - e^{-\frac{t}{\tau_K}}) = \varepsilon(t) - \frac{\sigma}{E_1} - \frac{\sigma}{\eta_1} \cdot t$$

E_1、η_1、E_2 已经求出，任一时刻对应的 $\varepsilon(t) - \sigma/E_1 - (\sigma/\eta_1) \cdot t$ 为已知量，设其为 $A(t)$，$\sigma/E_2 = B$，则有：

$$A(t) = B(1 - e^{-\frac{t}{\tau_K}}), \quad 即 \quad 1 - \frac{A(t)}{B} = e^{-\frac{t}{\tau_K}}$$

两边取对数，$\ln\left[1 - \frac{A(t)}{B}\right] = -\frac{t}{\tau_K}$

或 $\lg\left(1 - \frac{A(t)}{B}\right) \approx \frac{-t}{2.3\tau_K}$

只要测出某一时刻 t 所对应的 $A(t)$ 和 B 值，τ_K 即可算出。或在半对数坐标纸上把 $\{1-[A(t)/B]\}$ 和 t 的直线关系画出来，直线的斜率是 $(2.3\tau_K)^{-1}$。这样求出 τ_K 后，由 $\tau_K = \eta_2/E_2$，即可求出 η_2 值。

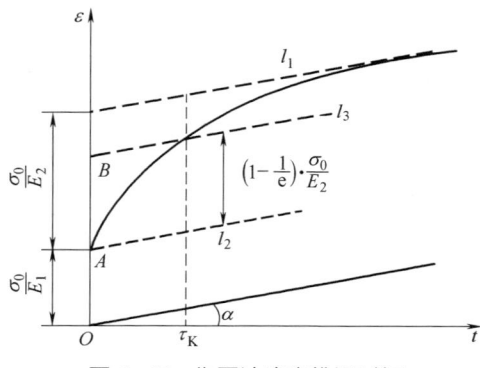

图 4-15 作图法确定推迟时间

作图法参照图 4-15 所示，画出蠕变曲线的渐近线 l_1。在蠕变曲线与纵轴的交点 A 处画一条平行于渐近线 l_1 的直线 l_2，在 l_1 与 l_2 之间的纵轴上，距 A 点距离为 $(1-1/e)\sigma/E_2$ 的 B 点作 l_1 的平行线 l_3，l_3 与蠕变曲线的交点所对应的时间便是推迟时间 τ_K。由 τ_K 便可求出 η_2。

【例题 4-4】 对小麦面团施加恒定应力 50Pa，作用时间 60s，获得蠕变实验数据如表 4-6，确定四要素蠕变模型参数。

表 4-6　　　　　　　　　变形量与时间

时间/s	变形量	时间/s	变形量
0	0.0060	35	0.0203
5	0.0095	40	0.0210
10	0.0140	45	0.0218
15	0.0160	50	0.0225
20	0.0180	55	0.0233
25	0.0188	60	0.0240
30	0.0195		

解：为了计算方便，引入柔量 $J = 1/E$，式（4-26）改写为：

$$J(t) = J_1 + J_2\left[1 - \exp\left(\frac{-t}{\tau_K}\right)\right] + \frac{t}{\eta_1}$$

（1）首先计算时间为零时的瞬时柔量 $J_1 = \dfrac{\varepsilon}{\sigma} = \dfrac{0.006}{50} = 0.00012$，由此可知 $E_1 = \dfrac{1}{J_1} = 8333.33\mathrm{Pa}$。用同样方法将不同时间的变形量换算成柔量，并与时间作图（图4-16）。

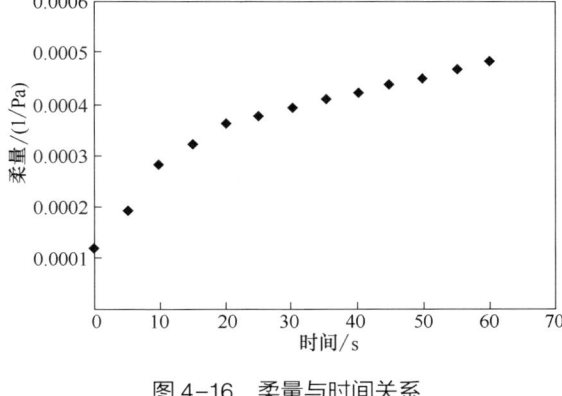

图4-16 柔量与时间关系

（2）利用图4-16近似直线段的数据（最后8个数据），重新作图（图4-17），纵坐标为 $[J(t)-J_1]$，横坐标为时间 t。结合式（4-26）和图4-12（2）曲线各段含义，可知该段直线的表达式为：

$$J(t) - J_1 = J_2 + \frac{t}{\eta_1}$$

由图4-17斜率可知，$1/\eta_1 = 2.99 \times 10^{-6}\mathrm{Pa}^{-1}$，$\eta_1 = 334395\mathrm{Pa}$，由图4-17截距可知，$J_2 = 0.00018\mathrm{Pa}^{-1}$，$E_2 = 5555.6\mathrm{Pa}$。

（3）利用图4-16曲线部分（初始变形数据点），并结合式（4-26）和图4-12（2）曲线各段含义，可获得如下表达式。在 $J<J_2+J_1$ 范围内，根据下式在半对数坐标上作图，线性回归确定推迟时间 $\tau_K = 5.21\mathrm{s}$。

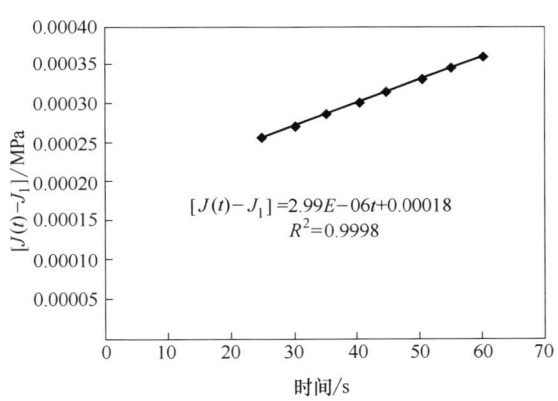

图4-17 柔量差与时间关系

$$\ln\left(1 - \frac{J - J_1}{J_2}\right) = -\frac{t}{\tau_K}$$

（4）根据推迟时间的定义，可计算出 $\eta_2 = 28944.68\mathrm{Pa \cdot s}$。将所得参数代入四要素模型，得：

$$\varepsilon(t) = \sigma\left[\frac{1}{8333.3} + \frac{1}{5555.6}(1 - e^{-\frac{t}{5.21}}) + \frac{1}{334395}t\right]$$

或

$$J(t) = 0.00012 + 0.00018\left[1 - \exp\left(\frac{-t}{5.21}\right)\right] + \frac{t}{334395}$$

5. 广义模型（Generalized Model）

以上几种模型都是最基本的简单模型，能够用来近似地描述黏弹性食品的蠕变或者松弛过程。但是，在实际黏弹食品中每一条高分子链的长短不一，所处的环境与起始构象也不同，链段的实际长度也有变化。所以，在力学松弛过程中，蠕变和应力松弛时间远不止是一个值（即 $\tau_1 \neq \tau_2 \neq \tau_3 \cdots$），而是一个分布很宽的连续谱，即为时间谱。基于上述观点，须采用多元系列的麦克斯韦或开尔文模型。它们是把很多麦克斯韦或开尔文模型进行并联或串联，并把由此产生的效应再叠加。

（1）广义麦克斯韦模型 如图4-18（1）所示，广义麦克斯韦模型由许多麦克斯韦模型并联而成。其应力松弛公式可由式（4-29）推导得到：

$$\sigma(t) = \varepsilon \sum_{i=1}^{n} E_{Mi} e^{-\frac{t}{\tau_{Mi}}}, \quad \tau_{Mi} = \frac{\eta_{Mi}}{E_{Mi}} \quad (4\text{-}29)$$

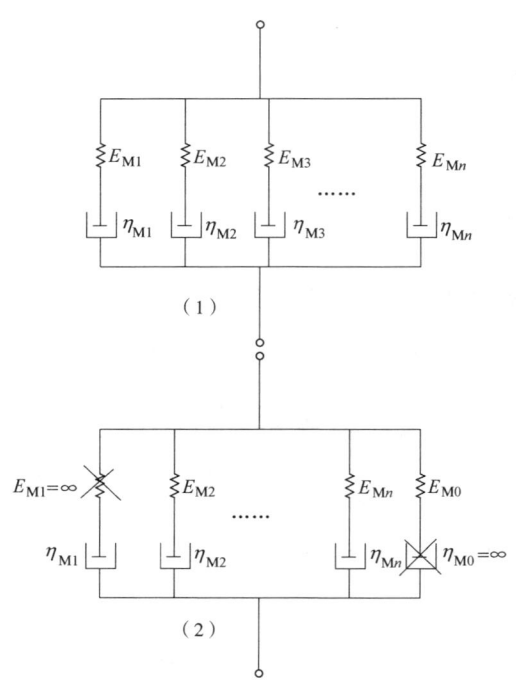

图4-18 广义麦克斯韦模型
(1) 广义麦克斯韦模型 (2) 有残余应力存在的广义麦克斯韦模型

式中 $\sigma(t)$——松弛过程的应力；
ε——恒定的应变；
E_{Mi}——第 i 个麦克斯韦模型的松弛模量；
τ_{Mi}——第 i 个麦克斯韦模型的应力松弛时间，s；
η_{Mi}——第 i 个麦克斯韦模型的黏度，Pa·s；
t——时间，s。

对于有残余应力存在的黏弹性体，可以将广义麦克斯韦模型改造成如图4-18（2）所示。这样得出的应力松弛公式和松弛模量往往对分析实际问题更有利。

设第一个和最右边一个麦克斯韦模型分别为 M_1 和 M_0，$E_{M1} = \infty$，$\eta_{M0} = \infty$，即认为 M_1 相当于一个阻尼体，M_0 相当于只有胡克体。其他符号的含义与图4-18（1）所示的广义麦克斯韦模型相同。当对此模型保持一定应变时：

$$\begin{cases} \varepsilon = \varepsilon_0 = \varepsilon_1 = \varepsilon_2 = \cdots = \varepsilon_n \\ \sigma(t) = \sigma_0 + \sigma_1 + \sigma_2 + \cdots + \sigma_n \end{cases}$$

式中，$\sigma_0 = E_{M0}\varepsilon_0$，由于 $\dot{\varepsilon} \equiv \dfrac{d\varepsilon_1}{dt} = 0$，所以 $\sigma_1 = \eta_{M1}(\varepsilon_1/t) = 0$。同样由式（4-29）可推知：

$$\sigma(t) = E_{M0}\varepsilon_0 + \varepsilon_0 \sum_{i=2}^{n} E_{Mi} e^{-\frac{t}{\tau_{Mi}}} \quad (4\text{-}30)$$

$$E_M(t) \equiv \frac{\sigma(t)}{\varepsilon_0} = E_{M0} + \sum_{i=2}^{n} E_{Mi} e^{-\frac{t}{\tau_{Mi}}} \quad (4\text{-}31)$$

流变学中把 $E_M(t)$ 或 $E_M(t) - E_{M0}$ 称为广义松弛模量。在广义麦克斯韦模型中,各单元模型像实际黏弹性体中的流动粒子一样连续分布时,不仅各单元的应力松弛时间各不相同,而且是一个无限的存在,这时应力松弛公式可写为:

$$\sigma(t) = E_{M0}\varepsilon_0 + \varepsilon_0 \int_0^\infty f(\tau_M) e^{-\frac{t}{\tau_M}} d\tau_M, \quad \tau_M = \frac{\eta}{E} \tag{4-32}$$

$f(\tau_M)$ 称为松弛时间分布函数或称松弛时间谱。实际上就是使 τ_M 成为连续的可以微分的函数,即把 τ_M 和 $\tau_M + d\tau_M$ 之间的麦克斯韦模型松弛模量 E_{Mi} 的和写成 $f(\tau_M) d\tau_M$,或者理解为在 $[\tau_M \sim \tau_M + d\tau_M]$ 时间内麦克斯韦单元的"浓度"。上式也可用如下的松弛模量表示:

$$E_M(t) = E_{M0} + \int_0^\infty f(\tau_M) e^{-\frac{t}{\tau_M}} d\tau_M \tag{4-33}$$

当用四要素(或五要素等)模型不能完全描述有些食品的松弛(蠕变)特点时,为方便起见,一般不采用增加要素个数的方法,而采用求松弛时间谱(或推迟时间谱)的方法。

对上面式子进行近似计算可得:

$$-\frac{dE_M(t)}{dt} = f(\tau) \tag{4-34}$$

或写成

$$-\frac{dE_M(t)}{d(\lg t)} = f_L(\lg \tau_M) \tag{4-34(1)}$$

式中 $f_L(\lg \tau_M)$ ——对数松弛时间谱。

它等于测定黏弹性体松弛曲线 $E_M(t) \to \lg t$ 的关系而得到的曲线斜率的负数。因为应力松弛时间谱的数量级很大,故常用对数式 $f_L(\lg \tau_M) \to \lg t$ 表示松弛时间谱的变化情况(图 4-19)。

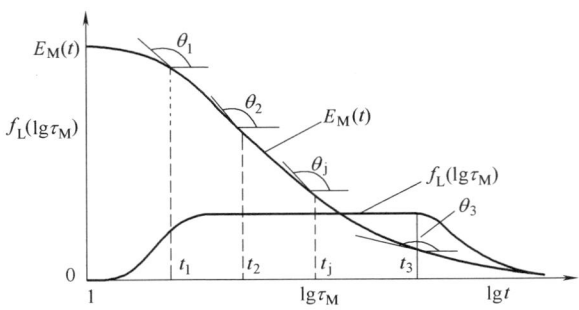

图 4-19 对数应力松弛时间谱的求法

(2) 广义开尔文模型 实际黏弹性体蠕变性质的模拟,用广义的开尔文模型比较方便。广义开尔文模型如图 4-20 (1) 所示,由许多开尔文模型串联而成。与前文推理相同,这一模型的蠕变公式如下:

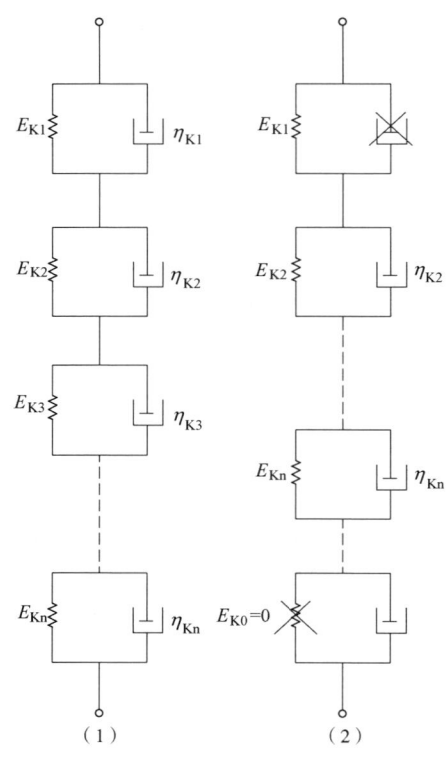

图 4-20　广义开尔文模型
(1) 广义开尔文模型
(2) 有残余应变存在的广义开尔文模型

$$\varepsilon(t) = \sigma \sum_{i=1}^{n} \frac{1}{E_{Ki}}(1 - e^{-\frac{t}{\tau_{Ki}}}) = \sigma \sum_{i=1}^{n} J_{Ki}(1 - e^{-\frac{t}{\tau_{Ki}}})$$

(4-35)

式中　$\tau_{Ki} = \eta_{Ki}/E_{Ki}$，$J_{Ki} = 1/E_{Ki}$；

$\varepsilon(t)$——蠕变应变；

σ——恒定应力；

E_{Ki} 和 η_{Ki}——第 i 个开尔文模型的弹性模量和黏度，Pa·s；

τ_{Ki}——第 i 个开尔文模型的推迟时间，s；

J_{Ki}——对应于 E_{Ki} 的柔量；

t——时间，s。

考虑到实际黏弹性体的蠕变存在着不可完全恢复的残余应变，对广义开尔文模型进行如图 4-20 (2) 的设定。即最后一个和第一个开尔文模型分别称为 K_0 和 K_1。K_0 的胡克体 $E_{K0} = 0$（即断开弹簧），K_1 的阻尼体 $\eta_{Ki} = 0$（即断开黏壶），于是有：

$$\begin{cases} \varepsilon(t) = \varepsilon_0 + \varepsilon_1 + \varepsilon_2 + \cdots + \varepsilon_n \\ \sigma = \sigma_0 = \sigma_1 = \sigma_2 = \cdots = \sigma_n \end{cases}$$

由式 (4-22) 可以推知：

$$\varepsilon(t) = \frac{\sigma_0}{\eta_{K0}}t + \frac{\sigma_1}{E_{K1}} + \sum_{i=2}^{n} \frac{\sigma_i}{E_{Ki}}(1 - e^{-\frac{t}{\tau_{Ki}}})$$

$$\varepsilon(t) = \sigma\left[J_{K1} + \frac{t}{\eta_{K0}} + \sum_{i=2}^{n} J_{Ki}(1 - e^{-\frac{t}{\tau_{Ki}}})\right]$$

(4-36)

所以

$$J_K(t) \equiv \frac{\varepsilon(t)}{\sigma} = J_{K1} + \frac{t}{\eta_{K0}} + \sum_{i=2}^{n} J_{Ki}(1 - e^{-\frac{t}{\tau_{Ki}}})$$

(4-37)

$J_K(t)$ 称为蠕变柔量。同样，广义开尔文模型的蠕变实验，也可以做微分分析。由式 (4-36) 可以推知（参照广义麦克斯韦模型积分推导）：

$$\varepsilon = \sigma \int_0^{\infty} f(\tau_K)(1 - e^{-\frac{t}{\tau_K}}) d\tau_K$$

(4-38)

式中　$f(\tau_K)$——滞后时间分布函数或推迟时间谱。

在推迟时间 τ_K 到 $\tau_K + d\tau_K$ 之间的蠕变柔量 J_K 之和用 $f(\tau_K)d\tau_K$ 表示。

$$f(\tau_K)d\tau_K = \sum J_K$$

因为
$$J_K(t) = \frac{\varepsilon(t)}{\sigma}$$

由式（4-38）得：

$$J_K(t) = \int_0^\infty f(\tau_K)(1 - e^{-\frac{t}{\tau_K}})d\tau_K \tag{4-39}$$

用近似计算的方法可以得到如下关系：

$$\frac{dJ_K(t)}{dt} = f(\tau_K), \quad \frac{dJ(t)}{d(\lg t)} = f_L(\lg \tau_K) \tag{4-40}$$

式中 $f_L(\lg\tau_K)$ 称为对数推迟时间谱，它等于蠕变曲线 $J(t) \rightarrow \lg t$ 的斜率。

图 4-21 表示对数推迟时间谱的求法及 $J(\lg\tau_K) \rightarrow \lg\tau_K$ 的关系。

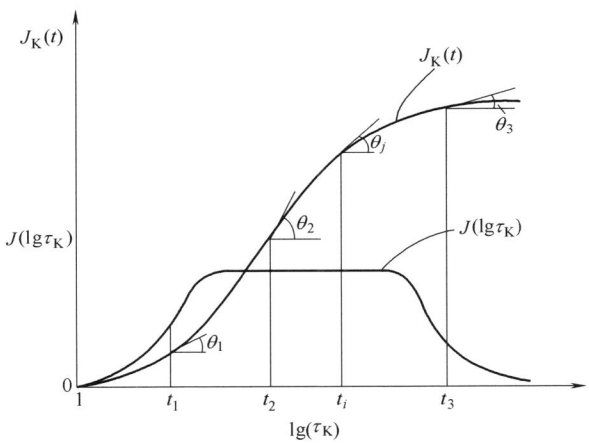

图 4-21 对数推迟时间谱的求法

【例题 4-5】 图 4-22（1）是用万能流变仪测定的明胶 $\lg E(t) \rightarrow t$ 曲线（明胶浓度为 25%，测定温度为 19.6℃）。假设该明胶的流变特性符合图 4-22（2）所示的六要素模型，试确定（1）弹性模量 E_1、E_2、E_3；（2）明胶活化能 ΔE。

解：

（1）首先建立该六要素模型表达式。

$$E(t) = \sum_{i=1}^{3} E_i e^{\frac{-t}{\tau_i}}$$

表达式两边取对数，并在半对数坐标纸上作图，截距为 $\lg E_i$，斜率为 τ_i 的负倒数。

$$\lg E(t) = \sum_{i=1}^{3}\left(\lg E_i - \frac{t}{\tau_i}\right)$$

逐步确定六要素系数 E_1、E_2、E_3、τ_1、τ_2、τ_3。具体方法为：在例题图 4-22（1）中，设原始测定的 $\lg E(t) \rightarrow t$ 曲线 I 的渐近线为直线 II，直线 II 与纵轴的交点为 E_1，直线 II 斜率的负

倒数为 τ_1。由曲线Ⅰ减去直线Ⅱ得曲线Ⅲ，设曲线Ⅲ的渐近线为直线Ⅳ，由直线Ⅳ的截距和斜率求 E_2 和 τ_2。重复上述方法求 E_3 和 τ_3，所得结果列于表 4-7 中。

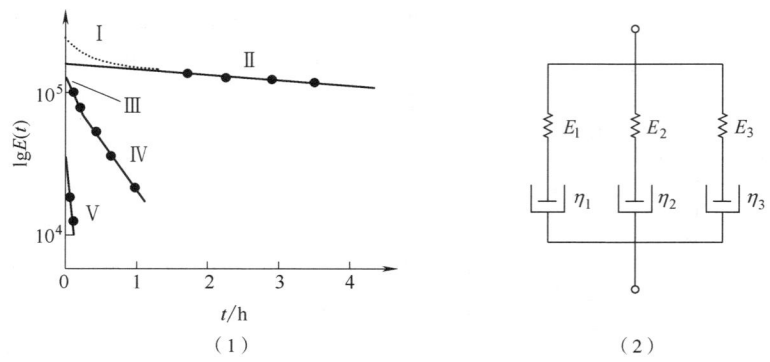

图 4-22　明胶应力松弛曲线及力学模型

表 4-7　　　　　　　　　　明胶六要素模型参数

温度/℃	$E_1 \times 10^4$/Pa	$E_2 \times 10^4$/Pa	$E_3 \times 10^4$/Pa	τ_1/h	τ_2/min	τ_3/min
1.9	14.0	3.0	3.0	22.6	33.9	3.2
5.5	12.6	2.6	4.8	18.9	27.1	1.6
9.9	7.5	2.3	2.2	17.8	31.3	1.7
15.4	4.8	1.4	1.3	12.4	31.3	0.7
19.6	2.5	1.0	0.4	9.7	25.4	1.4
21.6	1.1	0.7	0.5	9.3	37.0	2.0
24.4	0.7	0.4	0.3	3.1	31.4	4.0

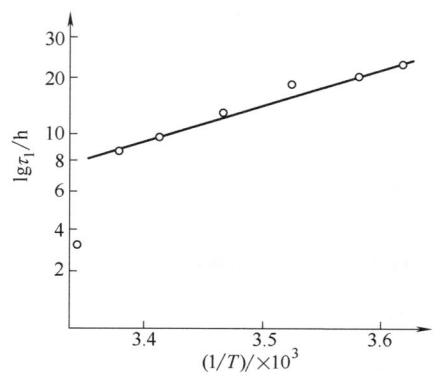

图 4-23　τ_1 与温度的关系（明胶质量分数 25%）

（2）根据表 4-7 数据和活化能与松弛时间的关系式，在半对数坐标纸上作图（图 4-23）。

由图可知，$\lg\tau_1$ 和 $\dfrac{1}{T}$ 呈线性关系，由斜率可知 ΔE。由表 4-8 可知，明胶的活化能随浓度的增大而增加，质量分数在 17.5% ~ 20% 时，活化能接近于酒精、水等物质的氢键键能。说明在明胶的立体网状结构中氢键起主导作用。

$$\tau_1 = \tau_0 \exp\left(\dfrac{\Delta E}{RT}\right)$$

表 4-8　　　　　　　　　　　　　　不同浓度明胶的活化能

质量分数/%	$\Delta E/$（kJ/mol）
17.5	24.4
20	29.0
25	38.2

【例题 4-6】 鸡胸嫩肉、鸡翅膀肉、鸡腿肉和黄鲭鱼肉的肉糜应力松弛试验结果如图 4-24 所示。试样处理有两种方法：一种为经加热处理的肉糜，另一种为未经加热的肉糜。试分析讨论不同种类肉糜的应力松弛特性。

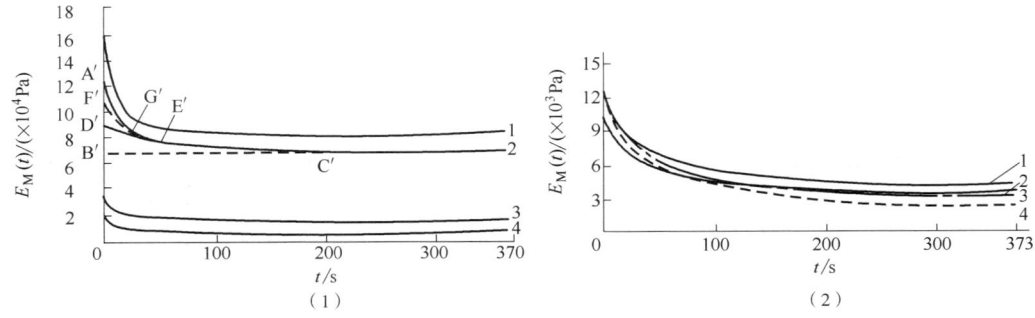

图 4-24　加热与未加热肉糜的松弛模量-时间曲线
（1）经加热处理的肉糜：1—鸡胸嫩肉　2—鸡翅膀肉　3—鸡腿肉　4—黄鲭鱼肉
（2）未经加热的肉糜：1—鸡翅膀肉　2—鸡腿肉　3—鸡胸肉　4—黄鲭鱼肉

答：从图中曲线可以看出，加热的肉糜存在着平衡应力。有平衡应力时，一般按五要素或七要素模型进行解析。存在着平衡应力，说明凝胶形成了三维立体网络结构的键结合构造。同为鸡肉，平衡应力的大小正好与肉糜中肌原纤维蛋白含量成正相关关系，即按鸡胸嫩肉、鸡翅膀、鸡腿肉顺序递减。未加热的肉糜则不显示平衡应力，没有平衡应力时，一般采用四要素或六要素模型进行解析，说明其构造没有形成分子网络结构，经过充分的松弛时间，肉糜内初始应力基本全部转变成流动的摩擦热。

从图 4-25 的对数松弛时间谱同样可以看出加热对肉糜应力的影响。加热肉糜的松弛时间谱为梯形，梯形的高度按肌原纤维蛋白质含量的多少由高到低排列为：鸡胸嫩肉>鸡翅膀肉>鸡腿肉，且应力松弛在短时间内结束。未加热肉糜的松弛时间谱为山形，且应力松弛需要很长时间，说明加热和未加热肉糜的应力松弛特性不同。

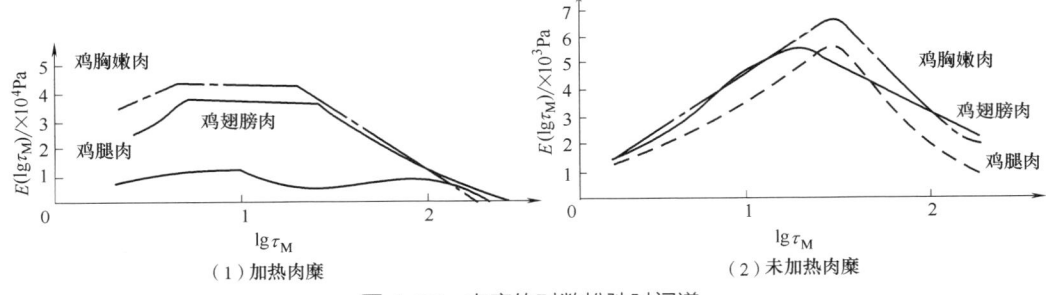

图 4-25　肉糜的对数松弛时间谱

第三节　Boltzmann 叠加原理及其应用

Boltzmann 叠加原理（Boltzmann Superposition Principle）是线性黏弹性力学特性研究的基本原理。该原理认为：①某一特定负荷对高分子材料产生的效应与以前加到该材料上的任何负荷所产生的效应无关，或者说每一负荷对材料产生的效应是独立的；②观察时间相同时，各负荷使材料产生的变形与应力成正比，各负荷产生的效应可以叠加。例如，σ_1 产生的应变为 ε_1，σ_2 产生的应变为 ε_2，那么应力 $\sigma_1+\sigma_2$ 产生的应变为 $\varepsilon_1+\varepsilon_2$。如果是蠕变，在 $t=0$ 时施加应力 σ_0，则产生一个蠕变 OB 线（图 4-26），在时间 t_1 再施加应力量为 $(\sigma_1-\sigma_0)$，使应力增加到 σ_1，产生一个蠕变 QC 线。那么，t_1 以后的蠕变曲线等于由应力 σ_0 产生的连续蠕变与在 t_1 施加的 $(\sigma_1-\sigma_0)$ 应力产生的蠕变之和。如图 4-26 所示，t 时刻的蠕变等于 DA（DC=BA）。后加的应力 $(\sigma_1-\sigma_0)$ 的零参考时间是 t_1，即从 t_1 时刻该应力开始起作用，因此，这部分应力产生的蠕变时间为 $(t-t_1)$。如果在 t_1 时刻不是施加 $(\sigma_1-\sigma_0)$，而是去除应力 σ_0，根据 Boltzmann 叠加原理该作用应该等于施加一个 $-\sigma_0$，最后的效应仍然是线性叠加。如图 4-27 所示，$t=0$ 时 σ_0 产生的蠕变沿 AD 线发展，t_1 时刻去除的 σ_0 对材料蠕变作用是负的，也就是蠕变曲线 BF 的反向。在 t 时刻该材料的蠕变等于 t_0 时刻 σ_0 的作用和 t_1 时刻 σ_0 的反向作用，即 DE-EF=GE。

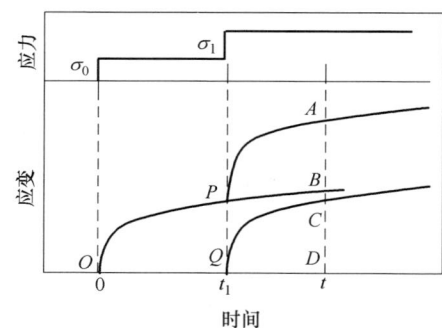

图 4-26　应力与应变叠加

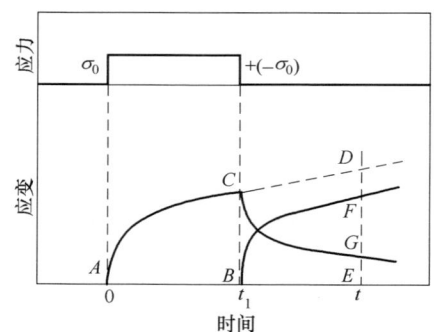

图 4-27　蠕变恢复叠加

根据以上分析，t 时刻的应变表达式为：

$$\varepsilon(t) = \Delta\sigma_1 J(t-t_1) + \Delta\sigma_2 J(t-t_2) + \cdots + \Delta\sigma_n J(t-t_n) \tag{4-41}$$

或

$$\varepsilon(t) = \sum_{i}^{n} \Delta\sigma_i J(t-t_i) \tag{4-42}$$

对于线形高分子：

$$J(t-t_i) = J_0 + J_\infty \left(1 - e^{-\frac{t-t_i}{\tau}}\right) + \frac{1}{\eta}(t-t_i) \tag{4-43}$$

对于应力松弛情况，如果材料受到阶梯应变的作用时，根据叠加原理，材料在 t 时刻的应力为：

$$\sigma(t) = \sum_{i=1}^{n} \Delta\varepsilon_i E(t - t_i) \tag{4-44}$$

对于线形高分子：

$$E(t - t_i) = E(0)\mathrm{e}^{-\frac{t-t_i}{\tau}} \tag{4-45}$$

需要强调的是，Boltzmann 叠加原理适用于线性黏弹力学研究，也就是说，当材料的应力接近或者超过屈服应力时，Boltzmann 叠加原理不再适用。

【例题 4-7】图 4-28（1）是四要素模型，受到图 4-28（2）所示的阶梯应力作用，求 $t=200\mathrm{s}$ 时，该模型的残余应变。

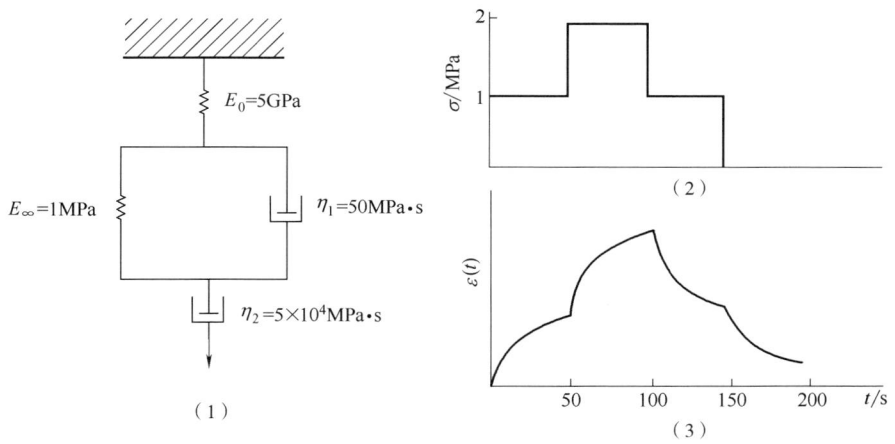

图 4-28 四要素模型（1）在阶梯应力（2）作用下的蠕变行为（3）

解：由图 4-28（1）所示的模型参数，可知：

$$J_0 = \frac{1}{E_0} = 2 \times 10^{-10}\,\mathrm{m^2/N}$$

$$J_\infty = \frac{1}{E_\infty} = 10^{-6}\,\mathrm{m^2/N}$$

$$\tau = \frac{\eta_1}{E_\infty} = \frac{50}{1} = 50\mathrm{s}$$

由图 4-28（2）可知：

$$\Delta\sigma_1 = 1 \times 10^6\,\mathrm{N/m^2}$$
$$\Delta\sigma_2 = 1 \times 10^6\,\mathrm{N/m^2}$$
$$\Delta\sigma_3 = -1 \times 10^6\,\mathrm{N/m^2}$$
$$\Delta\sigma_4 = -1 \times 10^6\,\mathrm{N/m^2}$$

利用式（4-42），计算 $t=200\mathrm{s}$ 时的残余应变：

$$\varepsilon(200) = \Delta\sigma_1 J(200-0) + \Delta\sigma_2 J(200-50) +$$
$$\Delta\sigma_3 J(200-100) + \Delta\sigma_4 J(200-150)$$
$$= 1 \times 10^6 [2 \times 10^{-10} + 10^{-6}(1 - e^{-\frac{200}{50}}) + 2 \times 10^{-11} \times 200] +$$
$$1 \times 10^6 [2 \times 10^{-10} + 10^{-6}(1 - e^{-\frac{150}{50}}) + 2 \times 10^{-11} \times 150] -$$
$$1 \times 10^6 [2 \times 10^{-10} + 10^{-6}(1 - e^{-\frac{100}{50}}) + 2 \times 10^{-11} \times 100] -$$
$$1 \times 10^6 [2 \times 10^{-10} + 10^{-6}(1 - e^{-\frac{50}{50}}) + 2 \times 10^{-11} \times 50]$$
$$= -e^{-4} - e^{-3} + e^{-2} + e^{-1} + 2 \times 10^{-5} \times 200$$
$$= 0.439$$

第四节　静态流变参数的实验方法

一、压缩实验（Compression Test）

压缩实验有两种方式：一种是轴向压缩，另一种是体积压缩。体积压缩实验往往利用静水压力，使材料各向受力一致。材料受压后体积变小，但是形状基本不变。在食品工程中，体积压缩实验应用很少，原因是实验过程很慢，也很难控制，而且材料中的气体对实验结果影响很大，国内外相关研究报道很少。轴向压缩分为非破坏性和破坏性两种。非破坏性压缩实验主要用于具有一定硬度的均质材料的变形实验，施加的外力小于材料的屈服应力，变形为非永久性变形。对于非破坏性压缩实验，美国农业工程师学会发表了几种情况下的表观弹性模量 E 的计算方法（表 4-9）。破坏性压缩实验将造成材料的永久性变形，施加的外力大于材料的屈服应力（已超出线性黏弹性范围，将在下一章质构中讨论）。由于轴向压缩实验简单易行，不需要对材料特殊固定，因此，在食品工业中有较多应用。

表 4-9　　非破坏性压缩实验表观弹性模量计算方法

压缩方式	表观弹性模量计算方法
A. 完整蔬菜	$E = \dfrac{0.338F(1-\mu^2)}{H^{3/2}} \left[K_U \left(\dfrac{1}{R_U} + \dfrac{1}{R'_U} \right)^{1/3} + K_L \left(\dfrac{1}{R_L} + \dfrac{1}{R'_L} \right)^{1/3} \right]^{3/2}$
B. 切分蔬菜	$E = \dfrac{0.338K^{3/2}F(1-\mu^2)}{H^{3/2}} \left[\dfrac{1}{R_1} + \dfrac{1}{R'_1} \right]^{1/2}$
C. 切分水果	$E = \dfrac{0.338K^{3/2}F(1-\mu^2)}{H^{3/2}} \left[\dfrac{1}{R_1} + \dfrac{1}{R'_1} + \dfrac{4}{d} \right]^{1/2}$
D. 圆形切片	$E = \dfrac{0.338K^{3/2}F(1-\mu^2)}{H^{3/2}} \left[\dfrac{4}{d} \right]^{1/2}$

注：E 为表观弹性模量（Pa），H 为变形量（m）；μ 为泊松比，F 为力（N）；R_U、R'_U 为上载荷板与材料接触点曲率半径（m）；R_L、R'_L 为下载荷板与材料接触点曲率半径（m）；R_1、R'_1 为（B）（C）两种方式下，外力接触点的曲率半径（m）；d 为探头直径（m）；K_U、K_L 为常数。

如图 4-29 所示，材料从初始高度 H_0 压缩至 H 时，应力 σ 和应变量 ε 分别为：

$$\varepsilon = \int_{H_0}^{H} dh/h = \ln(H/H_0) \tag{4-46}$$

$$\sigma = FH/\pi r_0^2 H_0 \tag{4-47}$$

如果材料的泊松比 $\mu = 0.5$，压缩时仅有形状变化，而没有体积变化。如果压缩板与材料之间的摩擦力还可以忽略不计［图 4-29（1）］，则压缩初始和结束时的半径与高度的关系为：

$$\pi r_0^2 H_0 = \pi r^2 H \tag{4-48}$$

当 μ 越小，体积变化越大。

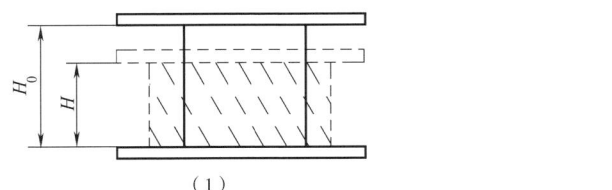

图 4-29　材料与压缩板无摩擦（1）和有摩擦（2）

二、剪切实验（Shearing Test）

对于流动性非常低的黏弹性体，其流变参数往往采用如表 4-10 所示的一些静态测定。

（1）双重剪切测定　如表 4-10（1）所示，面积为 A 的 3 块平板之间填入试样，拉动中间平板。测得拉力为 F，那么剪切模量（刚性率）G 可由下式求出：

$$G = \frac{hF}{2Ad} \tag{4-49}$$

式中　d——拉动位移，m；
　　　h——试样厚度，m。

剪切黏度如表 4-10（1）所示。当拉力保持不变时，还可以求得蠕变曲线、蠕变柔量：

$$J(t) \equiv \frac{1}{G(t)} = \frac{2A}{hF}d(t)$$

双重剪切测定常用来测定蛋糕、人造奶油、冰淇淋、干酪、鱼糜糕等许多食品的黏弹性。

表 4-10　　　　　　　　　　　　　　　常见静态流变测定方法

测定方法	应力/Pa	速率/s^{-1}	黏度/(Pa·s)	符号意义
（1）	$\sigma = \dfrac{F}{2A}$	$\dot{\varepsilon} = \dfrac{d}{h}$	$\eta = \dfrac{hF}{2Ad}$	F：拉力（N） A：试样接触面积（m^2） h：试样厚度（m） $\dot{d}$：移动速度（m/s）

续表

测定方法	应力/Pa	速率/s⁻¹	黏度/(Pa·s)	符号意义
(2)	$\sigma = \dfrac{F}{A}$	$\dot{\varepsilon} = \dfrac{\dot{d}}{L}$	$\eta = \dfrac{LF}{3A\dot{d}}$ $\eta_t = \dfrac{LF}{A\dot{d}}$	$\dot{d}$：拉伸速度（m/s） F：拉力（N） A：试样断面积（m²） L：试样长度（m） η：延伸黏度（Pa·s）
(3)	$\sigma = \dfrac{F}{2\pi R_i h}$	$\dot{\varepsilon} = \dfrac{v_0}{R_i} \cdot \dfrac{1}{1\left(\dfrac{R_0}{R_i}\right)}$	$\eta = \dfrac{F}{2\pi h v_0} \cdot \left(\dfrac{R_0}{R_i}\right)$	F：拉力（N） R_i：内筒半径（m） R_0：外筒半径（m） h：试样高度（m） v_0：内筒末速度（m/s）
(4) 试样容积 V 一定	$\sigma = \dfrac{2}{3} \cdot \dfrac{\pi^{1/2} h^{5/2} F}{V^{3/2}}$	$\dot{\varepsilon} = \dfrac{2}{3} \cdot \dfrac{\pi^{1/2} h^{5/2} F}{\eta V^{3/2}}$	—	η：试样剪切黏度（Pa·s） h：试样厚度（m） V：试样容积（m³） F：试样压力（N）

（2）**拉力试验** 如表 4-10（2）所示，长为 L（m）、断面积为 A（m²）的棒状试样，一端固定，另一端作用于拉力 F（N），试样的弹性伸长为 d（m）。延伸弹性率 E 与延伸黏度 η_t。分别为：

$$E = \frac{LF}{Ad}, \quad \eta_t = \frac{LF}{A\dot{d}}$$

剪切黏度可用 3 倍率求出：

$$\eta = \frac{LF}{3A\dot{d}} \tag{4-50}$$

拉力试验常用来测定小麦粉面团的黏弹性质。

（3）**套筒流动** 测定方法和原理如表 4-10（3）所示。在同心的双圆筒（内筒外径 R_i，外筒内径 R_0）之间隙中填满试样。在内筒沿中心轴向加定载荷 F（N），内筒开始滑动，最终与黏性阻力平衡达到匀速 v_0 运动状态。试样任一半径 r 处的剪应力，由牛顿定律知：

$$\sigma = -\eta \frac{\mathrm{d}v}{\mathrm{d}r}$$

半径为 r 的试样柱面受剪切力为：

$$F = 2\pi rh\sigma = -2\pi rh\eta \frac{dv}{dr}$$

式中　v——半径 r 试样的速度，m/s；

　　　h——圆筒与试样接触部分长度，m。

由上式积分得：

$$v = -\frac{F}{2\pi\eta h}\ln r + C$$

积分常数 C 由边界条件 $r=R_0$，$v=0$ 而求得：

$$v_0 = \frac{F}{2\pi\eta h}\ln\frac{R_0}{R_i}$$

$$\eta = \frac{F}{2\pi h v_0}\ln\frac{R_0}{R_i} \tag{4-51}$$

因此，通过测定 v_0 就可求出黏度。

（4）平行板塑性计　平行板塑性计的测定原理如表 4-10（4）所示。在半径为 R 的平行圆板之间放入试样，夹住试样，施以夹紧力 F，那么试样厚度随之减少。根据 Navier-Stokes 公式：

$$F = -\frac{3\pi R^4 \eta}{2h^3}\left(\frac{dh}{dt}\right)$$

将试样的容积 v_0 与半径的关系式 $R = (V/\pi h)^{1/2}$ 代入上式得：

$$-\frac{dh}{dt} = \frac{2\pi h^5 F}{3V^2 \eta}$$

当 $t=0$ 时，$h=h_0$，积分此式得：

$$\frac{3V^2}{8\pi}\left(\frac{1}{h^4} - \frac{1}{h_0^4}\right) = F\cdot\frac{t}{\eta} \tag{4-52}$$

测定 $3V^2/8\pi h^4$ 与 t 的关系曲线，由直线斜率可以求出黏弹性体的黏度。

蠕变柔量可由下式得出：

$$J(t) = \frac{3V^2}{8\pi F}\left(\frac{1}{h^4} - \frac{1}{h_0^4}\right) \tag{4-53}$$

第五节 动态流变参数的实验方法

一、动态黏度测定基础理论

静态黏弹性的测定虽有简便、直观等优点，但对实际黏弹性体流变性质的研究有如下缺点：①测定静态黏弹性时，往往因为力的大小、方向不变，所以易使物质发生流动，而且会持续下去，很难测得它的弹性。比如，进行应力松弛试验时，黏性物质的松弛时间非常短，很难正确评价黏弹性。②对于弹性突出、流动性不明显的物质，应力松弛时间与滞后时间往往很长，不仅测定要花费很长时间，而且在测定过程中，一些食品物料还会发生化学变化。③静态测定所要求的阶跃应变或瞬时加载，实际上都不好操作。当变形较大时，会超出线性变化范围，引起模型与实际较大的误差。

因为静态黏弹性测定有上述缺点，所以动态黏弹性测定成为食品流变学性质研究的另一重要内容。动态黏弹性是指给黏弹性体施以振动，或施以周期变动的应力或应变时，该黏弹性体所表现出的黏弹性质。动态黏弹性试验的方法有正弦波应力应变试验（谐振动测定法）、共振试验、脉冲振动试验等。其中最基本的和较常用的是正弦波应力应变试验。

在选择方法时，有一个基本要求，即试样的界限尺寸应适合于试验仪器振动频率的有效使用范围。当试样单纯受拉压载荷时，界限尺寸是指受力方向的尺寸；当受剪切应力时，界限尺寸是指与剪切面垂直的尺寸。界限尺寸 L 和测定频率传递的弹性波波长 λ 对试样的频率有如下关系：如果 $L/\lambda>1$，弹性波将按测定频率传播；如果 $L/\lambda=1$，试样产生共振；如果 $L/\lambda<1$，可以直接测定试样受交变应力时的应变响应。

设施加于物体上的应变为：

$$\varepsilon = \varepsilon_0 \sin(\omega t) \tag{4-54}$$

式中 ε_0——振幅，m；

$\omega = 2\pi f$——角频率，r/s；

f——振动频率，s^{-1}；

t——时间，s。

如果物体是理想弹性体，产生的应力为：

$$\begin{aligned}\sigma &= E\varepsilon \\ &= E\varepsilon_0\sin(\omega t) \\ &= \sigma_0\sin(\omega t)\end{aligned} \tag{4-55}$$

式（4-55）说明弹性体的应力与应变为同相位，如图 4-30（1）所示。

如果物体是理想黏性液体（牛顿流体），则产生的应力为：

$$\begin{aligned}\sigma &= \eta\dot{\varepsilon} = \eta\,\varepsilon_0\omega\cos(\omega t) \\ &= \eta\varepsilon_0\omega\sin\left[(\omega t) + \frac{\pi}{2}\right]\end{aligned} \tag{4-56}$$

式（4-56）说明理想黏性体应力超前于应变 90°，如图 4-30（2）所示。

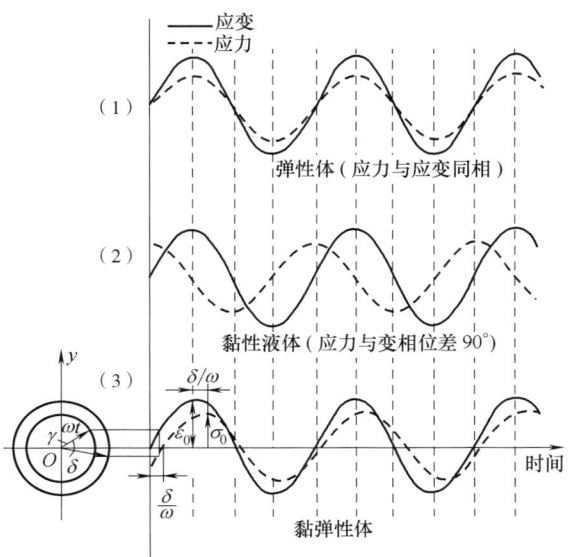

图 4-30　正弦波振动时应力与应变的关系
(1) 弹性体　(2) 黏性体　(3) 黏弹性体

如果物体是黏弹性体，当产生正弦应变时，其应力包含着弹性应力和黏性剪切应力，应力比应变超前 δ 角，$0 \leqslant \delta \leqslant 90°$，如图 4-30（3）所示。黏弹性体的应力为：

$$\sigma = \sigma_0 \sin[(\omega t) + \delta] \tag{4-57}$$

将上式展开：

$$\sigma = \sigma_0 [\sin(\omega t)\cos\delta + \cos(\omega t)\sin\delta] \tag{4-58}$$

令 $\dfrac{\sigma_0}{\varepsilon_0} = |G|$，上式改写为：

$$\sigma = |G|\varepsilon_0 [\sin(\omega t)\cos\delta + \cos(\omega t)\sin\delta] \tag{4-59}$$

令

$$|G|\cos\delta = G'，|G|\sin\delta = G'' \tag{4-60}$$

$$\sigma = \varepsilon_0 [G'\sin(\omega t) + G''\cos(\omega t)] \tag{4-61}$$

将式（4-54）应变和应变速率代入上式：

$$\sigma = G'\varepsilon + G''\frac{1}{\omega}\dot{\varepsilon} \tag{4-62}$$

式（4-62）表明，黏弹性体的应力由两部分组成，第一项与应变同相位，很明显是弹性体应力，而第二项与应变速率同相位，是黏性体应力。总应力等于两种材料各自应力的线性加和，即：

$$\sigma = E\varepsilon_0\sin(\omega t) + \eta\varepsilon_0\omega\cos(\omega t) \tag{4-63}$$

比较式（4-61）与式（4-63）可知，$G'=E$，而 $G''=\eta\omega$。

在动态应变过程中，应力与应变之间存在相位差，二者之间的比值模量 $E=\sigma/\varepsilon$ 不再是实数，而是一个复数。根据式（4-60）的定义，G' 与 G'' 之间存在 90°的相位差，在复平面上（图4-31），G' 为复数的实部，G'' 为复数的虚部，并定义这个复数的模量为复模量 G^* （complex modulus）:

$$G^* = G' + iG'' \tag{4-64}$$

复模量的定义为：

$$|G| = \frac{\sigma_0}{\varepsilon_0} = \sqrt{G'^2 + G''^2} \tag{4-65}$$

式中　G'——称为弹性响应系数或称为动态弹性模量，又称储能模量（Storage Modulus）;
　　　G''——称为动态黏性模量或者损耗模量（Loss Modulus）。

G'' 与 G' 的比值反映两种响应对应力的贡献大小，用下式表达：

$$\tan\delta = \frac{G''}{G'} \tag{4-66}$$

这称为损耗角正切（Loss Tangent）。参照图 4-31 和图 4-32 内容可知，当 $\tan\delta=0$，说明材料为理论弹性体，没有能量损耗。当 $\tan\delta\to\infty$ 时，说明 $\delta\to\pi/2$，为理想的黏性体，全部能量用于流动损耗。因此，这个值的大小反映了黏弹性体是近于黏性还是近于弹性。

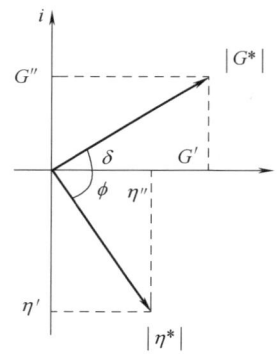

图 4-31　复模量与复黏度

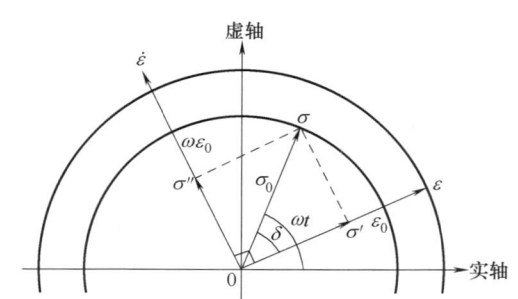

图 4-32　复平面上 σ 与 ε、$\dot{\varepsilon}$ 的关系

如果令式（4-58）σ_0 为：

$$\frac{\sigma_0}{\varepsilon_0\omega} = |\eta|，即 \sigma_0 = |\eta|\varepsilon_0\omega \tag{4-67}$$

式（4-58）改写为：

$$\sigma = |\eta|\varepsilon_0\omega[\sin(\omega t)\cos\delta + \cos(\omega t)\sin\delta] \tag{4-68}$$

令

$$|\eta|\sin\delta = \eta', \quad |\eta|\cos\delta = \eta'' \tag{4-69}$$

$$\sigma = \varepsilon_0\omega[\eta'\cos(\omega t) + \eta''\sin(\omega t)] \tag{4-70}$$

代入应变和应变速率表达式：

$$\sigma = \eta'\dot{\varepsilon} + \eta''\omega\varepsilon \tag{4-71}$$

比较式（4-71）和式（4-62）可知，二者是等价的，均反映黏弹性体的应力由弹性体应力和黏性体应力的线性加和。由对应关系可知：

$$\frac{G'}{\omega} = \eta'', \quad \frac{G''}{\omega} = \eta' \tag{4-72}$$

$$G^* = i\omega\eta^* \tag{4-73}$$

由此，可得复黏度为：

$$\eta^* = \eta' - \eta'' \tag{4-74}$$

$|\eta|$ 为复黏度（Complex Viscosity）的模。

与静态柔量相似，可以定义动态柔量：

$$|J| = \frac{\varepsilon_0}{\sigma_0} \tag{4-75}$$

$$J^* = \frac{1}{G^*} = J' - J'' \tag{4-76}$$

式中　J'——储能柔量（Storage Compliance）；

　　　J''——损耗柔量（Loss Compliance）。

虽然有 $J^* = 1/G^*$，但是各分量之间却不是倒数关系，如下式：

$$J' = \frac{G'}{G'^2 + G''^2} \tag{4-77}$$

$$J'' = \frac{G''}{G'^2 + G''^2} \tag{4-78}$$

损耗角正切可表示为：

$$\tan\delta = \frac{\omega\eta}{E} = \frac{G''}{G'} = \frac{J''}{J'} = \frac{\eta'}{\eta''} \tag{4-79}$$

二、动态黏弹性测量

在动态黏弹性的测量中，当应力和应变很小时，各模量与时间呈线性关系，而当应力和应变较大时，情况非常复杂，各模量与时间之间出现非线性的响应，难以处理。因此，一般采用小振幅、较低频率的振动测量法。下面主要介绍常用的谐振动测定法，谐振动测定法包括纵向振动法和剪切振动法。

（1）纵向振动法　用纵向振动法测定凝胶状食品动态黏弹性的基本原理是：把圆柱形试样 S 粘在接有加振器 V 的试样台上，试样的上段滴黏着剂，黏在接有应变仪 SG2（测应力用）的平板 P 上（图4-33）。黏试样时要注意既不要拉伸试样，也不要压试样。为此，尽量把试样的上下端面做得光滑。由起振器 O 发出的正弦波，通过增幅器 A 和加振器 V 给试样的下端施加正弦变化的应变，上端产生同频率的正弦应力。下端的应变通过应变仪 SG1 输出，上端的应力通过应变仪 SG2 输出，经过各自的增幅器 SA 后，在记录仪 R 上记录如图4-34所示的利萨如氏图形。该图形是 $\sigma^* = \sigma_0 e^{i\omega t}$ 和 $\varepsilon^* = \varepsilon_0 e^{i(\omega t - \delta)}$ 合成的图形，复数模量 G^* 的实数部 G' 和虚数部 G'' 可用下式计算：

$$G' = \frac{l}{S} \cdot \frac{F_1}{L_1} \cos\delta$$

$$G'' = \frac{l}{S} \cdot \frac{F_1}{L_1} \sin\delta$$

$$\sin\delta = \frac{F_2}{F_1} = \frac{4}{\pi} \left(\frac{\text{利萨如氏图形面积}}{\text{包围利萨如氏图形的矩形面积}} \right)$$

式中　l——试样长度，m；
　　　S——横截面积，m^2；
　　　$\tan\delta$——损耗角正切。

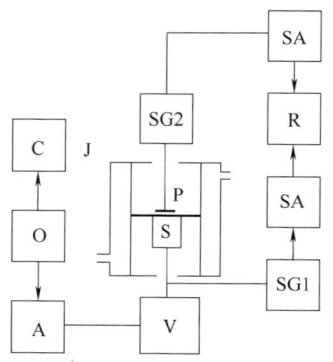

图4-33　凝胶食品的动态黏弹性测定原理

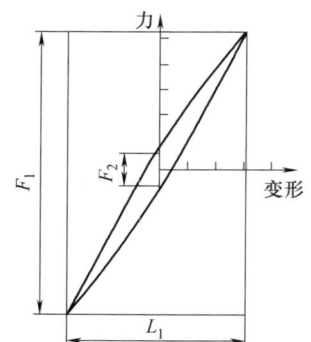

图4-34　利萨如氏图形

（2）剪切振动法　对于流动性较大的黏弹性体，这种方法比较方便。其测试装置之一如图4-35所示。试样放入一个有底的容器中，容器可以在垂直方向上下振动。在试样中插入一个棒或平板。当容器连同试样振动时，棒或板所连的传感器测出其所受应力的变化。把测得的应力用相位示波回路分解为与应变同相的分力和与应变速率同相的分力，据此，可求出复数弹性模量的实部 G' 和虚部 G''。

重谷等人用此装置对半硬质的高达干酪和硬质切达干酪的动态黏弹性进行了测定。测定振动频率为10Hz时，高达干酪温度同储能模量的关系如图4-36所示。曲线1、2、3、4分别表示成熟度为1个月、3个月、5个月、7个月的干酪的测定值。成熟度为1个月（即熟成时间为1个月）的试样，在10℃左右就开始减少。当熟度达3个月以上时，从30℃左右才急剧减少。说明熟成时间短的干酪容易融化。

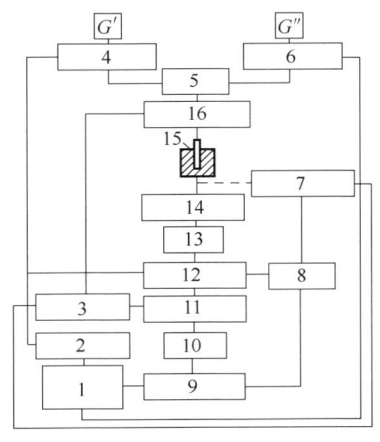

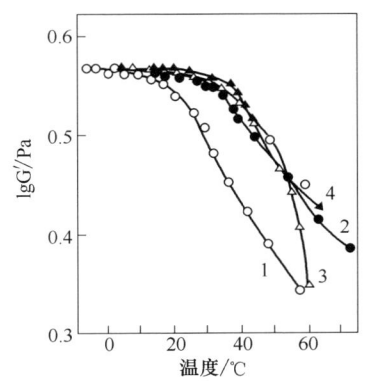

图4-35 剪切振动测量装置

1—$\dfrac{\pi}{2}$移相器　2，3—激振器

4，6，9，12—相位检波回路　5，8，10，13—放大器

7，16—应变传感器　11—移相器　14—可动线圈　15—试样

图4-36 高达干酪温度同储能模量的关系

1—成熟度1个月　2—成熟度3个月
3—成熟度5个月　4—成熟度7个月

【例题4-8】淀粉悬浮液在糊化过程中的动态黏弹性和力学损耗如图4-37和图4-38所示，试讨论三种材料的流变特性。

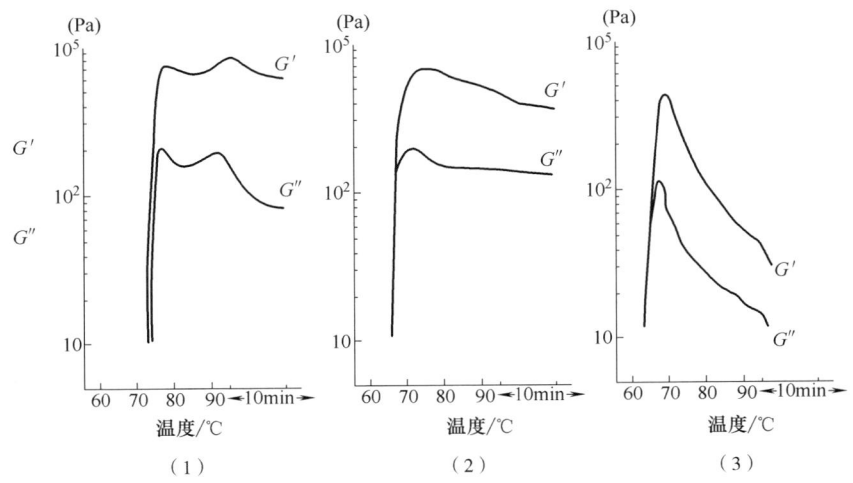

图4-37 淀粉悬浮液在糊化过程中的动态黏弹性变化
（1）玉米　（2）马铃薯　（3）大麦

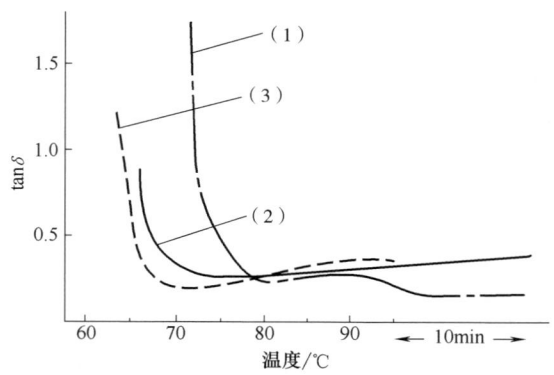

图 4-38 淀粉悬浮液在糊化过程中的力学损耗
（1）玉米 （2）马铃薯 （3）大麦

由图可知：（1）玉米、马铃薯、大麦三种淀粉的 G'、G'' 上升温度分别为 73.2、67.0、62.5℃。（2）储能模量（G'：弹性成分）与损耗模量（G''：黏性成分）明确分开，表明淀粉的分子排列被破坏，开始溃散。（3）第一个极值过后，玉米淀粉在 90~95℃处出现 G' 和 G'' 的第二个极值，G' 的极值比 G'' 的极值来得晚，第一个极值过后，不含糖的大麦淀粉的 G' 和 G'' 急剧下降。（4）力学损耗 $\tan\delta$ 反映对食品流变性质起作用的食品内部结构的区别。温度超过 80℃后，按大麦力学损耗>马铃薯力学损耗>玉米力学损耗的顺序变化。温度为 95℃时，玉米的 G'' = 8.20×10^2Pa，马铃薯的 G'' = 5.81×10^2Pa。保持 10min 后，而玉米的 $\tan\delta$ 有所减少，马铃薯的 $\tan\delta$ 有所增加。

思考题

1. 举例说明食品工业或者生活中符合弹性模量、剪切模量、体积模量关系式的力学现象。
2. 结合应力-应变关系，详细比较胡克定律与牛顿流体定律的异同。
3. 画图比较黏弹性物体与脆性物体应力-应变曲线，说明其中部分关键点的物理意义。
4. 从材料结构与分子柔性角度，讨论应力松弛时间和蠕变滞后时间。
5. 麦克斯韦模型由弹簧和黏壶两个元件串联组成，对简单材料的应力松弛有较好模拟，试推导并讨论该模型对蠕变特性的模拟效果，指出其不足之处。
6. 开尔文模型由弹簧和黏壶两个元件并联组成，对简单材料的蠕变特性有较好模拟，试推导并讨论该模型对应力松弛特性的模拟效果，指出其不足之处。
7. 如果材料是由多个不同的弹性体和不同的黏性体构成，则一个应力松弛时间或者一个蠕变滞后时间是否充分？如果不充分，如何解决？
8. 试推导图 4-13（1）（2）的等效性，并讨论多元件模型的等效性。
9. 什么是线性黏弹性？为什么由弹簧和黏壶元件组成的模型受此约束？

第五章

食品质构

CHAPTER 5

> **本章内容提要**
>
> 本章介绍食品质构概念和质构仪器检测方法，材料在应力与应变（或者力与变形、力与时间）坐标中的特性曲线参数，其中强调了 TPA（Texture Profile Analysis）检测方法，列举质构仪器检测中探头选择和样品制备注意事项，用数学相关分析方法建立食品质构仪器检测参数与感官评价指标间的关系。

第一节　食品质构概论

一、食品质构的定义及研究目的

1. 食品质构的定义

质构（Texture）一词来自于拉丁语（*textura*），原指"编""织"的意思，后来人们用来表示物质的组织、结构和触感等。随着对食品物性研究的深入，人们对食品从入口前的接触到咀嚼、吞咽时的印象，即对食品的美味、口感需要有一个语言的表示，于是借用了"质构"这一用语。美国食品工艺师学会（Institute of Food Technologists）委员会规定，"食品的质构是指眼睛、口中的黏膜及肌肉所感觉到的食品的性质，包括粗细、滑爽、颗粒感等"。国际标准化组织（ISO）规定的食品质构是指用"力学的、触觉的、可能的话包括视觉的、听觉的方法能够感知的食品的流变学特性的综合感觉"。目前，虽然对食品质构还没有一个统一的明确定义，但是要明确指出的是，食品的质构主要是与食品的组织结构及状态有关的物理性质。它表示两种意思：第一，表示作为摄食主体的人所感知的和表现的内容；第二，表示食品本身的性质。总之，食品的质构是与以下三方面感觉有关的物理性质：①手或手指对食品的触摸感；②目视的外观感觉；③摄入食品到口腔后的综合感觉，包括咀嚼时感到的软硬、黏稠、酥脆、滑爽感等。按上述定义，食品质构是食品的物理性质通过感觉而得到的感知。所以，为了解摄入食品时的感觉，除了解食品的物理化学性质以外，还必须了解人的感觉性质。

食品质构有如下特点：

（1）质构是由食品的成分和组织结构决定的物理性质；
（2）质构属于机械的和流变学的物理性质；
（3）质构不是单一性质，而是属于多因素决定的复合性质；
（4）质构主要是由食品与口腔、手等人体部位的接触而感觉的；
（5）质构与气味、风味等化学反应存在一定关联；
（6）质构的客观测定结果用力、变形和时间的函数来表示。

总之，由食品的组织结构决定的质构特性主要是物理特性，是人通过接触而感觉到的主观感知。但为了揭示质构的本质及更准确地描绘和控制食品质构，可以通过仪器和生理学方法测定质构特性。

2. 研究食品质构的目的

食品加工的目的是为了改变食品的质构。比如小麦的质构硬度太大，不仅口感不好，而且其消化吸收性和嗜好性也不好。所以人们把小麦加工成面粉，然后再制成面包等食品食用。成品面包与原材料的小麦或面粉相比，有完全不同的组织结构，变成了嗜好性、消化吸收性和商品价值性完全不同的食品。也就是说，成品面包是由小麦和面粉加工成的具有与原来食品（材料）完全不同质构的柔软的、易吸收的食品。可以说食品加工的目的之一就是经过适当处理，使食品材料所具有的固有组织变成感官效果好的质构。即食品加工过程就是改善原料质构的固有性和原始性，增加其实用性、商品性和感官性。所以说食品质构的研究是食品工程不可缺少的基础理论之一。

评定食品品质有四种因素：①外形。包括色彩、形状、大小、光泽等视觉感。②风味。包括气味、滋味等决定的因素。③质构。④食品的营养价值。此外，食品的价格、方便性、包装也影响食品的品质。在上述四种因素中前三种主要是直接的感觉判断，是感觉性嗜好因素。而营养价值是感觉无法决定的非感觉性嗜好因素，主要由化学分析方法确定其营养价值。食品的感觉性嗜好因素对选择和摄取食品起重要的作用，是由人接触食品或把食品放进嘴里咀嚼时的感觉决定的。Szczsniak 博士收集并整理了人们对 74 种不同食品的反应、联想语，说明了食感因素是由表 5-1 所示的诸特性所构成的。可见，质构对整个食品的品质影响很大。

表 5-1　　　　　　　　构成食感要素的诸特性及性别差异

特性	男性	女性	特性	男性	女性
质构	27.2%	38.2%	外形	21.4%	16.6%
口感香味	28.8%	26.5%	嗅感香味	2.1%	1.8%
色泽	17.5%	13.1%	其他	3.0%	3.8%

松本等曾对 16 种常见食品进行了消费者心理调查，他们把食品的美味影响因素，分为物理因素和化学因素（图 5-1）。物理因素包括：软硬、黏稠、酥脆性、滑爽感、形状、色泽等；化学因素包括：甜、酸、苦、咸等。结果发现，除了酒、果汁、腌制菜等少数几种食品外，约占 2/3 的食品是由物理因素决定美味感觉，物理因素中主要是这些食品的质构。

总之，研究食品的质构有以下几个目的：
（1）解释食品的组织结构特性；
（2）解释食品在加工和烹饪过程中所发生的物性变化；

(3) 提高食品的品质及嗜好特性;
(4) 为生产功能性好的食品提供理论依据;
(5) 明确对食品物性的仪器测定和感官检验的关系。

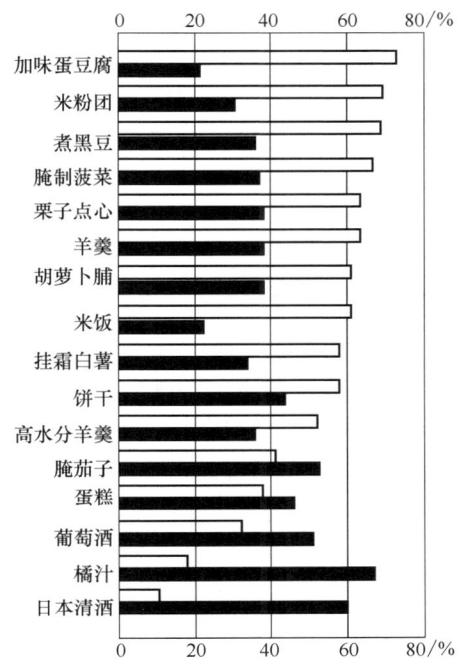

图 5-1 物理因素和化学因素对食品"美味"的影响
□ 物理因素 ■ 化学因素

二、食品质构的分类及研究方法

1. 食品质构的分类

食品质构分类版本较多,但是基本上大同小异,只是侧重点有所不同。1963 年,Szczsniak 博士首先给出了食品的感觉特性与客观上能够测定的因素二者间的关系,即把食品质构的感觉特性分成机械特性、几何特性和其他特性三种。各种特性又按摄食过程细分为咀嚼初期的一次特性和咀嚼后期的二次特性,并叙述了各个参数的物理意义(参看质构评价术语)和它们所对应的惯用术语(表 5-2)。

表 5-2 Szczsniak 的分类

特性	一次特性	二次特性	习惯用术语	标准食品与强度范围(1~9)
机械特性	硬度 凝聚性	酥脆性	柔软、坚硬	软质干酪(1)→冰糖(9)
			酥、脆、嫩	玉米松饼(1)→松脆花生糖(7)
		咀嚼性	柔软、坚韧	黑麦面包(1)→软式面包(7)
		胶黏性	酥松、粉状、糊状、橡胶状	面团(40% 面粉)(1)→面团(60% 面粉)(7)

续表

特性	一次特性	二次特性	习惯用术语	标准食品与强度范围（1~9）
机械特性	黏性		松散、黏稠	水（1）→炼乳（8）
	弹性		可塑性、弹性	
	黏附性		发黏的、易黏的	含水植物油（1）→花生酱（5）
几何特性	粒子的大小、形状和方向		粉状、沙状、粗粒状 纤维状、细胞状、结晶状	
其他特性	水分含量		干的、湿的、多汁的	
	脂肪含量	油状	油腻的	
		脂状	肥腻的	

由表可知，机械特性的一次特性由硬度、凝聚性、黏性、弹性、黏附性组成，几何特性由粒子的大小、形状和集合状态组成，其他特性是水分含量和脂肪含量。表 5-2 的特点是把食品质构的习惯用术语（主观性质）和客观上能够测定的各种性质进行了对比，并且能够由他自己设计的质构测定仪（Texturometer）把各种客观性质全部测定出来。实验结果表明，质构的感官评价值（主观性质）与质构测定仪的测定值之间具有很高的相关性。因此，在表 5-2 的分类中，感官指标能够用质构测定仪测定的客观数据表示。

Sherman 认为，人对食品的感觉评价是在包括烹饪在内的一连串的摄食过程中进行的，对食品力学性质的感觉是在动态流动过程中进行的。因此，他把人的整个摄食过程分为四个阶段，即入口之前的感觉、口中的最初感觉、咀嚼中的感觉和咀嚼后的感觉，提出了如表 5-3 所示的质构剖析法（质构剖析法，是指用科学的方法对质构评价术语进行分类、定义，使之可以成为进行交流的客观信息）。

表 5-3　　　　　　　　　　Sherman 分类

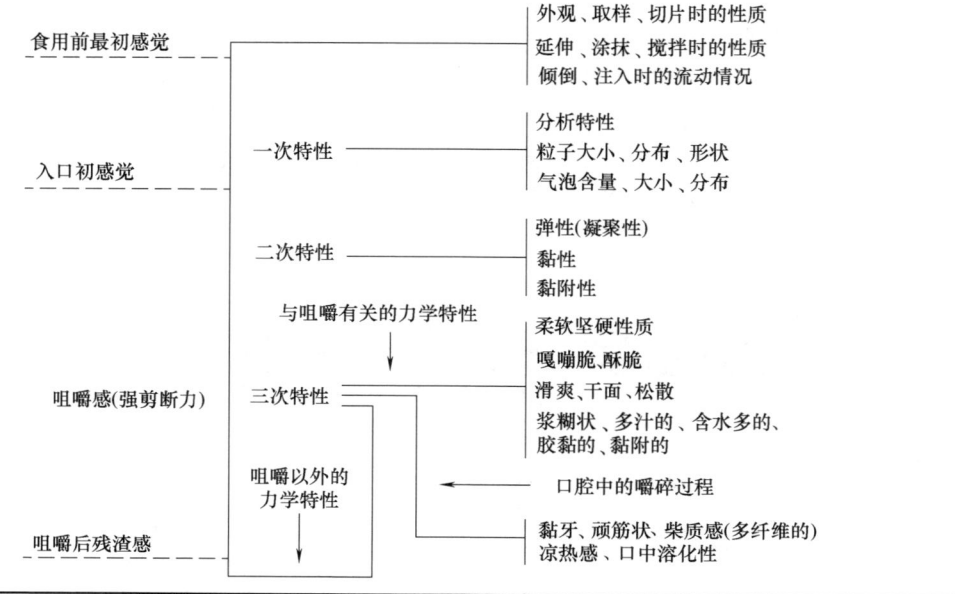

由表可知，咀嚼初期的一次特性主要指对食品颗粒的大小和形状的感觉，二次特性主要指对弹性、黏性和黏附性的感觉，咀嚼后期作为三次特性主要指对硬度、酥脆性、滑爽感等的感觉。可见，在一连串的摄食过程中，主要通过咀嚼评价食品质构。

Szczsniak 总结的食品质构剖析图如图 5-2 所示。

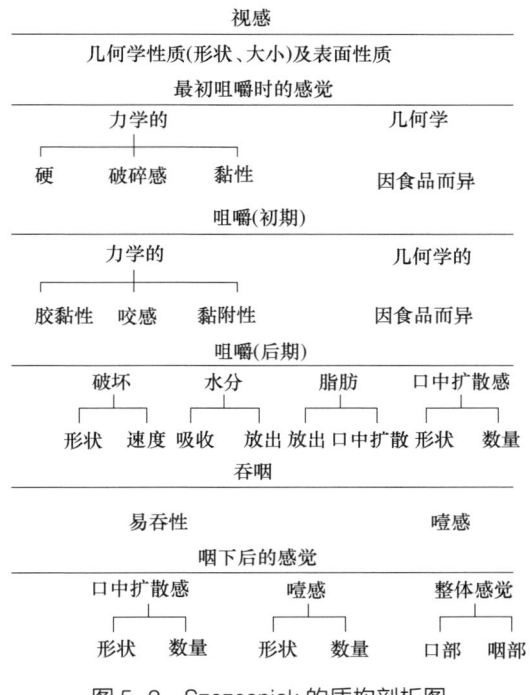

图 5-2　Szczesniak 的质构剖析图

2. 食品质构的研究方法

过去人们评价食品的质构，往往是通过消费者或熟练技术人员的感官评定，这是一种主观评价法。随着高效率、多功能食品机械的不断开发，用现代化工业生产代替过去传统的手工业或半机械化生产，对食品加工工艺的要求越来越高。加之，随着人们生活水平的提高，人们对食品嗜好性的要求也越来越高。这一切仅靠个别技术人员的评价是远远不能满足需要的。

为了揭示食品质构的本质和更准确地描绘和控制食品质构，仪器测定成为表现质构的重要方法之一。例如，食用面条时的"筋道"感是对品质评价的重要指标。然而对"筋道"这一人人皆知却难以准确表示的感官指标，在面条、粉丝等工业化生产中很难准确控制。利用食品质构的研究方法，用食品流变仪或其他专用仪器对"筋道"这一嗜好性指标进行定量表达，无疑会对以上产品的开发起到关键性作用。与此类似的还有米饭的"可口性"、饼干类的"酥脆性"、肉类的"柔嫩性"等模糊概念。现代化的食品工业需要对以上特性用科学客观的方法来进行检测和控制。

食品质构的研究方法主要有感官检验和仪器测定两种方法。

食品质构的仪器测定方法分为基础力学测定法、半经验测定法和模拟测定法。基础力学测定仪器，即测定具有明确力学定义的参数的仪器，如黏度计、基础流变仪等。它们测出的值具有明确的物理学单位，如黏度、弹性率、强度等。基础力学测定法有许多优点，如定义明确，数据互换性强，便于对影响这一性质的因素进行分析等。它的缺点是很难表现对食品质构的综合力学性质，例如，面团的软硬度、肉的嫩度等，很难用某一种单纯的力学性质表达。因此，食品质构的仪器测定多属于半经验或模拟测定。它与基础力学测定方法所不同的是，变形并非保持在线性变化的微小范围，而是非线性的大变形或破坏性测定。虽然用这些仪器所测得的数据，不如用基础力学测定法所测得的数据具有普遍性，但是实践证明用上述仪器测定的特征量能很好地表现出相应食品的质构，所以这类仪器已被广泛应用于食品工业中。目前，它们的种类越来越多，测量的精度也越来越高。

食品感官检验是指通过人的感觉器官评价食品特性的方法。在评价食品的感官特性时，首先应明确食品特性的表述语言和表示特性差异的尺度。用语言和尺度测定物质特性的方法，称为感官检验法。另外还应明确咀嚼和吞咽功能。食物是通过咀嚼和吞咽送到胃中的。通过测定咀嚼和吞咽功能来评价食品感官特性的方法称为生理学方法。

食品质构的综合评价方法如图 5-3 所示。其中食品质构的仪器测定和感官检验是使用最多的评价法。

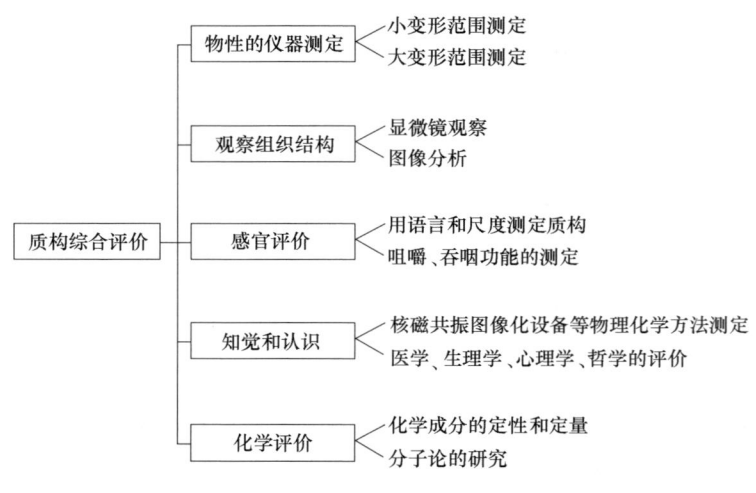

图 5-3　质构的综合评价方法

三、食品质构的评价术语

食品质构的各种性质是通过语言表述的，而语言本身受到本民族的历史和风土文化的影响，因此，很难准确地把握不同国家和不同地区的词语含义。在食品和食品原料在世界范围内大流通的当今时代，为了互相交流食品特性的信息，有必要对质构的评价术语进行国际标准化。下面介绍 ISO 规定（ISO 5492：1992）的典型的食品质构评价术语。

　　Hardness（Firmness）：硬度。表示使物体变形所需要的力。
　　Cohesiveness：凝聚性。表示形成食品形态所需内部结合力的大小。
　　Brittleness：酥脆性。表示破碎产品所需要的力。
　　Chewiness：咀嚼性。表示把固态食品咀嚼成能够吞咽状态所需要的能量，和硬度、凝聚性、弹性有关。

Gumminess：胶黏性。表示把半固态食品咀嚼成能够吞咽状态所需要的能量。和硬度、凝聚性有关。

Viscosity：黏性。表示液态食品受外力作用流动时分子之间的阻力。

Springiness：弹性。表示物体在外力作用下发生形变，当撤去外力后恢复原来状态的能力。

Adhesiveness：黏附性。表示食品表面和其他物体（舌、牙、口腔）附着时，剥离它们所需要的力。

Granularity：粒状性。表示食品中粒子大小和形状。

Conformation：组织性。表示食品中粒子的形状及方向。

Moisture：湿润性。表示食品中吸收或放出的水分。

Fatness：油脂性。表示食品中脂肪的量及质。

国际上定义的基本质构评价术语和汉语对照列于下面，供参考。

1. 一般概念

Structure：结构、组织。表示物体或物体各组成部分关系的性质。

Texture：质构、质地。表示物质的物理性质（包括大小、形状、数量、力学、光学性质、结构）及由触觉、视觉、听觉组成的感觉性质。

2. 与压缩、拉伸有关的术语

Firm（Hard）：硬。表示受力时对变形抵抗较大的性质（触觉）。

Soft：柔软。表示受力时对变形抵抗较小的性质（触觉）。

Tough：坚韧。表示对咀嚼引起的破坏有较强和持续的抵抗的性质。近似于质构术语中的凝聚性（触觉）。

Tender：柔韧。表示对咀嚼引起的破坏有较弱的抵抗的性质（触觉）。

Chewy：筋道。表示像口香糖那样对咀嚼有较持续的抵抗的性质（触觉）。

Short：脆。表示一咬即碎的性质（触觉）。

Springy：弹性。去掉作用力后变形恢复的性质（视觉）。

Plastic：可塑的。去掉作用力后变形保留的性质（视觉）。

Sticky：黏附性。表示咀嚼时对上颚、牙齿或舌头等接触面黏着的性质（触觉）。

Glutinous：黏稠状的。与发黏（Thick）及黏附性（Sticky）视为同义语（触觉和视觉）。

Brittle：易破的。表示加作用力时，几乎没有初期变形而断裂、破碎或粉碎的性质（触觉和听觉）。

Crumble：易碎的。表示一用力便易成为小的不规则碎片的性质（触觉和视觉）。

Crunchy：咯吱咯吱的。表示兼有易破的（Brittle）和易碎的（Crumble）的性质（触觉、视觉和听觉）。

Crispy：酥脆的。表示用力时伴随脆响而屈服或断裂的性质。常用来形容吃鲜苹果、芹菜、黄瓜、脆饼干时的感觉（触觉和听觉）。

Thick：发稠的。表示流动黏滞的性质（触觉和视觉）。

Thin：稀疏的。是发稠的反义词（触觉和视觉）。

3. 与食品结构有关的术语

（1）颗粒的大小和形状

Smooth：滑润的。表示组织中感觉不出颗粒存在的性质（触觉和视觉）。

Fine：细腻的。结构的粒子细小而均匀的样子（触觉和视觉）。
Powdery：粉状的。表示颗粒很小的粉末状或易碎成粉末的性质（触觉和视觉）。
Gritty：砂状的。表示小而硬颗粒存在的性质（触觉和视觉）。
Coarse：粗粒状的。表示较大、较粗颗粒存在的性质（触觉和视觉）。
Lumpy：多疙瘩状的。表示大而不规则粒子存在的性质（触觉和视觉）。
（2）结构的排列和形状
Flaky：薄层片状的。容易剥落的层片状组织（触觉和视觉）。
Fibrous：纤维状的。表示可感到纤维状组织且纤维易分离的性质（触觉和视觉）。
Strings：多筋的。表示纤维较粗硬的性质（触觉和视觉）。
Pulpy：纸浆状的。表示柔软而有一定可塑性的湿纤维状结构（触觉和视觉）。
Cellular：细胞状的。主要是指有较规则的空状组织（触觉和视觉）。
Puffed：膨松的。形容胀发得很暄腾的样子（触觉和视觉）。
Crystalline：结晶状的。形容结晶的群体组织（触觉和视觉）。
Glassy：玻璃状的。形容脆而透明的固体。
Gelatinous：果冻状的。形容具有一定弹性的固体。觉察不出组织纹理结构的样子（触觉、视觉和听觉）。
Foamed：泡沫状的。主要形容许多小的气泡分散于液体或固体中的样子（触觉和视觉）。
Spongy：海绵状的。形容有弹性的蜂窝状结构（触觉和视觉）。

4. 与口感有关的术语

Mouthfeel：口感。表示口腔对食品质构感觉的总称。
Body：浓的。质构的一种口感表现。
Dry：干的。口腔游离液少的感觉。
Moist：潮湿的。口腔中游离液的感觉既不觉得少又不感到多的样子。
Wet：润湿的。口腔中游离液有增加的感觉。
Watery：水汪汪的。因含水多而有稀薄、味淡的感觉。
Juicy：多汁的。咀嚼中口腔内的液体有不断增加的感觉。
Oily：油腻的。口腔中有易流动但不易混合的液体存在的感觉。
Greasy：肥腻的。口腔中有黏稠而不易混合液体或脂膏样固体的感觉。
Waxy：蜡质的。口腔中有不易溶混的固体的感觉。
Mealy：粉质的。口腔中有干的物质和湿的物质混在一起的感觉。
Slimy：黏糊糊的。口腔中有黏稠而滑溜的感觉。
Creamy：奶油状的。口腔中有滑溜感。
Astringent：收敛性的。口腔中有黏膜收敛的感觉。
Hot：热的。有热的感觉。
Cold：冷的。有冷的感觉。
Cooling：清凉。像吃薄荷那样，由于吸热而感到的凉爽。

第二节 食品质构的仪器测定

一、质构测试仪

质构仪是通过模拟人的触觉,分析检测触觉中的物理特征。图5-4是食品工业中常用的质构仪(Micro Stable Systems Ltd.),在计算机程序控制下,可安装不同传感器的横臂在设定速度下上下移动,当传感器与被测物体接触达到设定的触发应力(Trigger Force)或触发深度时,计算机以设定的记录速度(单位时间采集的数据信息量)开始记录,并在计算机显示器上同时绘出传感器受力与其移动时间或距离的曲线。由于传感器是在设定的速度下匀速移动,因此,横坐标时间和距离可以自动转换,并进一步可以计算出被测物体的应力与应变关系。由于质构仪可配置多种传感器,因此,该质构仪可以检测食品多个机械性能参数和感官评价参数,包括拉伸、压缩、剪切、扭转等作用方式。

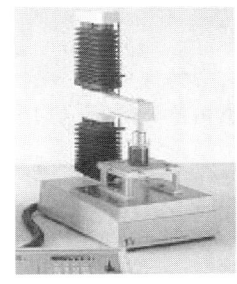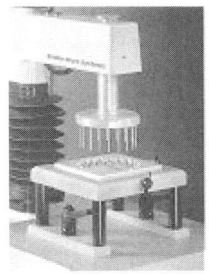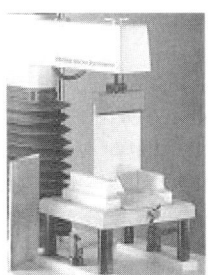

图5-4 质构仪

二、穿孔实验(Puncture Test)

穿孔是确定食品材料力学特性的常用实验方法,该方法操作简便易行,对样品尺寸和形状要求低,对实验操作场地要求低,可快速检测各向异性材料的力学参数。图5-5是几种不同材料的穿孔实验曲线,其中,A、B、C三种材料均有明显的屈服应力点,也就是探头穿入材料瞬时的应力变化。穿孔实验对于支撑板、探头直径和样品尺寸要求如图5-6所示,为了降低实验误差,相对于探头直径,样品形状应该是尺寸充分大的平板,或者至少是探头直径的三倍,否则实验误差过大。

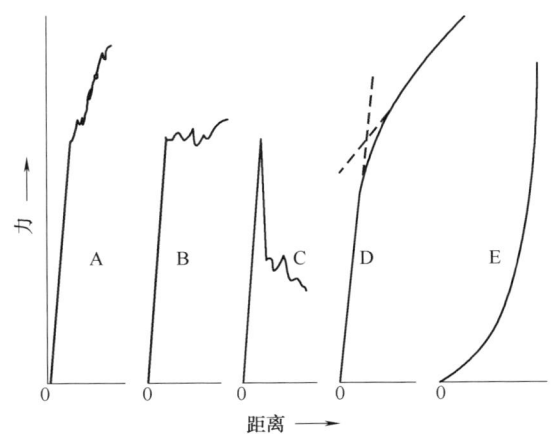

图5-5 几种不同材料的穿孔实验曲线
A—新鲜苹果 B—冷藏数月的苹果 C—纤维较多的果蔬
D—淀粉与蛋白形成的多孔制品 E—黏性淀粉糊

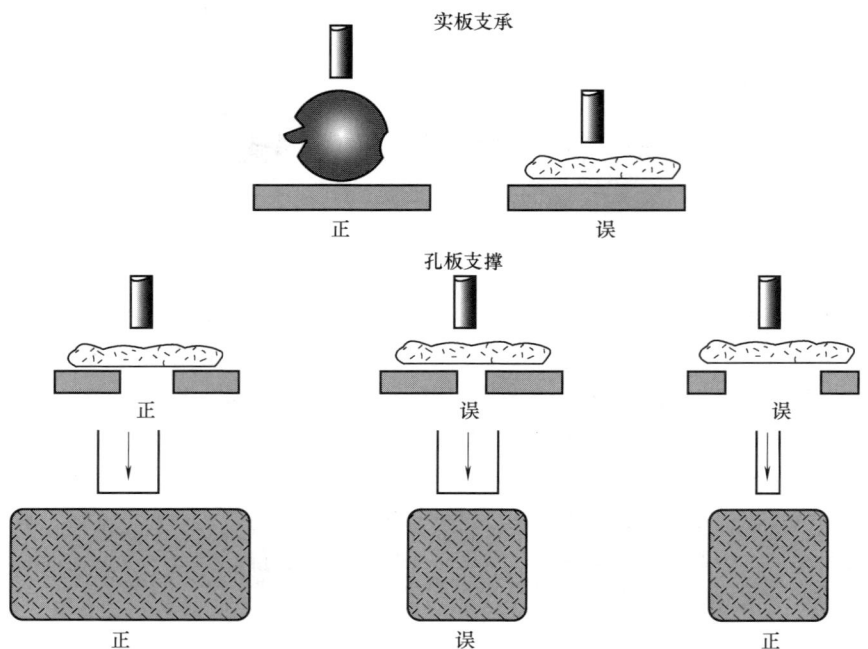

图 5-6 支撑板、探头直径和样品尺寸示意图

对于无穷大的弹性平板，当探头接触到物体表面时，在弹性变形范围内，其应力分布符合 Boussinesq 方程：

$$p = \frac{F}{2\pi a(a^2 - r^2)^{1/2}} \tag{5-1}$$

式中 p——探头下任意接触点处的压力，N；
F——作用在探头上的合力，N；
a——探头半径，mm；
r——探头中心至某一压缩点的距离，mm。

式（5-1）表明，探头接触区域的应力并非均匀，而是中心小，周边大（图 5-7）。

Bourne（1966）实验证明，材料的屈服应力与探头面积和探头周长成正比，并提出经验模型，该模型经过多种材料的实验验证，具有较好的实用性。

$$F = K_c A + K_s P + C \tag{5-2}$$

式中 F——穿透力，N；
K_c——压缩系数，N/mm²；
K_s——剪切系数，N/mm；
A——探头截面积，mm²；

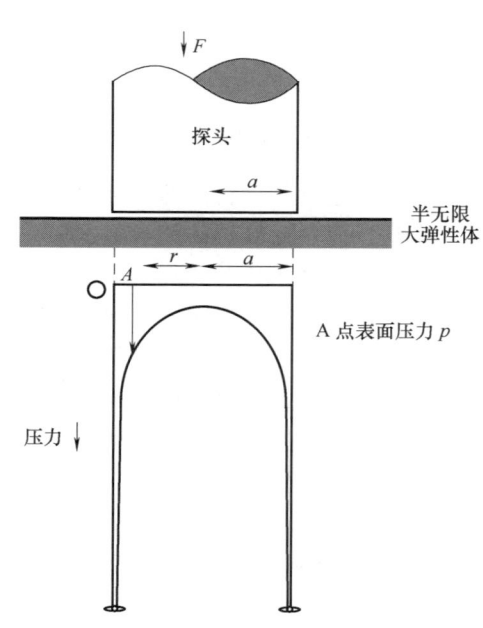

图 5-7 应力理论分布示意图

P——探头周长，mm；

C——常数，N。

通过实验数据作图的方法，可确定式（5-2）中的系数。图5-8是探头周长不变条件下，穿透力与探头截面积的关系，从图中斜率可以确定K_c，从截距可以确定K_sP+C。同样做探头截面积不变，穿透力与探头周长的实验曲线，可以确定K_s和常数C（图5-9）。

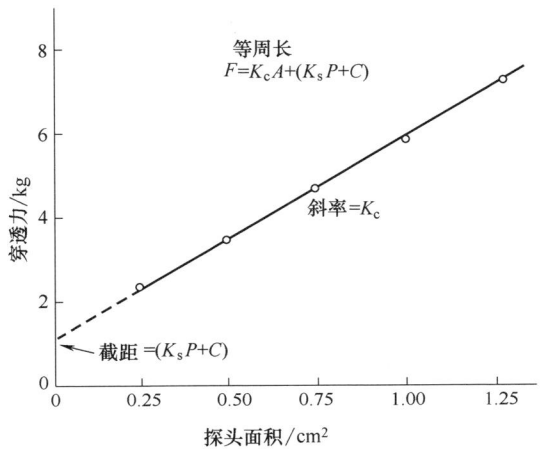

图5-8　探头等周长穿透力与探头截面积的关系

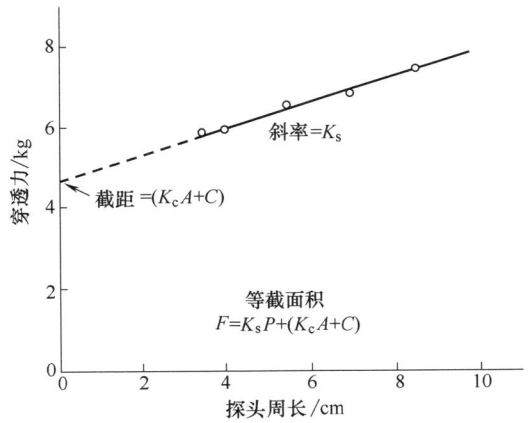

图5-9　探头截面积不变穿透力与探头周长的关系

对于圆柱形探头，根据面积和周长的关系，式（5-2）改写为：

$$F = \frac{\pi}{4}K_cD^2 + \pi K_sD + C \tag{5-3}$$

式中　D——探头直径，mm。

三、挤出实验（Compression-Extrusion Test）

挤出实验适合于一定压力下可能流动的产品，如黏性液体、胶体、脂肪和新鲜果蔬等食品,而不适合于面包、饼干、麦片、糖果等不易流动的产品。挤出有正向挤出和反向挤出,挤出方向与活塞挤压方向一致,称为正向挤出;反之,称为反向挤出。图5-10是挤出过程三个阶段示意图,接触→压实→挤出。图5-11是新鲜果蔬的挤出实验曲线,在AB段,材料从变形到挤压至最大密实度。在B点附近,果蔬汁已从细胞内流出,除了少量的残余气体外,材料在挤压容器内几乎不可压缩。在BC阶段,挤压力明显增加,而压缩量却很小。在CD段,材料被挤出,C点是实现挤压所需的最大挤压力,而CD是完成挤压过程所需的挤出力。由理论和实验可知,挤出力与材料的流变性质和出口大小密切相关,可用Cogswell方程表达:

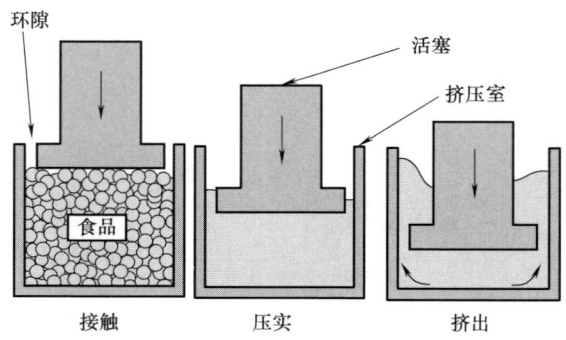

图5-10 挤出过程示意图

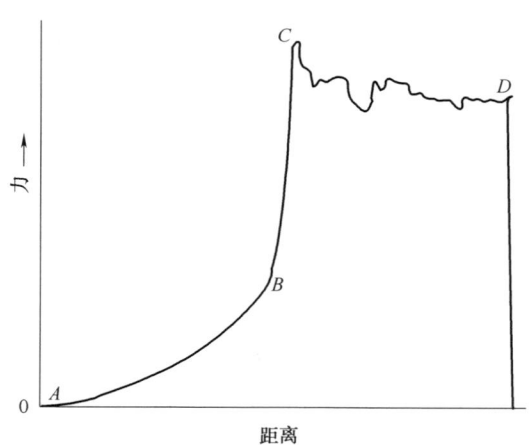

图5-11 新鲜果蔬挤出实验曲线

$$F = \frac{9(n+1)^2}{128} \cdot \pi D_P^2 \cdot \mu_g \cdot \eta_E \cdot \gamma_a^2 \tag{5-4}$$

式中　F——最大挤出力,N;
　　　n——流动特性指数;
　　　D_P——挤压活塞直径,mm;

γ_a——挤出前材料的剪切速率，s^{-1}；
η_E——表观拉伸黏度，Pa·s；
μ_g——表观剪切黏度，Pa·s。

图 5-12 是鲜刀豆挤出力与挤压出口环隙宽度之间的关系，从图中可见，当出口环隙较大时，环隙改变对挤出力影响较小。图 5-13 说明，当环隙宽度仅 1mm 时，挤出阶段力波动很大，研究认为，较小环隙仅能容纳极少个刀豆，挤出力不具有平均意义，而较大环隙可容纳多个刀豆，其挤出力反映的是平均值，因此，比较平稳。挤出环隙宽度究竟取多大较好，这是挤出实验首先需要考虑的，对于鲜刀豆，研究人员认为环隙 4mm 左右较好，能最大限度地反映刀豆的质构特性。

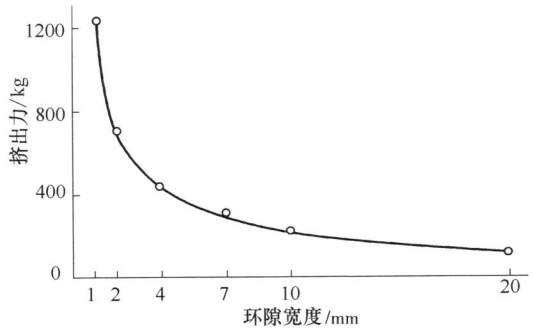

图 5-12　新鲜刀豆挤出力与挤压出口环隙宽度关系

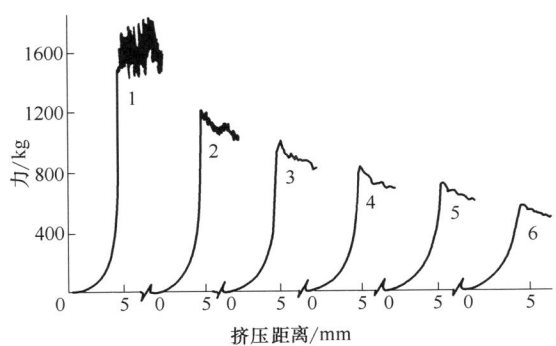

图 5-13　挤压出口环隙宽度对新鲜刀豆挤出力的影响

四、弯曲与断裂实验（Bending and Snapping Test）

弯曲与断裂实验是食品工业领域较常用的方法，尤其对于具有一定规则形状和刚性的食品材料更适合。图 5-14 是常用的实验方式，当材料受到一定外力后，将发生弯曲或者断裂，材料截面的一边将承受最大的压缩力，而另一边将承受最大的拉伸力。为避免实验误差，在样品制备中尽量避免存在瑕疵或者裂痕，断面形状尽量规则。为避免剪切作用，样品长度与厚度之比应大于 10。

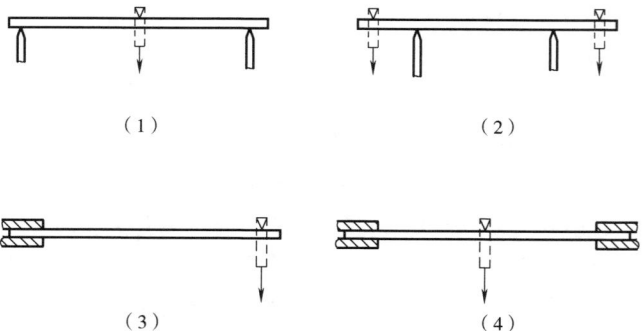

图 5-14 弯曲与断裂实验方式
(1) 三点弯曲 (2) 四点弯曲 (3) 悬臂弯曲 (4) 两端固定弯曲

对于截面为矩形材料的三点弯曲，其挠度 δ 为：

$$\delta = \frac{FL^3}{48EI} \tag{5-5}$$

式中　F——作用在样品上的力，N；
　　　L——两支撑点间的样品长度，mm；
　　　E——弹性模量；
　　　I——截面惯性矩。

对于矩形截面，$I = wt^3/12$，对于圆形截面，$I = \pi r^4/4$。

式中　w——样品的宽度，mm；
　　　t——样品的厚度，mm；
　　　r——样品的半径，mm。

式 (5-5) 改写为：

$$\delta = \frac{FL^3}{4Ewt^3} \tag{5-6}$$

或者

$$E = \frac{FL^3}{4wt^3\delta}$$

$$\sigma_{max} = \frac{3FL}{2wt^2} \tag{5-7}$$

对于悬臂式挠度，Somers 用 28mm×13mm×1mm 的马铃薯条做实验，给出如下经验式：

$$\delta = \frac{ml^4}{8EIL} \tag{5-8}$$

式中　m——马铃薯质量，kg；
　　　l——马铃薯条投影长度，mm；
　　　E——弹性模量；
　　　I——截面惯性矩；

L——马铃薯条总长度，mm。

对于各向同性的脆性材料，矩形截面和圆形截面断裂力分别为：

$$F = \frac{2}{3} \cdot \frac{\sigma_c b h^2}{L} \tag{5-9}$$

$$F = \frac{\sigma_c \pi R^3}{L} \tag{5-10}$$

式中 F——断裂力，N；
σ_c——断裂应力；
b——样品宽度，mm；
h——样品厚度，mm；
R——样品半径，mm；
L——支撑点间样品长度，mm。

五、稠度检测（Consistency Measurement）

图5-15（1）是稠度检测装置，挤出杯直径50mm，三个压缩片直径分别为35mm、40mm和45mm。压板的选取根据被测物体的黏度和是否含有颗粒物质而定，一般黏度低，质构细腻的物体选择大一点的压板，而黏度高，颗粒多（如果酱）应该选择小压板。测量杯内的物体一般不超过杯容积的75%，压入深度也不要超过物体深度的75%，以免与杯底碰撞。图5-15（2）是含水量不同的三种奶油稠度检测结果。正的压力值表示奶油的坚实性，而围成的面积表示压入时所做的功。负的压力值和面积表示奶油内聚力和克服内聚力所做的功。

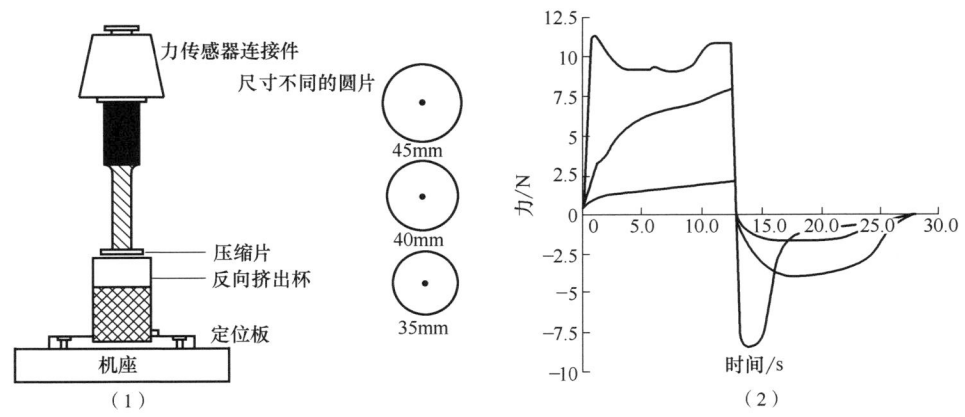

图5-15 稠度检测装置及三种不同含水量奶油的稠度
(1) 稠度检测装置 (2) 三种不同含水量奶油的稠度

六、脆性材料检测（Crispness）

图5-16是检测脆性物体的传感器，是一个底部可以方便更换的具有不同宽度长槽的底板。

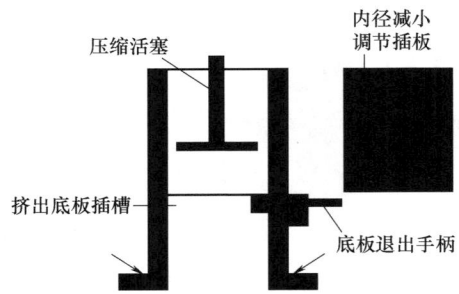

图 5-16　脆性检测传感器

试验时，脆性物体松散地放入容器内，在探头的压缩下，脆性物体破碎并从底板长槽排出。脆性物体的检测以往采用曲线上的峰数量，它表征物体的破碎程度。然而，近些年人们试验发现用力与变形曲线的真实长度更能反映物体的脆性。图 5-17 是 20℃ 下 25g 马铃薯片的脆性检测结果。统计表明，在触发应力为 200g 条件下，可检测到的峰的数量为 (88±7.1) 个，而统计长度 L 为 (1630.9±4.4)，平均面积为 (93.6±4.4) kg·s。参照图 5-18 及式 (5-11)，由专用软件自动计算出统计长度。平均面积表征马铃薯片整体的韧性。

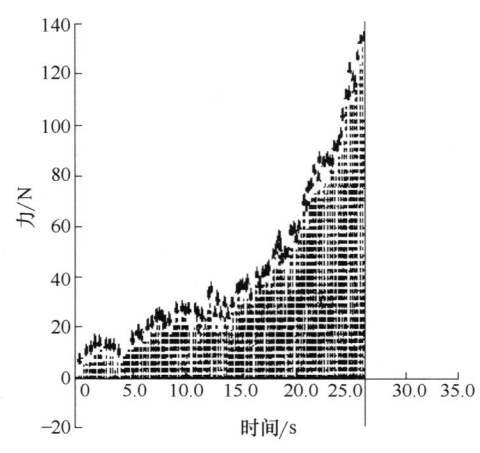

图 5-17　薯片脆性检测结果

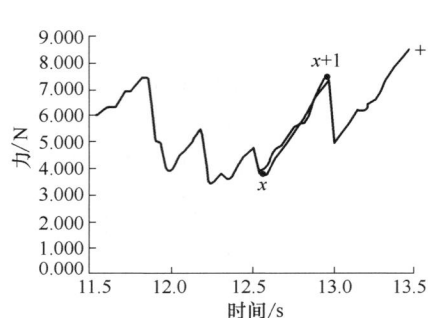

图 5-18　统计长度计算方法示意图

$$L = \sum_{x=1}^{n} \sqrt{\{[F(x+1) - F(x)]^2 + [D(x+1) - D(x)]^2\}} \tag{5-11}$$

式中　$F(x)$——纵坐标几何高度值；

　　　$D(x)$——横坐标几何长度值。

虽然它们的单位分别是力的单位和时间单位，但是这里仅取其几何长度，因此，统计长度的单位无意义。

七、质构分析（Texture Profile Analysis，TPA）

质构分析（TPA）实际上是让仪器模拟人的两次咀嚼动作，记录并绘出力与时间的关系，并从中找出与人感官评定对应的参数。目前能够检测到的主要有硬度、弹性、内聚性、黏附性 4 个参数，还有脆性、咀嚼性和韧性 3 个参数可通过检测到的参数计算出来。虽然 TPA 这种试验分析方法被各国研究人员广泛采用，但是，由于语言表述和个体差异，TPA 参数命名和对参数的定义还不十分完善，因此，在参照仪器提供的检测方法和参数定义基础上，根据实际情况做出修改。

TPA 检测结果与试验方法有密切关系，首先，样品大小、传感器型号和移动速度都应该一致，否则，试验数据没有可比性。例如，如果两次试验传感器端面积分别大于和小于被测样品，那么，在压缩过程中仪器检测到的力将分别是单轴压缩力和压缩力加剪切力，因此，两次试验数据不能有效反映材料的压缩性差异。目前，人们较多使用传感器端面积大于样品的试验方法。另外，由于 TPA 是模拟人的咀嚼动作，因此第一次压缩样品的应变量以及第一次与第二次压缩间的停留时间非常重要。例如，第一次压缩是否应该使样品材料破碎或样品材料的应变量多少合适，停留时间又多少合适，这些参数的设定都直接影响第二次压缩参数，也同时影响整个质构分析结果。目前，第一次应变量采用较多的是 20%～50%，而对于凝胶食品，当应变量达到 70%～80% 时，即出现了破碎。应变量、停留时间、样品材料大小等试验参数对质构分析影响非常大，因此，在质构分析研究中，尽量保持试验条件的一致性。此外，在报告研究结果时也应该同时给出试验条件。

图 5-19 是 Breene 等用这种方法求出了黄瓜的压缩拉伸曲线。从曲线可求得黄瓜的质构特性参数。F_b：脆度，F_c：硬度，d：弹性，A_2/A_1：凝聚性，$F_c \cdot A_2/A_1$（硬度×凝聚性）：胶黏性，$F_c \cdot (A_2/A_1) \cdot d$（硬度×凝聚性×弹性）：咀嚼性。

另外，Henry 等人对半固体食品进行了压缩拉伸曲线的测定（变形速度 1.25cm/min）。测定果冻状食品所得的曲线如图 5-20 所示。图中，A_1 为最初压缩曲线面积（斜线部分）（cm²）；A_2 为第 2 次压缩曲线面积（斜线部分）（cm²）；F_c 为最初压缩的最大压力（N）；d 为第二次压缩开始至最大压力时的变形（mm）；F_T 为最初拉伸的最大拉力（N）；A_3 为拉伸开始至最大拉力时的面积（cm²）；A_4 为第 2 次拉伸开始至最大拉力时的面积（cm²）；d' 为第 2 次拉伸开始至达最大拉力时的变形（mm）。

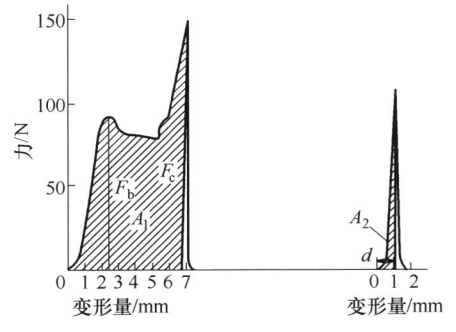

图 5-19 黄瓜的压缩拉伸曲线

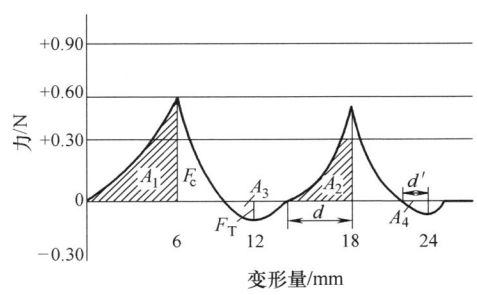

图 5-20 果冻状食品的压缩拉伸曲线

由曲线可以看出果冻状固体食品的压缩拉伸曲线与脆性食品黄瓜完全不同。然而，对于压缩部分所表现出的性质参数，可以借用脆性食品曲线的表示方法，而拉伸曲线部分可用以下质构参数表示：F_T 为拉伸硬度；d' 为拉伸弹性；A_4/A_3 为拉伸凝聚性；$F_T \cdot A_4/A_3$ 为拉伸胶黏度；$F_T \cdot (A_4/A_3) \cdot d'$ 为拉伸咀嚼性。

八、拉伸强度检测

食品及其包装材料的拉伸强度是检测内容之一，图 5-21 是质构仪上测量材料拉伸强度的夹具。试验时，密封线应该处在上下夹具中间并保持水平，而夹具在质构仪横臂带动下垂直向上拉伸，直至材料或封口断裂。图 5-22 是铝箔在不同加热温度和不同热合时间下，封口拉伸强度结果。图中共有 8 个峰，每一个峰值表示一种强度，由此可知，不同密封工艺对封口强度影响很大。

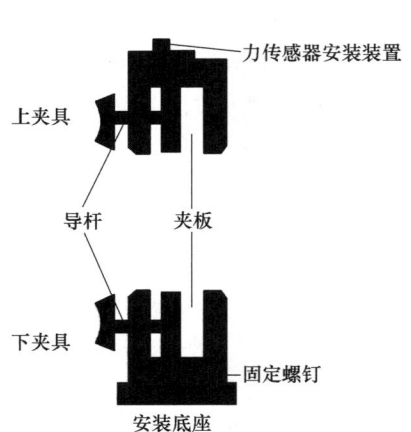

图 5-21 拉伸强度测量夹具

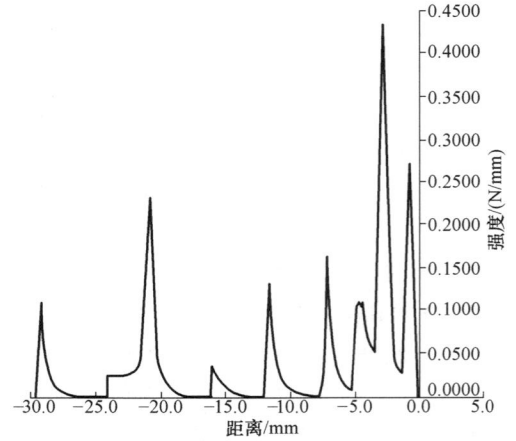

图 5-22 八种密封工艺下铝箔的封口拉伸强度

九、数据分析

质构仪备有专用的数据分析软件，熟练掌握这些分析功能，对于开发研究食品物性非常有帮助。首先利用锚定位功能选定分析域，之后再利用指定功能的快捷键即可获得所需要的数据。质构仪计算功能有：面积、曲线斜率、数据平均、时间增量、曲线上选定两点处力的比值、峰值、横坐标和纵坐标截距、锯齿形曲线的平均梯度、作用力变化绝对值、峰谷平均差值、样品密度、最大作用力和最小作用力、坐标移动、曲线拟合、曲线光滑、曲线绝对长度、屈服点偏移确定等。图 5-23 是任意选定的 1 和 2 两点间的面积，在此曲线上，我们还可以投放多个锚，这时只要点击"面积"快捷键或从"数据处理"菜单中运行"面积"，都可以在选定的两个锚之间出现阴影，面积数据自动出现在数据框中。面积的单位可以是 kg·s、N·s、N·mm，也可以用应力应变乘积的单位，N/mm^2。如果希望采用某种面积单位，一定要在面积计算前调整图横坐标和纵坐标的单位，这样面积计算出来就是所希望的，否则，面积计算之后，其单位将无法改变。

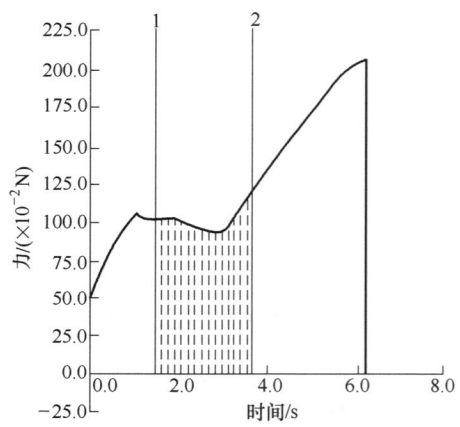

图 5-23 1 和 2 两点间面积计算示意图

第三节　搅拌型测试仪

通常使用布拉本德粉质仪（Brabender Farinograph）测定面粉蛋白质的黏度，用粉力测试仪（Amylograph）测定面粉中淀粉的特性（特别是发酵性）。这些方法的特点是测定面团在搅拌过程中的阻力变化。

一、布拉本德粉质仪

布拉本德粉质仪又称面团阻力仪，结构如图 5-24（1）所示。它由调粉（揉面）器和动力测定计组成。测定原理是：面团作用于搅拌翼上的力对测力计 2 产生转矩使之倾斜，倾斜度通过刻度盘 5 读出，4 是缓冲器，用于防止杠杆的振动。通过恒温水箱 7 保证缓冲用油的恒温（30℃）。用带刻度的滴定管 10 加水。试验时，当恒温槽达到规定的温度后，把面粉倒进搅拌箱内，在旋转搅拌仪的同时，把滴定管内的水加进去。当转矩小于 500B.U（仪器单位）时，下次试验要适当减少加水量，反之，增加加水量。反复试验，最后使转矩的最大值达到 500B.U。但是要注意，不能在测定过程中添加水来调整转矩。转矩最大值达到 500B.U 之后，至少还要继续记录 12min。粉质仪的记录曲线称为面团的粉质曲线［图 5-24（2）］。根据曲线各参数定义如下：

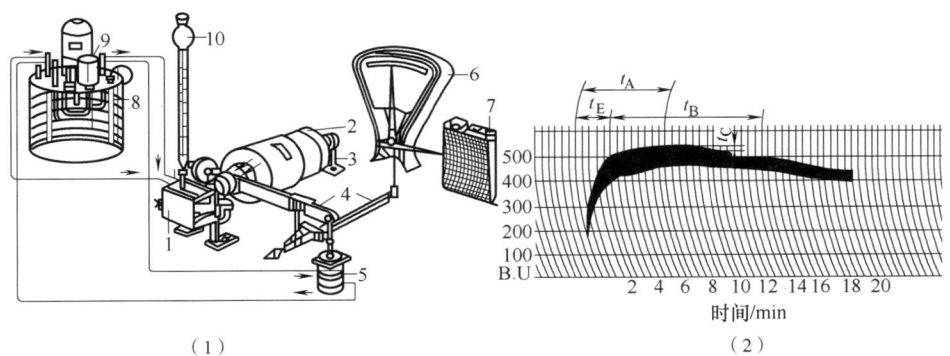

图 5-24　粉质仪的结构（1）及粉质曲线（2）
1—搅拌槽　2—测力计　3—轴承　4—缓冲器　5—刻度盘　6—记录仪
7—恒温水箱　8—循环管　9—循环电机　10—滴管

（1）及线时间（t_E）　搅拌开始到记录曲线和 500B.U 的纵轴线接触所需要的时间。它表示小麦蛋白质水合所需的时间，蛋白质含量越大，这个时间越长。

（2）面团形成时间（t_A）　搅拌开始到转矩达到最大值所需要的时间。如果存在两个峰值，则取第二个峰值。

（3）稳定时间（t_B）　曲线到达 500B.U 到脱离 500B.U 所需要的时间。它表示面团稳定性，这个时间越长耐衰落性越好，即使长时间搅拌，也不产生弱化现象。一般情况下特等粉的稳定性好。

(4) 耐力指数（t_C）　曲线的最高点和过 5min 后的最高点之间的距离，用 B.U 表示。它表示面团在搅拌过程中的耐衰落性，与稳定性相似。

二、淀粉粉力测试仪

淀粉粉力测试仪主要测定面粉中的淀粉酶活性（主要是 α-淀粉酶），用它可以预测面包的质量。这种仪器可以一边自动加热（或冷却）面粉悬浮液，一边自动记录加热而形成的淀粉糊的黏度。仪器的主要部分是装面粉悬浮液用的容器，可用电阻丝加热。容器和搅拌器如图 5-25 (1) 所示。原理是：把搅拌器放入装有面粉悬浮液的容器之后一边加热容器，一边使其旋转（75r/min）时，由于淀粉的糊化搅拌器也跟着旋转，旋转角转换为弹簧力被记录。把含水量为13.5% 的面粉 65g 放进容器后缓慢加入 450mL 蒸馏水，制造测试用面粉悬浮液。记录曲线如图5-25 (2) 所示。根据曲线各参数定义如下：

(1) 糊化开始温度（GT）；
(2) 黏度最大时的温度（MVT）；
(3) 最大黏度（MV）。

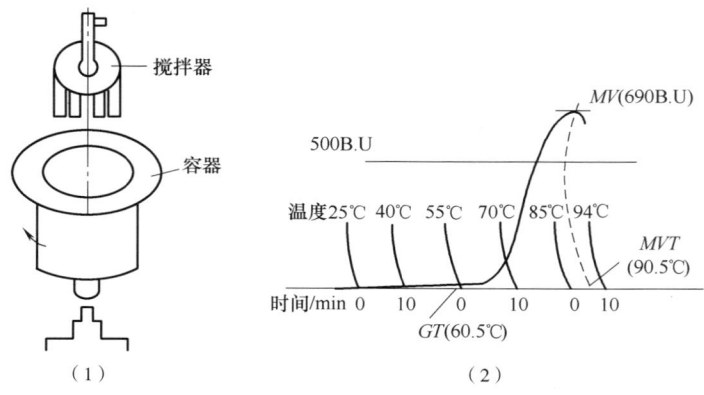

图 5-25　淀粉粉力测试仪的测定设备（1）及记录曲线（2）

一般来说，面团的加工特性，特别是酶活力与 MV 相关性高。MV 太高时，酶活力弱，面团发酵性差，制造的面包质量差，但对制造饼干和面条无影响；MV 太低时，酶活力太强，面团易变软，影响操作，降低面包、饼干和面条的质量。MV 值小于 100B.U 的面粉不适于制造面包。

第四节　电子鼻及其在食品嗅觉识别中的应用

一、电子鼻（Electronic Nose）的构成及原理

电子鼻是模拟动物及人的嗅觉系统研制出的一种人工嗅觉系统，它由气体传感器阵列（初级神经元）、相应的电路和运算放大器（嗅球）以及计算机（大脑）组成。工作时，气味或气

体在气体传感器上产生一定信号,经电路转换和放大,再经计算机对信号进行处理。这里对信号处理是应用模式识别原理,建立相应的数学模型和信息处理技术,最终形成对气味或气体的决策、判断和识别。当然,人类大约有 1 亿个嗅觉细胞,而目前电子鼻所拥有的传感器阵列远远少于这个数目,而且大脑的活动要比计算机强很多,因此,电子鼻还远没有人及动物嗅觉系统所具有的功能和敏感程度。但作为一种先进的感觉测试仪器,电子鼻已经在食品工程、医疗等领域得到一定范围的应用。随着该项技术的不断完善和发展,其应用领域将会得到进一步的拓展。

二、电子鼻在食品感官检测中的应用

(1) 在食品品质检测中的应用 对不同酒类进行区分和品质检测可以通过检测其挥发物质。传统的方法是采用专家组进行评审,也可以采取化学分析方法,如采用气相色谱法(GC)和气相色谱-质谱联用技术(GC-MS),虽然这种方法具有高的可靠性,但处理程序复杂,耗费时间和费用。因此需要有一个更加快速、无损、客观和低成本的检测方法。Guadarrama 等对 2 种西班牙红葡萄酒和 1 种白葡萄酒进行检测和区分。为了有对比性,他们同时还检测了纯水和稀释的酒精样品。他们的电子鼻系统采用 6 个导电高分子传感器阵列,数据采集采用 test point™ 软件,模式识别技术采用 PCA 方法,在 matlab v4.2 上进行,同时他们对这些样品进行气相色谱分析。结论是电子鼻系统可以完全区分 5 种测试样品,测试结果和气相色谱分析的结果一致。

茶叶的挥发物中包含了大量的各种化合物,而这些化合物也很大程度上反映了茶叶本身的品质。Ritaban Dutta 等对 5 种不同加工工艺(不同的干燥、发酵和加热处理)的茶叶进行分析和评价。他们用电子鼻检测其顶部空间的空气样品。电子鼻由费加罗公司生产的 4 个涂锡的金属氧化物传感器组成,数据采集和存储用 LabVIEW 软件,数据处理用 PCA、FCM 和 ANN 等方法。结论是,采用 RBF 的 ANN 方法分析时,可以 100% 区分 5 种不同制作工艺的茶叶。

Sullivan 等用电子鼻和 GC-MS 分析 4 种不同饲养方式的猪肉在加工过程中的气味变化,所有数据采用 Unscramble reversion7.6 软件进行处理。同时邀请了 8 位专家进行评审。得到的结论是,电子鼻不仅可以清晰地区分不同饲养方式的猪肉,也可以评价猪肉加工过程中香气的变化。为了确定电子鼻检测是否具有再现性,他们把样品在不同时期和不同的实验室进行重复试验,结论是电子鼻分析具有很好的重复性和再现性。

(2) 在食品成熟度检测和新鲜度检测中的应用 水果所散发的气味能够很好地反映出水果内部品质的变化,所以可以通过闻其气味来评价水果的品质。然而人只能感受出 10000 种独特的气味,特别是在区分相似的气味时,人的辨别力受到了限制。水果在贮藏期间,通过呼吸作用进行新陈代谢而变熟,因此在不同的成熟阶段,其散发的气味会不一样。糖度、pH 和坚实度等是水果成熟度的标志之一,而这些指标都要通过进行有损检测获得。Oshita 等(2000)将日本的"La Franch"梨在不成熟时候进行采摘,然后将它们分成 3 组,第 1 组在 4℃下贮藏 115d(未成熟期);第 2 组在 4℃下贮藏 115d 后,在 30℃下放置 1d(成熟期);第 3 组在 4℃下贮藏 115d 后,在 30℃下放置 5d(完熟期)。用 32 个导电高分子传感器阵列的电子鼻系统进行分析,采用 non-linear mapping 软件进行数据处理。同时用化学分析方法、GC 和 GC-MS 对 3 个不同阶段的梨进行分析,结论是电子鼻能够很明显地区分出 3 种不同成熟时期的梨,并且同其他分析方法的结果有很强的相关性。

传统鱼肉的新鲜度评价可以通过电流计生物传感器来测定胺或用酶反映来测定。这些方法在实际检测中不是很方便。O'Connell 等采用 11 个费加罗公司产涂锡金属氧化物传感器阵列构成的电子鼻系统来评价和分析阿根廷鳕鱼肉的新鲜度。他们从同一个市场得到新鲜的阿根廷鳕鱼肉后，切成 20~60g 不同质量的鱼片，放入冰箱内贮藏。每次试验都从冰箱内取样品进行分析。得到的结论是，电子鼻可以区分不同贮藏天数的鱼肉，且判断的新鲜度不受样品大小的影响。

（3）在食品早期败坏检测中的应用　因为乳制品的保存期较短，而且容易受到由微生物引起的败坏和变质，所以早期快速定性地检测其败坏和变质非常重要。GC-MS 可以定量分析乳制品挥发物的成分，但它也存在许多不足，如不能得到样品的总体信息。Naresh Magan 等 （2000）采用 14 个导电高分子传感器阵列组成的电子鼻系统，数据处理采用 PCA、DFA 和 CA 等方法。结论是用电子鼻可以区分未损坏的乳制品和由 5 种单一微生物或酵母引起品质改变的乳制品。而且用电子鼻也可以区分和鉴别由单一微生物或酵母引起的乳制品品质改变的程度。

总之，电子鼻技术作为一个新兴的技术种类也正持续快速地发展着，它必将为食品品质，特别是食品气味的检测带来一次技术的革命。然而，受敏感膜材料、制造工艺、数据处理方法等方面的限制，现今电子鼻的应用范围与人们的期望还存在距离。这些问题主要有：降低成本、取样浓缩装置的小型实用化、气敏传感器的灵敏度、检测的时间和速度、合适的数据分析方法、如何培训电子鼻以建立起完整的检测数据库。这些问题的解决，将使电子鼻技术逐步从实验室走向实用。

第五节　电子舌及其在食品味觉识别中的应用

一、电子舌（Electronic Tongue）的结构及基本原理

电子舌是一种模拟人类味觉鉴别味道的仪器，由味觉传感器、信号采集器和模式识别工具三部分组成。其中，味觉传感器是由数种可敏感味觉成分的金属丝组成（多传感器阵列），这些金属丝能将味觉信号转换成电信号；信号采集器将样本收集并存储在计算机内；模式识别工具则是模拟人脑将采集的电信号加以分析、识别。它是具有识别单一和复杂味道能力的装置。电子舌的输出信号表明，它可以对不同的味道质量，也就是不同的化学物质成分进行模式识别。

目前，电子舌已商业代生产，随着传感器数据融合技术这一传感器技术、模式识别、人工智能、模糊理论、概率统计等交叉的新兴学科的发展，电子舌的功能必将进一步增强，具有更高级的智能，并以其独特的功能拥有更加广阔的应用前景。

二、电子舌在食品味觉识别中的应用

电子舌可以对 5 种基本味感：酸、甜、苦、辣、咸进行有效的识别。日本的 Toko 应用多通道类脂膜味觉传感器对氨基酸进行研究。结果显示，可以把不同的氨基酸分成与人的味觉评价相吻合的 5 个组，并能对氨基酸的混合味道作出正确的评价。同时，通过对 L-甲硫氨酸这种苦味氨基酸的研究，得出可能生物膜上的脂质（疏水）部分是苦味感受体的结论。

使用电子舌技术能容易地区分多种不同的饮料。俄罗斯的 Legin 使用由 30 个传感器组成阵列的电子舌技术检测不同的矿泉水和葡萄酒，能可靠地区分所有的样品，重复性好，2 周后再次测量结果无明显的改变。另外，电子舌技术也能对啤酒和咖啡等饮料作出评价。对 33 种品牌的啤酒进行测试，电子舌技术能清楚地显示各种啤酒的味觉特征，同时，样品并不需要经过预处理，因此这种技术能满足生产过程在线检测的要求。对于咖啡，通常认为咖啡因是咖啡形成苦味的主要成分，但不含咖啡因的咖啡喝起来反而让人觉得更苦。因为味觉传感器能同时对许多不同的化学物质做出反应，并经过特定的模式识别得到对样品的综合评价，所以它能鉴别不同的咖啡，显示出这种技术独特的优越性。

电子舌技术不仅可以用于液体食物的味觉检测，也可以用在胶状食物或固体食物上。例如对番茄进行味觉评价，可以先用搅拌器将其打碎，所得到的结果同样与人的味觉感受相符。此外，国外的一些研究者尝试把电子舌与电子鼻这两种技术融合在一起，从不同角度分析同一个样品，模拟人的嗅觉与味觉的结合，在一些情况下能大大提高识别能力。例如法国的 Alpha MOS 公司生产的 ASTREE 型电子舌，利用 7 个电化学传感器组成的检测器及化学计量软件对样品内溶解物作味觉评估，能在 3min 内稳妥地提供所需数据，大大提高产品全方位质控的效率，可应用于食品原料、软饮料和药品的检测。

三、感官检验机器人（Robots for Sensory Evaluation）

1. 食品味觉机器人（Food-Tasting Robot）

2005 年 6 月 9 日 NEC System Technologies，Ltd 宣布他们成功地研制了用于食品味道检验的机器人，该机器人通过配置的传感器能够检测出食品的味觉特性，并能够确定该食品的名称及成分。而且，它还可以根据检测到的数据信息提供有关食品与健康方面的建议，故这种机器人被称为"食品与健康珍视机器人"。这个小巧的机器人的功能十分强大，比如它能通过手臂来分辨多种不同的奶酪，还能通过红外功能探测食物的营养成分，并给出相应的营养健康方面的建议。

2. 葡萄酒品评机器人（Wine-tasting Robot）

日本的工程师还发明了葡萄酒品评机器人，它可以区分 30 多种不同类型的葡萄酒。它的诞生目的是进行葡萄酒自动分析，从而使零售商和客户能够很容易地辨别出标签是否与产品的实际成分相符。它是由日本 NEC's System Technologies Laboratory 和 Mie University 的科学家们发明的，其大小仅为 3L 葡萄酒瓶的 2 倍，由微电脑和光学感官部件组成。检测分析时，只需把 5mL 样品倒入放置在机器人前面的托盘中，由发光二极管发出的红外线通过样品，而光敏二极管检测反射光线。通过确定被样品所吸收的红外线波长，机器人能够在 30s 内准确测试出 30 种常见葡萄酒的有机成分。

这种机器人还具有分辨假葡萄酒的功能。由于葡萄酒具有很强的地域特点，某一特定区域生产的葡萄酒其主要成分是确定的，NEC 指出该机器人甚至可以辨明葡萄酒的产地，该公司承诺："机器人可以在产品没有上市之前，即可以分辨出产品的批次和编号"。由于目前假葡萄酒的辨别主要还是依靠人的感官和通过对葡萄园记录的详细分析完成，英国葡萄酒及葡萄汁贸易联合会技术及国际事务官员 John Corbet-Milward 说："任何一种新的机器如果可以快速检测出葡萄酒的真伪，并可以降低检测成本的话，那将是非常令人感兴趣的事情。"

然而，这种葡萄酒机器人尚有待进一步改进和提高。一方面，它需要能够分辨出更多种的葡萄酒，这是由于世界上的葡萄酒有很多种；另一方面，它在测试的准确性方面也有待进一步提高。

第六节　食品质构的感官检验与仪器测定的关系

仪器测定和感官检验的特点与区别列于表 5-4 中，由表可知，仪器测定的特点是结果再现性好，具有易操作、误差小等优点。而感官检验结果有个体差异大、再现性差等缺点。此外，仪器测定的物性参数有时与感官给出的特性不同，例如，对于大米口感的评价，有人做了如下试验。把典型的黏性米（粳米）和较松散的籼米调制成糊状，进行了动态黏弹性测定。结果发现，口感认为是比较黏的粳米实际弹性率和黏度都很小，而籼米的黏度和弹性率却较大。说明口感的"黏度"与力学测定的黏度并非为同一个概念。口腔感觉"发黏"，实际上是米饭在口中容易流动的性质，而物理学定义的黏度与这种感官黏度竟是相反的关系。对面条"筋道"的评价也有类似的问题。因此，用仪器测定代替感官检验时，仪器和测定方式的选择尤为重要。要使仪器测定的结果与感官检验的结果真正达到一致，首先要搞清感官检验各种表现的物理意义。

表 5-4　　　　　　　　　仪器测定和感官检验特点的比较

	仪器测定的特点	感官检验的特点
测定过程	物理・化学反应 特性数值→装置・分析→检测输出	生理・心理分析 刺激语言→[感官]→[大脑]→[知觉] 感受表现
结果表现	数值或图线	语言表现与感觉对应的不明确性
误差和校正	一般较小，可用标准物质校正	有个体差异，相同刺激鉴别较难
再现性	一般较高	一般较低
精度和敏感性	一般较高，在某种情况下不如感官检验	可通过训练评审员提高准确性
操作性	效率高、省事	实施烦琐
受环境影响	小	相当大
适用范围	适于测定要素特性，测定综合特性难，不能进行嗜好评价	适于测定综合特性，未经训练测要素特性困难，可进行嗜好评价

【例题 5-1】以汉堡包牛肉饼为例，说明质构感官检验与仪器测定的关系及分析方法。

（1）感官检验　选择 5~10 名评审员按图 5-26 的评定项目和尺度打分。这是对比评分法，即把两个以上的食品和标准食品进行对比，把特性之差用数值尺度进行评定的方法。采用这种评定法时必须事先通过预备实验选择好标准试样（标准试样的特性值在中间为宜）。

（2）仪器测定　主要测定：①水分含量；②肉粒平均直径；③离液量（挤压流汤量）；

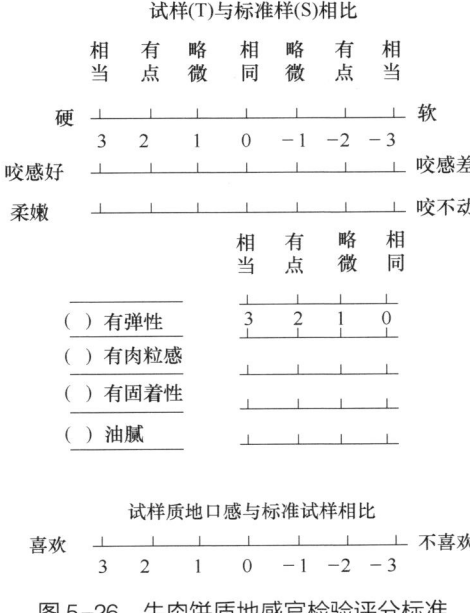

图 5-26　牛肉饼质地感官检验评分标准

④应力松弛；⑤用剪切实验测定剪切能、剪切强度、最大应力；⑥用质构仪测定硬度、脆性。

（3）进行相关性分析　感官检验和仪器测定的各项测定值之间进行相关性分析，与感官检验相关性大的前三个仪器测定值示于表 5-5 中。

表 5-5　　　　　　　　　与感官测定值有较大相关的仪器测定值项目

感官指标	1		2		3	
	仪器测定项目	相关系数	仪器测定项目	相关系数	仪器测定项目	相关系数
坚硬性	硬度（咀嚼）	0.900	最大应力（穿孔）	0.883	切断功（钢丝）	0.837
弹性	最大应力（穿孔）	0.903	V 模强度*（咬断）	0.898	V 模强度（咬断）	0.856
固着性	最大应力（穿孔）	0.902	V 模强度（咬断）	0.885	V 模强度（咬断）	0.828
脆性	最大应力（穿孔）	-0.877	硬度（咀嚼）	-0.861	切断功（钢丝）	-0.830
易咬性	硬度（咀嚼）	-0.816	切断强度（钢丝）	-0.798	切断功（刀片）	-0.793
油腻感	离液量	0.651				
肉粒感	切断功（刀片）	0.863	切断功（钢丝）	0.860	V 模强度（咬断）	0.831

注：*是指用 V 型模头进行剪切试验获得的强度。

经感官测定可知，汉堡包的第一感官指标是肉粒感等肉质特性；第二感官指标是弹性、固着性、脆性等组成的劲力特性；第三感官指标是离液量等油性。由表可知，肉质特性与剪切能相关性高，劲力特性与最大应力相关性高，油性只与离液量有关，与仪器测定的其他值之间无相关关系。

其次，为了进一步弄清用哪些仪器测定项目能够代替各感官检验，种谷做了回归分析，结果列于表 5-6 中。

表 5-6　仪器分析项目和由回归求得的贡献率

仪器分析项目	直线回归		对最大应力的回归
	测定项目	贡献率/%	贡献率/%
硬度	硬度	81.0	78.1
弹性	最大应力	81.5	81.5
固着性	最大应力	81.4	81.4
脆性	最大应力	76.9	76.9
咬碎感	硬度	66.6	50.8
油性	离液量	42.4	6.5
肉粒感	剪切能	74.5	64.6

由表5-6可知，仪器测定项目集中在四项。最大应力对弹性、固着性、脆性的贡献率大，因此，只要测定最大应力就能基本上掌握劲力特性。同样，测定剪切能就能掌握肉粒特性。

下面分析最大应力、剪切能与质构的关系。

根据感官检验结果，把质构的好坏分为：好（○>1）；一般（-1<◐≤1）；不好（●<-1）三种。质构好坏与仪器测定值（最大应力和剪切能）之间的关系如图5-27所示。由图可知，质构的好坏在最大应力轴上比较集中，在剪切能轴上比较分散。因此，如果用一种测定值来判断汉堡包牛肉饼的质构，那么最好还是要测定剪切能。

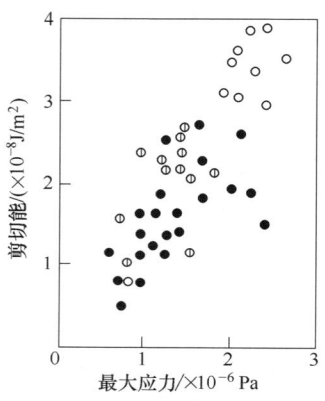

图5-27　最大应力、剪切能与质构的关系

【例题5-2】用黄瓜制作的泡菜，其质构是重要的特性之一。因此，用流变仪测定的六种黄瓜泡菜硬度x值（测定30次的平均值）列于表5-7中，受过训练的6名评判员按1分（极端软）至9分（极端硬）的9个等级对硬度进行感官检验，其结果为y值（表5-7）。

表 5-7　黄瓜泡菜仪器测定值和感官检验值对照表

仪器测定值（x）	15.1	14.0	13.4	12.3	9.7	8.1
感官检验值（y）	7.5	7.6	7.6	6.6	5.9	5.3

这组数据表明，总的趋势是随着仪器测定值的减少，感官检验值也减少。但变化的程度不同，甚至有时仪器测定值减少了，感官检验结果并未发生变化，也就是说，这是一组相关关系。做这组数据的散点图（图5-28中的黑点），从图上可以看出，所有散点围绕图中画出的一条直线分布。显然，这样的直线在图上可以画出许多条，而我们要找的是其中能最佳地反映散点分布状态的一条。

按最小二乘法确定的直线：

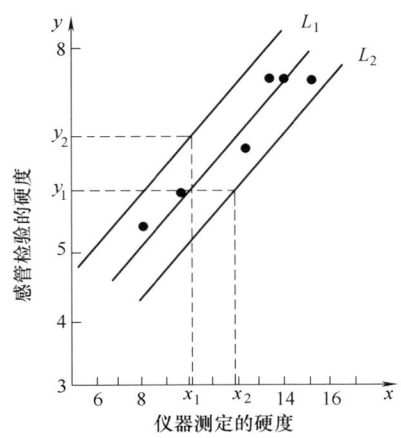

图 5-28　仪器测定与感官检验的硬度关系

$$\hat{y} = \hat{a} + \hat{b}x \quad (5-12)$$

就是所要求的最佳地反映观察值散布状态的一条直线，它称为 y 对 x 的回归直线。$\hat{a}$、$\hat{b}$ 称为回归系数。

回归系数可用式（5-13）求：

$$\begin{cases} \hat{b} = \dfrac{\sum\limits_{i=1}^{n} x_i y_i - n\bar{x} \cdot \bar{y}}{\sum\limits_{i=1}^{n} x_i^2 - n\bar{x}^2} \\ \hat{a} = \bar{y} - \hat{b}\bar{x} \end{cases} \quad (5-13)$$

下面利用最小二乘法求例题中感官检验值 y 对仪器测定值 x 的回归直线。现把原数据列成表 5-8。

表 5-8　　　　　用于最小二乘法的黄瓜泡菜原始及统计数据表

序号（i）	仪器测定值（x_i）	感官检验值（y_i）	x_i^2	y_i^2	$x_i y_i$
1	15.1	7.5	228.01	56.25	113.25
2	14.0	7.6	196.00	57.76	106.40
3	13.4	7.6	179.56	57.76	101.84
4	12.3	6.6	151.29	43.56	81.18
5	9.7	5.9	94.09	34.81	57.23
6	8.1	5.3	65.61	28.09	42.93
合计	72.6	40.5	914.56	278.23	502.83
平均	12.1	6.75			

由式（5-13）得：

$$\hat{b} = \frac{502.83 - 6 \times 12.1 \times 6.75}{914.56 - 6 \times 12.1^2} = 0.354$$

$$\hat{a} = 6.75 - 0.354 \times 12.1 = 2.467$$

故感官检验值 y 对仪器测定值 x 的回归直线为：

$$\hat{y} = 2.467 + 0.354x$$

线性关系的显著性检验：

$$r = \frac{\sum\limits_{i=1}^{n} x_i y_i - n\bar{x} \cdot \bar{y}}{\sqrt{\left(\sum\limits_{i=1}^{n} x_i^2 - n\bar{x}^2\right)\left(\sum\limits_{i=1}^{n} y_i^2 - n\bar{y}^2\right)}} \quad (5-14)$$

对于给定的信度 α，可查出相应的相关系数的临界值 r_α，由样本算出的 r 值大于临界值，

就可认为 y 与 x 存在线性相关关系。当算出的 r 值小于等于临界值时，则认为 y 与 x 不存在线性相关关系，或者说线性相关关系不显著。

自由度等于样本容量 n 减去变量数目，例题中的自由度就是 $6-2=4$。对信度 α、自由度 4 查相关系数临界值表，得临界值 $r_{0.01} = 0.917$，再由样本计算得：

$$\sum_{i=1}^{6} x_i y_i - 6\bar{x} \cdot \bar{y} = 502.83 - 6 \times 12.1 \times 675 = 12.78$$

$$\sum_{i=1}^{6} x_i^2 - 6\bar{x}^2 = 914.56 - 6 \times 12.1^2 = 36.1$$

$$\sum_{i=1}^{6} y_i^2 - 6\bar{y}^2 = 278.23 - 6 \times 6.75^2 = 4.86$$

代入式（5-11）得：

$$r_0 = \frac{12.78}{\sqrt{36.1 \times 4.86}} = 0.965$$

即 $|r_0| > r_{0.01}$，故感官检验值 y 与仪器测定值 x 的线性相关关系显著，因而前面得出的回归直线确实可以表述变量间的线性相关关系。

若回归方程是显著的，那么在一定程度上可以反映两个相关变量之间的内在规律。这样就可在生产和试验中解决有重要意义的预测和控制问题。

【例题 5-3】利用【例题 5-2】的试验结果
（1）预测仪器测定值为 12 时，感官检验值的范围；
（2）若感官检验中硬度的最佳范围为 5.7~6.3，求仪器测定值应如何控制。

解：
（1）把 $x_0 = 12$ 代入回归直线方程得：

$$\hat{y}_0 = 2.467 + 0.354 \times 12 = 6.72$$

由数理统计学可知，σ^2 的无偏估计量 s'_y 为：

$$s_y'^2 = \frac{(1-r^2)\sum_{i=1}^{n}(y_i - \bar{y})^2}{n-2} = \frac{(1-r^2)\left(\sum_{i=1}^{n} y_i^2 - n\bar{y}^2\right)}{n-2} \tag{5-15}$$

随着 x 取值的变化，y 的预测区间的上下限给出如图 5-28 所示的两条平行于回归直线的直线：

$$\begin{cases} y = \hat{a} - 1.96 s'_y + \hat{b}x \\ y = \hat{a} + 1.96 s'_y + \hat{b}x \end{cases} \tag{5-16}$$

由此可以预测，对应于以 $\bar{x}$ 为中心的一系列 x 值，y 值的 95% 将落在直线 L_1 及 L_2 所夹的区域中。

$$s_y'^2 = \frac{(1-r^2)\left(\sum_{i=1}^{n} y_i^2 - n\bar{y}^2\right)}{n-2}$$

$$= \frac{(1-0.965^2) \times 4.86}{4} = 0.084$$

于是 $s'_y = \sqrt{0.084} = 0.29$

代入预测直线方程得：

$$y_1 = \hat{a} - 1.96s'_y + \hat{b}x = 6.72 - 1.96 \times 0.29 = 6.15$$
$$y_2 = \hat{a} + 1.96s'_y + \hat{b}x = 6.72 + 1.96 \times 0.29 = 7.29$$

故当仪器测定值为 12 时，以 0.95 的概率预测感官检验值在 6.15~7.29。

（2）当要求感官检验值 y 在 5.7~6.3 时，由预测方程：

$$2.467 - 1.96 \times 0.29 + 0.354x_1 = 5.7$$
$$2.467 + 1.96 \times 0.29 + 0.354x_2 = 6.3$$

解得 $x_1 = 10.74$，$x_2 = 9.22$。即仪器测定值控制在 9.22~10.74，就能得到最佳感官效果的产品。

从前面的讨论可知：用最小二乘法求回归直线的做法比较简便，而预测与控制的方法又比较直观，所以在研究食品质构的仪器测定与感官检验之间关系时常用一元线性回归方法。但必须注意，只有 $y_2 - y_1 > 4s'_y$ 时，所求控制区间才有意义。

【例题 5-4】饼干的断裂特性与感官检验之间的关系。

为了研究饼干的感官检验值与仪器测定值之间的关系，用压缩型仪器测定了饼干的断裂应变、断裂所需时间、断裂应力和断裂

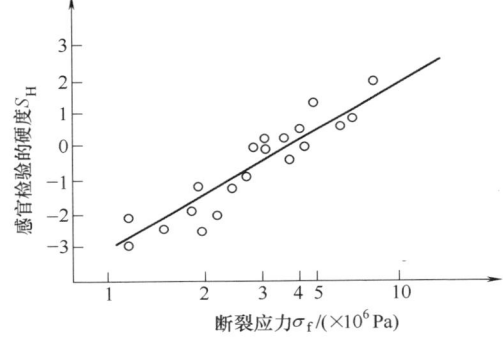

图 5-29　感官检验硬度与断裂应力的关系

能，并且研究了它们和感官检验的硬度、脆性之间的关系。结果表明，硬度和断裂应力有显著相关，脆性和断裂应力、断裂能都有显著相关。

饼干的感官检验硬度值与断裂应力之间的关系如图 5-29 所示。由图可知，硬度 S_H 和断裂应力 σ_f 的对数之间呈线性关系，其回归方程式为：

$$S_H = 6.33\log\sigma_f - 2.47 \quad （相关系数 r = 0.94）$$

当断裂应力 $\sigma_f < 2.45 \times 10^6$ Pa 时，饼干有软的感觉；当 $\sigma_f > 2.45 \times 10^6$ Pa 时，饼干有硬的感觉。

饼干感官检验的脆性与断裂能之间的关系如图 5-30 所示。由图可知，脆性 S_B 和断裂能 W_n 的对数之间有直线关系。其回归方程式为：

$$S_B = -3.46\lg W_n + 1.18 \quad （相关系数 r = -0.91）$$

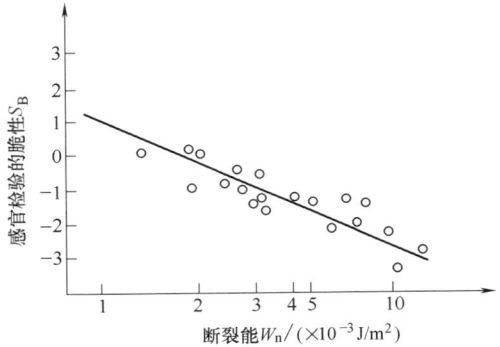

图 5-30　感官检验脆性与断裂能的关系

第七节　食品质构的生理学方法检测

虽然仪器测定法和感官检验法各有其优点，但是都有一定的局限性。例如，仪器测定法无法模拟与检测咽部和舌部等口腔复杂的运动及综合感觉，也无法实现在咀嚼速度和咀嚼温度条件下的检测。而感官检验法中，由于咀嚼中质构的变化比风味或气味的变化快，一般来说评审员的回答速度跟不上质构的变化速度。如果食品的消费对象是外国人、婴幼儿、老年人或病患时，更难获得感官检验数据。因此，近几年开始采用生理学方法来研究人们在摄食过程中的食品物性变化。

所谓生理学方法检测，是把传感器贴在口腔中的不同部位，测定口腔中的牙、舌、上颚等部位所受的力或变形随时间的变化规律；利用肌电图或用下颚运动测定仪等手段对人们的咀嚼和吞咽过程进行运动分析，从而得到能够表达质构的客观数据。

生理学方法检测有以下优点：

（1）可识别个体差异　即使是同年龄层、同性的被调查人员咀嚼同样的食品时，他们的咀嚼时间和咀嚼压可能有数倍之差，说明质构的口腔感觉个体差异很大。在分析型感官检验中，因为人起到测定仪器的作用，所以应对其进行培训，以尽量减少个体差异。在嗜好型感官检验中，这种差异正是开发不同人群（婴幼儿、老年）所需食品的重要依据。

（2）可实现易食性的数字化　对易食性、咀嚼性、易吞性等感觉性质，其差别可用生理学方法检测的数据来表示。

（3）可观察摄食过程中的变化　不同食品，在咀嚼初期用生理学方法检测的质构差别较大，但越到后期差别越小。在很多情况下，即使咀嚼初期的物性差异很大，但到咽下时则没有什么不同感觉。特别是水分少的食品，咀嚼初期在一次咬动中就能观察很大的物性变化。

一、测定方法

1. 压力测定

把小型压力传感器贴在牙或上颚等部位，测定摄食过程中牙的咀嚼压或舌和上颚压缩产生的压力。因为传感器很小很薄，完全可以放在口腔中测定。用从口或鼻孔插入探针型压力传感器的方法可测定咽到食道部的吞咽压。

2. 肌电图（EMG）

肌电图是指咀嚼肌和舌肌等在运动过程中产生的活动电位变化图。通过 EMG 可以测定肌所做的功（积分肌电图、最大振幅）、咀嚼节奏参数（咀嚼周期、放电持续时间、肌放电间隔）等。如图 5-31 所示，皮肤下有咀嚼肌和舌肌等，通过贴在脸部皮肤上的电极，很容易测定肌肉运动。闭合下颚用的闭口肌

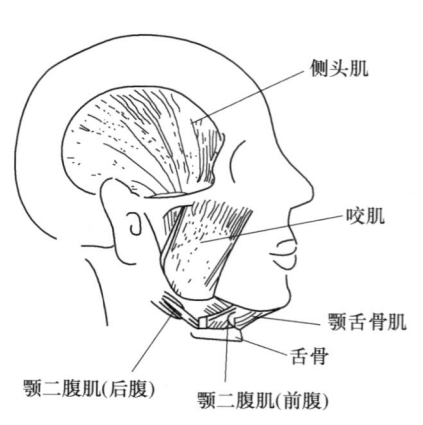

图 5-31　位于皮肤下的咀嚼肌

(咬肌、侧头肌等) 的肌电图能够反映咀嚼所做的功, 而且无须将传感器放在口中也能测定咀嚼力 (最大活动电位与咀嚼压有相关关系)。在研究咀嚼量和质构的仪器测定值之间的关系时, 常用闭口肌肌电位的时间积分值大小来表示咀嚼量。因为咀嚼黏附性大的食品时开口肌, 即颚二腹肌产生肌电位, 所以测定颚二腹肌的肌电位就相当于用仪器测定的黏附性和黏性。如把表面电极安装在舌骨肌上, 就可测定进食半液态食品时的舌活动、食块形成及下咽开始情况。

3. 颚运动记录仪 (MKG 或 SGG)

因为咀嚼运动是下颚对头部的相对运动, 所以可以用下颚运动测定仪分析咀嚼运动。用 MKG 或 SGG 可测定最大开口距离、最大前后移动距离、最大横向移动距离、最大开口速度、最大闭口速度、咀嚼节奏参数等 (图 5-32)。同时使用 EMG 和 MKG, 可以获得如图 5-33 所示的肌活动量及破碎运动区域 (闭口时运动区域) 和磨碎运动区域 (咬合时运动区域)。

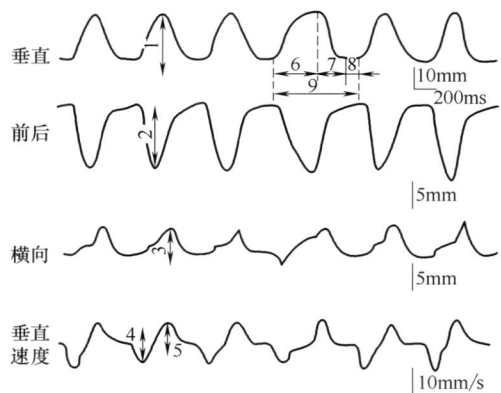

图 5-32 MKG 测定的咀嚼运动项目
1—最大开口距离 2—最大前后移动距离
3—最大横向移动距离 4—最大开口速度
5—最大闭口速度 6—开口时间 7—闭口时间
8—咬合时间 9—咀嚼时间

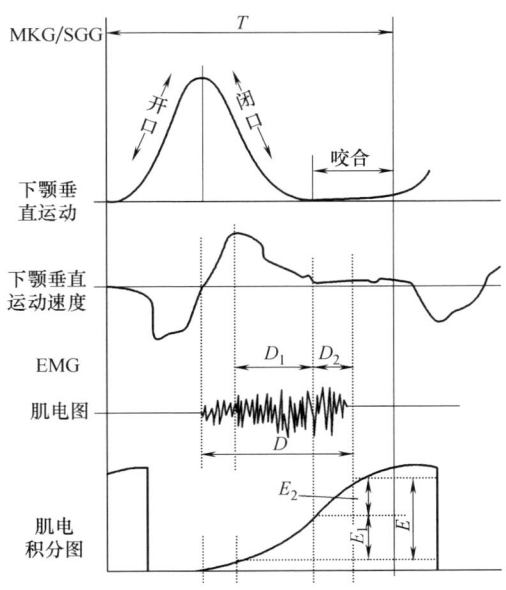

图 5-33 EMG-MKG 同时记录的咀嚼运动区
T—周期 (s) D—肌放电次序时间 D_1—破碎运动区域时间 D_2—磨碎运动区域时间
E—咀嚼肌活动量 (μV·s) E_1—破碎区域肌活动量 E_2—磨碎区域肌活动量

除此之外，为了掌握口唇、颊、舌等软组织的运动，还使用 X 射线图像法、X 射线摄像法、三维形态测定仪等。

二、实例说明

1. 固体食品的咀嚼力

固体食品需用牙咀嚼，用图 5-34 所示的仪器能够测定对固体食品的咀嚼力及从开始咀嚼到吞咽所需要的时间和咀嚼次数。进食有柔软感的熔化干酪、煮熟的马铃薯、有硬感的生胡萝卜和饼时的咀嚼力，如图 5-35 所示。由图可知，咀嚼力和咀嚼次数与食品种类有很大关系。柔软感食品的咀嚼力波形比较平滑，最大力<19.6N；硬感食品的咀嚼力波形尖，最大力>98N；可见，感觉的硬度与咀嚼力的大小基本一致。咀嚼力越大咀嚼次数就越多，到吞咽所需要的时间也越长。

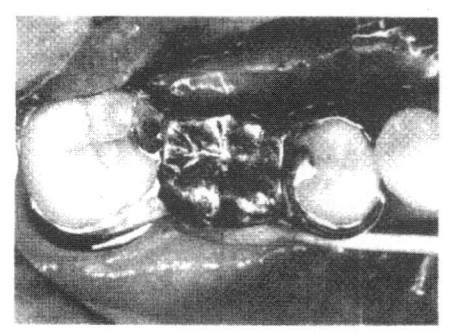

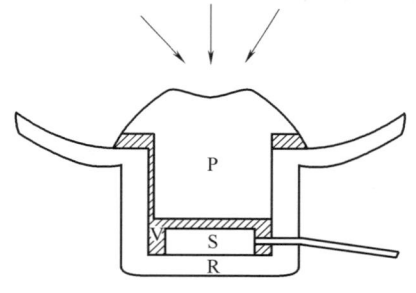

埋入压力转换器的义齿剖面图

图 5-34　测试咀嚼力的义齿及剖面图
P—齿冠部　　V—塑料硅
S—压力转换器　R—外框

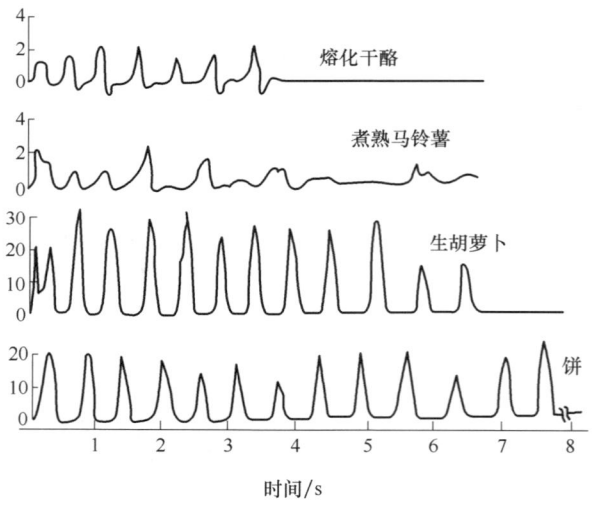

图 5-35　固体食品咀嚼开始到吞咽为止的咀嚼力

如图 5-36 所示，一次咀嚼的波形形状也能很好地表示食品的质构。

A 组表示饼、面包、米饭等谷类及牛肉、猪肉、金枪鱼等鱼肉类。波形的特点是，咀嚼力-时间曲线只有一个波峰，咀嚼力随时间单调增减。

B 组表示煮熟的胡萝卜、马铃薯、萝卜及干酪、羊羹等。波形的特点是，有两个比较平滑的波峰。

C 组表示生的萝卜、胡萝卜、黄瓜、苹果及鱼糕、魔芋糕等。波形的特点是有两个比较尖的波峰。

D 组表示煎饼、饼干、花生等。波形的特点是锯齿状。

2. 固态食品的上颚压

进食果冻等柔软食品时,与咀嚼固体食品的情况不同,用舌和上颚间的压力粉碎食品后吞咽。此时上颚所受的压力称之为上颚压。通过测定上颚压能够评价半固态食品的质构。

咀嚼大小为 1.5cm³ 的不同浓度(浓度为 1%~3%)的明胶时的上颚压与时间的关系如图 5-37 所示。图中上颚压呈现连续的不规则波形,说明咀嚼过程中多次用舌压碎明胶。随着浓度的增加上颚压由 $1N/cm^2$ 增加到 $2N/cm^2$,到吞咽为止所需时间也变长。如果浓度再增加,明胶则变硬,不能用舌压碎,而需用牙咀嚼,上颚压减少,咀嚼时间增加(图 5-38)。

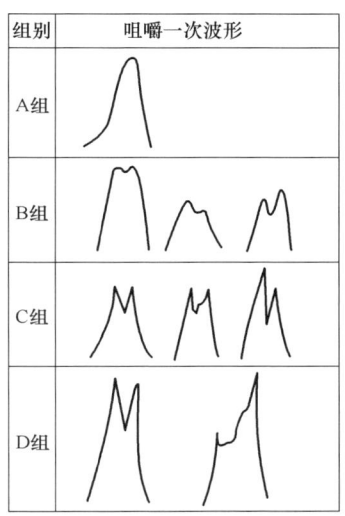

图 5-36 咀嚼一次时的咀嚼力波形

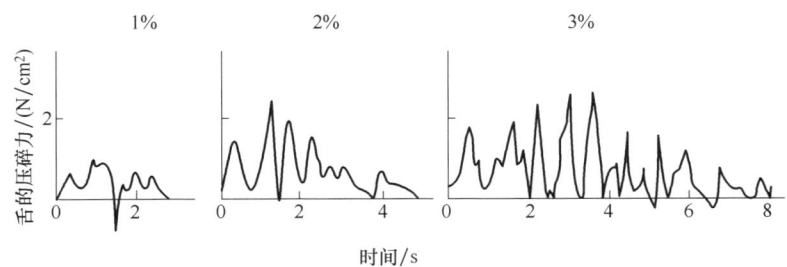

图 5-37 从开始咀嚼凝胶到吞咽为止舌的压碎力变化图

3. 液体食品的吞咽压

液体分为牛顿液体和非牛顿液体,但人的口腔不能识别牛顿液体和非牛顿液体。一次喝一小勺(5cm³)非牛顿液体的羧甲基纤维素(CMC)饮料时的吞咽压与时间的关系如图 5-39 所示(吞咽压是指液体入口后吞下时的上颚压)。由图可知,浓度为 1% 的 CMC 饮料吞咽所需时间是 2s,吞咽压是 $1N/cm^2$;浓度为 4% 时吞咽所需时间增加到 6s,吞咽压超过 $2N/cm^2$。可见,液体食品的黏度越高,吞咽压越大,吞咽所需时间越长,越不易吞咽。

4. 食品物性的仪器测定值与咀嚼运动的关系

柳泽幸江对 11 种不同物性的食品用质构仪进行了测定,用肌电图测定了咀嚼肌的活动量。图 5-40 表示质构仪测定的硬度和咀嚼肌活动量之间

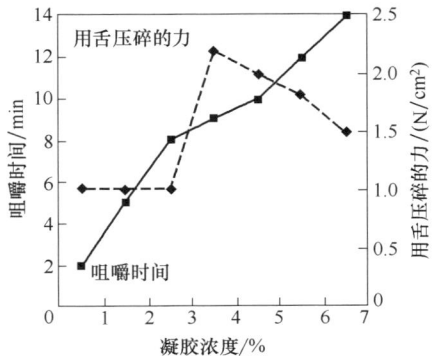

图 5-38 凝胶的硬度和咀嚼时间与舌压碎力的关系

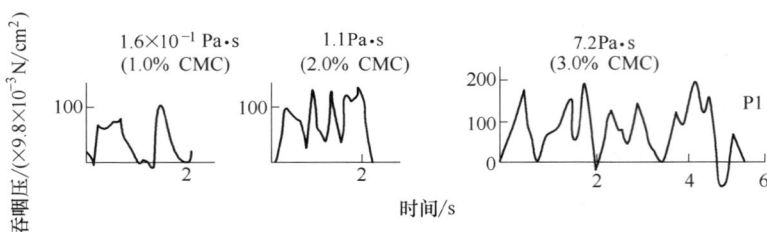

图 5-39　吞咽浓度不同的 CMC 饮料时的吞咽压变化

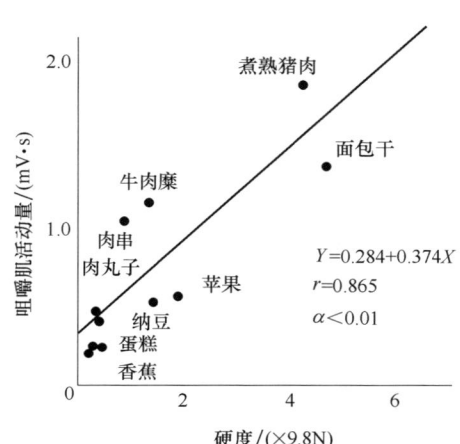

图 5-40　硬度和咀嚼肌活动量相关关系

的关系。硬度与咀嚼肌活动量有显著相关。图中的直线为回归直线。由图可知，试样可分为直线上面的（煮熟猪肉、牛肉末）和直线下面的（面包干、苹果、纳豆、肉串等）两组，各组试样有其共同的物性。如表 5-9 所示，直线上面试样群的凝聚性和应变大，直线下面试样群的凝聚性和应变小。将硬度、凝聚性、应变这三种因素对咀嚼肌活动量的贡献率进行相关系数、重相关系数分析，结果如表 5-10 所示。由表可知，单因素的影响是硬度的贡献率最大，硬度和应变两种因素的重相关系数高达 0.959。因此得出结论，食品硬度越大咀嚼肌的活动量则越大，而相同硬度的食品，应变越大咀嚼活动量则越大。当压缩应变大的食品时，从开始变形到压断所需时间较长，这段时间相当于肌电图中的放电持续时间。

表 5-9　　　　　　　　　　　浸泡对物性变化的影响

试样		硬度/(×10N)	凝聚性/T.U.	变形/T.U.
白桃	a	0.21±0.04	0.19±0.09	5.39±0.41
	b	0.22±0.06	0.14±0.02	5.54±0.54
肉丸子	a	0.36±0.05	0.30±0.04	10.06±0.35
	b	0.37±0.04	0.30±0.05	9.86±0.41
牛肉糜	a	1.29±0.17	0.50±0.06	18.84±0.63
	b	1.33±0.35	0.48±0.06	18.52±0.99
煮熟猪肉	a	4.27±0.63	0.72±0.05[①]	17.94±0.61
	b	4.65±0.57	0.67±0.02	17.70±0.74
纳豆	a	1.53±0.39	0.18±0.02[②]	6.07±0.62
	b	1.61±0.36	0.14±0.04	6.26±0.58

续表

试样		硬度/(×10N)	凝聚性/T.U.	变形/T.U.
面包干	a	4.61±0.73	0.13±0.07	5.09±0.72
	b	4.66±1.07	0.09±0.06	4.68±0.49
苹果	a	1.89±0.27	0.22±0.04	4.13±0.37
	b	1.79±0.27	0.22±0.04	4.44±0.32
香蕉	a	0.23±0.02	0.09±0.02	7.54±0.49
	b	0.24±0.02	0.10±0.03	7.12±0.92
米糕	a	0.41±0.01[2]	0.41±0.03[2]	12.50±0.27[1]
	b	0.33±0.01	0.32±0.02	11.80±0.30
肉串	a	0.86±0.15[2]	0.57±0.03[2]	17.90±0.34
	b	0.56±0.10	0.39±0.04	18.27±0.63
蛋糕	a	0.46±0.02[2]	0.61±0.03[2]	17.50±0.46
	b	0.11±0.02	0.33±0.02	17.30±0.4

注：a—浸泡前，b—浸泡后；

① $\alpha<0.05$；

② $\alpha<0.01$ 下有显著差异（t 检验）。

表 5-10　　咀嚼肌活动量各物性值的相关系数及重相关系数

物性	和咀嚼肌活动量的相关、重相关系数	物性	和咀嚼肌活动量的相关、重相关系数
硬度	0.865[2]	硬度-凝聚性	0.944[2]
应变	0.379[1]	应变-凝聚性	0.447[1]
凝聚性	0.440[1]	硬度-应变-凝聚性	0.959[2]
硬度-应变	0.959[2]		

注：① $\alpha<0.05$；

② $\alpha<0.01$ 下有显著差异。

应变也与硬度一样是一种独立的质构感觉，能引起与硬度不同的咀嚼运动。前面已讲过咀嚼活动量分破碎运动区域和磨碎运动区域，破碎运动区域以下颚的垂直运动为中心，磨碎运动区域以横向运动为中心。磨碎运动区域的肌活动量和咀嚼肌活动量之比（E_1/E）与应变大小的关系如图 5-41 所示。由图可知，应变越大，E_1/E 也越大。咀嚼中的横向运动容易使义齿从牙床上脱离，因此镶有义齿者横向运动减少，开口时间长。

综合以上内容，得出仪器模拟咀嚼与人的真

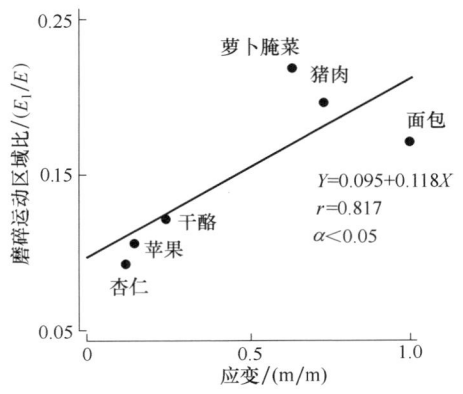

图 5-41　磨碎运动区域比和应变的关系

实咀嚼间的差异，如表 5-11 所示。

表 5-11　　　　　　　　　　仪器的测定和咀嚼的区别

项目	仪器测定	咀嚼
动作	直线或圆弧状	复杂的下颚运动
次数	一次或者多次，重复相同的动作	根据样品的物性改变次数和动作
速度	多数是等速，一般 10mm/s	第一大臼齿的最大速度是 30～100mm/s，前齿更快
上下牙的接触	怕损坏传感器，不能直接接触	多数是直接接触
设备的变形	忽略不计	虽然牙不变形，但皮肤和肌肉的感觉器变形
传感器	稳定，能够测定变形和载荷	不稳定，能够测定变形、压力、温度、痛觉等
温度	恒定，常温	变化，从试样的温度到体温
湿度	恒定，常温	受唾液影响，在口腔内发生变化

第八节　食品质构评价应用

一、奶油、砂糖、鸡蛋的混合比对饼干质构的影响

在很多实际问题中，参加试验的 p 个因子成分的含量是总量的百分比，它们之和等于 1（即 100%）。对这种情况，一般采用混料试验设计，既可减少试验次数，又可通过单形坐标系中的等高线找到最佳工艺条件或配方，还可根据等高线求得任意指标所需的配方比。它是目前食品工业中常用的试验设计方法之一。

下面用混料试验设计中最常用的 Scheffe 单形重心设计法，研究奶油、砂糖、鸡蛋的混合比对饼干质构的影响，并讨论用饼干质构的仪器测定值代替感官检验值的可能性。

1. 单形坐标的建立

设 x_1，x_2，$\cdots x_p$ 分别表示 p 个因子，在我们这个示例中 $p=3$，分别代表奶油、砂糖和鸡蛋。三因子的单形坐标是一个等边三角形（图 5-42），其三个顶点分别为 A (1, 0, 0)，B (0, 1, 0)，C (0, 0, 1)。设 P (x_1, x_2, x_3) 为这单形内的点，定义 x_1，x_2，x_3 分别表示 P 点到 BC、AC、AB 的距离。

2. 试验设计

单形重心设计的特点是单形点的非零坐标相等。在一种 p 个因子的单形重心设计中，试验次数为 2^p-1。例如，在 3 因子单形重心设计中，试验次数为 $2^3-1=7$。7 个试验点的单形坐标如表 5-12（表中 1~7）所示，表中 8 和 9 是为了检验响应方程的显著

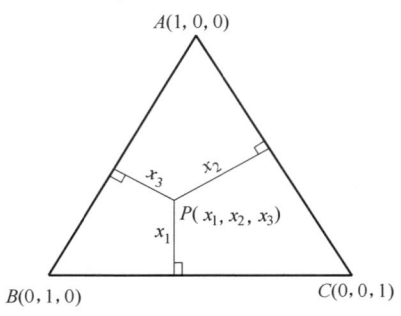

图 5-42　$p=3$ 时的单形坐标

性而设置的，因此其单形点的非零坐标可以不相等。为了合理安排试验，可参照理论值、实际工作中的经验值、探索实验的最佳值及某些文献所载数据，选择好 p 个因子中各自所占的最小和最大百分比，给出含量范围。在本例中，面粉量定为 45%，奶油、砂糖和鸡蛋三种原料所占的百分比范围分别为 30%~60%、25%~55%、15%~45%。

表 5-12　　　　　　　　　　　3 因子单形重心设计表

试验号码	单形坐标			成分混合比/%			原料混合比/%			实测值
	x_1	x_2	x_3	奶油	砂糖	鸡蛋	奶油	砂糖	鸡蛋	
1	1	0	0	60	25	15	33.0	13.8	8.3	y_1
2	0	1	0	30	55	15	16.5	30.3	8.3	y_2
3	0	0	1	30	25	45	16.5	13.8	24.8	y_3
4	1/2	1/2	0	45	40	15	24.8	22.0	8.3	y_{12}
5	0	1/2	1/2	30	40	30	16.5	22.0	16.5	y_{23}
6	1/2	0	1/2	45	25	30	24.8	13.8	16.5	y_{13}
7	1/3	1/3	1/3	40	35	25	22.0	19.3	13.8	y_{123}
8	2/3	1/6	1/6	50	30	20	27.5	16.5	11.0	
9	1/6	2/3	1/6	35	45	20	19.3	24.8	11.0	

注：按实际添加量的百分比计算。

试验时，按表 5-12 所列配方制备样品，一律按统一的加工工艺操作。酥饼干试样烘烤后在干燥器中存放 4d 后供试，评审员由 48 人组成。考虑到饼干的食味主要由硬度、脆性和口溶性等质构决定，感官检验测定了饼干的硬度、脆性和口溶性和综合感觉四项指标，打分采用了 7 等级得分法，如表 5-13 所示。仪器测定用质构仪测定了饼干的硬度和酥脆性，结果列于表 5-14 中。

表 5-13　　　　　　　　　　　感官评价的项目和得分

得分	硬度表现	脆性表现	口溶性表现	综合评价
-3	非常软	很差	很差	很不好吃
-2	软	不酥	差	不好吃
-1	稍软	稍欠佳	稍差	不太好吃
0	一般	一般	一般	一般
1	稍硬	较酥	较好	较好吃
2	硬	酥	好	好吃
3	很硬	很酥	很好	很好吃

表 5-14　　饼干硬度和脆度的仪器测定值（$n=22\sim28$）

实验号码	硬度/R.U	脆度/R.U
1	$1.5^{①}\pm0.6^{②}$	$1.2^{①}\pm0.5^{②}$
2	4.2 ± 1.7	3.2 ± 1.5
3	5.1 ± 1.1	3.0 ± 1.2
4	2.8 ± 0.5	2.3 ± 0.6
5	4.0 ± 1.0	3.3 ± 0.9
6	2.6 ± 0.8	1.6 ± 0.6
7	3.6 ± 1.3	2.8 ± 1.1
8	2.6 ± 0.8	2.0 ± 0.5
9	4.1 ± 1.4	3.4 ± 1.0

注：n—试样数量（个）；R.U—流变仪测定单位；
①平均值；
②标准偏差。

3. 响应方程的计算方法

根据试验测试值，按下式计算单形重心设计试验中 3 因子的单形坐标（x_1，x_2，x_3）与试验指标之间的关系。

$$\hat{y} = \beta_1 x_1 + \beta_2 x_2 + \beta_3 x_3 + \beta_{12} x_{12} + \beta_{13} x_{13} + \beta_{23} x_{23} + \beta_{123} x_{123} \tag{5-17}$$

式中，$\hat{y}$ 是试验指标的估计值，系数的估计分别为：

$$\hat{\beta}_i = y_i \quad (i = 1, 2, 3) \tag{5-18}$$

$$\hat{\beta}_{ij} = 4y_{ij} - 2(y_i + y_j) \quad (i, j = 1, 2, 3) \tag{5-19}$$

$$\hat{\beta}_{123} = 27y_{123} + 3(y_1 + y_2 + y_3) - 12(y_{12} + y_{23} + y_{13}) \tag{5-20}$$

在系数计算式（5-18）~式（5-20）中，我们看到 β_i 只与观测值 y_i 有关，β_{ij} 只与前 6 个观测值 y_i，y_j 有关，而 β_{123} 只与 y_{123} 有关，所以使用时可省去第 7 号试验点，而把第 7 号试验结果用于检验响应方程，此时，式（5-17）变为：

$$\hat{y} = \beta_1 x_1 + \beta_2 x_2 + \beta_3 x_3 + \beta_{12} x_{12} + \beta_{13} x_{13} + \beta_{23} x_{23} \tag{5-21}$$

根据试验结果及式（5-21）、式（5-19）、式（5-18）计算的饼干物性值的响应方程如下：

$$\hat{y}_{YY} = 1.5x_1 + 4.2x_2 + 5.1x_3 - 0.2x_1x_2 - 2.6x_2x_3 - 2.8x_1x_3 \tag{5-22}$$

$$\hat{y}_{CY} = 1.2x_1 + 3.2x_2 + 3.0x_3 + 0.4x_1x_2 + 0.8x_2x_3 - 2.0x_1x_3 \tag{5-23}$$

$$\hat{y}_{YG} = -2.1x_1 + 1.91x_2 + 1.53x_3 + 2.5x_1x_2 - 4.74x_2x_3 - 1.36x_1x_3 \tag{5-24}$$

$$\hat{y}_{CG} = 1.33x_1 - 1.03x_2 - 1.51x_3 - 0.48x_1x_2 + 4.56x_2x_3 + 1.72x_1x_3 \tag{5-25}$$

$$\hat{y}_{KG} = 0.88x_1 - 1.26x_2 - 1.96x_3 + 0.32x_1x_2 + 4.48x_2x_3 + 1.04x_1x_3 \quad (5-26)$$

式中，$\hat{y}_{YY}$，$\hat{y}_{CY}$ 分别表示仪器测定的硬度和脆性的估计值；$\hat{y}_{YG}$，$\hat{y}_{CG}$，$\hat{y}_{KG}$ 分别表示感官检验测定的硬度、脆性和口溶性的估计值。

4. 显著性检验及绘制等高线

按式（5-21）计算的估计值是否满足实测值，必须用前6次试验以外的估计值和实测值之间进行 t 检验，即：

$$t = \frac{\bar{x} - \mu_0}{\sigma / \sqrt{n}} \quad (5-27)$$

式中 μ_0——估计值；

$\bar{x}$——实测值的平均值；

σ——标准误差；

n——测定次数。

若 $|t| < t_{a/2}(n-1)$，则信度 α，估计值和实测值之间无显著性差异，即估计值满足实测值。因此可以根据式（5-17）推算出各因素在任意单形坐标时的估计值，然后把相同大小的估计值连接起来，就可得到各因素对试验指标的等高线（$p=3$ 时）。根据等高线可以得出各因素对试验指标的影响规律，并可由此预测出达到所需试验指标时各因子的混料百分比（也可直接由响应方程计算而得）。

本例中，通过 t 检验（证明过程略），证明信度 $\alpha=0.05$ 估计值和实测值之间无显著性差异。于是根据式（5-22）至式（5-26）计算各物性的估计值，绘出单形内的等高线，结果如图 5-43 和图 5-44 所示。

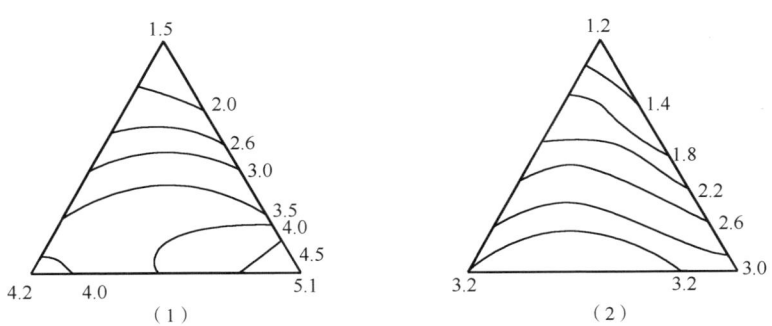

图 5-43　仪器测定的硬度（1）和脆性（2）的等高线

5. 结果分析

由图 5-43 可知，仪器测定的硬度和脆性具有相似的等高线。奶油对饼干的硬度和脆性影响最大，即奶油含量最大水平的试样（即对应图 5-42A 点）最柔软、酥脆、口溶性最好；砂糖和鸡蛋越多，脆性越差，饼干则越硬。砂糖含量最大的试样（图 5-42B 点）和鸡蛋含量最大的试样（图 5-42C 点）都比较硬，不够酥松，口溶性也差。其中，砂糖含量最大的试样比鸡蛋含量最大的试样更硬，然而却稍酥松，说明砂糖有使饼干变硬的作用，但与鸡蛋相比，使饼干酥脆的作用更大一些。

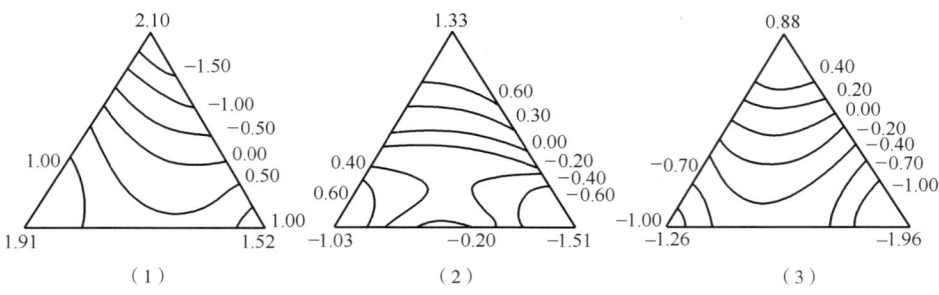

图5-44 感官检验的硬度（1）、脆性（2）和口溶性（3）的等高线

6. 仪器测定值与感官检验值之间的关系

由图5-43和图5-44可知，饼干质构的感官检验值与仪器测定值之间具有相似的规律。对感官检验值和仪器测定值之间的关系进行相关分析，结果列于表5-15中。

表5-15　　　　　　　　感官检验与仪器测定结果间的相关关系

感官检验	仪器测定	
	硬度	脆性
硬度	0.89*	0.88*
脆性	-1.00*	-0.80*
口溶性	-0.92*	-0.75*

注：*表示信度 $\alpha=0.05$ 有显著性差异。

结果表明，感官检验的硬度和仪器测定的硬度、脆性有极显著的正相关性，而感官检验的脆性、口溶性和仪器测定的硬度、脆性之间有极显著的负相关性。因此，可以用仪器测定值代替感官检验，定量地评价饼干的食味和品质。而且用等高线可以由调制面团时的原料混合比预测饼干各物性值的大小；或者反过来，也可以计算任意大小的物性值所需要的原料混合比。例如，要生产脆性不变、油性小、甜度适当的饼干时，可以在脆性的单形坐标系内的同一曲线上选择减少奶油和砂糖相应坐标的原料混合比。

二、米饭的老化感

刚做的米饭柔软而有黏性。但随着时间的延长，米饭失去黏性变得干干巴巴，我们把这种现象称为老化。米饭的老化主要由米淀粉的老化引起。大田等把摄食米饭时的不喜欢吃的感觉用"米饭的老化感"表示，并研究了米饭的老化感与糊化度、物性等仪器测定值之间的关系。

如表5-16所示，把6种支链淀粉含量不同的大米作为试样，调节加水比，尽量使做出来的米饭硬度相同。日本晴的加水与米质量比取1.1~1.9。煮好饭后在5℃中保存0~48h（保存中尽量不使水分含量发生变化），再把品温恢复到20℃作为试样。让10名评审员对米饭的老化感用0分（无老化）到4分（非常老化）的5级尺度，硬度和黏性以加水比1.5的日本晴为基准（0分），用+4分（非常硬或黏）到-4分（非常软或不黏）的 9 级尺度，嗜好欲望用"能食用"和"不能食用"的 2 级尺度进行评判。仪器测定是用 BAP 法测定了米饭中淀粉的糊化度，用 DSC 测定了再糊化需要的吸热量，用质构仪和流变仪测定了硬度、黏性、断裂应力、断裂应变、弹性模量，用 SEM 观察了米饭的断面。

表 5-16　　　　　　　　　　　　试验用大米样本

种类	支链淀粉含量/%	炊饭水质量/米质量	米质量增加率（熟米/生米）	硬度/T.U.
糯实	2.4	1.0	1.88	2.83
短茎 2019	13.7	1.2	2.06	3.04
关东 168	14.8	1.3	2.17	2.86
短茎 2024	18.5	1.4	2.27	3.06
日本晴	20.9	1.1, 1.3, 1.5, 1.7, 1.9	1.96, 2.16, 2.36, 2.54, 2.73	3.71, 3.57, 3.13, 3.01, 2.71
星丰	27.2	1.5	2.34	3.33

由图 5-45 可知，米饭的老化感随品种有所区别，但总的来看，老化感随保存时间的增加而增加。保存 40h 后所有米饭都不能食用。特别是标准米日本晴，保存初期就有明显变化，保存 5h 后有显著老化感。而用 BAP 法测定的淀粉糊化度，保存初期变化却缓慢，当时间超过 15h 后糊化度急剧下降（图 5-46）。图 5-47 是老化和糊化的相关关系，图中表明：当老化感超过 2.0 时，糊化度迅速下降。用 DSC 测定的再糊化所需要的吸热能与 BAP 法测定结果相似。

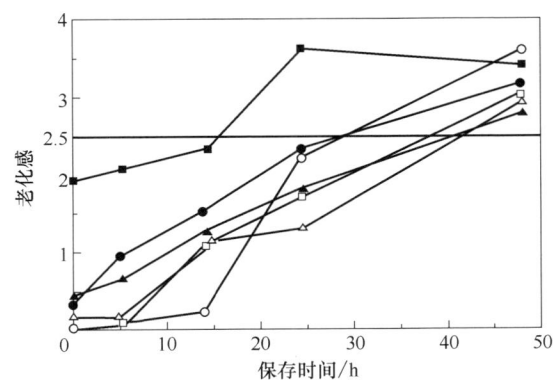

图 5-45　保存时间和老化感之间的关系

○—糯实　△—短茎 2019　□—关东 168　▲—短茎 2024　●—日本晴　■—星丰

纵坐标数字：0—不老化，1—稍微老化，2—中等老化，3—很老化，4—严重老化。

注：老化感>2.5 说明不能食用

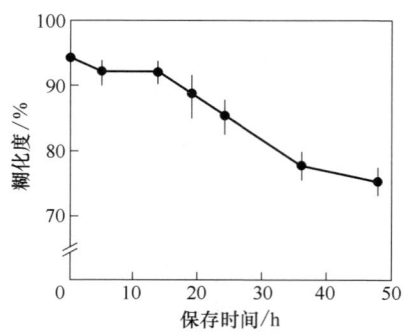
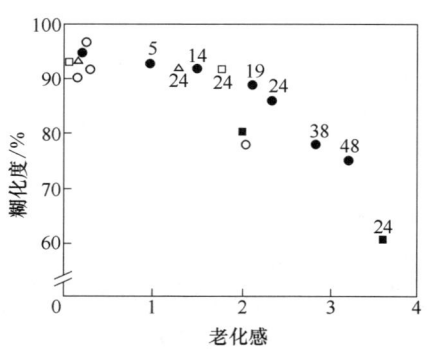

图 5-46　保存时间和糊化度的关系

注：本样品为 5℃ 以下保存的日本晴米饭（加水量为 1.5）

图 5-47　老化感与糊化度的关系

注：图标与图 5-45 相同，图标旁边的数字表示保存时间（单位：h）

以上结果表明，米饭的糊化度可用 BAP 法和 DSC 测定，而老化是一种宏观特性，可用物性测定值来表示。以断裂应力、断裂应变、弹性模量、硬度和黏性等物性参数为自变量，感官检验的米饭老化感为应变量，用变数增减法做多元回归分析结果如下：

$$Y = 0.86X_1 - 3.15X_2 - 0.48$$

式中　Y——米饭的老化感（0 表示未老化，4 表示非常老化）；
　　　X_1、X_2——质构仪测定的硬度（T.U）与黏性（T.U）。

试验证明，用上述回归式计算的结果与实测值非常一致。

三、天然干酪生产过程中的质构评价

干酪的种类很多，在这里我们主要研究高达干酪与切达干酪等天然干酪生产过程中的质构评价问题。这对干酪生产工艺的机械化、自动化将会起非常重要的作用。

干酪生产的主要流程为：

原料乳的杀菌 → 添加乳酸菌和凝乳酶 → 凝块形成 → 切块、加热、搅拌（排除乳清）→ 入模压榨 → 腌渍 → 发酵成熟

其中最难控制的是判断凝块形成状态、切块时间及最终产品的成熟情况。如果切块时间过早，那么乳清排除过多，不仅得到的凝块太硬，而且由于未凝固的乳成分的流失而造成有效利用率下降。如果切块时间过迟，那么乳清排除困难，水分过剩，不但得到的凝块太软，还因异常发酵而影响产品。正确判断凝块形成状态对制造工艺的自动化有着非常重要的意义。凝固所需要的时间约为 50min，最后的 1~2min 是最恰当的切块时间。对最终产品成熟情况的判断主要以质构和风味评价为主。

过去，把熟练工人的感官检验经验作为干酪生产过程中的流变特性的控制指标，即把对产品外观的观察以及对产品触摸后的手感作为控制产品质量的依据，故很难准确控制产品质量。为了实现制造工艺的机械化，欧美等国家已经开发出储乳罐配乳、添加乳酸菌和凝乳酶、凝块的形成、切块时间等的一整套程序。但是因为凝块的凝固状态不稳定，产品质量仍易出现误差。为此，崛等详细研究了从添加乳酸菌和凝乳酶到凝块形成的全过程，得出了凝块的凝固状态不可

能只用时间函数来管理的结论。他开发出能够在储乳罐中连续地非损伤性地测定凝固状态的传感器，使测定的结果与技术人员的判断结果完全一致，满足了用仪器判断乳块凝固状态的要求。

传感器的原理为：微小电流流过直径为 0.1mm 的白金线，使线的表面温度升高 2~5℃。当把线放在低黏度的液体中时，由于对流产生热传递，线表面温度上升不大。但当把线放在高黏度的液体中时，由于不易产生对流，热传递慢，线表面温度上升较高。当把线放在凝块样的凝胶中时，线的温度上升更高。

以横轴为时间，纵轴为白金线及原料乳温度，测定结果如图 5-48 所示。图中，锯齿形的上下振动部分表示往储存罐注入杀菌牛乳的状态，约 52min 后添加凝乳酶，再过 20min 左右可见曲线急剧上升。从曲线的上升部分可以找出最恰当的凝块切块时间。切块时间的设定需要与熟练技术员共同确定。这样就可逐渐实现用传感器来代替技术员，准确地判断最恰当的凝固时间，实现干酪生产工艺的自动化。

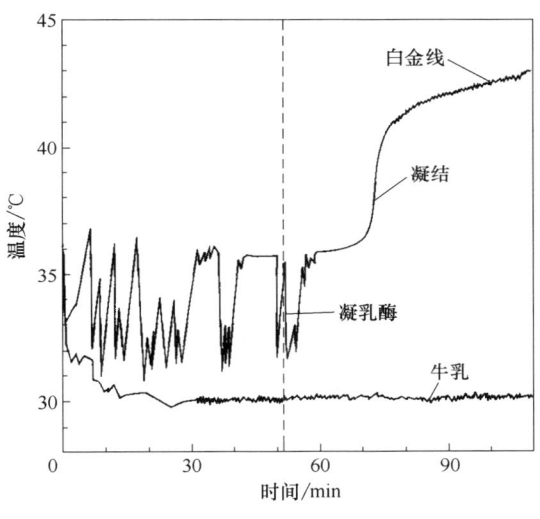

图 5-48　牛乳的凝固过程

思考题

1. 结合图 4-5 典型力学特征曲线，讨论图 5-5 几种材料的穿孔实验曲线，特别注意弹性阶段和屈服点后的材料表现。
2. 欲检测如下产品，请选择合适的探头和支撑方式：新鲜青豆，新鲜芹菜，肉的嫩度，软糖果口感，爆米花酥脆性。
3. 比较第四章力学性能参数定义和 TPA 曲线上标定的力学性能指标，如何解释它们之间的异同？
4. 用应力松弛概念解释由布拉本德粉质仪获得的稳定时间 t_B。
5. 某企业研发一款新产品，通过市场消费者调研获得一组最佳的口感指标，请论述如何将该组口感指标转换成仪器检测参数，并且信息转换损失最小。

第六章

颗粒食品的物理特征与流动特性

本章内容提要

本章介绍大颗粒物体的尺寸、形状和表面积的估计方法，重点介绍小颗粒和粉末食品的物性参数，包括密度、孔隙率和流动性问题，其中孔隙率检测方法和粉体流动性实验方法具有一定的实用性。

颗粒食品的基本物理特征包括：单体尺寸、综合尺寸、外观形状、面积、体积、密度、孔隙率等。这些物理特征在食品工程中应用很广泛，例如：在固体筛分除杂和果蔬分类中，形状和物理尺寸起重要作用。气流输送粮食和颗粒食品以及水力输送果蔬时，颗粒密度、大小和形状均是设计输送设备的重要参数。为了精确建立冷却和干燥过程中热量与质量的转换模型，人们必须了解颗粒的体积和表面积，了解孔隙率对气流的阻抗。用收割机破碎草料或碾磨谷物和油子时，要达到既不浪费能量又有优质产品，必须掌握粒度的分布情况。颗粒食品（例如乳粉）的速溶性和结块问题也与基本物理特征参数有关。

颗粒食品的物理特征参数范围很广，比如：乳粉颗粒的直径为 $10\sim150\mu m$，而西瓜直径最大可以达到 0.5m；它们的形状也是各种各样，豌豆是球形的，橘子和葡萄是椭圆形的，燕麦是窄长形的。密度差异也是非常大的，苹果密度为 $0.7\sim0.9g/cm^3$，明显小于水的密度，而小麦粒的密度为 $1.4\sim1.49g/cm^3$。苹果的容积密度为 $577kg/m^3$，小麦的容积密度为 $793kg/m^3$。人们用一些术语如：大直径、球度、孔隙率等表示各种特征，同时也发展了一些检测技术。

第一节 形状与尺寸

一、尺寸

粮食、种子、果蔬的大小常用尺寸来描述，形状则是各种尺寸的综合体现。虽然规则形状的食品如球形食品、立方体食品等的尺寸可以用相应的几何尺寸来表示，但大部分食品和农产品的形状是不规则的，所以很难用单独的一个尺寸简单地表示出它们的形状。

有时人们用食品与农产品凸起部分的尺寸来表示其大小，所用三维尺寸分别为大直径、中径和小直径。大直径是最大凸起区域的最长直径，小直径是最小凸起区域的最短直径。中径是最大凸起区域的最小直径，一般人们假设它与最小凸起区域的最长直径相等。

可以用测微器或测径器测量三维尺寸。当测微器或测径器接触种子表面时，种子被轻微压缩。所以应控制压力到最小。测微器上带有一个棘轮制动栓（有时也称螺母），专门用于较硬物质的测量。一般用测径器测量较软的果蔬，但注意避免测径器刀口损伤果蔬表面。测径器上添加一个弹簧装置可以提高测量结构的重复性。

由于农作物生长季节、地理位置和种类等不同，所以食品和农产品尺寸变化范围也不尽相同。因此，在检测产品尺寸时，最好选择典型地域条件下生产的特定种类的产品，测量大量试样（100 个或更多），计算尺寸平均值和标准差，并与其他样品的均值和标准差比较。有时也需要得到统计分布情况，这一点我们在后面单独论述。表 6-1 列出一些常见粮食果蔬的典型尺寸。小颗粒食品如谷物籽粒，可以放到一个摄影放大器上进行旋转，直到在屏幕上看到其最大和最小凸起区域。

表 6-1 谷物、果蔬相关尺寸

产品直径	大直径/mm		中径/mm		小直径/mm	
	均值	标准差	均值	标准差	均值	标准差
谷物						
玉米	12.01	1.52	8.15	0.71	5.18	1.00
小麦	6.02	0.41	2.79	0.37	2.54	0.08
大豆	7.29	0.66	6.43	0.51	5.38	0.20
燕麦	10.84	1.65	2.67	0.36	2.03	0.33
荞麦	8.76	1.19	3.15	0.38	2.51	0.38
黑麦	6.65	0.69	2.21	0.25	2.11	0.25
果蔬						
苹果	70.1	—	67.6	—	56.4	—
苹果	76.7	—	71.6	—	63.5	—
蓝莓	11.7	—	11.4	—	8.6	—
樱桃	22.6	0.864	22.5	1.19	19.8	0.864
桃	58.2	—	57.2	—	54.9	—
梨	83.6	—	73.2	—	68.1	—
李子	46.0	—	44.7	—	40.9	—
马铃薯	70.0	—	62.0	—	53.0	—
番茄	63.8	—	59.2	—	47.2	—

在商业和食品工业中，常用三个相互垂直的轴向尺寸：长度 (l)、宽度 (b) 和厚度 (t)

替代大直径、中径和小直径。长度是指食品平面投影图中的最大尺寸，宽度是指垂直于长度方向的最大尺寸，而厚度则为垂直于长度和宽度方向的直线尺寸。

二、形状

果蔬、谷物、种子的形状差别很大。黄瓜很长，近似于圆柱体，萝卜像细长的圆锥，而柑橘和大豆则是椭圆形的。多数情况下，一种产品具有某些特定的形状。比如：超市出售的番茄，虽然品种多样，但它们几乎都是圆形的，无论是专用制作果汁的品种还是制作果酱的品种，当从大直径切开时，其截面都呈椭圆形。

多数水果的形状类似于球状，称为类球体，类球体又分成扁球体、椭球体等。通常用圆度和球度定量描述类球状食品（图6-1）。

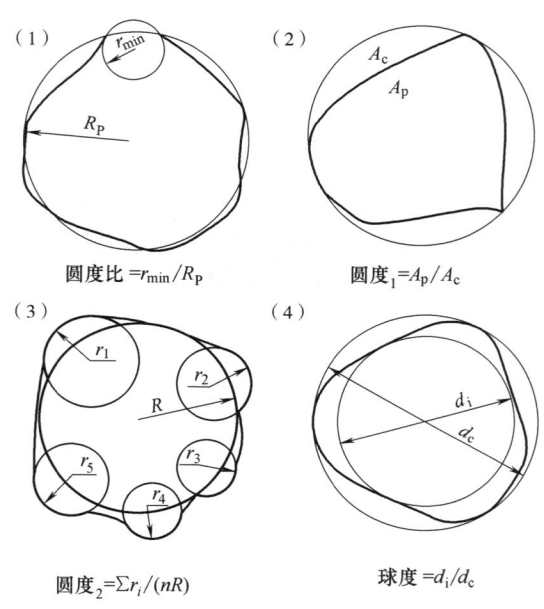

图6-1 类球体的圆度和球度

注：各符号意义见下文

1. 圆度

类球体的圆度（roundness）是表示其棱角锐利程度的一个参数，它有多种表示方法：

$$圆度_1 = \frac{A_p}{A_c} \tag{6-1}$$

式中 A_p——类球体食品在自然放置稳定状态下的最大投影面积，m^2；

A_c——A_p面积的最小外接圆面积，m^2，如图6-1（2）所示。

$$圆度_2 = \frac{\sum_{i=1}^{n} r_i}{nR} \tag{6-2}$$

式中 r_i——类球体食品最大投影面积图形上棱角的曲率半径，mm；
R——类球体食品最大投影面积图形的最大内接圆半径，mm；
n——棱角总数，如图 6-1（3）所示。

$$圆度比 = \frac{r_{\min}}{R_p} \tag{6-3}$$

式中 $r_{\min}$——最大投影面积图上类球体食品的最小曲率半径，mm；
R_p——最大投影面积图上类球体食品的平均半径，mm，如图 6-1（1）所示。

2. 球度

类球体食品的球度表示其球形程度，即与类球体食品等体积的球体，其表面积与类球体食品的表面积之比。

$$球度_1 = \frac{s_s}{s_p} = \frac{\pi d_p^2}{s_p} = \frac{6V_p}{d_p s_p} \tag{6-4}$$

式中 d_p——类球体的当量直径，mm；
s_s——球体表面积，mm²；
s_p——类球体的表面积，mm²；
V_p——类球体的体积，mm³。

$$球度_2 = \frac{d_i}{d_c} \tag{6-5}$$

式中 d_i——类球体食品的最大投影面积图形的最大内接圆直径，mm；
d_c——类球体食品的最大投影面积图形的最小外接圆直径，mm，如图 6-1（4）所示。

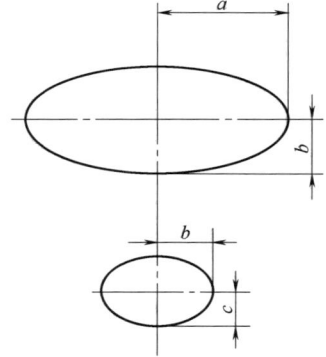

图 6-2 大直径、中径和小直径

球度还有一种计算方法，与食品的大直径、中径和小直径相等的椭圆体积与理想球体（球体直径与食品的大直径相等）的体积比：

$$球度_3 = \left[\frac{相等直径椭圆体积}{球体体积}\right]^{\frac{1}{3}} = \frac{(abc)^{\frac{1}{3}}}{a} \tag{6-6}$$

式中 a、b、c——大直径、中径和小直径的一半，mm，如图 6-2 所示。

【例题 6-1】利用表 6-1 中的数据，计算玉米颗粒"平均"尺寸的球度。

解：从表 6-1 可见，玉米的"平均"大直径（$2a$）为 12.01mm，中径（$2b$）为 8.15mm 和小直径（$2c$）为 5.18mm，将数据代入式（6-6）中，得：

$$球度_3 = \frac{(6.00\text{mm} \times 4.08\text{mm} \times 2.59\text{mm})^{\frac{1}{3}}}{6.00\text{mm}} = 0.664 \text{ 或 } 66.4\%$$

【例题 6-2】利用式（6-4）计算圆柱体的球度，已知圆柱直径 1.0cm，高 1.7cm。

解：圆柱体的体积：

$$V_p = \pi r^2 h = \pi \times 0.5^2 \times 1.7 = 1.335 \text{cm}^3$$

当量直径：

$$\frac{4}{3}\pi r_p^3 = 1.335 \text{cm}^3, \quad d_p = 2r_p = 1.366 \text{cm}$$

球体表面积：

$$s_s = \pi d_p^2 = 5.859 \text{cm}^2$$

圆柱体的表面积：

$$s_p = 2\pi r(h+r) = 2\pi \times 0.5 \times (1.7+0.5) = 6.908 \text{cm}^2$$

$$球度 = \frac{s_s}{s_p} = \frac{5.859}{6.908} = 0.848$$

3. 曲率半径

曲率半径（Radius of Curvature）也是表征物体形状的一个重要参数，物体表面轨迹为穿过物体中心和表面上某一点的平面上的曲线，选定点落于曲线上。曲线上此点的曲率半径是指部分圆弧与选定点曲线重合的圆的半径。有无限多个平面穿过物体中心和表面上的点。除非物体为球体，否则对不同平面来说，曲率半径不同。曲面上的每一个点都有最大和最小曲率半径。考虑整个表面上所有的点，最终总有一个最大曲率半径和最小曲率半径。图6-3是测量曲率半径的简易装置。金属座上装有仪表盘，下有两个触针。为了测量不同尺寸材料的曲率半径，两个触针的间距可以调整。当触针与材料表面接触时，仪表盘指针被推起，给出高度S。通过下式计算曲率半径R_c：

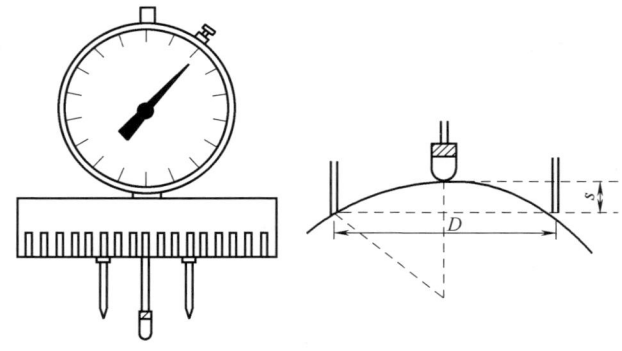

图6-3 曲率半径测量仪表

$$R_c = \frac{(D/2)^2 + S^2}{2S} \tag{6-7}$$

式中　D——两触针间距，mm；

　　　S——冠的高度，mm。

对于类似于苹果这样较大体积的物体，应该用仪表较小读数和较大读数计算最大曲率半径和最小曲率半径。对于形状较均匀且较小的物体，可由特征直径计算获得：

$$R_{c,\min} = b \tag{6-8}$$

$$R_{c,\max} = \frac{b^2 + \frac{a^2}{4}}{4b} \tag{6-9}$$

式中　$R_{c,\min}$——最小曲率半径，mm；

　　　$R_{c,\max}$——最大曲率半径，mm；

　　　a——大直径的一半，mm；

　　　b——中径的一半或者是大直径与小直径的平均值的一半，mm。

【例题 6-3】用曲率半径仪测量一个金冠苹果，仪器上触针间距 25.0mm。触针与苹果大直径平行时，指示器读数 1.91mm；触针处于垂直于大直径的平面时，读数为 2.17mm。计算苹果曲率半径。

解：利用式（6-7），最大曲率半径 $R_{c,\max}$（与指示器两个读数中较小值对应）和最小曲率半径 $R_{c,\min}$ 分别为：

$$R_{c,\max} = \frac{25^2}{8 \times 1.91} + \frac{1.91}{2} = 41.8 \text{mm}$$

$$R_{c,\min} = \frac{25^2}{8 \times 2.17} + \frac{2.17}{2} = 37.1 \text{mm}$$

【例题 6-4】计算具有"平均"直径的小麦粒最大曲率半径和最小曲率半径。

解：由表 6-1 可知，小麦颗粒大直径为 6.02mm，中径为 2.79mm，小直径为 2.54mm。以小直径和中径的平均值 2.67 计算，得最大曲率半径和最小曲率半径分别为：

$$R_{c,\max} = \frac{2.67^2 + \frac{6.02^2}{4}}{2 \times 2.67} = 3.15 \text{mm}$$

$$R_{c,\min} = \frac{2.67}{2} = 1.34 \text{mm}$$

第二节　体积与表面积

一、体积测量

通过测定气体或液体的排出量可以确定颗粒体积。

1. 密度瓶法［Pycnometer(Specific Gravity Bottle)］

对于吸收液体很慢的小颗粒食品（如：谷物种子），其体积可以用密度瓶或有刻度的量筒测定（图 6-4），通过测量食品排出液体的质量，利用式（6-10）进行计算。测量前，密度瓶需要烘干处理，避免瓶内有残留液体。

$$V_s = \frac{食品排出的液体质量}{液体密度} = \frac{(m_{pf} - m_p) - (m_{pfs} - m_{ps})}{\rho_f} \quad (6-10)$$

式中　V_s——颗粒食品的体积，cm³；
　　　m_p——空密度瓶的质量，g；
　　　m_{pf}——装满液体的密度瓶的质量，g；
　　　m_{ps}——装入食品的密度瓶的质量（无液体），g；
　　　m_{pfs}——同时装有液体和食品的密度瓶的质量，g；
　　　ρ_f——液体密度，g/cm³。

式（6-10）中，第一个括号是密度瓶内液体的质量，第二个括号是含有颗粒食品时密度瓶内的液体的质量。两个括号的差值是食品排出的液体的质量。排出液体的体积，就是食品的体积，等于液体的质量与其密度之比。每一个颗粒的体积等于总体积除以密度瓶内食品的粒数。

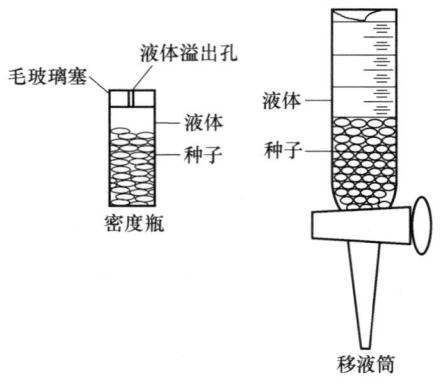

图 6-4　密度瓶法测量体积

另一种简易测量方法是将液体的体积和加入食品后的体积从密度瓶上的刻度读取出来。加入食品后体积增加量就等于食品的体积。为了计算结果的精确，加入的食品体积至少要为密度瓶上刻度的 10 倍。

测量过程中，如果食品表面吸附气泡或食品吸收液体，那么密度瓶读数就会出现误差。因此要求测量时，液体的表面张力要小，食品吸收液体的速度缓慢。密度瓶加盖之前或读取密度瓶刻度以前，应轻轻敲打密度瓶，让气泡上升到液体表面（排出气泡）。最常用的液体是水、乙醇（酒精）、甲苯和四氯乙烯。测量时，要小心处理有机溶液，避免吸入不良气味或有毒物质。

2. 台秤称量法（Platform Scale Method）

较大体积的颗粒食品（如果蔬），其体积测量可用台秤称量法。

首先用台秤称量水和烧杯的质量，然后将食品放入水中，再用台秤称量水、烧杯和食品的总质量。两次质量差等于物体的浮力，颗粒食品的体积等于浮力与水密度之比。

$$V_s = \frac{浮力}{水密度} = \frac{m_{bws} - m_{bw}}{\rho_w} \quad (6-11)$$

式中　m_{bw}——烧杯和水的质量，g；
　　　m_{bws}——食品、烧杯和水的质量，g。

采用台秤法称重时，食品不能与烧杯底部接触。如果食品比水重，那么可以用尼龙线将其悬挂；如果食品比水轻，则要用一个金属棒将食品压入水中，如图 6-5 所示。

3. 气体排出法（Gas Displacement Method）

细小颗粒状和不规则形状的食品，其体积的测量也可以用气体排出法测定。

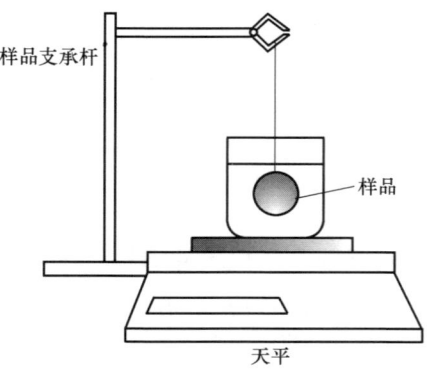

图 6-5　台秤法测量体积

如图6-6所示,气体排出法测量装置由2个容器、连接管、压力计和活塞构成。测量过程是:首先将被测物质放于容器2内,开启活塞1,关闭活塞2和活塞3,之后向容器1充入压缩空气(700~1000Pa),当容器1内的压力达到一定值时,关闭活塞1并记录容器1的压力p_1。之后开启活塞2,容器1内的气体充入容器2中,待平衡后记录容器2的压力p_2。

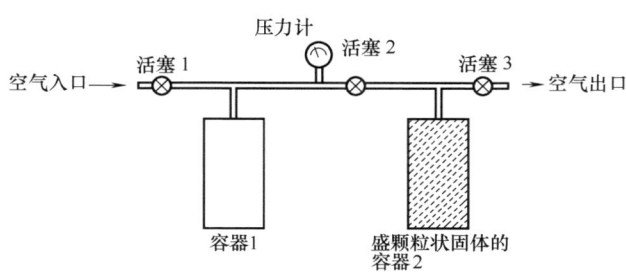

图6-6 气体排出法测量体积

设气体为理想气体,即:

$$pV_a = GRT/M$$

式中　p——容器内气体的绝对压力,Pa;
　　　V_a——气体的体积,cm³;
　　　M——气体质量,g;
　　　R——通用气体常数[8314.34J/(kg·mol·K)];
　　　T——绝对温度,K;
　　　M——气体分子质量。

当开启活塞2时,部分气体进入容器2,则气体总质量为容器1气体质量和容器2内气体质量。

$$m = m_1 + m_2$$

假设上述过程是等温过程,由上式可知:

$$p_1 V_{a1} = p_2 V_{a1} + p_2 V_{a2}$$

式中　V_{a2}——容器2内颗粒间的气体体积,可用容器2的容积减去颗粒食品的体积代替,即:

$$V_{a2} = V_2 - V_s$$

式中　V_2——容器2的容积,mL;
　　　V_s——容器2内颗粒食品的体积,cm³。

容器1中只有空气,所以V_{a1}等于容器1的容积V_1。一般情况下,$V_1 = V_2 = V$,则V_s计算式为:

$$V_s = 2V - V\left(\frac{p_1}{p_2}\right) \tag{6-12}$$

注意，以下几个原因可能造成测量结果的误差：①忽略了连接管内的气体；②高压空气不完全符合理想气体定律；③容器 1 和容器 2 等压不等温；④压力计误差。

气体排出法常用来测量谷物和种子的密度，如果气体进入籽粒内部，也会造成很大的误差。为了降低测量误差，建议使用氦气或者氮气。也可以采用颗粒涂蜡的方法避免气体侵入。

二、表面积测量

针对不同的食品，其表面积测量方法不同：

（1）对于果蔬和鸡蛋等大体积产品来说，用剥皮法或涂膜剥皮结合法测量。

果蔬的皮可以用刀削成窄条，然后将全部窄条放到纸上，画出轮廓轨迹，按照轨迹图形计算表面积。鸡蛋和一些大体积产品不易剥皮，可以涂上硅胶等物质。涂层干燥以后成条剥下，测量膜的表面积，测量方法同剥皮法。

（2）对于小体积物质，如谷物和种子，可以采用表面涂抹金属粉法测量。

准确称取一定质量的种子，并与已知尺寸的塑料圆柱或球体混合，之后进行表面涂抹黏性膜，如亮漆等。用热气流干燥 2min 后，再与金属粉混合。用 60 目或 80 目的美国标准筛筛除多余的金属粉，并准确称出涂膜后种子质量。通过塑料圆柱或球体单位表面积的增重量，计算出种子的表面积。

（3）利用几何相似性估算体积和表面积。

【例题 6-5】图 6-7 为鳄梨投影图，已知四个不同位置的最大和最小横截面直径。假设鳄梨每一部分表面积和体积都与相应形状的几何体相同，计算其总的表面积和体积。用宽带缠绕鳄梨表面计算出表面积为 176.2cm²，在台秤上用排水法测体积 218.5cm³。如果测量值为真值，问用相似几何体计算结果的误差率是多少。

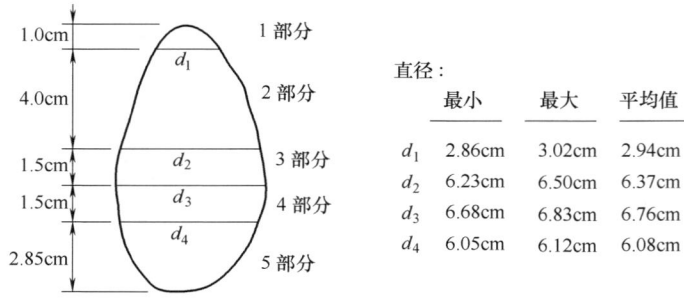

图 6-7 鳄梨投影图

直径：

	最小	最大	平均值
d_1	2.86cm	3.02cm	2.94cm
d_2	6.23cm	6.50cm	6.37cm
d_3	6.68cm	6.83cm	6.76cm
d_4	6.05cm	6.12cm	6.08cm

解：第 1、5 部分与部分球体相似，2、3、4 部分与截角锥相似。假设截面半径等于最大和最小直径平均值的一半，对于第 1 和第 5 部分，表面积 S_A 和体积 V 分别为：

$$S_A = 2\pi rh$$

$$V = \frac{\pi h^2}{3}(3r - h)$$

式中，$r = \dfrac{h}{2} + \dfrac{a^2}{8h}$，$h$ 为每一部分的高度。因此对于第 1 部分：

$$r_1 = \frac{1.0\text{cm}}{2} + \frac{(2.94\text{cm})^2}{8 \times (1.0\text{cm})} = 1.58\text{cm}$$

$$S_1 = 2\pi\ (1.58\text{cm}) \times (1.0\text{cm}) = 9.93\text{cm}^2$$

$$V_1 = \frac{\pi\ (1.0\text{cm})^2}{3}[3 \times (1.58\text{cm}) - 1.0\text{cm}] = 3.92\text{cm}^3$$

同样计算方法，可知第 5 部分的表面积和体积分别为：$S_5 = 54.6\text{cm}^2$，$V_5 = 53.6\text{cm}^3$。

第 4 部分类似于截角锥，其表面积 S_A 和体积 V 分别为：

$$S_A = \pi(r_1 + r_2)\sqrt{h^2 + (r_1 - r_2)}$$

$$V = \frac{\pi h}{3}(r_1^2 + r_2^2 + r_1 r_2)$$

式中 r_1、r_2——截角锥上下端面的平均半径，cm。

将第 4 部分的高度和平均半径代入上式：

$$S_4 = \pi\ (3.38\text{cm}+3.04\text{cm})\sqrt{(1.5\text{cm})^2 + (3.38\text{cm}-3.04\text{cm})^2} = 31.0\text{cm}^2$$

$$V_4 = \frac{\pi\ (1.5\text{cm})}{3}[(3.38\text{cm})^2 + (3.38\text{cm}) \times (3.04\text{cm}) + (3.04\text{cm})^2] = 48.6\text{cm}^3$$

同样计算方法，可知第 2 部分和第 3 部分的表面积分别为 $S_2 = 32.2\text{cm}^2$ 和 $S_3 = 31.2\text{cm}^2$，体积分别为 $V_2 = 71.2\text{cm}^3$ 和 $V_3 = 50.9\text{cm}^3$。

根据上面计算结果，可知鳄梨总表面积和体积分别为：

$$S_T = \sum_{i=1}^{5} S_i = 9.9\text{cm}^2 + 32.2\text{cm}^2 + 31.2\text{cm}^2 + 31.0\text{cm}^2 + 54.6\text{cm}^2 = 158.9\text{cm}^2$$

$$V_T = \sum_{i=1}^{5} V_i = 3.9\text{cm}^3 + 71.2\text{cm}^3 + 50.9\text{cm}^3 + 48.6\text{cm}^3 + 53.6\text{cm}^3 = 228.2\text{cm}^3$$

表面积和体积计算值与测量值误差率为：

$$\text{表面积误差率} = \frac{158.9\text{cm}^2 - 176.2\text{cm}^2}{176.2\text{cm}^2} \times 100\% = -9.8\%$$

$$\text{体积误差率} = \frac{228.2\text{cm}^2 - 218.5\text{cm}^2}{218.5\text{cm}^2} \times 100\% = 4.4\%$$

另外，还可以利用计算机图像识别系统快捷地检测出具有圆形或椭圆形横截面的果蔬、种子的表面积和体积。

三、投影法计算食品的体积和表面积

对于不规则形状的较大体积的食品，其表面积也可用投影法计算出来。

食品的形状决定其各项尺寸之间的数字关系。通常，物体各项尺寸之间的无量纲组合，称为形状因素。物体尺寸与其面积或体积之间的关系称为形状系数（Form Factor），表示物体实际

形状与球形不一致的程度。常用的有面积形状系数和体积形状系数。

食品的表面积和体积分别与某个特性尺寸的二次方和三次方成正比，比例系数取决于特性尺寸的选择。

食品的表面积和体积分别表示为：

$$S = a_{s,a} d_a^2 = x_s^2 \tag{6-13}$$

$$V = a_{v,a} d_a^3 = x_v^3 \tag{6-14}$$

式中　S、V——所检验食品的表面积和体积，cm^3；
　　　a_s、a_v——食品的面积形状系数和体积形状系数；
　　　脚标 a——投影面积，cm^2；
　　　d_a——所测得的直径是投影面积直径，cm；
　　　x——颗粒食品特性尺寸。

单位体积的表面积 S_v，又称比表面积（Specific Surface Area），表示为 $S_v = \dfrac{S}{V}$，结合式（6-13）和式（6-14）可得：

$$S_v = \frac{a_{sv,a}}{d_a} = \frac{1}{x_{sv}} \tag{6-15}$$

式中　$a_{sv,a}$——食品的体面积形状系数，也称比表面积形状系数；
　　　x_{sv}——食品的体面积尺寸。

由此可知：

$$a_{sv,a} = a_{s,a}/a_{v,a} = Sd_a/V \tag{6-16}$$

对于凸状食品和农产品来说，由于其投影面积随着投影方向的变化而变化，所以一般采用平均投影面积。平均投影面积指食品在三个互相垂直的投影面上的平均值，即：

$$A_c = (A_1 + A_2 + A_3)/3 \tag{6-17}$$

式中　A_1、A_2、A_3——在 H、V、M 三个相互垂直投影图上的投影面积，cm^2；
　　　A_c——平均投影面积，cm^2。

凸状物体体积 V 和表面积 S 之间存在下述关系：

$$V^2/S^3 \leqslant 1/36\pi \tag{6-18}$$

注意：物体为球体时，上式取等号。

第三节　密度

密度是质量与体积之比。在食品工程中，质量容易测量，而体积受形状、组织结构、成分等多种因素影响，较难准确测量。在第六章第二节中我们已经介绍了部分体积的测量方法，这里不再赘述，仅给出各种测量方法的图示和特点（图6-8）。

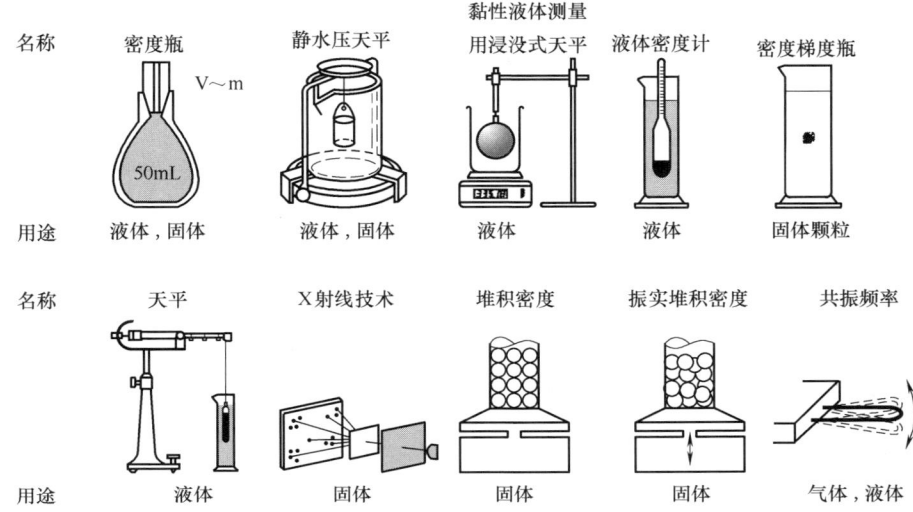

图6-8　密度各种测量方法及特点

密度有多种表述名称，为了避免概念和应用混淆，介绍如下：

（1）真实密度（True Density，ρ_t）　真实密度是指纯物质的质量与其体积之比。如果知道物质的组成以及各组成的密度和质量或者容积，可由式（6-19）计算出该物质的真实密度。

$$\rho_t = \frac{m_s}{\sum_{i=1}^{n} \frac{m_i}{\rho_i}} \tag{6-19}$$

式中　m_s——物质的质量，g；

　　　ρ_i——第i个组分的密度，g/cm³；

　　　m_i——第i个组分的质量，g；

　　　n——组分数目。

把组分分成两类：水分和干物质（固体），就可以确定水分对密度的影响了。

从表6-2可以看到，粒状食品（除了脂肪、水和盐）主要成分的密度在1.27~1.59。所以许多农产品和食品的密度为1.4~1.5g/cm³。水和脂肪的密度跟其他成分密度不同，因此，所含脂肪量或水分量不同会影响食品密度。比如：牛乳的密度在很大程度上依赖于脂肪含量；大豆主要成分是蛋白质（约34%）和淀粉（约34%），同时还含有较多的脂肪（17%~19%）。干物质密度介于蛋白质、淀粉密度（约1.4）和油脂密度（约0.92）之间。

（2）固体密度（Solid Density，ρ_s）　固体密度是物质的质量与去除材料内部孔隙体积后材料的体积之比。固体密度的体积可以通过气体排出法测量获得。测量中，应该使气体渗入开孔直径大于气体分子直径的所有孔隙中。

表 6-2　　　　　　　　　　　农产品和食品一般组分的密度

组分	密度/(g/cm³)	组分	密度/(g/cm³)
纤维素	1.27~1.61	盐	2.16
柠檬酸	1.54	淀粉	1.50
脂肪	0.9~0.95	蔗糖	1.59
葡萄糖	1.56	水	1.00
蛋白质（球状）	约1.40		

(3) 物质密度 [Material (Substance) Density, ρ_m]　物质密度与固体密度相似，只是测量方法不同。物质密度是通过将物质粉碎至充分细小，达到组织结构内没有孔隙存在的程度，由此获得的质量与体积之比。

(4) 颗粒密度 (Particle Density, ρ_p)　颗粒密度是指颗粒组织结构完整情况下，颗粒质量与体积之比。颗粒体积包括颗粒内部的（不与外部环境相通的）孔隙体积。颗粒体积可用气体密度瓶 (Gas Pycnometer) 测量。

颗粒密度与谷物种类有关，与水分含量有关。有人发现玉米、小麦和高粱含水 11%~13% 时，颗粒密度从 1.258g/cm³ 变化到 1.396g/cm³，颗粒密度的差异反映了籽粒内部空隙体积的不同。Chang 发现，对硬质小麦、软质小麦、高粱和玉米来说，籽粒内部空气占体积的比例分别为 3.6%~5.0%、5.3%~7.0%、8.9%~10.6% 和 11.7%~13.3%。

(5) 表观密度 (Apparent Density, ρ_a)　表观密度是指材料质量与包含所有孔隙（这种孔隙既有内部封闭的孔隙，也有与外界相通的孔隙）的材料体积之比。对于几何形状规则的材料，其表观密度的体积可由几何尺寸计算（如长方形体积 $a \times b \times c$）。对于形状不规则的材料，其体积可由固体或者液体排出法确定。

(6) 堆积密度 (Bulk Density, ρ_b)　堆积密度也称容积密度，是指散粒体在自然堆放情况下的质量与体积之比。一般情况下，将一定质量的散粒体倒入已知容积的容器内，由此确定其密度。由于散粒体大小、形状、表面特性以及容器尺寸和表面状态、倒入方式等均能影响散粒体的堆积密度，因此，有一定的倒入方式和相应的仪器。如果采用振动堆积的方式，则获得的堆积密度称为振实堆积密度 (Tapped Bulk Density)。对于食品材料，堆积密度与水分含量关系较大，表 6-3 是部分粉末食品材料堆积密度与水分含量的关系。几种谷物堆积密度等式见表 6-4。

表 6-3　　　　　　　部分粉末食品材料的堆积密度与水分含量的关系

材料	堆积密度/(kg/m³)	水分含量/%
婴儿配方乳粉	400	2.5
可可粉	480	3~5
咖啡粉（粉碎与烘焙后）	330	7
咖啡粉（速溶）	470	2.5
咖啡粉（奶油）	660	3
玉米粉	560	12
玉米淀粉	340	12
蛋粉	680	2~4

续表

材　料	堆积密度/(kg/m³)	水分含量/%
明胶（粉碎后）	680	12
微晶纤维素	610	6
乳粉	430	2~4
燕麦粉	510	8
洋葱粉	960	1~4
食盐（粒状）	950	0.2
食盐（粉状）	280	0.2
大豆蛋白粉	800	2~3
蔗糖（粒状）	480	0.5
蔗糖（粉状）	480	0.5
小麦粉	800	12
小麦全粉	560	12
乳清粉	520	4.5
酵母粉	820	8

表6-4　　　　　　　　　　几种谷物堆积密度（ρ_b）等式

谷物	堆积密度/(kg/m³)	谷物	堆积密度/(kg/m³)
大麦	$\rho_b = 705.4 - 1142M + 1950M^2$	大豆	$\rho_b = 734.5 - 219M - 70M^2$
玉米（颗粒）	$\rho_b = 1086.3 - 2971M + 4810M^2$	高粱	$\rho_b = 829.1 - 643M + 660M^2$
燕麦	$\rho_b = 773.0 - 2311M + 3630M^2$	小麦	$\rho_b = 885.3 - 1631M + 2640M^2$
黑麦	$\rho_b = 974.8 - 2052M + 2850M^2$		

注：密度为湿基水分含量（M）的函数，水分含量以小数表示。等式适用范围：湿基水分含量10%~40%。

密度与温度也存在一定的关系。对于食品主要成分，其密度与温度的关系为：

$$\rho_w = 997.18 + 3.1439 \times 10^{-3} T - 3.7574 \times 10^{-3} T^2 \tag{6-20}$$

$$\rho_c = 1599.1 - 0.31046 T \tag{6-21}$$

$$\rho_p = 1330 - 0.5184 T \tag{6-22}$$

$$\rho_f = 925.59 - 0.41757 T \tag{6-23}$$

$$\rho_a = 2423.8 - 0.28063 T \tag{6-24}$$

$$\rho_i = 916.89 - 0.1307 \tag{6-25}$$

式中　下标 w，c，p，f，a，i——水、碳水化合物、蛋白质、脂肪、灰分和冰的密度，kg/m³；
　　　T——温度，℃，取值范围为-40~150℃。

【例题 6-6】 例题 6-5 中的鳄梨置于电子天平上称重，然后用细线拴住柄悬浮于盛水烧杯中。注意整个鳄梨浸入水中，且不能接触容器底部和壁。鳄梨的质量为 219.8g。容器内水的质量为 1137.1g，鳄梨浸入水中时，烧杯、水和鳄梨总质量为 1355.3g。水温 20℃。求鳄梨密度。

解： 浮力等于容器+水+悬浮鳄梨的总质量减去容器和水的质量。

即：浮力 = 1355.3g - 1137.1g = 218.2g。20℃时水密度为 0.9982g/cm³。可以计算鳄梨体积和密度分别为：

$$体积 = \frac{浮力}{液体密度} = \frac{218.2g}{0.9982g/cm^3} = 218.6cm^3$$

$$密度 = \frac{质量}{体积} = \frac{219.8g}{218.6cm^3} = 1.005g/cm^3$$

鳄梨密度与水密度极其相似，因此，把鳄梨放入水中时，有可能因为表面张力作用使鳄梨的一部分露出水面，那么就需要施加外力破坏表面张力使整个梨都浸入水下。

【例题 6-7】 已知菠菜的组成如表 6-5 所示，计算 20℃时菠菜的真实密度。

表 6-5　　　　　　　　　　　菠菜组成成分

组分	质量分数/%
水	91.57
蛋白质	2.86
脂肪	0.35
碳水化合物	1.72
灰分	3.50

解： 根据式（6-20）至式（6-24），计算 20℃时各组分密度，以 100g 为基数，计算各组分所占的质量分数（表 6-6）。

表 6-6　　　　　　　各组分密度和质量分数（20℃）

组分	密度/(kg/m³)	质量分数/%
水	995.74	0.9157
蛋白质	1319.63	0.0286
脂肪	917.24	0.0035
碳水化合物	1592.89	0.0172
灰分	2418.19	0.0350

根据真实密度表达式：

$$\rho_t = \frac{m_s}{\sum_{i=1}^{n} \frac{m_i}{\rho_i}}$$

$$= \frac{1}{\frac{0.9157}{995.74} + \frac{0.0286}{1319.63} + \frac{0.0035}{917.24} + \frac{0.0172}{1592.89} + \frac{0.035}{2418.19}} = 1030.53 kg/m^3$$

第四节 孔隙率

食品内的孔隙有三种类型：①封闭的内部孔隙；②一端封闭，另一端与外界相通；③完全贯通食品的孔隙（图6-9）。孔隙率是指食品内部孔隙体积与食品表观体积之比，对于颗粒食品，孔隙往往是颗粒之间形成的，孔隙率多指颗粒之间的孔隙体积与堆放体积之比。孔隙率确定方法有几种，与前面介绍的体积和密度相关。因此，仅做简单介绍。

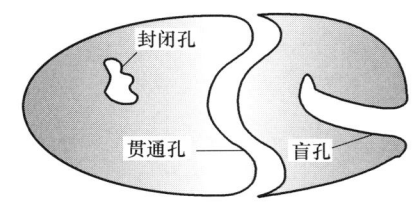

图6-9　孔隙类型

一、直接测量法（Direct Method）

对于比较柔软的材料，且粒子之间不存在引力或者斥力，可采用压缩方式。将孔隙结构完全压碎压实，测量压缩前后的体积变化，其变化值与压缩前体积之比即为孔隙率。

二、图像分析法（Optical Method）

采用显微镜技术直接观察材料端面的孔隙分布，由专用软件计算出孔隙率。这种方法适用于孔隙比较均匀的材料，也就是说，观察端面的孔隙率可代表整个材料的孔隙率。图6-10是面包端面的孔隙分布情况，通过软件计算可知，该面包孔隙率为0.348。

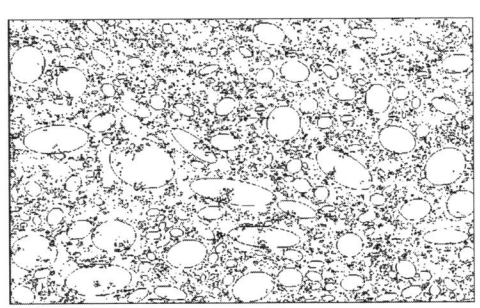

图6-10　面包端面孔隙分布情况

三、密度法（Density Method）

$$\varepsilon_a = 1 - \frac{\rho_a}{\rho_s}$$

或

$$\varepsilon_a = 1 - \frac{V_s}{V_a} \tag{6-26}$$

式中 ε_a——称为表观孔隙率（Apparent Porosity），是指颗粒内部孔隙（不包括与外界相通的孔隙）程度，由表观密度与固体密度决定，%；

ρ_a、ρ_s——材料的表观密度和固体密度，kg/m^3；

V_a、V_s——材料的固体体积和表观体积，m^3。

材料在堆积时，堆积之间的孔隙率称为堆积孔隙率（Bulk Porosity）：

$$\varepsilon_b = 1 - \frac{\rho_b}{\rho_a}$$

或

$$\varepsilon_b = 1 - \frac{V_a}{V_b} \tag{6-27}$$

式中 V_a——食品的表观体积或者颗粒体积，m^3；

V_b——堆积体积，m^3。

堆积食品的总孔隙率为：

$$\varepsilon_t = \varepsilon_a + \varepsilon_b \tag{6-28}$$

式（6-28）的表观孔隙率仅考虑了封闭孔隙的体积问题，并不是真正的全部孔隙率。对于另外两种孔隙（图6-8）的体积问题，在测量方法选择上应该考虑，因此，严格地讲，表观孔隙率应该包括三个部分：

$$\varepsilon_a = \varepsilon_{a1} + \varepsilon_{a2} + \varepsilon_{a3} \tag{6-29}$$

式中 下标1、2、3——代表三种类型孔隙率，%。

四、气体密度计（Gas Pycnometer）和孔隙率计（Porosimeters）

【例题6-8】 已知玉米含水率为15.0%，玉米颗粒密度为$1300kg/m^3$。马铃薯密度为$1118kg/m^3$，堆积密度约为$769kg/m^3$。计算两种食品的孔隙率。

解：利用表6-4等式推算玉米粒的堆积密度：

$$\rho_b = 1086.3 - 2971 \times 0.15 + 4810 \times 0.15^2 = 748.9 kg/m^3$$

所以，玉米粒的孔隙率为：

$$孔隙率 = \frac{总体积 - 食品体积}{总体积} \times 100\% = \frac{1m^3 - \frac{748.9kg}{1300kg/m^3}}{1m^3} \times 100\% = 42.3\%$$

用同样方法计算出马铃薯孔隙率为31.2%。注意：玉米粒容器内单位容积的空隙多于马铃薯存储容器内的空隙。

【例题6-9】 利用图6-6所示装置测量脱水苹果的孔隙率。已知$p_1 = 50.8kPa$，$p_2 = 30.9kPa$。

解：由 $p_1 V_{a1} = p_2 V_{a1} + p_2 V_{a2}$ 可知：

$$\varepsilon = \frac{V_{a2}}{V_{a1}} = \frac{p_1 - p_2}{p_2} = \frac{50.8 - 30.9}{30.9} = 0.644$$

【例题 6-10】已知樱桃含水率为 77.5%（湿基），在 25℃时其表观密度和堆积密度分别为 615kg/m³ 和 511kg/m³，假设樱桃成分仅有碳水化合物和水，碳水化合物密度和水的密度分别为 1586kg/m³ 和 997kg/m³。计算堆积状态的樱桃总孔隙率。

解：总孔隙率为樱桃内部封闭孔隙和颗粒间的孔隙之和，即 $\varepsilon_t = \varepsilon_a + \varepsilon_b$。

（1）表观孔隙率为：

$$\varepsilon_a = 1 - \frac{\rho_a}{\rho_s}$$

式中固体密度可由真实密度计算获得：

$$\rho_t = \frac{m_s}{\sum_{i=1}^{n} \frac{m_i}{\rho_i}} = \frac{1}{\frac{0.775}{997} + \frac{0.225}{1586}} = 1087.9 \text{kg/m}^3$$

表观密度为：

$$\varepsilon_a = 1 - \frac{615}{1087.9} = 0.43 \text{kg/m}^3$$

（2）堆积孔隙率为：

$$\varepsilon_b = 1 - \frac{\rho_b}{\rho_a} = 1 - \frac{511}{615} = 0.17\%$$

（3）总孔隙率为：

$$\varepsilon_t = 0.43 + 0.17 = 0.60\%$$

【例题 6-11】用油菜籽测量焙烤食品的体积。首先，确定油菜籽的堆积密度，将油菜籽装入质量为 100g、容积为 1000cm³ 的容器内，振实后用直尺刮平表面，称其质量为 750g。之后对松饼施加 1000N 的载荷，用油菜籽测量压缩前后松饼的体积变化，如表 6-7 所示。计算松饼焙烤过程中的孔隙率。

表 6-7　　　　　　　　松饼焙烤过程中的体积变化

焙烤时间/min	松饼质量/g	质量（空容器+松饼+油菜籽）/g	
		压缩前	压缩后
10	34	731	744
20	30	718	752
30	28	704	758

解：

（1）首先计算油菜籽的堆积密度：

$$\rho_{seed} = \frac{m_{seed}}{V_{con}} = \frac{750 - 100}{1000} = 0.65 \text{g/cm}^3$$

（2）利用压缩前的实验数据，计算 10min 后松饼的表观体积：

$$V_{\text{sam}} = V_{\text{con}} - V_{\text{seed}} = V_{\text{con}} - \frac{m_{\text{seed}}}{\rho_{\text{seed}}}$$

$$V_{\text{sam}} = 1000 - \frac{(731 - 100 - 34)}{0.65} = 81.5 \text{cm}^3$$

(3) 利用压缩后的实验数据，计算 10min 后松饼的固体体积：

$$V_s = 1000 - \frac{(744 - 100 - 34)}{0.65} = 61.5 \text{cm}^3$$

(4) 松饼的表观孔隙率为：

$$\varepsilon_a = 1 - \frac{V_s}{V_a} = 1 - \frac{61.5}{81.5} = 0.25\%$$

(5) 其他时间的表观孔隙率如表 6-8 所示。可知，随着焙烤时间的增加，由于水分不断地汽化逸出，孔隙率越来越大。

表 6-8　　　　　　　　　松饼孔隙率变化过程

时间/min	表观体积 V_a/cm³	固体体积 V_s/cm³	孔隙率 ε_a
10	81.5	61.5	0.25
20	95.4	43.1	0.55
30	113.8	30.8	0.73

第五节　复水性

复水性是指粉末食品重新吸附水分的能力，在食品、医药、添加剂等领域又称速溶性（Instant Properties）。粉末食品与水接触时，在毛细管力作用下水进入粉末颗粒之间，使表层粉末变为糊状。这种糊状形态对水有阻碍作用，容易形成中间仍有干粉末的不均匀团块。为了提高粉末食品的速溶性，在食品工业中常常采用造粒技术，将粉末通过固态连接、液态连接、颗粒间引力作用和机械缠绕作用形成更大的颗粒形态。图 6-11 是喷雾干燥和冷冻干燥造粒微观图像，可见高温干燥过程中形成的固态连接以及液态连接形成的球状形态。表 6-9 是常规喷雾干燥乳粉和两种造粒乳粉的复水性，可见造粒乳粉的复水性明显提高，而堆积密度明显下降。

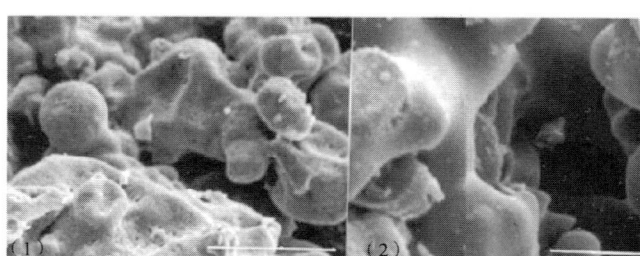
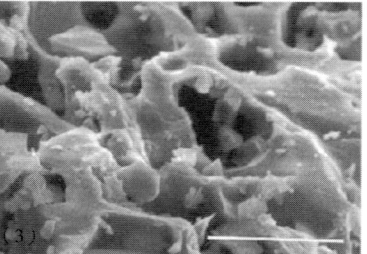

图 6-11　扫描电镜造粒微观图像
(1) 喷雾干燥脱脂乳　(2) 喷雾干燥咖啡　(3) 冷冻干燥咖啡，60μm

表6-9　　　　　　　　　　　脱脂乳粉复水性和其他物性

物性	常规喷雾干燥	流化床造粒粉	湿法造粒粉
可湿性/s	>1000	<20	<10
可分散性/%	60~80	92~98	92~98
不溶性指数	<0.10	<0.10	<0.20
平均粒径/μm	<100	>250	>400
堆积密度/(kg/m³)	641~689	449~545	449~497

复水性优劣与造粒和组成造粒的基本颗粒的物性参数有关。基本颗粒的物性参数有尺寸、尺寸分布、形状和表面积，而造粒参数有尺寸、尺寸分布、形状、表观密度和堆积密度、孔隙率、孔隙尺寸和尺寸分布、造粒的强度等。评价复水性优劣往往采用可湿性（Wettability）、下沉性（Sinkability）、可分散性（Dispersibility）和可溶性（Solubility）。可湿性是复水的第一步，是颗粒表面吸附水分的能力，与颗粒大小和表面性质有关。颗粒越小，表面积越大，表层湿润越快。颗粒表层存在疏水性物质，可湿性越差。下沉性是颗粒在水中的沉降能力，密度越大，颗粒越大，下沉性越好。对于多孔和超细粉末，下沉性较差。可分散性是单体颗粒在水的整个表面或者整个容器内的分散速度和均匀性。颗粒结块降低可分散性，而下沉性好的粉末，可分散性也好。可溶性是粉末颗粒与水的溶解能力，与粉末食品的化学成分和物理状态有关。上述四个评价指标相互影响，并非独立。在评价某种粉末食品的复水性时，要综合考虑各个指标的性能。

一、可湿性实验

图6-12是简易可湿性实验装置，样品容器高为H。该装置记录水从粉末容器底部开始至浸没整个容器的时间，为了避免粉末从顶部吸湿，容器上方盖有树脂玻璃罩。

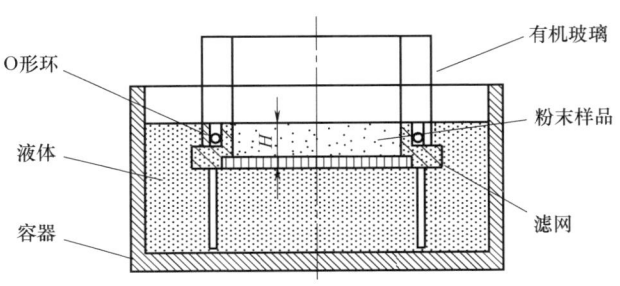

图6-12　简易可湿性实验装置

图6-13是另一种可湿性实验装置，该装置的粉末容器与称重系统相连接，记录质量与时间的关系。为了避免隔板孔隙存在气泡，影响水的渗入，实验前容器底部与水面倾斜并逐渐放平，把气体挤压出去。

图6-14是国际乳联颁布乳粉可湿性的检测装置（International IDF Standard 87）。对于脱脂乳粉，样品取26g，全脂乳粉取34g，去离子水250g，水温25℃。当玻璃板拉开后（2.5s内完

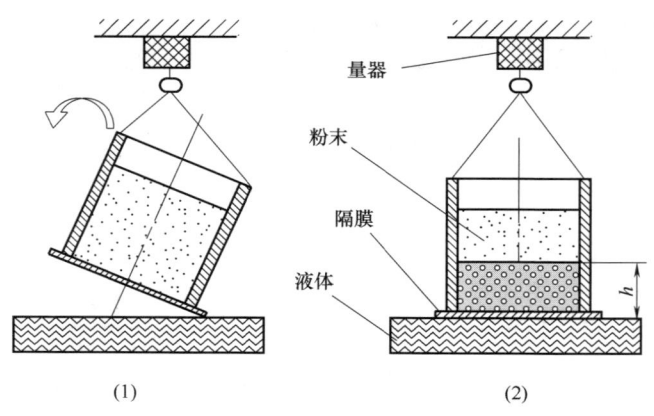

图 6-13 可湿性实验装置
(1) 实验前　(2) 实验过程中

拉开），样品从玻璃筒下落至烧杯水面上，记录所有样品沉入水面或者全部润湿的时间 t，并由下式确定可湿性 t_W：

$$t_W = t - 60 \tag{6-30}$$

式中　t——时间，s。

二、可分散性实验

国际乳联颁布的乳粉可湿性检测装置如图 6-14 所示。对于脱脂乳粉，样品取 26g，全脂乳粉取 34g，去离子水 250g，水温 25℃。当玻璃板拉开后（2.5s 内完全拉开），样品从玻璃筒下落至烧杯水面上。用搅拌片搅动 20s，静止 30s，之后将含有乳粉的 100g 水倒在筛孔为 150μm 的编织筛上（尽量避免对烧杯底部沉淀物的扰动），静止 30s 后，采用烘干法测量透过编织筛的水中含有的固形物量 C_s，并通过下式计算可分散性 D：

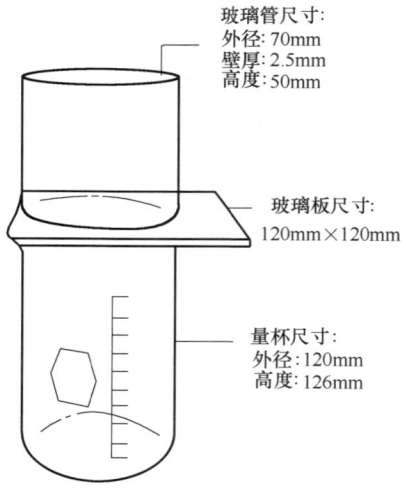

图 6-14 乳粉可湿性实验装置

$$D = \frac{962 C_s}{100 - (w + C_s)}, \text{脱脂乳粉} \tag{6-31}$$

$$D = \frac{735 C_s}{100 - (w + C_s)}, \text{全脂乳粉} \tag{6-32}$$

式中　w——实验前乳粉水分含量，%；
　　　C_s——水中含有的固形物量，%。

第六节 基本物理特征的统计分析

一、物理特征间的回归关系

工业生产中，有时候需要确定食品基本物理特征之间的回归关系。比如，一般水果可以按照大小分类，但对于设计机械来说，按照重量对水果分类更经济。所以需要知道水果质量与大直径、小直径以及中径之间的关系。另外，有时还需要通过检测三种直径确定体积。直径和质量之间的关系可以表示为：

$$m = \beta_0 + \beta_1 a + \beta_2 b + \beta_3 c \tag{6-33}$$

式中　m——果蔬或种子的质量，g；
　　a、b、c——大直径、中径和小直径的一半，mm；
　　　β_i——回归系数。

Chuma 等人提出运用回归分析方法计算体积和表面积。他们用对数转换方法建立含水量 15.7%（干基）小麦颗粒的计算公式。

$$V = 0.586(2a)^{1.08}(2b)^{1.28}(2c)^{0.52}$$
$$S = 3.59(2a)^{0.81}(2b)^{0.72}(2c)^{0.34}$$

体积与表面积之间的线性回归关系：$V = 1.10S + 17.2$

式中　V——体积，mm^3；
　　　S——表面积，mm^2。

二、物理特征的统计分析基础

单个种子、谷物、果蔬的尺寸、重量和体积可以看作符合某种统计分布的随机变量。设计收割、加工和清洗设备时，需要应用上述参数的均值，也需要了解物理性质相关变量的情况。比如：种子直径统计分布可以预测筛网分离异物的效果。草料颗粒的大小会影响加工和存储以及动物吸收效果。大部分颗粒状食品的尺寸分布与填充密度有关。乳粉和果汁的颗粒尺寸影响溶解速度。

可用两个参数表示一个总数：均值 μ 和标准偏差 σ。从一定总量内取样，对某性质（如重量）检测 n 次，估计均值 $\bar{X}$ 和标准偏差估计值 S 分别为：

$$\bar{X} = \frac{1}{n}\sum_{i=1}^{n} X_i$$

$$S^2 = \frac{1}{n}\sum_{i=1}^{n}(X_i - \bar{X})^2 = \frac{1}{n}\left[\sum_{i=1}^{n} X_i - \frac{\left(\sum_{i=1}^{n} X_i\right)^2}{n}\right] \tag{6-34}$$

考虑总体时，μ 表示均值，σ 表示标准偏差。从总体内取样时，如果针对选定数目的试样做试验，$\overline{X}$ 和 S 分别为 μ 和 σ 的估计。

标准偏差是试样变化的一个量度。试样变化程度越大，标准偏差越大。其变化幅度与均值变化幅度相关。所以要比较样品的变化情况，定义一个变化因数 C_V 就非常方便了。C_V 为标准偏差与均值比值的百分比：

$$C_V = \frac{S}{\overline{X}} 100\% \tag{6-35}$$

人们认为农产品材料的尺寸和其他物理性质是连续的随机变量。概率密度函数 $f(x)$ 表示分布情况。随机变量 x 落在区间 $[a, b]$ 之间或小于等于数值 "a" 的可能性分别表示为：

$$P\{a \leq x \leq b\} = \int_a^b f(x)\mathrm{d}(x) \tag{6-36a}$$

$$P\{x \leq a\} = \int_{-\infty}^a f(x)\mathrm{d}(x) \tag{6-36b}$$

常用正态分布的概率密度公式为：

$$f(x) = \frac{1}{\sigma\sqrt{2\pi}} \exp\left[\frac{-(x-\mu)^2}{2\sigma^2}\right] \quad -\infty < x < \infty \tag{6-37}$$

式中　　μ——随机变量的均值；

　　　　σ——标准偏差。

曲线类似于对称的钟形曲线。钟形曲线的中心线由 μ 决定，σ 确定钟形的宽度。如果 x 呈正态分布，均值 μ，标准偏差 σ，则随机变量 $Z = (x-\mu)/\sigma$ 也是正态分布，其均值为零，标准偏差为 1。

$P\{Z \leq a\}$ 的值在 $Z \geq 0$ 时，可从专门的表中查出，而 $Z \leq 0$ 时则可以利用对称关系 $P\{Z \leq -a\} = P\{Z > a\}$ 确定。对于均值不为 0、标准偏差不为 1 的变量来说，x 存在于区间 $[a, b]$ 之间的可能性可以由 $Z_1 = (a-\mu)/\sigma$ 和 $Z_2 = (b-\mu)/\sigma$ 计算，并以计算出的 Z 值选择区域对应的列表。

一些情况下，用正态分布就足以表示谷物和种子的物理性质了。比如：给出一些长度在 0.63mm 范围内的 B73xMo17 型玉米颗粒，数量用图 6-15 中黑条线表示。从玉米穗中间取下 300 个玉米粒，这些颗粒形状较扁平，平均长度 11.76mm，标准偏差 0.91mm（注：不同条件下生长的玉米，颗粒参数值有很大区别）。符合上述条件的颗粒，可以用一个正态分布表示，其均值、标准偏差可以由图中画斜线的条线表示。假设的正态分布和实际分布一致。

如果物理性质分布（如颗粒长度）符合正态分布，那么利用表中的 Z 值可以计算出具有相应特性的颗粒落于给定范围内的百分比。下面举例说明计算过程。

【例题 6-12】计算 B73xMo17 型玉米扁平颗粒（采自穗中部的颗粒）长度在 10.16～10.79mm 的颗粒数目百分比。假设玉米粒长度分布类似于图 6-15 所示情况。

解：假设玉米粒呈正态分布，平均长度 11.76mm，标准偏差 0.91mm。限定范围内 Z 值计算如下：

$$Z(X = 10.16) = \frac{10.16 - 11.76}{0.91} = -1.758$$

$$Z(X = 10.79) = \frac{10.79 - 11.76}{0.91} = -1.066$$

$P\{Z \leqslant -1.758\}$ 的值与 $1-P\{Z \geqslant 1.758\}$ 相等，均为 0.0394。表现在正态分布密度图上分布曲线以下 $-\infty$ 到 $Z=-1.758$ 之间的区域。随机选出大量符合上述条件的玉米粒，可以推断说有 3.94% 的颗粒长度小于 10.06mm。同样的，$P\{Z \leqslant -1.066\}$ 为 0.1444，由此可以推导，长度在 10.16~10.79mm 的颗粒百分比为 14.44%－3.94%，即 10.50%。注意这个数值要大于图中画斜线的柱条表示的 10.48mm（10.16~10.79mm 区间的中点即 10.48mm）。

如果特征分布不是正态分布，也可以推算落入给定区间内的数量。利用落入给定区间部分的数据，可以计算小于某数值的颗粒百分比。如图 6-15 所示，有 0.6% 的苹果直径小于 5.69cm。第二个范围的中点 6.03cm，上限为 (6.03+6.67)/2，即 6.35cm。直径小于 6.35cm 苹果的百分比为 (8.4+48.1)%，即 56.5%。一直推导下去，可以做出直径小于一定值的苹果百分比与直径间关系点图。根据这些作曲线，就可以从曲线上估计直径小于一定值的苹果百分比。另外，如果可以进行曲线拟合，那么数据点会符合拟合多项式，从拟合多项式也可以推测百分比。

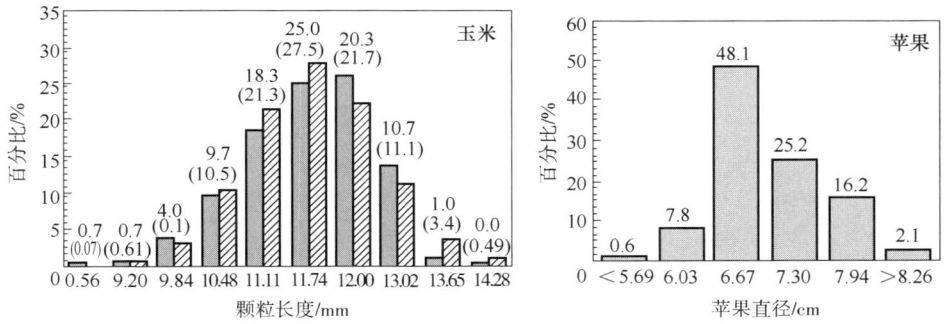

图 6-15　玉米颗粒长度的正态分布图及苹果直径的百分比分布图

三、物理特征分布测量方法

在分析颗粒尺寸分布时，常用的物理特征是数量和质量，而颗粒长度和面积应用较少。体积与质量可通过密度关系换算，因此，体积作为特征量也有较多的应用。常用的测量方法有：

1. 筛析法（Sieve Analysis）

通过一组开孔尺寸不同的筛子，将各层筛面上滞留的样品称重或者计数，得到质量或者数量的尺寸分布信息。筛析装置如图 6-16 所示。

【例题 6-13】对 100g 某种粉末食品筛析 2min，称取各筛面上的质量并进行相关计算，结果列于表 6-10 和图 6-17 中。

解：表 6-10 中，i 为筛序号，8 号筛孔最大，1 号筛孔最小。x_i 为筛孔宽度，根据筛目数据

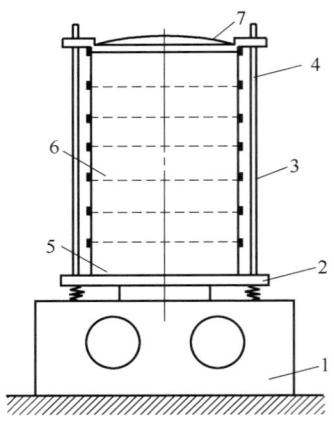

图 6-16 筛析装置
1—电动机 2—振动台 3—筛塔
4—固筛装置 5—料盘
6—筛网 7—盖子

可知，为已知条件。x_i 为筛孔宽度间距，其平均值为 $\bar{x}_i$，由下式确定：

$$\Delta x_i = x_i - x_{i-1}$$

$$\bar{x}_i = \frac{x_i + x_{i-1}}{2}$$

式中　x_i——上筛筛孔宽度，mm；
　　　x_{i-1}——下筛筛孔宽度，mm。

m_i 为筛面上滞留的质量，m 为总质量，因此，m_i/m 为质量分数。Q_i 为累积质量分数，q_i 为某尺寸段的质量分数，分别由下式确定：

$$Q_i = \frac{\text{质量}(x_{\min} \cdots x_i)}{\text{总质量}(x_{\min} \cdots x_{\max})} = \sum_{i=1}^{t} \frac{m_i}{m}$$

$$q_i = \frac{Q_i}{\bar{x}_i} = \frac{m_i/m}{\bar{x}_i}$$

表 6-10　　粉末筛析测量与计算结果

i	筛孔宽 $x_i/\mu m$	$\Delta x_i/\mu m$	m_i/g	$\dfrac{m_i}{m}$	$Q_{3,i}$	$q_{3,i}/\mu m^{-1}$
8	500	100	0.6	0.006	1.000	0.6×10^{-4}
7	400	85	2.2	0.022	0.994	2.6×10^{-4}
6	315	115	12.2	0.122	0.972	10.6×10^{-4}
5	200	75	34.8	0.348	0.850	46.4×10^{-4}
4	125	25	17.0	0.170	0.502	68.0×10^{-4}
3	100	37	25.2	0.252	0.333	68.1×10^{-4}
2	63	13	4.9	0.049	0.080	37.7×10^{-4}
1	50	50	3.1	0.031	0.031	6.2×10^{-4}
	0				0.000	

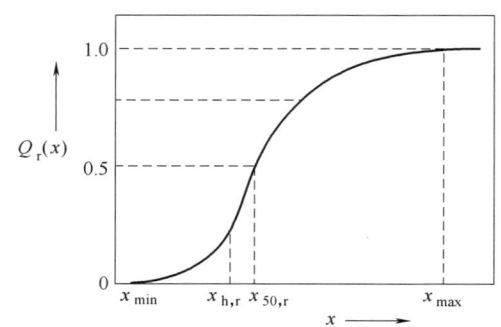
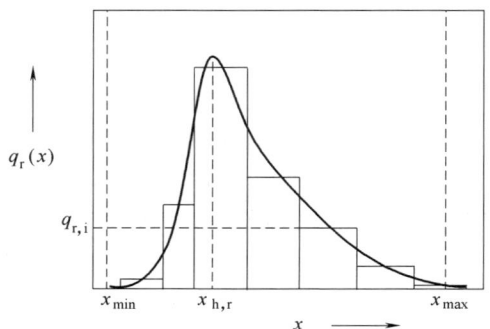

图 6-17　通过筛孔的质量分数和累积质量分数分布

2. 激光衍射法（Laser Diffraction）

激光衍射粒度分析方法的原理如图6-18所示，当样品粉末穿过激光光束时，形成大量的不同直径的衍射光环，根据衍射光环数量以及衍射光环直径与颗粒尺寸成反比的关系，即可获得粒度分布信息。激光粒度分析法有干式和湿式之分，干式是指用于分散颗粒的介质是干空气，适用于易吸湿的样品。湿式用水作为分散介质，适用于金属粉末等不吸水的样品。激光粒度分析仪操作便捷，可测量较宽的粒度分布（0.1~3000μm），并由专用软件给出粒度分布数据和相关曲线，是粒度分析领域应用越来越多的方法。

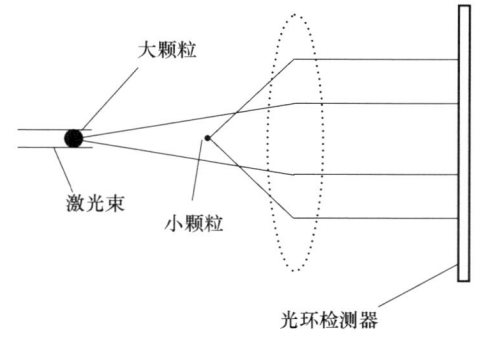

图6-18 激光衍射粒度分析原理

第七节 散粒体流动特性

在食品工业中，散粒体的流动性是影响其贮存、定量、零售和装卸等过程的重要因素。散粒体的流动性主要表现为粒子之间的黏附性和摩擦性以及粒子与容器表面的力学关系。本节将介绍散粒体的几种基本特性。

一、摩擦性

1. 摩擦的基本概念

设计农产品加工机械、食品机械以及粉体仓时，必须了解物料与其接触表面的摩擦性能。

摩擦力是作用在一个平面内的力（在这个平面内包含有一个或一些接触点），阻碍接触表面间的相对运动。经典力学认为，摩擦力正比于正压力，其比例常数称为摩擦系数。现代物理学认为，摩擦力由两部分组成，一为接触表面间凹凸不平的剪切力，一为克服表面黏附所需的力；摩擦力与实际接触面积成正比；因为滑动速度不同，接触表面间产生的温度也不同，所以摩擦力与接触表面间的滑动速度有关；动摩擦力小于最大静摩擦力；摩擦力与接触物料的特性有关。

农业物料的摩擦力，还受作用于物料的压力、物料的湿度、颗粒表面的化学物质以及测试环境、表面接触的时间等影响，而且动摩擦力与滑动速度、湿度的关系无一定的规律。有的物料随滑动速度的提高而增大，有的则随滑动速度的提高而减小。凹凸不平表面间的接触时间和接触点的温度都影响黏附力和剪切力的数值，所以也影响摩擦力。湿度增加时，黏附力增加，因而增加了摩擦力。

2. 散粒物料的摩擦角

摩擦角反映散粒物料的摩擦性质，可用以表示散粒物料静止或运动时的力学特性。例如物料的流动性、沿固体壁面的流动摩擦特性及滑落特性等。散粒物料的摩擦角一般有四种，即休止角、内摩擦角、壁面摩擦角和滑动角。休止角和内摩擦角表示物料本身内在的摩擦性质，而壁面摩擦角和滑动角表示物料与接触的固体表面间的摩擦性质。

(1) 休止角 ϕ_r（Angle of Repose） 散粒体的休止角又称静止摩擦角或堆积角，是指散粒物料通过小孔连续地散落到平面上时，堆积成的锥体母线与水平面底部直径的夹角，它与散粒粒子的尺寸、形状、湿度、排列方向等都有关。休止角越大的物料，内摩擦力越大，散落能力越小。

图6-19是测定休止角的几种方法。由于测定方法和所用仪器不同，测得的数据也不尽相同。一般用倾斜法测得的值比用其他方法测到的结果要大些，但人为因素造成的误差较小，再现性好。

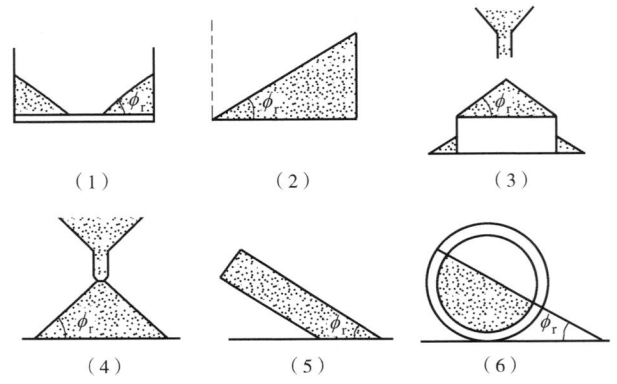

图6-19 休止角测定方法
(1)(2) 排出法 (3)(4) 注入法 (5)(6) 倾斜法

休止角与粒径大小有关。粒径越小，休止角越大，这是因为微细粒子相互间的黏附性较大。粒子越接近于球形，休止角越小。

若对物料进行振动，则休止角将减小，流动性增加。粒子越接近球形，粒径越大，振动效果越明显。如表6-11所示，砂粒不振动时的休止角为41°，当振动频率100次/min和振幅5mm时，休止角仅为7°。因此，有的文献将休止角分为静态休止角（Static Angle of Repose）和动态休止角。

表6-11　　　　　　　　　　　　沙粒休止角随振动频率的变化

振动频率/min^{-1}	振幅/mm	振动时间/s	休止角/(°)
0	0	0	41
50	7.5~12.5	5	15
100	2	5	21
100	5	20	7

物料水分增加时，休止角增加。表6-12是谷物含水率对休止角的影响。图6-20是小麦水分对休止角和内摩擦角的影响。表6-13列举了几种主要作物种子的休止角的变化范围。应当指出的是，各种资料上列举的测定数据并不完全一致，这主要是因为作物品种和测试条件不同。

表 6-12　　　　　　　　　　　　　谷物含水率与休止角的关系

谷物种类	水稻	小麦	玉米	大豆
含水率/%	13.7	12.5	14.2	11.2
休止角/(°)	36.4	31.0	32.0	23.3
含水率/%	18.5	17.6	20.1	17.7
休止角/(°)	44.3	37.1	35.7	25.4

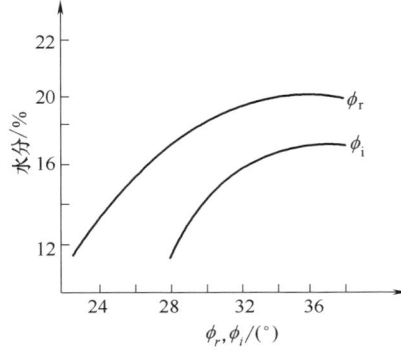

图 6-20　小麦含水率对休止角 ϕ_r 和内摩擦角 ϕ_i 的影响

表 6-13　　　　　　　　　　　　　主要作物种子的休止角

作物种类	休止角/(°)	作物种类	休止角/(°)
稻谷	35~55	大豆	25~37
小麦	27~38	豌豆	21~31
大麦	31~45	蚕豆	35~43
玉米	29~35	油菜籽	20~28
小米	21~31	芝麻	24~31

（2）内摩擦角（angle of internal friction）　内摩擦角 ϕ_i 是散粒体内部沿某一断面切断时，反映抗剪强度的一个重要参数，其值可利用如图 6-21 所示的剪切仪进行测定。将散粒物料装进剪切环内，盖上盖板，在盖板上施加垂直压力 N，加载杆上作用剪切力 F。如果剪切环内的散粒物料被剪断时达到的最大剪切力为 F_s，设散粒体的剪切面积为 A，则得散粒体的抗剪应力 σ_s（或称为散粒体的屈服应力）等于内摩擦力与内聚力之和，即：

$$\sigma_s = f_i \sigma + C \tag{6-38}$$

式中　f_i——散粒体的内摩擦因数，$f_i = \tan\phi_i$；

　　　σ——正应力，N；

　　　C——单位内聚力，即发生在单位剪切面积上的粒子间的引力，N。

试验时，先使载荷 N 不变，逐渐增大剪切力，测出剪切环移动时的剪切力 F_s；改变 N 值，测出不同载荷 N 时的剪切力 F_s，作 F_s-N 曲线或者根据式（6-38）作 σ_s-σ 曲线，如图 6-22 所示。该曲线与横坐标 σ 的夹角即为该物料的内摩擦角 ϕ_i，在纵坐标上的截距 C 即为物料的内聚力，而曲线延伸线与横坐标的交点 F 是散粒体的抗拉伸强度 [图 6-22（1）]。抗拉伸强度由图 6-23 所示装置测量。部分粉末材料的内聚力如表 6-14 所示。

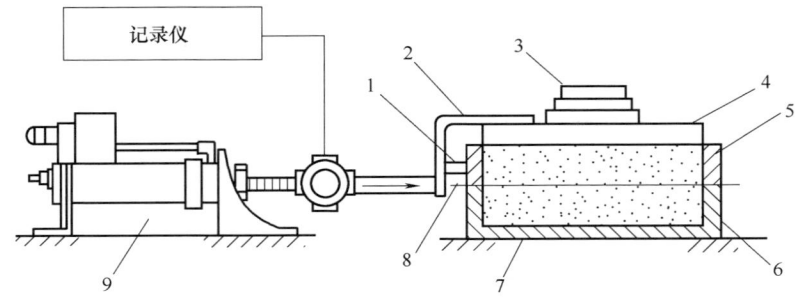

图 6-21　散粒体剪切仪

1—加载杆　2—悬架　3—静载荷　4—盖板　5—剪切环
6—框架　7—基座　8—剪切面　9—气动液压传动

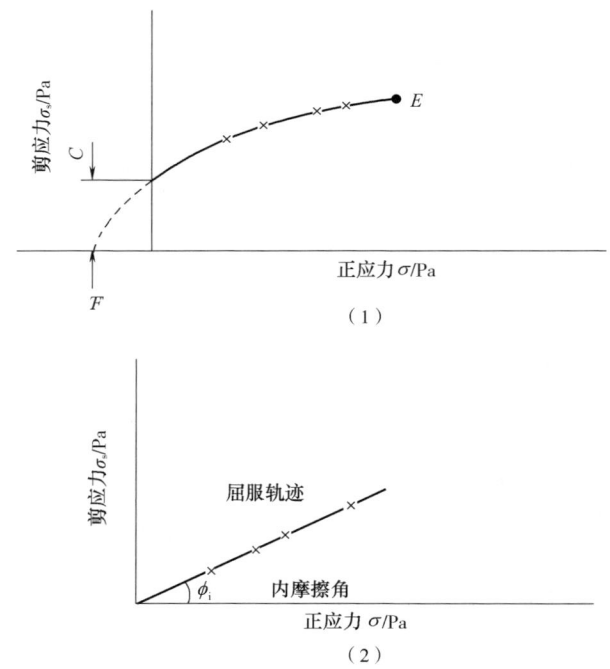

图 6-22　剪应力与正应力的关系
（1）具有黏附性的材料（如红糖）　（2）不具黏附性的材料（如沙粒）

对于缺乏黏附性的物料，其内聚力可忽略不计。这时，最大剪切力将全部用于克服散粒体的内摩擦力。

因为粒子间的啮合作用是产生切断阻力的主要原因，所以它受到粒子表面状态、附着水分和粒度分布等很多因素的影响。同一种物料的内摩擦角，一般随孔隙率的增大而线性减小。

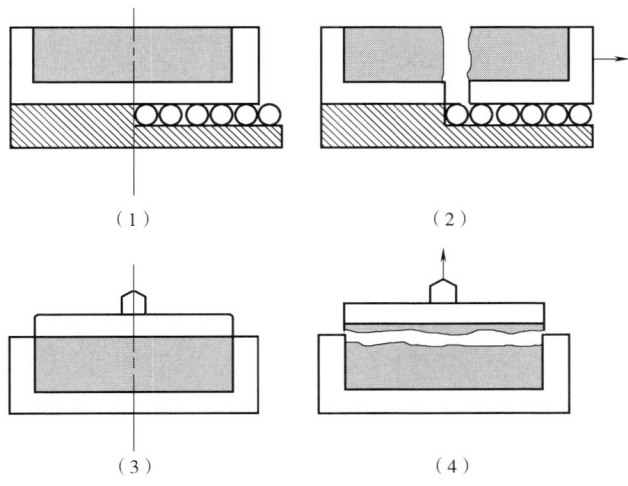

图6-23 粉末食品抗拉伸强度实验装置
(1) 初始状态 (2) 外力大于内聚力状态
(3) 初始状态 (4) 外力大于内聚力状态

表6-14 部分粉末材料的内聚力

材料	水分含量/%	内聚力/(N/m²)
玻璃珠（175μm）	0	~0
	1.0	1470
玉米淀粉	<11.0	392~588
	18.5	1274
明胶粉	10.0	98
葡萄汁粉	1.8	784
	2.6	980~1078
乳粉	1.0	686
	4.4	980
圆葱粉	<3.0	<686
	3.6	784~1470
大豆粉	8.0	98
婴儿配方乳粉	~0	3626

图6-24是测定马铃薯等大颗粒材料表面间摩擦系数的一种装置。利用它可以确定马铃薯脱皮所需的正压力大小。

(3) 壁面摩擦角（Angle of Wall Friction）和滑动摩擦角（Angle of Slide） 壁面摩擦角表示物料层与固体壁面的摩擦特性，而滑动摩擦角（又称自流角）则表示每个粒子与壁面的摩擦特性。一般缺乏黏附性的散粒物料，休止角等于内摩擦角，大于壁面摩擦角；但对于含水率大的谷物种子，休止角比内摩擦角大得多。

测定壁面摩擦角常用的简易方法如图6-25所示。把边长100mm的木筐放在与被测壁面同样材料的平板上，筐内装入一定量的散粒物料，物料上面放上不同质量的砝码，通过弹簧秤缓慢牵引木筐。根据弹簧秤的读数，便可算出壁面摩擦系数f。粉状物料的壁面摩擦角要比粒状物料的大些。

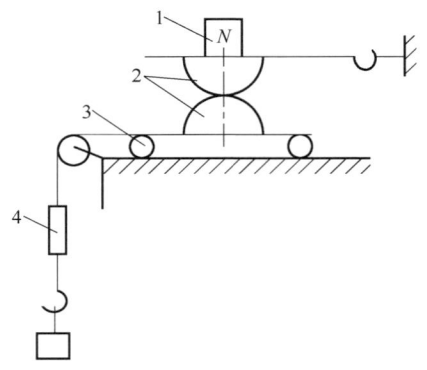

图6-24　马铃薯等大颗粒材料表面间摩擦系数测定装置
1—重物　2—半块马铃薯
3—滑轮　4—力传感器

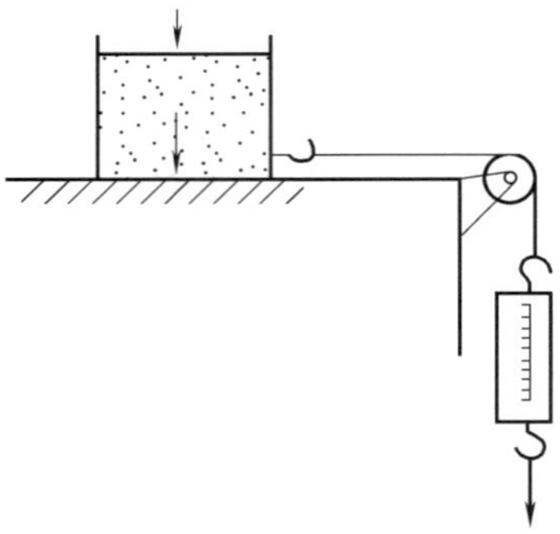

图6-25　壁面摩擦角测定装置

滑动摩擦角也是衡量散粒物料散落性的指标。测定滑动角时，将单个颗粒放在平板上，再将平板轻轻倾斜，待颗粒开始滑动时，平板角度即为物料的滑动摩擦角。实际上，类球体的滑动摩擦角是壁面摩擦角和粒子沿板面滚动摩擦角的综合。对于粉状物料，因为存在黏附性，其滑动摩擦角也可能大于90°。由于散粒体的性质不同，测试的工况不同，所测的摩擦角也不同。表6-15中列出了几种作物种子的滑动摩擦角。

表6-15　　　　　　　　作物种子的滑动摩擦角（自流角）

作物种子	斜面平板种类			
	谷黏结粒的平板	刨光的木板	铁板	水泥平板
小麦	24°~27°	21°~23°	22°	21°~23°
燕麦	26°~27°	25°~30°	22°	25°
大麦	26°~28°	21°~25°	21°	24°

测定农业物料摩擦角的方法很多，除用图6-25所示的测定装置外，也可用如图6-21所示的剪切仪测定，或者用滑尺式摩擦仪测定。图6-26是与图6-25原理相同的平移式测定装置。将散粒体装进容器2内，物料上面压上一定的砝码3，两边通过平行的测力元件平移物料，从而测出摩擦阻力。用这种装置可以测出碎茎秆、断穗、谷粒、茶叶、粉状农药等的壁面摩擦系数。

图6-27是结构简单的斜面仪，它除测定壁面摩擦系数外，还能测定滚动阻力和滑动系数。相对运动开始时，物料对壁面的摩擦为静摩擦，其值在开始运动的瞬间达最大值，开始滑

动后，接触面上出现的摩擦阻力为动摩擦力，该力小于最大静摩擦力。图 6-28 是农业物料动摩擦系数测定装置。将试样 1 放在转盘 2 上，转盘的速度由变速电机调节，摩擦力通过测力表 3 测出。该装置可以测定物料的壁面摩擦系数随滑动速度而变化的情况。以同样原理设计的散粒体摩擦系数测定装置示于图 6-29 中。摩擦力由纸带 6 记录。

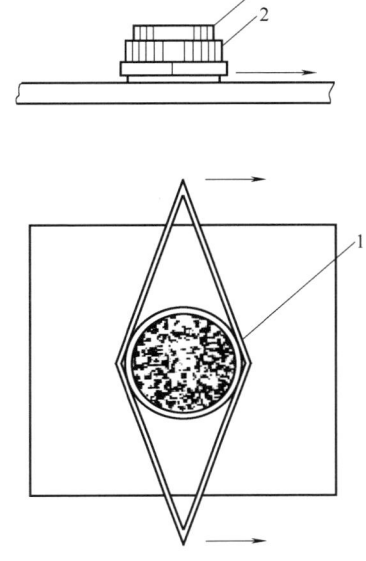

图 6-26　平移式摩擦系数测定装置

1—试样　2—容器　3—砝码

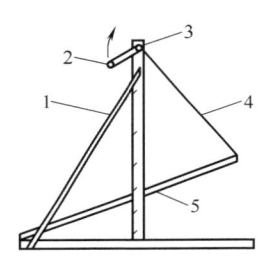

图 6-27　斜面仪

1—撑杆　2—手柄　3—转轴　4—绳索　5—可变斜面

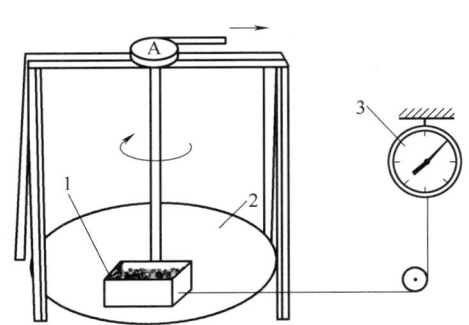

图 6-28　农业物料动摩擦系数测定装置

1—试样　2—转盘　3—测力表

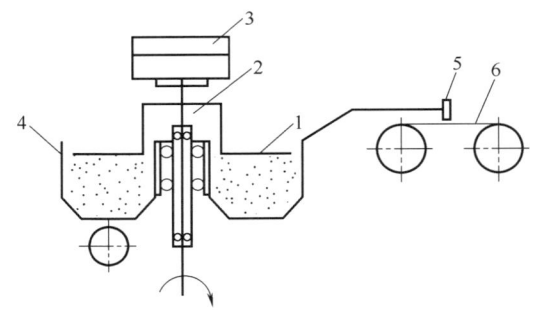

图 6-29　散粒体摩擦系数测定装置

1—圆盘　2—转轴　3—载荷　4—容器
5—记录笔　6—纸带

图 6-30 所示的装置用于测定纤维茎秆一类物料对壁面的摩擦系数。将待测壁面包在转筒 B 的表面上，纤维再绕在转筒 B 上，包角为 α，由给定的重力 F_1 和滚筒转速而得到相应的动摩擦力 F_2。

表 6-16 列举了一些农业物料的壁面摩擦角。

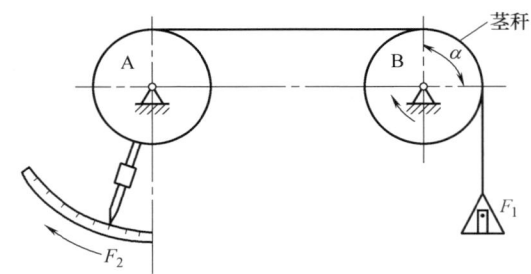

图 6-30　纤维类摩擦系数测定装置

表 6-16　　　　　　　　　　一些农业物料的壁面摩擦角

作物种类	内摩擦角/(°)	壁面摩擦角/(°)			
		钢板	木板	橡胶板	水泥板
小麦	33	22	28	30	32
大麦	35	25	32	33	31
稻谷	40	27	29	31	36
玉米	25	20	22	23	24
大豆	31	19	24	—	25
高粱	34	20	23	—	27
面粉	50	33	35	37	—
豌豆	25	14	15	19	26
蚕豆	38	20	24	—	26
油菜籽	25	—	—	—	—
向日葵	45	27	28	30	—
马铃薯	35	27	29	30	—

二、离析（Segregation）

粒径差值大和容重不同的散粒混合物料，在给料、排料或振动时，粗粒和细粒、密度大和密度小的会产生分离，这种现象称为离析，又称偏析。如果在给料和排料过程中出现离析，将导致粒度不均，产品质量下降等后果。在振动筛选过程中出现离析，则有助于达到筛选的目的。容易引起离析的散粒体，多数是流动性好的物料。

根据机理，离析可分为附着离析、填充离析和滚落离析三种形态。

附着离析是在沉降时粗细粒分离［图 6-31（1）］。此时，微细的粒子在壁面上附着很厚的一层。由于振动和其他外力作用，这个层可能引起剥落，从而产生粒度不均匀的粉体。特别是沉降速度和布朗运动速度相等，粒径又在几个微米以下的微粒以及带静电的微粒，这种离析的倾向更强。

填充离析［图 6-31（2）］是在倾斜状堆积层移动时产生的。这时充填状态下的粗粒子会有筛分作用，小粒子从间隙中漏出而被分离出来。若粒子的填充状态较密，微粒直径是大粒子直径的（起筛子作用的粒子）1/10 以下时，微粒才可以漏出。但填充疏松时，大粒子也会漏下而被分出。

滚落离析［图 6-31（3）］的原因是粒子的形状不同和滚动摩擦状态不同。装料时，颗粒的运动只发生在物料锥体的表面上。如为粉体，只有厚度为 2~3 个颗粒直径的一层物料处于运动之中。物料的运动是滚动运动，小颗粒会落到大颗粒的孔隙中。一般来说，大颗粒比微细颗粒的滚动摩擦系数小，大部分滚落到料斗（hopper）壁面附近，而微细粒子则留在中心位置。

供料速度越小，物料的流动性越大和粒度分布范围越广时，离析现象越严重。关于离析的研究还有待深入。要完全消除离析现象，目前在生产中尚不可能。整体流动可避免离析，而中心流动会产生离析。

离析还可分为粒度离析和密度离析两种。粒度离析已如上述。密度离析是在一定的振动条件下，物料趋向于达到最低能量水平的状态。较轻颗粒将升向表面，较重颗粒落入孔隙空间或洞穴中。

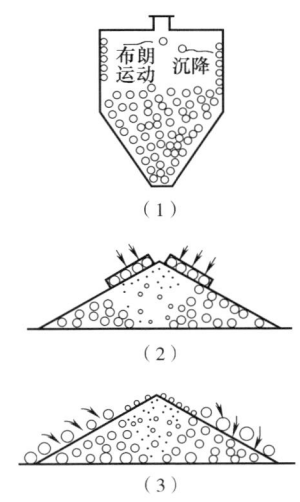

图 6-31 离析（偏析）形态
(1) 附着离析 (2) 填充离析
(3) 滚落离析

离析主要是由物料的特性，如粒度分布、颗粒形状、密度、表面特征、光滑性、体积质量、流动性、休止角、黏聚力、密度分布等决定的。间接影响离析程度的有料斗直径、排料口直径、料斗边壁倾斜度、装料高度、壁面摩擦因数、料斗形状、装料位置、装料方法、卸料点和卸料方法等。降低离析程度的办法有：尽量使颗粒均匀，采用整体流动，尽可能避免形成料堆，采用多点下料和阻尼下料等办法。

三、散粒体的流动模型

散粒体力学特性的研究起源于土壤力学。近几十年来，散粒体力学得到了广泛的重视和应用。为了预测粉体颗粒的流动特性，人们试图研究出一种分析模型，在微粒学中，是用有限、不连续的粒子（理想的刚性或弹性球体）的特性来推导出代表整个物质性能的定律。而在连续介质方法中，物质的特性被假设是一个连续函数，并且物质可以无限被分割而不失去任何固有的特性。不连续的粒子特性不予考虑。

在大量研究工作基础上，已发展出一种建立在颗粒特性基础上的流动理论。但是实际存在的粒状颗粒和粉状颗粒都是不均匀的，可以是无限多种粒度、形状和空隙的组合。而连续介质方法，由于不太复杂，已为工程设计提供大量极为有用的资料。土壤力学的研究推动了散粒体力学领域的加速发展，但土壤力学和散粒体力学之间存在着很大的区别。如黏附性在土壤力学中常常是不重要的，但在散粒体力学中却是重要的；贮存在料仓中的散粒体受到的应力，仅为土壤正常受到的应力的 1/1000，用土壤力学试验的方法不能测定；因为散粒体常贮存在料仓中，所以散粒体力学的边界条件通常与土壤力学的边界条件不相同；一般情况下，粉体变形量远大于土壤力学中的变形量。

在存仓排料过程中，最麻烦的问题之一是落粒拱现象。落粒拱是散粒体，堵塞在排料口处,在排料口上方形成拱桥或洞穴。前者称为结拱,后者称为结管。

根据经验,物料的粒径越小,粒子形状越复杂,摩擦阻力越大,重度或体积质量越小,越潮湿,落粒拱现象越严重。从容器方面观察,壁面倾角越小,表面越粗糙,排料口越小,落粒拱现象越严重。

根据散粒体的流动特点,分为自由流动物料和非自由流动物料两种。对于非自由流动物料,颗粒料层内的内力作用(由黏聚性、潮湿性和静电力等造成)大于重力作用。这种内力在物料流动开始后,会逐渐扰乱原有的层面而导致形成落粒拱。由于颗粒粒子处于非平衡状态,落粒拱会周期性地坍塌,之后再重新形成。

观察散粒体流动过程的常用方法是将物料涂上各种颜色,然后分层填满料仓,用高速摄影观察排料过程。

散粒体的流动过程理论很多,最著名的是布朗-理查德理论和克瓦毕尔理论。如图 6-32 所示,布朗-理查德理论认为,排料口附近自由流动的物料可分成五个流动带。D 带为自由降落带;C 带为颗粒垂直运动带;B 带是擦过 E 带向料仓中心方向缓慢滑动的带;A 带是擦过 B 带向料仓中心方向迅速滑动的带;E 带是没有运动的静止带。A 层在 B 层上滑动,A 层内的颗粒迅速滚动。B 层在 E 层上慢慢滑动,E 层处于静止状态。C 层迅速向下方运动,从 A、B 层以大于休止角的角度补充粒子。C 层的粒子供给 D 层排出。这一理论与物料从小孔排出的实验结果相符合。

克瓦毕尔理论认为(图 6-33),E_N 带和 E_G 带以几乎恒定的比率(1∶15)连续发展,直到 E_N 达到表面为止。E_N 带产生两种运动,第一位的垂直运动和第二位的滚动运动。E_G 称为边界椭圆带,在它以外没有运动。这种流动称为漏斗流动或中心流动。如果料仓的倾角大于物料与料仓壁面的摩擦角,就可把物料卸空。在 E_G 椭圆体边界线以内,产生的是整体流动。这个理论适用于流动性好的粉料从小孔中排出的情况。

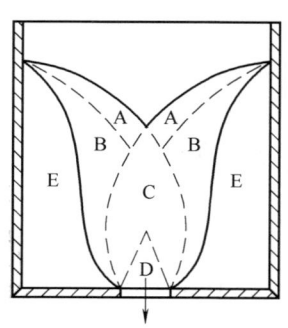

图 6-32 物料的排出(布朗-理查德理论)

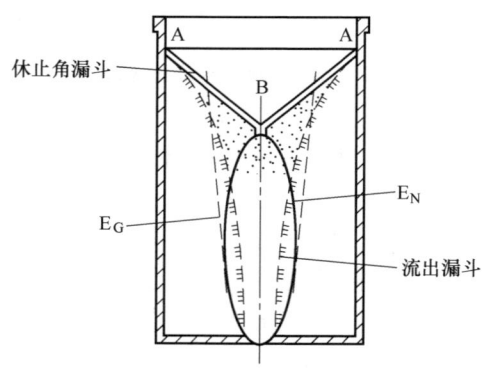

图 6-33 物料的排出(克瓦毕尔理论)

动态落粒拱的角度 h 与内摩擦系数 f_i 有关

$$h = \frac{d}{2f_i} \tag{6-39}$$

式中 d——排料口直径，cm。

由于物料的物理性质不同，形成的流动过程也不一样。料仓内散粒体受重力作用的流动情况如图 6-34 所示，有两种流动形态，即整体流（Mass-flow）和漏斗流（Funnel-flow，又称中心流）。漏斗流只有中央部分的物料流出，上部物料由于崩溃也可能流出。漏斗流流动时，先进的料后流出去。整体流流动时，无论中心部分还是靠壁处的物料都充分滑动，和液体流动相似。整体流时，先进的料先流出去，因而较少离析现象。为使料仓内的流动为整体流动型，可采用内插锥体法和流动判定图。

内插锥体法是在料斗中加入锥体。内插锥体的位置很重要。当装有控制流动用的锥体和用来防止中间塌陷穿洞的锥体时，流动大致都可以变为整体流。

图 6-35 是散粒体流动类型的判定图。当物料与料斗壁面的摩擦角和料斗半顶角比较小时，流动为整体流。对于能充分自由流动的物料，整个料斗容积内的物料几乎全部被活化，即紧靠料斗壁面的物料也产生运动；在料斗中心线和壁面间各处的颗粒，流动速度相差达 20 倍，中心处的流动速度比壁面处的流动速度大得多。

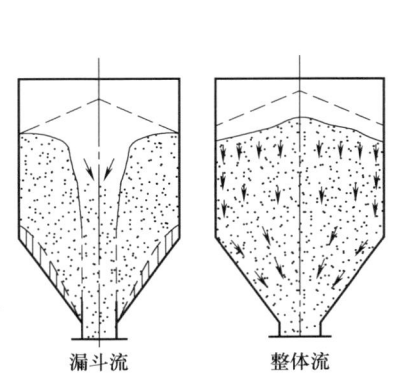

图 6-34 流动形式

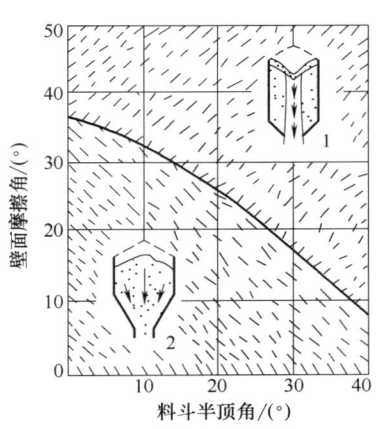

图 6-35 散粒体流动类型判定
1—中心流（漏斗流）　2—整体流

四、 散粒体的流动函数

对散粒体进行剪切强度试验时，如果先加预压实载荷 Q_1 于散粒体表面，然后将 Q_1 除去，再加小于 Q_1 的垂直载荷 N_1，测得剪断时的剪切力 F_1；加 N_2 测出 F_2；依此类推，就可得到一组屈服轨迹线。例如，设预压实载荷为 $Q_1 = 100N$，然后卸去 Q_1，再用 90N 作为 N_1，测出 F_1，80N 为 N_2，测出 F_2……。这样，在 Q_1 的预压实载荷下，可得到一条 σ_s-σ 屈服轨迹线。设第二个预压实载荷为 $Q_2 = 80N$，以同样的方法，测出 N_1，N_2，……时的 F_1，F_2，……，得到第二条 σ_s-σ 屈服轨迹线，依次可以得到如图 6-36 那样的一组屈服轨迹线。

将屈服轨迹线各终点连接起来，可得到一条稳定流动线。稳定流动线的倾角 δ' 表示在不同预压实状态下散粒体的破坏条件。如果散粒体的应力状态在稳定流动线以下，散粒体都不会产生剪切流。

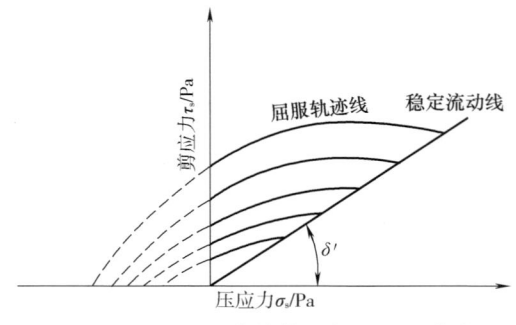

图6-36　不同压实载荷下的 σ_s-σ 曲线

设在一个筒壁无摩擦的理想刚性圆筒内装入散粒体，以预压实载荷 Q_1 压实，散粒体的预压实应力为 σ_1，然后轻轻取去圆筒，不加任何侧向支承，即 $\sigma_3=0$，这时散粒体可能出现如图6-37所示的情况：一种为保持圆柱原形，另一种为崩溃后以休止角呈山形。对于保持原形的圆柱体，须施加一定的载荷 Q_c 以克服散粒体在一定预压实状态下的表面强度 σ_c，散粒体才会崩溃。σ_c 称为散粒体的无围限屈服强度。在图6-37（3）的情况下，$\sigma_c=0$。散粒体的无围限屈服强度 σ_c 与预压实应力 σ_1 之间的关系称为流动函数 FF，以

$$FF = \frac{\mathrm{d}\sigma_1}{\mathrm{d}\sigma_c} \tag{6-40}$$

表示。要得到散粒体的流动函数，须用几种预压实载荷进行剪切试验，得出 σ_1 和 σ_c，绘成曲线图（图6-38）。

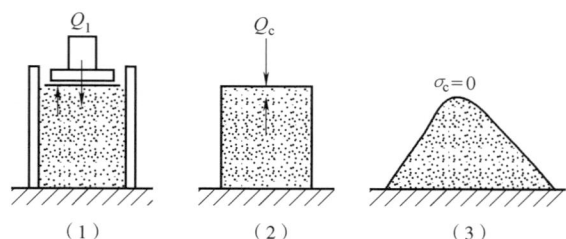

图6-37　散粒体的顶压实及其表面强度

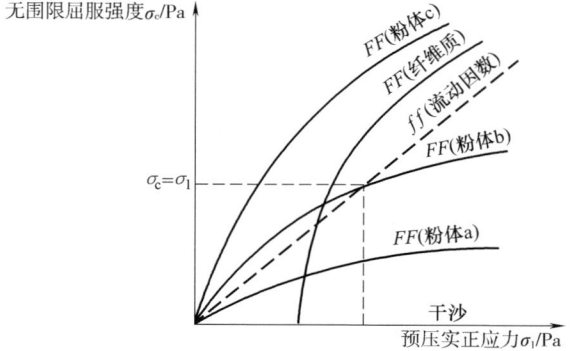

图6-38　散粒体的拱桥条件

料斗本身的流动条件或流动性用流动因数 ff 表示：

$$ff = \sigma_1/\sigma_a \tag{6-41}$$

式中，σ_a 为散粒体结成稳定拱的最小拱内应力。ff 值越小，料斗的流动条件越好。对于一定形状的料斗，存在一条流动因素临界线，如果散粒体的流动函数曲线在这条临界线下方，则散粒体的强度不足以支持成拱，不会产生流动中断。这条临界线称为料斗的临界流动因素。

流动函数 FF 是由散粒体本身的性质所决定，而流动因数 ff 则由散粒体性质和料斗的几何形状、壁面特性等因素确定。如果具有某种流动性质的散粒体以 FF 曲线表示，将它放入具有某一临界流动因数 ff 的料斗内，当存在 $\sigma_c = \sigma_a$ 时，则可获得 FF 与 ff 的交点。这个交点可以决定避免成拱的最小排料口尺寸。

对于不同形状的料斗，FF 线与 ff 线交点的位置不同，因而散粒体的流动状态也不同。干沙的无围限屈服强度等于零，并且不能被压实，所以干沙的流动函数与预压实应力的横坐标相重合。这说明干沙的流动性较佳，但湿沙的情况就不同了。

表 6-17 列出了流动函数与流动性的关系。

为了避免散粒物料在重力卸料过程中形成落粒拱（Arch），需求出卸料口的临界孔口尺寸。图 6-39 为具有重度 γ_s 的物料流出孔口时，拱形物料的受力情况。令 B 表示圆孔直径或长为 L 的槽宽，T 表示拱的厚度。对于小的拱形，向下作用的物料重力，和拱内压缩力 p 的向上垂直分力相平衡，由此得：

表 6-17　　　　　　　　　　　　流动函数与流动性

FF 值	流动性
$FF<2$	非常黏结和不能流动的物料
$4>FF>2$	黏结物料
$10>FF>4$	容易流动的物料
$FF>10$	自由流动的物料

对于长槽孔

$$BLT\gamma_s = 2pLT\cos\sigma\sin\sigma$$

或者　　$B = (p/\gamma_s)\sin2\sigma$　　(6-42)

对于圆孔　$\pi B^2 T\gamma_s/4 = \pi BTp\cos\sigma\sin\sigma$

或者　　$B = (2p/\gamma_s)\sin2\sigma$　　(6-43)

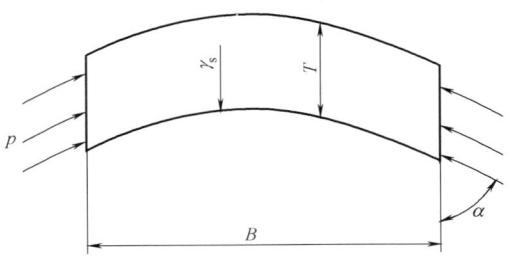

图 6-39　拱形物料受力图

临界状态下，拱内压缩力 p 就是散粒体能结成稳定拱的最小拱内应力 σ_a，它应等于无围限屈服强度 σ_c（FF 与 ff 的交点）。上式中，$\sin2\sigma$ 的最大值为 1，因此临界孔口尺寸为：

$$B \geq \sigma_c/\gamma_s \text{（对于长槽孔）} \tag{6-44}$$

或者
$$B \geq 2\sigma_c/\gamma_s \text{（对于圆孔）} \tag{6-45}$$

图 6-40 是几种落粒拱的形式，对于有棱角的粗大粒子或大块物料，颗粒之间的摩擦力较大。此时，如果容器壁面比较粗糙，则摩擦严重，会产生如图 6-40（1）所示的成拱形式，这种落粒拱可采用加大孔口或强迫振动的方式解决；如果壁面倾角太小，或粒子的黏附性大，则会产生如图 6-40（2）所示形式，这种形式较难解决；更严重时，则形成如图 6-40（3）和图 6-40（4）所示的形式，一般常见于壁面有较强附着性的细粉末食品。

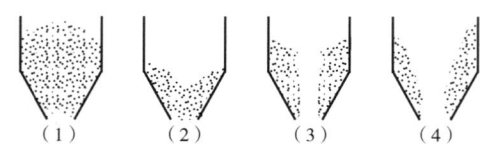

图 6-40 成拱现象

成拱现象非常复杂，目前，尚不能从根本上解决落粒拱问题。防止成拱的办法主要有下列几种：

（1）加大排料口，例如，可将淀粉等物料的料斗做成直筒形结构。
（2）尽量使料斗内壁光滑。
（3）加大壁面倾角，原则上倾角必须大于休止角。
（4）将料斗做成非对称形［图 6-41（1）（2）（3）形式］。由于料斗底部左右非对称，可有效地破坏物料的受力平衡。

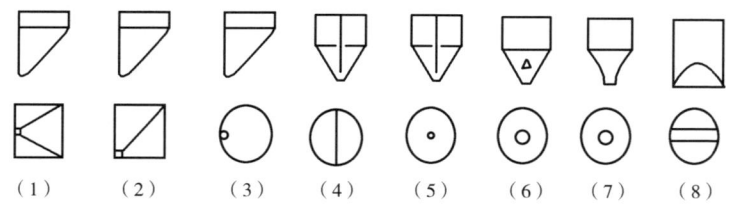

图 6-41 防止成拱的料斗形式

（5）在料斗内加入纵向隔板以形成左右非对称性［图 6-41（4）］。
（6）在料斗中悬吊链条［图 6-41（5）］。
（7）在排料口上方插入锥体［图 6-41（6）］，以减小排料口承受物料的压力。
（8）将壁面做成抛物线形的曲面［图 6-41（7）］，以使物料顺利滑落。
（9）采用条形卸料器［图 6-41（8）］。
（10）安装振动器。
（11）吹入压缩空气，使物料流态化。

五、粉体仓贮（Powder Storage）

料斗分深仓和浅仓两种，以料斗底部与侧壁的交点为始点，做散粒体的休止角斜线，与对面侧壁相交。设交点离料斗底部的距离为 h_r，料斗高度为 H，当 $h_r>H$ 时定义为浅仓，$h_r<H$ 时定义为深仓。由于物料层的不均匀性和成拱现象，物料对容器的压力分布通常是不规则的。在理想情况下，可以得到理论上的分布规律。研究散粒物料对容器的压力分布时，假设物料不受振动等外界因素的影响。

1. 浅仓内的静态压力分布

散粒体在浅仓内对侧壁压力 σ_3 的分布，可按式（6-46）计算：

$$\sigma_3 = \gamma_s h \tan^2\left(45° - \frac{\varphi_i}{2}\right) \tag{6-46}$$

式中　γ_s——散粒体的容重，N/m^3；

　　　h——散粒体某点对侧壁压应力 σ_3 距其顶面的高度，m；

　　　φ_i——散粒体的内摩擦角。

由式（6-46）可知，侧压力随高度 h 呈三角分布。

2. 深仓内的静态压力分布

在研究深仓内的压力分布时，首先假设仓内任何水平面上的垂直压力为一常数，同时垂直压力与侧压力之比为一常数。

如图6-42所示，对直径为 D 的圆筒，考虑深度 Z 处微小物料层 dZ 的受力平衡。设在垂直方向的压力为 σ，则物料层 dZ 的受力平衡方程为：

$$\frac{\pi}{4}D^2\sigma + \gamma_s\frac{\pi}{4}D^2 dZ = \frac{\pi}{4}D^2(\sigma + d\sigma) + \pi D f k \sigma dZ$$

因此

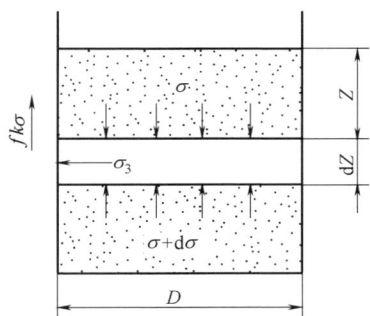

图6-42　圆筒部的物料压力

$$\frac{d\sigma}{dZ} = \gamma_s - \frac{4}{D}fk\sigma \tag{6-47}$$

式中　γ_s——物料容重，N/m^3；

　　　f——壁面摩擦因数；

　　　k——侧压系数，$k = \dfrac{\sigma_3}{\sigma}$；

　　　σ_3——物料对侧壁的压力，N。

根据莫尔理论，侧压系数按式（6-48）计算：

$$k = \frac{1-\sin\varphi_i}{1+\sin\varphi_i} = \cot^2\left(\frac{\pi}{4} + \frac{\varphi_i}{2}\right) \tag{6-48}$$

式中　φ_i——物料的内摩擦角。

若 $Z=0$ 时，$\sigma_0 = 0$，积分得：

$$\sigma = \frac{\gamma_s}{f} \cdot \frac{D}{4k}\left[1 - e^{-(4fk/D)Z}\right] \tag{6-49}$$

当物料层表面上作用有预压力 σ_0 时，则：

$$\sigma = \frac{\gamma_s}{f} \cdot \frac{D}{4k}[1 - e^{-(4fk/D)Z}] + \sigma_0 e^{-(4fk/D)Z} \qquad (6-50)$$

若 $Z \to \infty$，得：

$$\sigma_\infty = \frac{\gamma_s}{f} \cdot \frac{D}{4k} \qquad (6-51)$$

由式（6-49）和式（6-50）可求得物料层深度 Z 与物料压力 σ 的关系。图 6-43 是随深度 Z 变化的压力 σ 的分布曲线。当 $Z \to \infty$ 时，σ 趋向于 σ_∞。这意味着，随着物料层深度增加，其底部压力没有增加，必须由仓壁来支持附加的重量。

垂直作用在圆筒壁面上的压力 σ_3 为 $k\sigma$。研究表明，实际上 k 不是常数，而是随物料类型、料斗几何形状以及料层深度、物料的摩擦和黏聚特性、

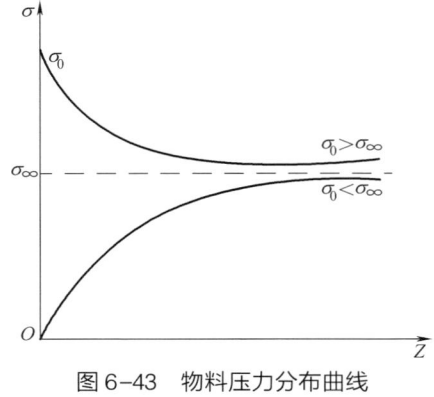

图 6-43　物料压力分布曲线

含水率等而变化的。

第八节　粉尘爆炸

粉尘爆炸是安全工程中的重要内容。粉尘爆炸是指在空气中悬浮的粉尘颗粒急剧地氧化燃烧，同时产生大量的热和高压的现象。爆炸的机理非常复杂，通常认为应有三个必要条件：一定浓度的可燃粉尘、有氧存在和火源。爆炸过程一般有两个阶段：第一阶段爆炸是一部分粉尘被点燃；第二阶段爆炸是由第一阶段爆炸扰动沉降在机器等物体表面的粉尘，并引起连锁爆炸。如果第一阶段爆炸未能引起第二阶段爆炸，其爆炸不会引起破坏。粉尘爆炸的破坏作用来自于第二阶段的爆炸。

评价粉尘爆炸常用以下指标：最小爆炸浓度［Minimum Explosive Concentration（MEC）］、最低危险质量［Minimum Hazardous Mass（MHM）］、最低点火能量［Minimum Ignition Energy（MIE）］、最低点火温度［Minimum Ignition Temperature（MIT）］、最大氧燃烧浓度［Maximum Oxygen Combustion（MOC）］。部分食品粉尘爆炸评价指标如表 6-18 所示。最小爆炸浓度与粉尘分布有关，虽然平均密度相同，但是局部浓度过高同样会产生爆炸，如图 6-44 所示。最低点火能量主要用于评价静电点火的难易程度。如果某种粉尘的最低点火能量小于 100mJ，则人体静电可能引燃粉尘。最低点火温度主要用于评价粉尘自燃难易程度，与粉尘颗粒的大小、表面积、水分含量、材料化学性质等有关。

面粉、乳粉、淀粉等不良导电物料，由于与机器或空气的摩擦产生的静电会积聚起来，当达到一定数量时就会放电，产生电火花，构成爆炸的火源。下列情况容易爆炸：①粉尘颗粒小于 200μm；②粉尘浓度约 50g/m³；③点火源能量等于 1mJ；④温度超过 400℃。

表 6-18　　部分粉末食品爆炸评价参数

材料	MEC/(g/m³)	MIE/J	点火温度/℃		氧浓度限/%*
			粉尘云	粉尘层	
纤维素	55	0.080	480	270	C13
α-纤维素	45	0.040	410	300	—
可可（天然）	75	0.10	510	240	—
咖啡（焙烤）	85	0.16	720	270	C17
玉米	55	0.04	400	250	—
玉米淀粉	45	0.04	400	—	—
谷物粉尘	55	0.03	430	230	—
脱脂乳粉	50	0.05	490	200	N15
水稻	85	0.10	510	450	—
大豆粉	60	0.10	550	340	C15
蔗糖粉	45	0.03	370	400	—
小麦粉	50	0.06	440	440	—
小麦淀粉（可食性）	45	0.025	430	—	C12

注：* 稀释气体，C 代表碳，N 代表氮，数字代表氧浓度。例如，C15 表示用碳稀释气体，使氧浓度降至 15%。

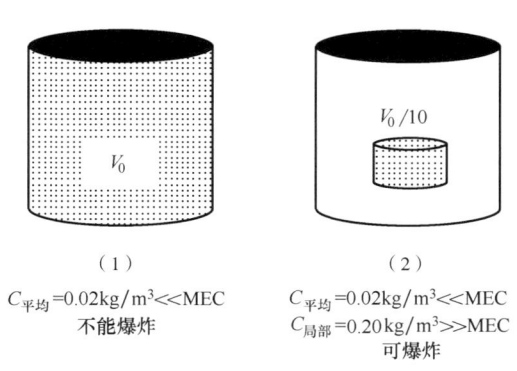

（1）　$C_{平均}=0.02\text{kg/m}^3 \ll \text{MEC}$　不能爆炸

（2）　$C_{平均}=0.02\text{kg/m}^3 \ll \text{MEC}$　$C_{局部}=0.20\text{kg/m}^3 \gg \text{MEC}$　可爆炸

图 6-44　粉尘分散不均造成爆炸

预防粉尘爆炸是食品工业重要内容。理论上可控制爆炸的三个必要条件达到预防目的，但是，从经济性和技术可行性方面，常采取如下方法：①良好的操作规范。机器、粉仓和输送系统有良好的粉尘封闭性，及时清理积压的易燃粉尘。②采用真空吸入方式或者其他通风方式，以保证加工环境无粉尘。③在粉尘悬浮的车间加湿，使粉尘颗粒变大，同时水分蒸发也降低粉尘的温度，这种方法是面粉企业常常采用的方法。如图 6-45 是两种材料最低点火能量随水分含量的变化情况，可见，水分含量高，粉尘最低点火能量显著增加。④如果粉尘浓度超限无法避免，可采用真空作业或者充惰性气体作业，该方法虽然有效，但是成本较高。⑤减少火源。一般情况下，火源均来自于管理不善。例如，粉尘集聚过多，机器轴承过热，存在明火或者电器灭弧不良。

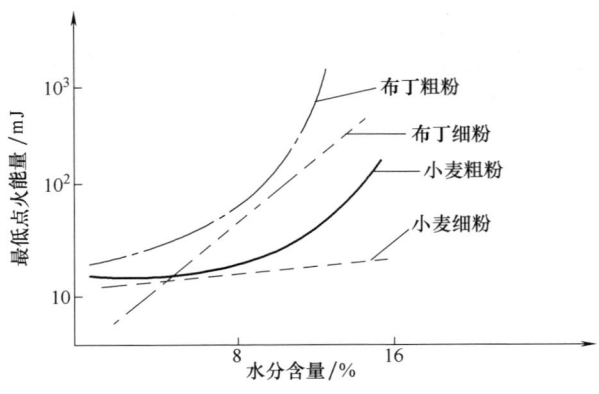

图 6-45　最低点火能量与水分含量关系

> 🔍 思考题
>
> 1. 简述颗粒密度和堆积密度。
> 2. 某公司拟采用真空浸渍（Vacuum Impregnation）技术生产富营养多口味蘑菇片，孔隙率是浸渍效果的关键因素，请确定合适的蘑菇品种，说明实验方法和关键步骤。
> 3. 用两种焙烤工艺生产面制品，请比较两种工艺产品的膨松度，说明实验方法和关键步骤。
> 4. 食品工业中粉体食品多以管道输送，从材料特性和输送方式比较粉体与流体的异同。
> 5. 粉体结拱与哪些因素有关，工业上有哪些解决措施？
> 6. 从食品材料物性角度讨论其粉尘易爆性。

第七章 食品热物性

CHAPTER 7

本章内容提要

本章重点介绍食品主要成分的热导性，给出热导率与主要成分间的数量关系。讨论纤维组织对热导性的影响，并通过例题说明平行模型、垂直模型和二元模型的特点。针对食品受热后的变化特点，重点介绍探针式热导率仪和检测方法，介绍焓差概念和典型食品的实验曲线。

食品加工中经常涉及加热和冷却等问题，如罐头食品杀菌时的温度分布，牛乳浓缩时所需的热量，冻结或解冻时的传热方向等问题。解决这些问题离不开食品原料的热物性，尤其是当前深加工食品和新食品原料不断出现，掌握它们的热物性，对上述问题的解决是非常必要的。本章重点论述食品热物性估算方法、检测技术和基本数据，为解决食品热工程问题奠定基础。

第一节 热导率

热导率是表征物质热传导性能的物理量，单位是 $W/(m·K)$。对于固态金属材料，热量传递主要通过自由电子的运动和晶格的振动。而对于气体和液体，热量的传递主要通过分子碰撞。由于分子间的距离大且运动方向无序，气体和液体的导热能力很低，尤其是气体的导热能力更低，如图7-1所示。食品材料多由高分子组成，其间分布着充满液体或者气体的孔隙。食品材料的导热性能更为复杂，不但与组成成分有关，而且与组织结构、孔隙大小、孔隙形状、孔隙分布、孔隙填充物质等有关。对于纤维结构的材料，其导热性能与纤维方向有关。一般情况下，食品材料的导热能力随水分含量增加而增加，其热导率在水和空气的热导率范围之内 [$0.614 \sim 0.026 W/(m·K)$，$27℃$]，这种热导率称为有效热导率（Effective Thermal Conductivity），既反映食品固体成分的导热能力，又反映孔隙的导热能力。

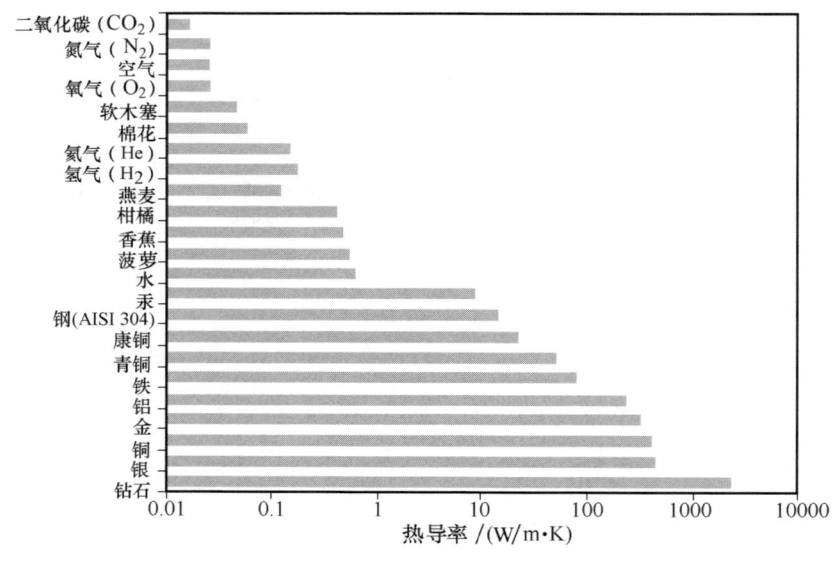

图 7-1　常见材料热导率

一、热导率估算模型

热导率估算模型是食品科学界的热点研究问题之一。人们提出了许多估算模型，其中一些模型包含待定参数或者指特定的食品，在通用性方面受到限制。比较通用的热导率模型是食品主要成分与温度的关系式：

$$k_w = 0.57109 + 1.7625 \times 10^{-3}T - 6.7036 \times 10^{-6}T^2 \tag{7-1}$$

$$k_c = 0.20141 + 1.3874 \times 10^{-3}T - 4.3312 \times 10^{-6}T^2 \tag{7-2}$$

$$k_p = 0.17881 + 1.1958 \times 10^{-3}T - 2.7178 \times 10^{-6}T^2 \tag{7-3}$$

$$k_f = 0.18071 - 2.7604 \times 10^{-3}T - 1.7749 \times 10^{-7}T^2 \tag{7-4}$$

$$k_a = 0.32961 + 1.4011 \times 10^{-3}T - 2.9069 \times 10^{-6}T^2 \tag{7-5}$$

$$k_i = 2.2196 - 6.2489 \times 10^{-3}T + 1.0154 \times 10^{-4}T^2 \tag{7-6}$$

式中　下标 w、c、p、f、a、i——水、碳水化合物、蛋白质、脂肪、灰分和冰；
　　　　k——热导率，W/(m·℃)；
　　　　T——温度，℃。

式（7-1）至式（7-5）取值范围为 0~90℃。图 7-2 是三种材料热导率随温度的变化情况，其中也显示出与材料结构的关系。

对于湿空气，其热导率模型为：

$$k_{air} = 0.0076 + 7.85 \times 10^{-4}T + 0.0156RH \tag{7-7}$$

式中　RH——相对湿度，取值范围为 0~1。温度取值范围为 20~60℃。

除了上述热导率与温度关系模型外，对于含水量较高的食品，还有热导率与水分含量的关

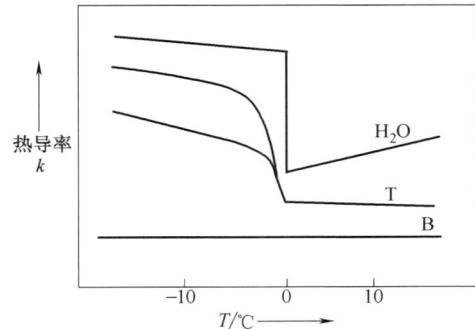

图 7-2 水（H_2O）、火鸡肉（T）和奶油（B）的热导率与温度的关系

注：火鸡肉热导率上曲线是肌纤维平行于导热方向，下曲线是垂直于导热方向

系模型：

$$k = 0.26 + 0.34X_w \tag{7-8}$$

式中　X_w——水的质量分数（小数）。

Choi 和 Okos（1983）提出热导率与食品主要成分的估算模型：

$$k \cong 0.61X_w + 0.20X_p + 0.205X_c + 0.175X_f + 0.135X_a \tag{7-9}$$

Sweat（1995）提出非常相近的类似模型：

$$k \cong 0.58X_w + 0.155X_p + 0.25X_c + 0.16X_f + 0.135X_a \tag{7-10}$$

其中 X_w，X_p，X_c，X_f，X_a 分别是食品中水分、蛋白质、碳水化合物、脂肪和灰分含量（质量分数）。

实际食品具有多相、多孔组织结构特点。对于实际食品的热导率估算，有若干模型可以参考，其中有平行模型［图 7-3（1）］、垂直模型［图 7-3（2）］、交错模型［图 7-3（3）］和二元体系模型等。

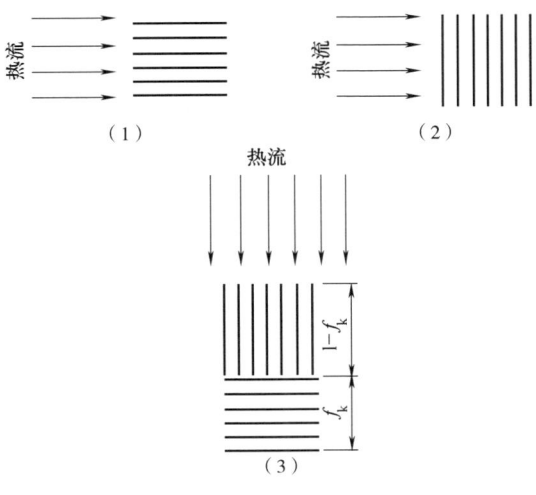

图 7-3　三种模型示意图

（1）平行模型　（2）垂直模型　（3）交错模型

1. 平行模型（Parallel Model）

在平行模型中，热量传递方向与食品各组分排列方向一致。食品有效热导率 k_e 与各组分的体积分数 X_i^v 和各组分的热导率 k_i 有关：

$$k_e = \sum_{i=1}^{n} k_i X_i^v \tag{7-11}$$

$$X_i^v = \frac{\dfrac{X_i^w}{\rho_i}}{\sum_{i=1}^{n}\left(\dfrac{X_i^w}{\rho_i}\right)} \tag{7-12}$$

式中　X_i^w——第 i 组分的质量分数；

ρ_i——第 i 组分的密度，kg/m^3。

如果食品组分简化为干物质、水和空气，由平行模型估算的有效热导率是最大热导率 k_{max}：

$$k_{max} = k_w X_w^v + k_s X_s^v + k_{air} X_{air}^v \tag{7-13}$$

2. 垂直模型（Series or Perpendicular Model）

在垂直模型中，热量传递方向与各组分排列方向垂直，有：

$$\frac{1}{k_e} = \sum_{i=1}^{n} \frac{X_i^v}{k_i} \tag{7-14}$$

如果食品组分简化为干物质、水和空气，由垂直模型估算的有效热导率是最小热导率 k_{min}：

$$\frac{1}{k_{min}} = \frac{X_w^v}{k_w} + \frac{X_s^v}{k_s} + \frac{X_{air}^v}{k_{air}} \tag{7-15}$$

3. 交错模型（Krischer Model）

平行模型和垂直模型在结构形态上过于理想化，而且忽略了食品体系多相态的自然分布问题。真实食品的热导率应该在两个模型估算值之间。为此，Krischer 提出介于平行模型和垂直模型之间，且包含了相态分布参数的模型。

$$k = \frac{1}{\dfrac{1-f_k}{k_p} + \dfrac{f_k}{k_s}} \tag{7-16}$$

式中　k_p、k_s 和 f_k——平行模型估算值、垂直模型估算值和相态分布参数。

相态分布参数与材料的水分含量、孔隙率和温度等因素有关，只有通过实验才能确定该参数。在应用上存在一定局限性。

4. 二元体系模型（Kopelman Model）

该模型将食品材料分为两组分，一个组分是连续相，另一个组分是分散相。在材料各向同性假设下，利用下列模型进行迭代计算。

$$k_{i,\ i+1} = \frac{k_i[1 - Q_{i+1}]}{1 - Q_{i+1}[1 - (X^v_{d,\ i+1})^{1/3}]} \tag{7-17}$$

$$Q_{i+1} = (X^v_{d,\ i+1})^{\frac{2}{3}}\left(1 - \frac{k_{i+1}}{k_i}\right)$$

$$X^v_{d,\ i+1} = \frac{V_{i+1}}{\sum_{i}^{i+1} V_i}$$

式中 i——食品组分，在迭代过程中视为连续相；

$i+1$——分散相。

在迭代过程中，第一步，水往往是连续相（视为 i），而碳水化合物是分散相（视为 $i+1$）；第二步，水和碳水化合物为连续相（视为 i），而蛋白质为分散相（视为 $i+1$）；第三步，水、碳水化合物和蛋白质为连续相（视为 i），而脂肪为分散相（$i+1$）。按此顺序类推：水（$i=1$）、碳水化合物（$i=2$）、蛋白质（$i=3$）、脂肪（$i=4$）、冰（$i=5$）、灰分（$i=6$）、空气（$i=7$）。V 是比体积，下标 d 代表分散相。

【例题 7-1】红枣的组成和各组成的密度如表 7-1 所示，利用平行模型、垂直模型和二元模型计算红枣 25℃时的热导率。

表 7-1　　　　　　　　　　红枣的组成和密度（25℃）

组　成	质量/%	密度/(kg/m³)
水	22.5	995.7
碳水化合物	72.9	1592.9
蛋白质	2.2	1319.6
脂肪	0.5	917.15
灰分	1.9	2418.2

解：

（1）首先利用式（7-1）至式（7-5）计算各组分 25℃时的热导率，如表 7-2 所示。

表 7-2　　　　　　　　　　各组分 25℃的热导率

组　成	热导率方程	k_i/[W/(m·K)]
水	$k_w = 0.57109 + 1.7625 \times 10^{-3}T - 6.7036 \times 10^{-6}T^2$	0.610
碳水化合物	$k_c = 0.20141 + 1.3874 \times 10^{-3}T - 4.3312 \times 10^{-6}T^2$	0.233
蛋白质	$k_p = 0.17881 + 1.1958 \times 10^{-3}T - 2.7178 \times 10^{-6}T^2$	0.207
脂肪	$k_f = 0.18071 - 2.7604 \times 10^{-3}T - 1.7749 \times 10^{-7}T^2$	0.112
灰分	$k_a = 0.32961 + 1.4011 \times 10^{-3}T - 2.9069 \times 10^{-6}T^2$	0.363

(2) 利用表 7-1 已知数据,计算各组分的比体积和体积分数,如表 7-3 所示。各组分比体积为各组分质量分数与其密度之比。总的比体积等于每个组分比体积之和,约为 $7.14 \times 10^{-4} m^3$。各组分体积分数为各组分体积与总体积之比[式(7-12)]。

表 7-3　　　　　　　　　各组分比体积和体积分数

组　分	比体积/(m^3/kg)	体积分数(X)
水	2.26×10^{-4}	0.320
碳水化合物	4.58×10^{-4}	0.640
蛋白质	1.67×10^{-5}	0.023
脂肪	5.45×10^{-6}	0.0076
灰分	7.86×10^{-6}	0.011

(3) 平行模型　根据式(7-11), $k_e = \sum_{i=1}^{n} k_i X_i^v$

$$k_e = (0.61)(0.32) + (0.233)(0.64) + (0.207)(0.023) +$$
$$(0.112)(0.0076) + (0.363)(0.011)$$
$$= 0.353 W/(m \cdot K)$$

(4) 垂直模型

$$\frac{1}{k_e} = \sum_{i=1}^{n} \frac{X_i^v}{k_i}$$

$$= \frac{0.32}{0.61} + \frac{0.64}{0.233} + \frac{0.023}{0.207} + \frac{0.0076}{0.112} + \frac{0.011}{0.363}$$

$$= 3.48 mK/W$$

$$k_e = \frac{1}{3.48} = 0.287 W/(m \cdot K)$$

(5) 二元模型　第一步,水作为连续相,碳水化合物作为分散相:

$$X_{d,c}^v = \frac{V_c}{V_w + V_c} = \frac{4.58 \times 10^{-4}}{2.26 \times 10^{-4} + 4.58 \times 10^{-4}} = 0.669$$

$$Q_c = (X_{d,c}^v)^{\frac{2}{3}} \left[1 - \frac{k_c}{k_w}\right]$$

$$= (0.669)^{\frac{2}{3}} \left[1 - \frac{0.233}{0.610}\right] = 0.473$$

$$k_{w,c} = \frac{k_w(1 - Q_c)}{1 - Q_c [1 - (X_{d,c}^v)^{1/3}]}$$

$$= \frac{0.61(1 - 0.473)}{1 - 0.473[1 - (0.669)^{1/3}]} = 0.342 W/(m \cdot K)$$

第二步，水和碳水化合物作为连续相，蛋白质作为分散相：

$$X_{d,p}^v = \frac{V_p}{V_w + V_c + V_p} = \frac{1.67 \times 10^{-5}}{2.26 \times 10^{-4} + 4.58 \times 10^{-4} + 1.67 \times 10^{-5}} = 0.024$$

$$Q_p = (X_{d,p}^v)^{\frac{2}{3}}\left[1 - \frac{k_p}{k_{w,c}}\right]$$

$$= (0.024)^{\frac{2}{3}}\left[1 - \frac{0.207}{0.342}\right] = 0.033$$

$$k_{w-c,p} = \frac{k_{w-c}(1 - Q_p)}{1 - Q_p[1 - (X_{d,p}^v)^{1/3}]}$$

$$= \frac{0.342(1-0.033)}{1-0.033[1-(0.024)^{1/3}]} = 0.338 \text{W/(m·K)}$$

以此类推，得到二元模型红枣的热导率为 0.337W/(m·K)，如表 7-4 所示。

表 7-4 二元模型红枣的热导率

二元体系	X_d^v	Q	$k/[W/(m·K)]$
水，碳水化合物	0.669	0.473	0.342
水-碳水化合物，蛋白质	0.024	0.033	0.338
水-碳水化合物-蛋白质，脂肪	0.008	0.026	0.337
水-碳水化合物-蛋白质-脂肪，灰分（红枣）	0.011	-0.004	0.337

二、热导率测量

测量食品材料的热导率要比测量比热容困难得多，因为热导率不仅和食品材料的组分、颗粒大小等因素有关，还与材料的均匀性有关。一般用于测量工程材料的热导率的标准方法，如平板法、同心球法等稳态方法已不能很好地用于食品材料。因为这些方法需要很长的平衡时间，而在此期间，食品材料会产生水分的迁移而影响热导率。

1. 探针法（Thermal Conductivity Probe Method）

目前认为测量食品材料热导率较好的方法是探针法。Sweat（1995）介绍的探针，外径为 0.66mm，长为 39mm。其中的加热丝直径为 0.077mm，长度和探针接近；加热丝的材料是康铜，其电阻值随温度变化很小，而且不易折断。测温度用的镍铬-康铜热电偶，直径 0.051mm，置于探针长度方向的中间位置，如图 7-4 所示。

被测食品材料处于某一均匀温度（图 7-5，处于恒温水浴环境中），当探针插进后，加热丝提供一定的热量，热电偶不断测量温度变化。经一段过渡期后，温度 T 和时间的对数 $\ln t$ 出现线性关系。根据此直线的斜率可以求出食品材料的热导率 k。

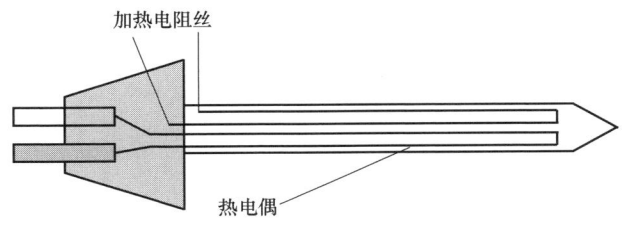

图 7-4 探针结构图

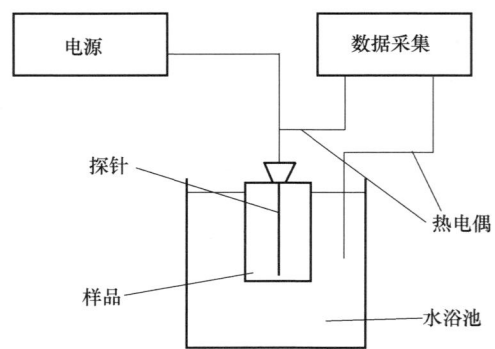

图 7-5 探针法测量装置

$$k = \frac{Q}{4\pi} \cdot \frac{\ln(t/t_0)}{(\Delta T - \Delta T_0)} \tag{7-18}$$

式中 Q——单位探针长度上输入的能量，W/m；

ΔT——样品任意时刻温度与环境温度之差，K；

ΔT_0——开始时刻样品温度与环境温度之差，K；

t_0——开始时间，以系统稳定后数据呈线性关系时刻作为开始时间，min。

应用探针法应该注意以下问题：

(1) 探针法的理论基础是探针无限长，探针轴向热流量忽略不计。如果探针长径比较小时，测量结果存在误差。Sweat 等研究表明，如果长径比>30，则数据误差≤0.1%。

(2) 样品直径不能过小，一般要求探针直径与样品直径之比<1/30。

(3) 输入能量不能过高，尤其测量冻结食品时更加注意，避免造成局部融化、水分迁移等问题。输入能量应该根据测得的温度梯度确定，保证测量数据有较好的线性关系。此法的加热功率水平为 5~30W/m。

(4) 避免出现对流问题，尤其是黏度较低的食品更为突出。

此外，探针法不适合测量略低于冰点温度的材料，也不适合测量多孔材料。

【例题 7-2】利用探针法测量红苹果（Red Delicious Apples）的热导率（图 7-5）。探针插入样品中心，恒温水浴池温度 21℃。当温度平衡后，探针开始加热，并记录时间和温度值（表 7-5）。已知电热丝电阻 223.1Ω，测得电流为 0.14A。

表 7-5　　　　　　　　红苹果加热时间与温度

时间/s	温度/℃	时间/s	温度/℃
5	21.00	35	22.33
10	21.51	40	22.44
15	21.72	45	22.57
20	21.97	50	22.63
25	22.15	55	22.72
30	22.29	60	22.77

解：根据式（7-18）和表 7-5 数据：

$$\Delta T - \Delta T_0 = \frac{Q}{4\pi k}\ln\left(\frac{t}{t_0}\right)$$

对（$\Delta T-\Delta T_0$）与 ln（t/t_0）作图，得到斜率 $Q/4\pi k$ 为 0.718。输入能量为：

$$Q = I^2 R$$
$$= (0.14)^2 (223.1) = 4.37 \text{W/m}$$

由以上数据得到 $k=0.499\text{W}/(\text{m}\cdot\text{K})$。

2. Fitch 法

Fitch 法是一种基于热流量恒定的准稳态测量方法，适合于测量热导率比较低的生物材料。其测量装置如图 7-6 所示，样品被两块铜质材料夹紧。上铜板是恒温容器的底，在测量过程中保持恒温，而样品下面的铜塞与样品保持同温。

根据傅立叶导热定律：

$$\frac{A\cdot k\cdot (T-T_s)}{L} = m\cdot C_p\cdot \frac{dT}{dt} \quad (7\text{-}19)$$

当 $t=0$，$T=T_0$，式（7-19）为：

$$\ln\frac{T_0-T_s}{T-T_s} = k\frac{A}{L\cdot m\cdot C_p}\cdot t \quad (7\text{-}20)$$

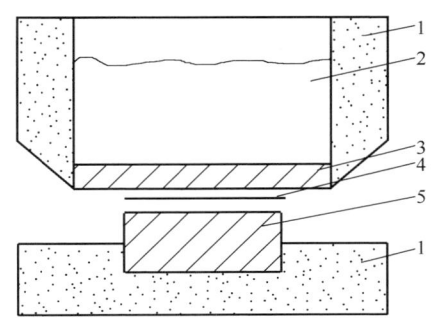

图 7-6 Fitch 法测量装置
1—绝热体 2—恒温液体 3—铜板
4—被测样品 5—铜塞

式中　T_0——铜塞和样品的初始温度，K；
　　　T——任意时刻铜塞和样品的温度，K；
　　　T_s——铜板的温度，K；
　　　t——时间，s；
　　　m——铜塞质量，kg；
　　　L——样品厚度，m；
　　　k——样品热导率，W/(m·K)；
　　　C_p——铜塞比热容，J/(kg·K)；
　　　A——样品面积，m^2。

根据式（7-20）在半对数坐标纸上作图，由曲线斜率计算出热导率。该方法有如下假设条件，因此，不可避免地存在一定误差：

（1）忽略了样品与铜板的接触热阻（测量中，尽量使样品与铜质材料接触良好）。

（2）忽略了样品的蓄热量。样品蓄热量能否忽略可通过下式判断：（样品质量×比热容）/（铜塞质量×比热容）≪1。因此，一般情况下，样品厚度应该尽量薄。

（3）忽略了样品边缘和铜塞边缘横向导热量。

（4）在测量过程中，热源（铜板）温度不变（可采用大的恒温液体质量或者设置真空保温套）。

（5）样品和铜塞初始温度相同（测量前置于同一环境中，易于实现）。

（6）铜塞内温度分布一致（铜的热导率较高，易于实现）。

（7）样品为各向同性，且在半对数坐标纸上温度与时间呈线性关系。

【例题 7-3】 用 Fitch 法测量苹果的热导率，样品厚度 3.0mm，直径 7.5mm，当系统达到平衡后，即样品和铜塞温度达到平衡且均为 25℃，铜板恒温为 35℃ 时，将样品夹紧且记录铜塞温度与时间的关系（表 7-6）。（1）计算苹果热导率[铜塞质量 12.0g，比热容 385J/(kg·℃)]；（2）验证忽略样品蓄热量的可行性[样品质量 0.32g，比热容 4019J/(kg·℃)]。

表 7-6　　　　　　　　　　　苹果温度与时间数据

时间/s	温度/℃	时间/s	温度/℃
0	25.00	20	25.32
5	25.08	25	25.39
10	25.16	30	25.47
15	25.24		

解：

（1）根据已知条件，$T_0 = 25.00℃$，$T_s = 35.00℃$，$m = 12.0 \times 10^{-3}$ kg，$C_p = 385$ J/kg℃，$L = 3.0 \times 10^{-3}$ m，$A = \pi(7.5 \times 10^{-3}/4)^2 = 4.4 \times 10^{-5}$ m²，$\ln[(T_0 - T_s)/(T - T_s)]$ 列于表 7-7 中。

表 7-7　　　　　　　　　　　苹果温度与时间的关系

时间/s	$\ln[(T_0-T_s)/(T-T_s)]$	时间/s	$\ln[(T_0-T_s)/(T-T_s)]$
0	0	20	0.032523
5	0.008032	25	0.039781
10	0.016129	30	0.048140
15	0.024293		

由半对数坐标图（图 7-7）可知：

$$k \frac{A}{L \cdot m \cdot C_p} = 0.0016 \text{s}^{-1}$$

$$k = \frac{(0.0016)(3 \times 10^{-3})(12 \times 10^{-3})(385)}{4.4 \times 10^{-5}}$$

$$= 0.504 \text{W}/(\text{m} \cdot \text{K})$$

（2）根据判别式

$$\frac{0.32 \times 4019}{12 \times 385} = 0.28 < 1$$

因此，忽略样品的蓄热量是可行的。

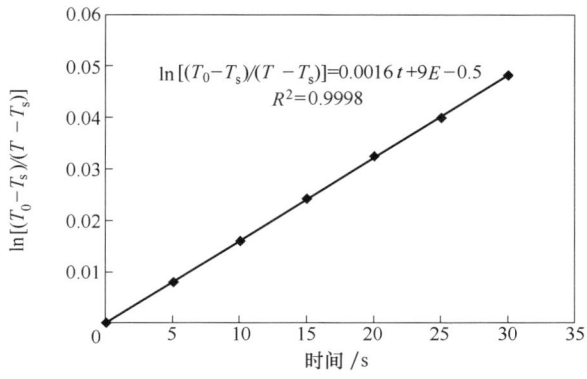

图 7-7 Fitch 法苹果温度与时间曲线

三、热导率数据

ASHRAE 手册列出了一些研究者发表的食品材料热导率的实验数据（图 7-8 和图 7-9）以及对这些实验数据可靠性的评估。这里选择了一些被认为较可靠的数据（表 7-8）。

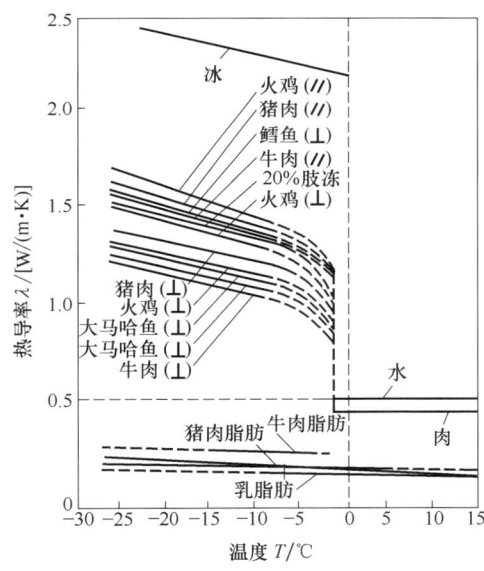

图 7-8 食品材料热导率和温度的关系
∥—纤维平行结构　⊥—纤维垂直结构

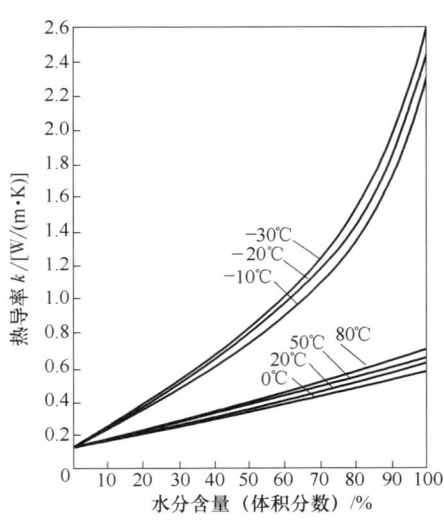

图 7-9 食品材料热导率和含水量、温度的关系

表 7-8　　　　　　　　　一些食品材料热导率的实验数据

产品名称	温度/℃	含水量/%	k/[W/(m·℃)]	实验者
苹果汁	20	87	0.599	Ricdel
	80		0.631	
	20	70	0.504	
	80		0.564	

续表

产品名称	温度/℃	含水量/%	$k/[W/(m \cdot ℃)]$	实验者
苹果汁	20	36	0.389	
	80		0.435	
苹果	8		0.418	Gane
干苹果	23	41.6	0.219	Sweat
干杏	23	43.6	0.375	Sweat
草莓酱	20	41.0	0.338	Sweat
牛肉脂肪	35	0	0.190	Poppendick
	35	20	0.230	
瘦牛肉 =	3	75	0.506	Lentz
	-15		1.42	
瘦牛肉 =	20	79	0.430	Hill
	-15		1.43	
瘦牛肉 ⊥	20	79	0.408	Hill
	-15			
瘦牛肉 ⊥	3	74	0.471	Lentz
	-15		1.12	
猪肉脂肪	3	6	0.215	Lentz
	-15		0.218	
瘦猪肉 =（6.1%脂肪）	4	72	0.478	Lentz
	-15		1.49	
=（6.7%脂肪）	20	76	0.453	Hill
	-13		1.42	
⊥（6.1%脂肪）	4	72	0.456	Lentz
	-15		1.29	
⊥（6.7%脂肪）	20	76	0.505	Hill
	-14		1.30	
蛋黄（32.7%脂肪，16.75蛋白质）	31	50.6	0.420	Poppendick
鳕鱼 ⊥（0.1%脂肪）	3	83	0.534	
	-15		1.46	
鲑鱼 ⊥（12%脂肪）	3	67	0.531	Lentz
	-5		1.24	
牛乳（3%脂肪）	28	90	0.580	Leidenfrost
巧克力蛋糕	23	31.9	0.106	Sweat

注：表中符号=和⊥分别表示平行和垂直纤维方向；热导率保留3位有效数字。

需要注意的是图 7-9 的横坐标是水分含量的体积分数，而不是质量分数。在转换时可以利用下列密度数据：脂肪 920kg/m³，蛋白质 1350kg/m³，碳水化合物 1550kg/m³。

第二节　比热容

比热容是单位质量的物质温度升高 1℃所需要的热量，单位为 J/(kg·℃)。对于食品主要形态（固态和液态），食品比热容主要与其组成和温度有关，与压力关系较小，除非压力特别高。

一、比热容估算模型

对于组分已知的食品，如通过固定配料开发出来的新产品，其比热容可按式（7-21）计算：

$$c_p = 4.18X_w^w + 1.549X_p^w + 1.424X_c^w + 1.675X_f^w + 0.837X_a^w \qquad (7-21)$$

式中　下标 w，p，c，f，a——水、蛋白质、碳水化合物、脂肪和灰分。

X^w——质量分数，%。

Choi 和 Okos（1986）提出 n 组分比热容的计算式：

$$c_p = \sum_{i=1}^{n} X_i^w c_{pi} \qquad (7-22)$$

式中　c_{pi}——i 组分的比热容，J/(kg·K)；

X_i^w——i 组分的质量分数，%。

食品主要组分的比热容如表 7-9 所示。

对于水分含量较高的食品，如液态食品，其比热容可由式（7-23）至式（7-30）任意式进行计算。图 7-10 所示为其中部分表达式的预测值，可以看出，在高水分情况下各表达式的预测值差异较小。

表 7-9　　　　　　　　　　食品主要组分的热物理性质

组　分	密度/(kg/m³)	比热容 c_p/[kJ/(kg·K)]	热导率 k/[W/(m·K)]
水	1000	4.182	0.60
碳水化合物	1550	1.42	0.58
蛋白质	1380	1.55	0.20
脂肪	930	1.67*	0.18
空气	1.24	1.00	0.025
冰	917	2.11	2.24
矿物质	2400	0.84	

注：*固体脂肪比热容为 1.67，液态脂肪比热容为 2.094。

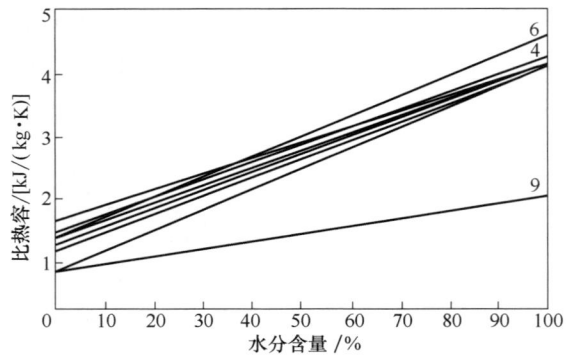

图 7-10 式（7-23）至式（7-31）比热容估算效果
注：图中 4 代表式（7-26），6 代表式（7-28），9 代表式（7-31）

$$c_p = 0.837 + 3.349 X_w^w \quad \text{(Siebel, 1892)} \tag{7-23}$$

$$c_p = 1.200 + 2.990 X_w^w \quad \text{(Backstrom \& Emblik, 1965)} \tag{7-24}$$

$$c_p = 1.256 + 2.931 X_w^w \quad \text{(Comini, 1974)} \tag{7-25}$$

$$c_p = 1.381 + 2.930 X_w^w \quad \text{(Fikiin, 1974)} \tag{7-26}$$

$$c_p = 1.382 + 2.805 X_w^w \quad \text{(Dominguez, 1974)} \tag{7-27}$$

$$c_p = 1.400 + 3.220 X_w^w \quad \text{(Sharma and Thompson, 1973)} \tag{7-28}$$

$$c_p = 1.470 + 2.720 X_w^w \quad \text{(Lamb, 1976)} \tag{7-29}$$

$$c_p = 1.672 + 2.508 X_w^w \quad \text{(Riedel, 1956)} \tag{7-30}$$

如食品中的水分已被全部冻结，则可用下式计算：

$$c_p = 0.837 + 1.256 X_i^w \quad \text{(Siebel, 1892)} \tag{7-31}$$

式中　c_p——比热容，kJ/(kg·K)；

　　X_w^w——食品材料的含水量的质量分数，%。

比热容与温度存在一定关系，Choi 和 Okos（1986）提出相关的计算式：

$$c_{p,w} = 4081.7 - 5.3062T + 0.99516T^2 \quad (-40 \sim 0\text{℃}) \tag{7-32}$$

$$c_{p,w} = 4176.2 - 0.0909T + 5.4731 \times 10^{-3}T^2 \quad (0 \sim 150\text{℃}) \tag{7-33}$$

$$c_{p,c} = 1548.8 + 1.9625T - 5.9399 \times 10^{-3}T^2 \quad (-40 \sim 150\text{℃}) \tag{7-34}$$

$$c_{p,p} = 2008.2 + 1.2089T - 1.3129 \times 10^{-3}T^2 \quad (-40 \sim 150\text{℃}) \tag{7-35}$$

$$c_{p,f} = 1984.2 + 1.4373T - 4.8008 \times 10^{-3}T^2 \quad (-40 \sim 150\text{℃}) \tag{7-36}$$

$$c_{p,a} = 1092.6 + 1.8896T - 3.6817 \times 10^{-3} T^2 \quad (-40 \sim 150℃) \quad (7-37)$$

$$c_{p,i} = 2062.3 + 6.0769T \quad (7-38)$$

式中 下标 w, p, c, f, a, i——水、蛋白质、碳水化合物、脂肪、灰分和冰;

c_p——比热容,J/(kg·℃);

T——温度,℃。

Riegel（1992）给出湿空气的比热容:

$$c_{p,ma} = c_{p,da}(1 + 0.837RH) \quad (7-39)$$

式中 $c_{p,ma}$, $c_{p,da}$——分别为湿空气的比热容和干空气的比热容,J/(kg·℃);

RH——相对湿度。

如果食品组分发生相变，则比热容不但反映显热也要反映相变热，同时含有相变热的比热容称为表观比热容 c_{pa}（Apparent Specific Heat），其表达式为:

$$c_{pa} = \left(\frac{\partial H}{\partial T}\right)_p \quad (7-40)$$

式中 H——食品材料的焓。

对于水分含量较高的食品，其初始冻结温度在 $-3 \sim -1℃$，而主要相变区在其以下 $4 \sim 10℃$。实际上，食品冻结就是一个既有相变热又有显热变化的过程。冻结并不在一个恒定的温度下进行，当温度低于其初始冻结温度后，食品开始结冰，冰点开始下降，但要完全冻结则要降到很低的温度。也就是说，在其初始冻结温度以下的一段温度范围内，相变是逐渐进行，结冰是不断增加的。

图 7-11 给出了 Heldman（1982）关于欧洲甜樱桃（Sweet Cherries）表观比热容与温度的关系。此樱桃的水分含量为 77%，而初始冻结温度为 $-2.61℃$。在此温度以下区域，表观比热容的剧烈

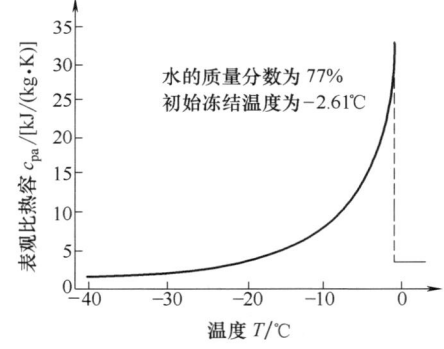

图 7-11 欧洲甜樱桃的表观比热容与温度的关系

变化，实际上反映了食品中的水分不断冻结吸取大量潜热的结果。

【例题 7-4】估算水分含量为 85% 的马铃薯的比热容。已知水 $c_{p,w} = 4186.80 J/(kg·K)$，马铃薯干物质 $c_{p,s} = 837.36 J/(kg·K)$。

解：根据式（7-22）:

$$c_p = \sum_{i=1}^{n} X_i^w c_{pi}$$
$$= (0.85)(4186.8) + (0.15)(837.36)$$
$$= 3684.38 J/(kg·K)$$

【例题 7-5】估算野稻谷 20℃ 时比热容。已知：水分 8.5%，碳水化合物 75.3%，蛋白质

14.1%，脂肪 0.7%，灰分 1.4%。

解：

（1）首先根据式（7-33）至式（7-37），计算 20℃野稻谷各组分的比热容（表7-10）。

表 7-10　　　　　　　　　　　野稻谷的比热容

组　分	计算式	c_p/[J/(kg·℃)]
水	$c_{p,w} = 4176.2 - 0.0909T + 5.4731 \times 10^{-3} T^2$	4176.6
碳水化合物	$c_{p,c} = 1548.8 + 1.9625T - 5.9399 \times 10^{-3} T^2$	1585.7
蛋白质	$c_{p,p} = 2008.2 + 1.2089T - 1.3129 \times 10^{-3} T^2$	2031.9
脂肪	$c_{p,f} = 1984.2 + 1.4373T - 4.8008 \times 10^{-3} T^2$	2011.0
灰分	$c_{p,a} = 1092.6 + 1.8896T - 3.6817 \times 10^{-3} T^2$	1128.9

（2）根据式（7-22）：

$$c_p = \sum_{i=1}^{n} X_i^w c_{pi}$$

$$= 0.085 \times 4176.6 + 0.753 \times 1585.7 + 0.141 \times 2031.9 + 0.007 \times 2011 + 0.014 \times 1128.9$$

$$= 1865.4 \text{J}/(\text{kg} \cdot ℃)$$

二、比热容测量

1. 量热计（Calorimeter）

量热计是简单易行的比热容测量仪器，常用于测量农产品和食品的比热容。其原理是基于能量守恒法则。量热计具有很好的绝热保温体，在测量过程中可忽略样品室与外界环境的热量交换。在水、样品和样品杯质量一定情况下，首先设定样品和样品杯的温度 T_i，之后设定水的温度 $T_{i,w}$，将水倒入样品杯与样品混合，测定三者平衡时的温度 T_e。一般情况下，$T_i > T_{i,w}$，能量平衡方程如下：

$$m_c c_{p,c}(T_i - T_e) + m_s c_{p,s}(T_i - T_e) = m_w c_{p,w}(T_e - T_{i,w}) \tag{7-41}$$

式中　m_c，m_s，m_w——样品杯、样品和水的质量，kg；

$c_{p,c}$，$c_{p,w}$——已知的样品杯比热容和水的比热容，J/kg·℃；

$c_{p,s}$——待测样品的比热容，J/kg·℃。

上述是样品和样品杯首先设定相同的初始温度，水是另外一个初始温度。也可以首先设定水和样品杯相同的初始温度，而样品另设一个初始温度。此时，式（7-41）样品项和水项对调，保持能量平衡关系。

【例题 7-6】 质量为 86g 的真空夹层量热计，其比热容为 383J/(kg·℃)，样品为 36g 牛肉。测量开始时设定样品杯和牛肉温度为 12℃，取 68g 水，设定水温为 6℃，水的比热容为 4198J/(kg·℃)。当水、牛肉和样品杯达到平衡时温度为 7.8℃。计算牛肉的比热容。

解： 根据已知条件和式（7-41）：

$$(86\times10^{-3})\times383\times(12-7.8)+(36\times10^{-3})(c_{p,s})\times(12-7.8)=(68\times10^{-3})\times4198\times(7.8-6)$$

$$c_{p,s}=2483.4\text{J}/(\text{kg}\cdot\text{℃})$$

2. 差示扫描量热仪（Differential Scanning Calorimeter，DSC）

在 DSC 中，样品是处在线性的温度程序控制下，流入样品的热流速率是连续测定的，并且所测定的热流速率 $\text{d}Q/\text{d}t$ 是与样品的瞬时比热容成正比，因此热流速率可用式（7-42）表示：

$$\frac{\text{d}Q}{\text{d}t}=mc_p\frac{\text{d}T}{\text{d}t} \tag{7-42}$$

式中　Q——热量，J；

　　　m——样品质量，kg；

　　　c_p——样品比热容，J/kg·℃。

在比热容测定中，通常是以某种比热容已精确测定的样品作为标准样品。具体测定方法为：先用两个空样品池在较低温度（T_1）下恒温记录一段基线，然后转入程序升温，接着在一较高温度（T_2）下恒温，由此得到从温度 T_1 到 T_2 的空载曲线或基线（Baseline）。T_1 到 T_2 即是测量的范围。然后在相同条件下使用同样的样品池依次测定已知比热容的标准样品和待测样品的 DSC 曲线，测得结果如图 7-12 所示。根据偏离基线数据 y 和已知质量 m，样品比热容为：

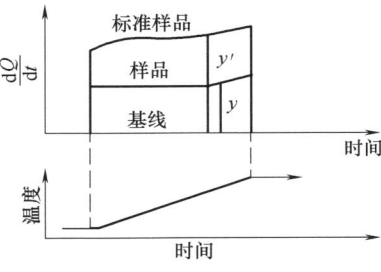

图 7-12　比热容的测量

$$\frac{c'_p}{c_p}=\frac{my'}{m'y} \tag{7-43}$$

式中　c'_p——标准样品比热容，J/kg·℃；

　　　m'——标准样品质量，kg；

　　　y'——标准样品热流量曲线偏离基线值。

为了提高测量精确度，常用蓝宝石作为标准品，且样品和标准样品的制备条件和测量条件应尽量相同。DSC 测量比热容灵敏度高、热响应速度快和操作简便，所以与常规的量热计比热容测定法相比，样品用量少，测定速度快，操作简便。

【例题 7-7】 用 DSC 测量淀粉比热容，已知淀粉水分含量为 23.08%，在 0~180℃扫描，淀粉热流量偏离基线 76.5，而蓝宝石热流量偏离基线 40。淀粉质量 25mg，蓝宝石质量 82mg，蓝宝石比热容为 0.194kJ/(kg·℃)。

解：根据实验数据和式（7-43）：

$$c_p=\left(\frac{y}{y'}\right)\left(\frac{m'}{m}\right)c'_p$$

$$=\frac{76.5}{40}\times\frac{82}{25}\times0.194$$

$$=1.217\text{kJ}/(\text{kg}\cdot\text{℃})$$

三、比热容数据

Ashrae（1993）给出了许多食品材料的比热容数据，其中部分列于表7-11中。但应当指出这些并非实验数据，是按近似公式得到的。

表7-11 一些食品材料的水分含量、冻前比热容、冻后比热容和融化热数据

食品材料	水分含量/%	初始冻结温度/℃	冻前比热容/[kJ/(kg·K)]	冻后比热容/[kJ/(kg·K)]	融化热/(kJ/kg)
1. 蔬菜					
芦笋	93	−0.6	4.00	2.01	312
干菜豆	41	—	1.95	0.98	37
甜菜根	88	−1.1	3.88	1.95	295
胡萝卜	88	−1.4	3.88	1.95	295
菜花	92	−0.8	3.98	2.00	308
芹菜	94	−0.5	4.03	2.02	315
甜玉米	74	−0.6	3.53	1.77	248
黄瓜	96	−0.5	4.08	2.05	322
茄子	93	−0.8	4.00	2.01	312
大蒜	61	−0.8	3.20	1.61	204
姜	87	—	3.85	1.94	291
韭菜	85	−0.7	3.80	1.91	285
莴苣	95	−0.2	4.06	2.04	318
蘑菇	91	−0.9	3.95	1.99	305
青葱	89	−0.9	3.90	1.96	298
干洋葱	88	−0.8	3.88	1.95	295
青豌豆	74	−0.6	3.53	1.77	248
四季萝卜	95	−0.7	4.06	2.04	318
菠菜	93	−0.3	4.00	2.01	312
番茄	94	−0.5	4.03	2.02	315
青萝卜	90	−0.2	3.93	1.97	302
萝卜	92	−1.1	3.98	2.00	308
水芹菜	93	−0.3	4.00	2.01	312
2. 水果					
鲜苹果	84	−1.1	3.78	1.90	281
杏	85	−1.1	3.80	1.91	285
香蕉	75	−0.8	3.55	1.79	251
樱桃（酸）	84	−1.7	3.78	1.90	281

续表

食品材料	水分含量/%	初始冻结温度/℃	冻前比热容/[kJ/(kg·K)]	冻后比热容/[kJ/(kg·K)]	融化热/(kJ/kg)
樱桃（甜）	80	-1.8	3.68	1.85	268
葡萄柚	89	-1.1	3.90	1.96	298
柠檬	89	-1.4	3.90	1.96	298
西瓜	93	-0.4	4.00	2.01	312
橙	87	-0.8	3.85	1.94	292
鲜桃	89	-0.9	3.90	1.96	298
梨	83	-1.6	3.75	1.89	278
菠萝	85	-1.0	3.80	1.91	285
草莓	90	-0.8	3.93	1.97	302
3. 鱼					
大麻哈鱼	64	-2.2	3.28	1.65	214
金枪鱼	70	-2.2	3.43	1.72	235
青鱼片	57	-2.2	3.10	1.56	191
4. 贝类					
扇贝肉	80	-2.2	3.68	1.85	268
小虾	83	-2.2	3.75	1.89	278
美洲大龙虾	79	-2.2	3.65	1.84	265
5. 牛肉					
胴体（60%瘦肉）	49	-1.7	2.90	1.46	164
胴体（54%瘦肉）	45	-2.2	2.80	1.41	151
大腿肉	67		3.35	1.68	224
小牛胴体（81%瘦肉）	66	—	3.33	1.67	221
6. 猪肉					
腌熏肉	19	—	2.15	1.08	64
胴体（47%瘦肉）	37	—	2.60	1.31	124
胴体（33%瘦肉）	30	—	2.42	1.22	101
后腿（轻度腌制）	57	—	3.10	1.56	191
后腿（74%瘦肉）	56	-1.7	3.08	1.55	188
7. 羊羔肉					
腿肉（83%瘦肉）	65	—	3.30	1.66	218

续表

食品材料	水分含量/%	初始冻结温度/℃	冻前比热容/[kJ/(kg·K)]	冻后比热容/[kJ/(kg·K)]	融化热/(kJ/kg)
8. 乳制品					
奶油	16	—	2.07	1.04	54
干酪（瑞士）	39	-10.0	2.65	1.33	131
冰淇淋（10%脂肪）	63	-5.6	3.25	1.63	211
罐装炼乳（加糖）	27	-15.0	2.35	1.18	90
浓缩乳（不加糖）	74	-1.4	3.53	1.77	248
全脂乳粉	2	—	1.72	0.87	7
脱脂乳粉	3	—	1.75	0.88	10
鲜乳（3.7%脂肪）	87	-0.6	3.85	1.94	291
脱脂鲜乳	91	—	3.95	1.99	305
9. 禽肉制品					
鲜蛋	74	-0.6	3.53	1.77	247
蛋清	88	-0.6	3.88	1.95	295
蛋黄	51	-0.6	2.95	1.48	171
加糖蛋黄	51	-3.9	2.95	1.48	171
全蛋粉	4	—	1.77	0.89	13
蛋清粉	9	—	1.90	0.95	30
鸡	74	-2.8	3.53	1.77	248
火鸡	64	—	3.28	1.65	214
鸭	69	—	3.40	1.71	231
10. 杂项					
蜂蜜	17	—	2.10	1.68	57
奶油巧克力	1	—	1.70	0.85	3
花生酥	2	—	1.72	0.87	7
带皮花生	6	—	1.82	0.92	20
带皮花生（烤熟）	2	—	1.72	0.87	7
杏仁	5	—	1.80	0.9	17

Sweat（1995）综合了大量实验数据，并作图（图7-13）。

由图7-13可以看出对于水分含量较高的食品材料，实测数据很一致，说明其比热容基本上可由水分含量确定；但对于水分含量较低的食品材料，实测数据很分散，说明其比热容受到其他组分的强烈影响。

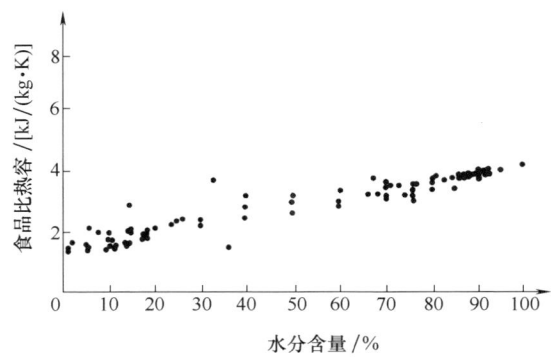

图 7-13 一些食品材料的冻前比热容与水分含量的实测数据分布

第三节 焓

焓（Enthalpy）是一个重要的热力学参数，样品分子的物理变化（如相变）和化学变化（如物质的分解、键的断裂等）都与焓有关。根据定义，焓 $H=E+pV$，这里 E 是系统的内能，p、V 分别为系统的压力和体积。对于压力不变的过程，焓的变化 ΔH 等于变化过程中系统所吸收的热量 Q。这种热量会引起物质的温度变化和相变化，即显热（Sensible Heat）和潜热（Latent Heat）变化。所以，有些文献中常将焓变 ΔH 与热量 Q 等同起来。

对于食品材料，吸热相变有融化（Melting）、变性（Denaturation）、糊化（Gelatinization）和蒸发（Evaporation），放热相变有冻结（Freezing）、结晶（Crystallization）和氧化（Oxidation）等。对于水这样的单一组分的物质，相变过程是在确定的温度下进行的。因此，只要知道相变潜热（冰的融化潜热为 334.5kJ/kg）、固相比热容、液相比热容或者气相比热容，就可以计算出来某一过程焓变或者热量变化。对于多组分的食品材料，例如冷冻食品，冻结过程从最高冻结温度（或称初始冻结温度）开始，在较宽的温度范围内不断进行，一般至 -40℃才完全冻结（有的个别食品到-95℃还没完全冻结），在此温度范围内不会出现明显的温度平台。对于这样的情况，虽然可以用"表观比热容"表达，但使用并不方便，所以常用焓值直接表达，而设食品材料在-40℃的焓值为零（过去的教材多取-20℃冻结态的焓值为其零点）。

一、焓值测量

用差示扫描量热仪可以直接获得流过样品材料的热流量 $\dot{Q}$ 或者单位质量的焓值 h。对样品加热，样品将发生相变，出现吸热或放热峰值，该峰值曲线所包围的面积与相变热量成正比，通过比较已知相变热的材料峰值曲线面积，可知被测样品相变过程中的热量或者焓值（图 7-14 和图 7-15）。

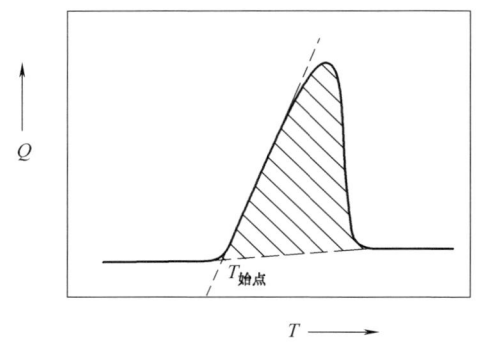

图 7-14 DSC 热流量与温度的关系

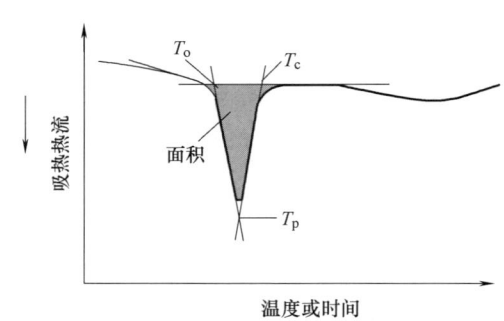

图 7-15 相变开始 T_o、结束 T_c 与峰值 T_p 确定方法

图 7-16 是冰淇淋单位焓值与温度的关系，此段温度区间冰淇淋未出现明显的吸热峰和放热峰，但是在 -10℃ 以上吸热量明显增加，说明出现结构松弛或者融化现象。在食品热量分析中，有时只需要知道开始状态和结束状态时的焓值，如例题 7-8。

图 7-17 是巧克力糖的 DSC 曲线，由曲线 1 可以看出，巧克力在升温过程中，出现了两次吸热峰（25~35℃）。由巧克力组分可知，这种结构变化是由于可可脂晶体融解引起的。另外 4 条曲线是可可脂熔解后（50℃）再凝固的特性曲线，从曲线形状可以看出，与初始新鲜巧克力（曲线 1）不同，所有融解温度均降低，说明软化后再凝固的巧克力更容易熔解软化，而且吸热峰面积变小，峰形变宽，这些都反映了可可脂再生晶体数量和结构方面与新鲜巧克力间存在差异。

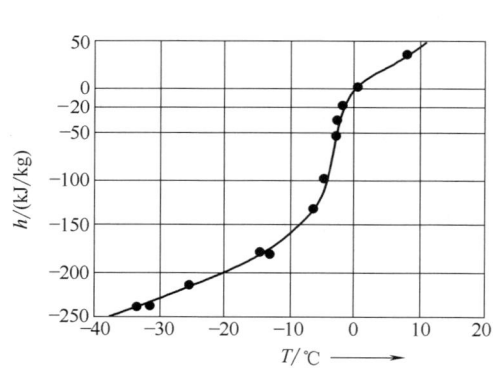

图 7-16 冰淇淋热焓值与温度的关系

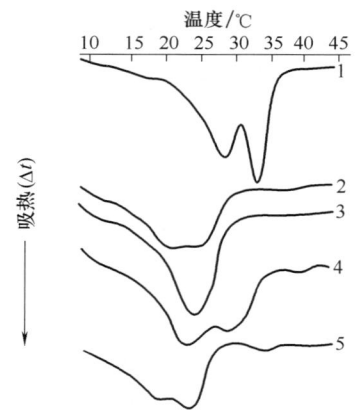

图 7-17 巧克力糖的 DSC 曲线

1—新鲜巧克力　2—熔解后在 10℃ 下放置 1h
3—熔解后在 10℃ 下放置 48h　4—熔解后
在 10℃ 下放置 600h　5—熔解后在 30℃ 下放置 984h

【例题 7-8】计算 500kg 冰淇淋混合物从 -5℃ 降至 -20℃ 时排出的热量。

解：从图 7-16 可知，-20℃ 时单位质量焓值为 -200kJ/kg，-5℃ 时单位质量焓值为 -100kJ/kg。

$$\Delta h = h_{-20} - h_{-5} = (-200) - (-100) = -100 \text{kJ/kg}$$

$$Q = 500\text{kg} \times \Delta h = -50 \times 10^6 \text{J} = -50\text{MJ}$$

500kg 冰淇淋从-5℃降至-20℃需要排出热量-50MJ，负号说明过程是放热过程。

二、部分食品焓值

Sweat（1995）给出一些食品材料在冷却时未冻水分含量和焓值，如表7-12所示。Riedel 和 Dickerson 绘制了牛肉（图7-18）、果蔬汁（图7-19）的焓值与水分含量的关系线图。这些线图取-40℃食品材料焓值为0的数据。Manmap（1990）列出鳕鱼焓值与温度的关系（图7-20）。

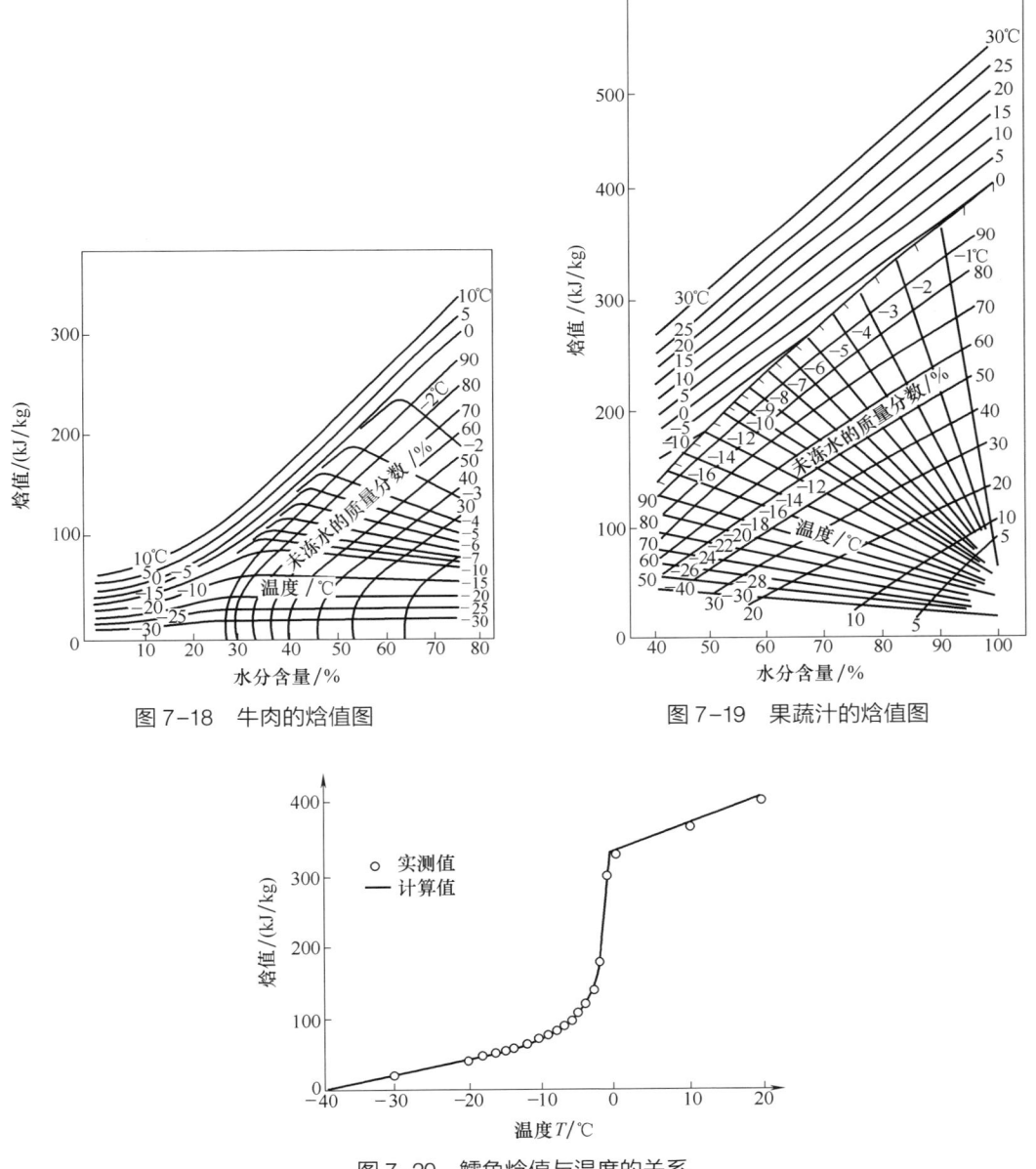

图7-18 牛肉的焓值图　　　　图7-19 果蔬汁的焓值图

图7-20 鳕鱼焓值与温度的关系

表 7-12　一些食品材料在冷却时未冻水分含量和焓值

食品材料	水分含量/%	比热容/[kJ/(kg·K)]	项目	-40	-30	-20	-18	-16	-14	-12	-10	-9	-8	-7	-6	-5	-4	-3	-2	-1	0
1. 蔬菜																					
去皮芦笋	92.6	3.98	焓 h/(kJ/kg)	0	19	40	45	50	55	61	69	73	77	83	90	99	108	123	155	243	381
			未冻水/%	—	—	—	—	—	—	—	—	—	—	—	—	—	—	—	29	58	100
胡萝卜	95.4	4.02	焓 h/(kJ/kg)	0	21	46	51	57	64	72	81	87	94	102	111	124	139	166	218	357	361
			未冻水/%	—	—	—	—	—	—	—	—	—	—	—	12	15	17	20	53	100	—
黄瓜	85.5	3.81	焓 h/(kJ/kg)	0	18	39	43	47	51	57	64	67	70	74	79	85	93	104	125	184	390
			未冻水/%	—	—	—	—	—	—	—	—	5	—	—	—	—	—	14	20	37	100
洋葱	85.5	3.81	焓 h/(kJ/kg)	0	23	50	55	62	71	81	91	97	105	115	125	141	163	196	263	349	353
			未冻水/%	—	5	8	10	12	14	16	18	19	20	23	26	31	38	49	71	100	—
菠菜	90.2	3.90	焓 h/(kJ/kg)	0	19	40	44	49	54	60	66	70	74	79	86	94	108	117	145	224	371
			未冻水/%	—	—	—	—	—	—	—	—	—	—	—	—	13	16	19	28	53	100
2. 水果																					
草莓	89.3	3.94	焓 h/(kJ/kg)	0	20	44	49	54	60	67	76	81	88	95	102	114	127	150	191	318	367
			未冻水/%	—	—	—	6	7	7	9	11	12	14	16	18	20	24	30	43	86	100
无核樱桃(甜)	77.0	3.60	焓 h/(kJ/kg)	0	26	58	66	76	87	100	114	123	133	149	166	190	225	276	317	320	324
			未冻水/%	—	9	15	17	19	21	26	29	32	36	40	47	55	67	86	100	—	—

续表

食品材料	水分含量/%	比热容/[kJ/(kg·K)]		-40	-30	-20	-18	-16	-14	-12	-10	-9	-8	-7	-6	-5	-4	-3	-2	-1	0
番茄酱	92.9	4.02	焓 h/(kJ/kg)	0	20	42	47	52	57	63	71	75	81	87	93	103	114	131	166	266	382
			未冻水/%	—	—	—	—	5	—	6	7	8	10	12	14	16	18	24	33	65	100
3. 蛋																					
蛋清	86.5	3.81	焓 h/(kJ/kg)	0	18	39	43	48	53	58	65	68	72	75	81	87	96	109	134	210	352
			未冻水/%	—	—	10	—	—	—	—	13	—	—	—	18	20	23	28	40	82	100
蛋黄	50.0	3.10	焓 h/(kJ/kg)	0	18	39	43	48	53	59	65	68	71	75	80	85	91	99	113	155	228
			未冻水/%	—	—	—	—	—	—	—	16	—	—	—	—	21	22	27	34	60	100
蛋黄	40.0	2.85	焓 h/(kJ/kg)	0	19	40	45	50	56	62	68	72	76	80	85	92	99	109	128	182	191
			未冻水/%	20	—	—	22	—	24	—	27	28	29	31	33	35	38	45	58	94	100
带皮蛋	66.4	3.31	焓 h/(kJ/kg)	0	17	36	40	45	50	55	61	64	67	71	75	81	88	98	117	175	281
4. 鱼，肉																					
鳕鱼	80.3	3.69	焓 h/(kJ/kg)	0	19	42	47	53	59	66	74	79	84	89	96	105	118	137	177	298	323
			未冻水/%	10	10	11	12	12	13	14	16	17	18	19	21	23	27	34	48	92	100
鲈鱼	79.1	3.60	焓 h/(kJ/kg)	0	19	41	46	52	58	65	72	76	81	86	93	101	112	129	165	284	318
			未冻水/%	10	10	11	12	12	13	14	15	16	17	18	20	22	26	32	44	87	100
瘦牛肉（鲜）	74.5	3.52	焓 h/(kJ/kg)	0	19	42	47	52	58	65	72	76	81	88	95	105	113	138	180	285	304
			未冻水/%	10	10	11	12	13	14	15	16	17	18	20	22	24	31	40	55	95	100
5. 面包																					
白面包	37.3	2.60	焓 h/(kJ/kg)	0	17	35	39	44	49	56	67	75	83	93	104	117	124	128	131	134	137
全粉面包	42.4	2.68	焓 h/(kJ/kg)	0	17	36	41	48	56	66	78	86	95	106	119	135	150	154	157	160	163

由表7-12可看出，对于水分含量很高的食品，当温度稍低于0℃时，就有部分水被冻结。未冻水含量很快降低。以水分含量90%的食品为例，当温度降到-3℃时，其中已有多于60%的水被冻结；而对于水分含量60%的食品，只有温度降至-7~-6℃才开始冻结；而到-20℃左右，约60%的水冻结。

第四节 热扩散系数

一般说来，热扩散系数 α 是根据比热容 c_p、热导率 λ 和密度 ρ 的数据计算而得的，即：

$$\alpha = \lambda / (\rho \cdot c_p) \tag{7-44}$$

但也可以用实验测量，它主要是用一个瞬间加热的类似于测热导率的探头和热电偶，在与它有一定距离处加上另一个热电偶以测量样品温度的变化曲线。这个距离和所测得的热扩散系数数据有很大的关系。在食品材料中精确控制这个距离并不容易，因此，α 的实测数据很少，而且都是针对未冻结食品的。ASHRAE手册给出了一些实测值，这些实测值绝大多数分布在 $0.10 \sim 0.13 \text{mm}^2/\text{s}$，而水在25℃时的 α 值为 $0.145 \times 10^{-6} \text{m}^2/\text{s}$（$0.145 \text{mm}^2/\text{s}$）。

🔍 思考题

1. 请说明食品材料的导热机制，它与金属材料导热有何异同？
2. 为什么肉类冷冻可以采用温度很低的冷冻介质，而解冻却不能采用温度很高的解冻介质？
3. 如果已知某种产品配方，如何确定其热导率？
4. 根据傅立叶导热定律，对一定尺寸的样品施加恒定的温差，通过检测流过样品的热量即可推算出该材料的热导率。请讨论该种方法对食品材料的可行性。
5. 列举食品中哪些物质、哪些变化可能与焓值变化有显著关系。

第八章 食品的电特性

本章内容提要

本章介绍食品材料的导电性和介电性，给出了影响电特性的主要因素，其中重点介绍食品工业中利用电特性的事例，从静电到射线几乎涵盖所有频率，具体包括静电分离、欧姆热、微波、远红外和电离辐射等技术。

第一节 概述

近年来，随着食品工业的发展，有关食品的电学性质方面的研究越来越受重视，其应用也越来越广泛。例如：对种子的电特性研究，实现了按照种子的内在品质进行清选，提高了发芽势。食品的电特性研究不仅改变了传统的烹调方式，而且可以迅速有效地杀菌等。以往对电特性的研究和应用多限于对食品成分、状态或品质的检测，如今在食品的电物理加工方面也取得了很大进展。

一、电特性的分类

食品的电特性广义地可分为两大类：一是主动电特性，二是被动电特性。主动电特性包括由于食品材料中存在某些能源而产生的电特性。这种存在于食品中的能源可能产生一个电动势或电势差，其在生物系统中表示为生物电势，在压电晶体中表现为应变诱导电势。被动电特性则反映了影响食品所占空间内电场和电流（电荷）的分布特性，还可以影响电场中食品的行为，它是由食品化学成分和物理结构所决定的固有特性。食品材料在受到外界的刺激时，就会产生抵抗，其通常表现为食品材料的电导率、电容率、击穿电位、刺激电位等。

食品电特性的进一步分类就不像主动电特性和被动电特性那样明确。但是，在描述电场与食品相互作用方面，电导率、电容量等基本参数就是非常有用的小分类参数。如表8-1所示，电导率反映导体材料的电特性，而电容量反映绝缘体材料的电特性。就两种材料的电特性而言，其分别相当于电阻和电容器。电阻通常被认为是将电能变成热能的耗散元件,电容器则是贮存电能的元件。复阻抗 Z^* 与复电容量 C^* 如图 8-2 所示。

表 8-1　　　　　　　　　　　　　　电物理量

表现内容	电参数	电参数
导体的性质	电阻 R	电阻率 ρ
	复阻抗 Z^*	(电导率 K)
绝缘体的性质	复电容量 C^*	复介电常数 ε^*
	电容量 C	介电常数 ε

二、研究食品电特性的意义

食品的电物理加工得到重视,主要有以下几方面原因:

(1) 食品加工中对食物资源充分利用的要求越来越高,同时也要求减少加工中营养损失和生物活性物质活性的降低。而传统的加工方法要达到以上要求十分困难。要达到这一目的,只有发现全新的加工原理和开发新的技术。电物理加工方法正是在这种形势下出现的一种最有前途的加工新技术。

(2) 构成食品的分子或粒子大都具有某种荷电的性质。因此,使用电场或电磁场有可能对构成食品的最小单位进行最富有效果的加工处理。

(3) 水果、蔬菜、种子等生鲜食品在贮藏流通中,电磁场对其生理活动进行有效控制往往是保鲜的主要手段。这种生理作用已经被证实具有巨大潜力。

(4) 由于化石燃料能源的不可再生性,从长远观点看,电力在食品工业的能耗中将会占有更大的比例。加之电能有方便、卫生、易控制等特点,所以在加热、杀菌、干燥等耗能较高领域,食品电加工将逐步取代利用其他能源的技术。

(5) 电物理特性的检测,对食品加工自动化、品质控制精确化提供了重要手段。

三、电特性在食品加工中的应用

在食品加工中,电特性主要应用于两方面:一是通过对食品电特性的把握来更好地对食品的成分、组织、状态等品质进行分析和监控;二是在食品加工中最有效地利用其电磁物理性质。具体分为:电磁波应用、静电场应用和电阻抗应用。

(1) 电磁波应用　在电磁波交变场中,生物材料中的带电粒子或者极性分子将发生旋转或者碰撞,其效应可达到杀菌和加热的目的。例如,微波加热、电杀菌等。

(2) 静电场应用　利用生物电磁现象和食品胶体粒子的荷电性质,静电物性在食品工业中得到广泛应用。归纳如下。

① 清洗净化:利用静电过滤作用对空气进行清洗净化;干燥时利用电场分离,进行制品的沉降;肉、鱼制品的扑粉等。

② 分离:从谷粒、茶叶、油料、明胶等物质中除去杂质。

③ 改质:改善面包原料谷粉的品质;肉、水产制品的熏制。

④ 防腐:鱼、肉制品表面的除霉、食品设备的无拆卸消毒杀菌、食品表面防腐剂的喷

涂等。

（3）直流电应用　近年来，在食品工业中直流电的应用发展较快。主要有以下几种。

① 电渗透：利用食品胶体粒子的荷电性质和动电现象，用电渗透的方法对食品进行固液分离或脱水处理。

② 电渗析：利用离子交换膜对甜菜糖等加工食品进行净化处理，乳制品中的去盐处理，海水淡化等。

③ 电泳：牛乳蛋白分离，从悬浊液中沉降固体粒子。

④ 电浮选：干物质（蛋白质、酵母、脂肪、鱼、肉、血液等）浓缩；食品厂排污的净化和蛋白质、脂肪的回收；酒及其他液态食品的澄清（去除浮游物质）。

第二节　介电性能与影响因素

按导电性质的不同，物体可分为导体和非导体（电介质）。导体可分为两类：一类是电子导体，如金属，它是由自由电子运动而导电的；另一类是离子导体，如电解质，它是依靠离子定向运动而导电。电介质中的电子受到很大束缚力，电子不能自由移动，故电介质在一般情况下是不导电的。空气、玻璃、橡胶及很多有机物都是良好的电介质，一些农业物料在某种程度上也属于电介质。

一、基本概念

1. 电介质的极化

任何物质的分子或原子（以下统称分子），都是由带负电的电子和带正电的原子核组成。整个分子中电荷的代数和为0。正负电荷在分子中都不是集中于一点，但在离开分子的距离比分子线度大得多的地方，分子中全部负电荷对于这些地方的影响将和一个单独的负的点电荷等效。这个等效点电荷的位置称为这个分子负电荷的"重心"。同样每个分子正电荷也有一个正电荷"重心"。在外电场存在时，可按正负电荷的"重心"重合与否，把电介质分为两类：正负电荷"重心"重合的电介质称为非极性分子，不重合的称为极性分子。极性分子正负电荷"重心"互相错开，形成一个电偶极矩（Dipole Moment），称为分子的固有电矩。

电场中电介质的极化主要有以下几种情况：

（1）电子位移极化（Electronic Polarization）　如图8-1（1）所示，当非极性分子处在外电场中时，在场力作用下，本来处于重心重合的电子云发生了偏离，形成了一个电偶极子（Dipole），称为电子位移极化。电子位移极化形成的偶极矩称为感应电矩，方向沿外电场方向。在高频电场中，只有电子位移极化有效，所以它又称光学极化。

（2）原子极化（Atomic Polarization）　原子极化如图8-1（2）所示，构成分子的各原子或原子团在外电场作用下发生了偏移，从而产生极化现象。各原子的偏移类似于弹性振动。原子极化又称红外极化。

（3）取向极化（Orientation）　对于由两个以上原子组成的偶极分子，即使没有电场作用也有一定的固有电矩，因而是极性分子。水分子便是典型的偶极分子，食品中含量较多的极性分子，虽然它们具有固有电矩，但由于分子不规则的热运动，在无电场施加的电介质中，所有分子固有电矩矢量和会相互抵消，宏观上不产生电场。但处于电场中时，分子电矩就会转向外电场方向。虽然分子热运动会使这种转向不很完全，但总体排列也会使介质在垂直于电场方向的两端面产生极化电荷。如图8-1（3）所示，这样的极化称为取向极化，又称偶极子极化。

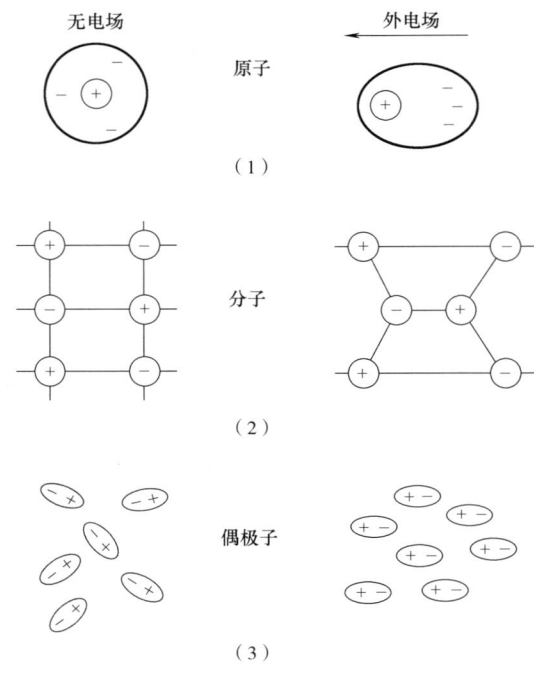

图 8-1　各种电介质极化原理
（1）电子位移极化　（2）原子极化　（3）取向极化

从物理学可知：当给电容器中插入电介质时，可增大电容。电介质插入电场后，由于同号电荷相斥、异号电荷相吸的结果，介质表面也会出现与各自贴近极板电荷相反的电荷分布。这种现象称为电介质的极化（Polarization）。表面上出现的电荷称为极化电荷（Polarized Charge）。

2. 介电常数（Dielectric Constant）

根据电工原理，与电路中存在电感元件或者电容元件时，电压与电流发生相位差，而电路元件可等效转换为复阻抗或复电容（图8-2）。电压与电流之间的关系不仅仅是大小问题，还存在方向问题，以图8-2并联电路为例，当电路两端施加交流电压V，那么，电流将分别流过电阻和电容器。在此情况下，流过电阻的电流I_R与所施加电压V相同的相位流过，产生了热能。另一方面，流过电容器的电流I_C与所施加电压V成90°的相位流过，贮存了电能。所以，流过的全部电流I是I_R和I_C的矢量和，即$I=I_R+iI_C$。此时，图8-3中的Φ被称为相位角，$\cos\Phi$被称为功率因数，δ被称为损耗角，$\tan\delta$被称为损耗角正切，$\tan\delta=I_R/I_C=\varepsilon_r''/\varepsilon_r'$，它表示所消耗的能量与所蓄积的能量之比。

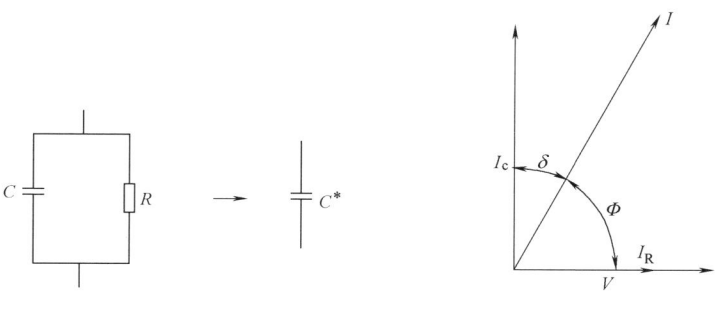

图 8-2　复阻抗与复电容量　　　　图 8-3　交流特性

通常所指的介电特性主要有三项，即相对介电常数 ε'_r、相对介电损耗因数 ε''_r 和介电损耗角正切 $\tan\delta$。它们之间关系可用式（8-1）表示：

$$\varepsilon^*_r = \varepsilon'_r - i\varepsilon''_r = |\varepsilon^*_r| e^{-i\delta} \tag{8-1}$$

和

$$\tan\delta = \frac{\varepsilon''_r}{\varepsilon'_r} \tag{8-2}$$

式中　ε^*_r——复数相对介电常数；$i = \sqrt{-1}$。

电介质的相对介电常数 ε'_r，可定义为：

$$\varepsilon'_r = \frac{C}{C_0} \tag{8-3}$$

式中　C——以某种材料为介质时的电容器的电容，F；
　　　C_0——以真空为介质时的电容，F。

相对介电常数 ε'_r 是物料实际介电常数 ε 和真空介电常数 ε_0 的比值，是一个无量纲的量，可写成：

$$\varepsilon = \varepsilon'_r \varepsilon_0 \tag{8-4}$$

真空介电常数 ε_0 为 8.85×10^{-12} F/m。

相对介电常数 ε'_r 是表示物料可能贮存的电场能量，它反映该物料提高电容器电容量的能力。其值变化范围很大，空气为 1，20℃ 的水为 80，对于一定的混合物其值甚至更高。图 8-4 显示了部分食品的相对介电常数。

3. 介电损耗（Dielectric Loss）

将平板电容器两极板间充以电介质，在高频电场作用下电介质将被极化。极性分子在电场中不断地作取向运动，分子间发生碰撞和摩擦，并将消耗的电能转为热能，这种消耗称为介电损耗。介电损耗随交变频率的提高及电场强度的增强而增大。此外，介电损耗还和介质的介电特性有关。

食品物质在电磁场中，由于电阻、电容和电感的作用，会产生能量损失。能量损失由两部分组成，第一部分来自电导引起的电导损失（Ionic Loss），产生热量；第二部分来自极化运动

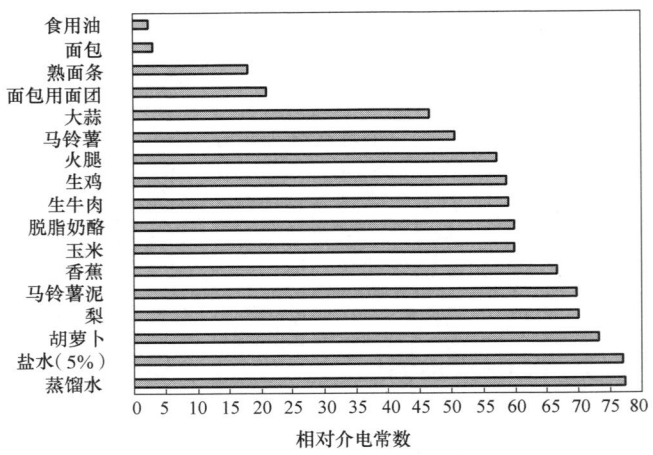

图 8-4　部分食品的相对介电常数

的介电损耗（Dipolar Loss）。介电损耗用电介质在电场中吸收的能量表示。

$$Q = 55.6 \times 10^{-12} E^2 f \varepsilon''_r \qquad (8-5)$$

式中　Q——吸收能量，W/m³；
　　　E——电场强度，V/m；
　　　f——电场频率，Hz；
　　　ε''_r——相对介电损耗因数。

由式（8-5）可知，在场强不变的情况下，吸收能量是和频率成正比的。因此，在电介质加热应用中一般都是在高频下进行的。吸收能量与介电损耗因数成正比，介电损耗因数大，产生的热量也大。图8-5是部分食品的相对介电损耗因数，与相对介电常数比较，可见它们之间存在一定差异，例如，在图8-4中蒸馏水的相对介电常数最大，而在图8-5中蒸馏水的相对介电损耗因数相对较小。

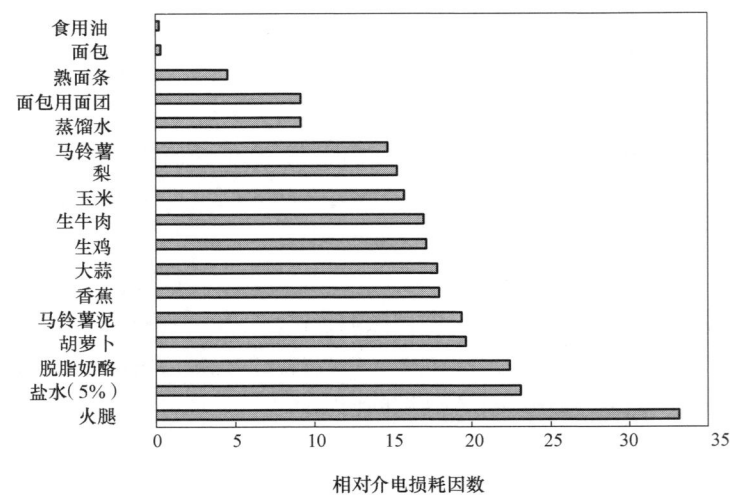

图 8-5　部分食品的相对介电损耗因数

二、影响介电性能的因素

试验表明，食品或食品原料的介电性能受物料含水率、温度、电场频率、食品成分及密度影响。

1. 频率对介电性能的影响

图 8-6 显示了相对介电常数和相对介电损耗因数与频率的关系。由图可见，相对介电常数在相对低频率段保持不变，当频率增加到一定值时迅速下降。而相对介电损耗因数随着频率增加而增加，在某一频率下达到极大值，之后迅速下降。

相对介电常数 ε'_r 和相对介电损耗因数 ε''_r 由 Debye 方程表示：

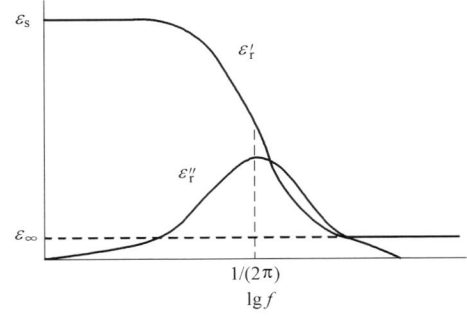

图 8-6 介电参数（ε'、ε''）与频率的关系

$$\varepsilon'_r = \varepsilon_\infty + \frac{\varepsilon_s - \varepsilon_\infty}{1 + \omega^2 \tau^2} \tag{8-6}$$

$$\varepsilon''_r = \varepsilon_\infty + \frac{(\varepsilon_s - \varepsilon_\infty)\omega\tau}{1 + \omega^2 \tau^2} \tag{8-7}$$

复相对介电系数 ε^*_r：

$$\varepsilon^*_r = \varepsilon_\infty + \frac{\varepsilon_s - \varepsilon_\infty}{1 + i\omega\tau} \tag{8-8}$$

式中　ω——交变电场的角频率，Hz；
　　　ε_∞——光频场的介电常数；
　　　ε_s——静电场的介电常数；
　　　τ——松弛时间，s。

由式（8-6）和式（8-7）可知，当角频率 $\omega \to 0$ 时，$\varepsilon'_r \to \varepsilon_s$，$\varepsilon''_r \to 0$。即一切极化都有充分的时间完成，介电常数达到最大值 ε_s，能量损失最小。$\omega \to \infty$ 时，$\varepsilon'_r \to \varepsilon_\infty$，$\varepsilon''_r \to 0$。即在极高频率下，偶极子来不及取向调整，仅电子极化和原子极化能够完成，介电常数最小，介电损耗因数也最小。当 $\omega\tau = 1$ 时，ε''_r 达到最大值。

2. 温度对介电性能的影响

温度对介电性能的影响与食品中的束缚水含量、自由水含量、离子传导性能有关。温度增加，束缚水的介电性能增加，而自由水的介电性能下降。因此，温度对介电性能的影响取决于束缚水与自由水的比例。图 8-7 显示了温度对部分食品介电性能的影响效果，当温度增加至融化温度时，相对介电常数和相对介电损耗因数均显著增加，当温度进一步增加时，除了含盐和灰分较高的食品外（如熟火腿），介电性能均下降。相对介电常数下降是因为分子热运动加剧，降低了偶极子的定向排列度；相对介电损耗因数下降是因为材料黏度下降，分子移动或者转动阻力下降所致。

冻结食品和高温食品（100℃以上）的介电性能数据很少，这两种状态的介电性能对食品

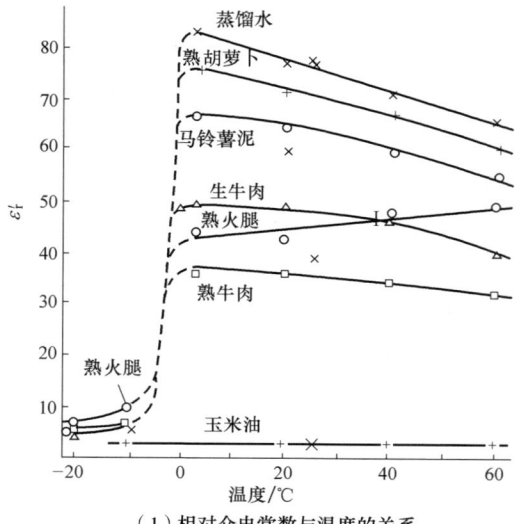

(1) 相对介电常数与温度的关系

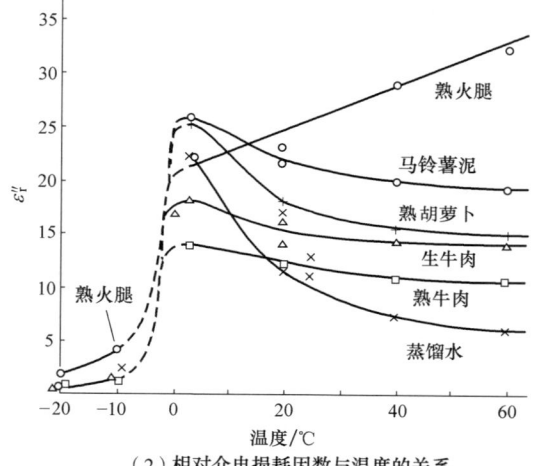

(2) 相对介电损耗因数与温度的关系

图 8-7 温度对介电性能的影响（3000MHz）

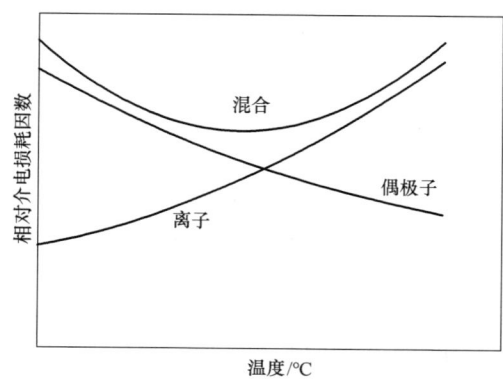

图 8-8 不同温度下离子和偶极子对相对介电损耗因数的影响

解冻和微波杀菌有很高的应用价值。一般情况下，冻结状态的介电性能均很小，而高温状态的介电性能随温度增加而下降。

图 8-8 显示了不同温度下离子和偶极子对介电损耗因数的影响。温度升高，食品的黏稠性下降，有利于离子运动。因此，由离子或者带电粒子移动引起的介电损耗增大。但是对于偶极子而言，温度升高，氢键数量以及分子间的作用力均下降，偶极子旋转位垒低，因此，介电损耗下降。

3. 食品成分对介电性能的影响

（1）水分对介电性能的影响　根据水分

子的偶极性可知，食品含水率高，其相对介电常数和相对介电损耗因数均会增加。但是，食品中的水分有自由水和束缚水之分。束缚水与蛋白质、碳水化合物等干物质结合牢固，其介电松弛频率低于一般工业用微波频率，因此，这部分水分对介电性能影响很小，可以忽略不计。当水分处于自由水状态时，水分含量对介电性能影响较大。如图8-9所示，当水分含量超过临界水分（M_c）时，介电损耗因数显著增加。研究表明，当苹果的水分活度达到0.9时，其相对介电损耗因数显著增加，而干燥食品的相对介电损耗因数很小，这些均说明自由水对介电损耗的影响效果。图8-10是小麦不同含水率介电常数的变化情况。由图中可见，在相对较低的含水率范围内，介电常数随含水率的增加而呈线性增加。

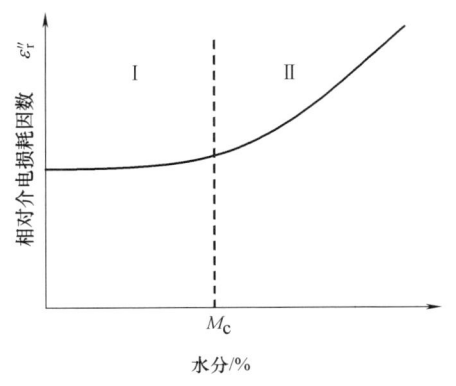

图8-9 水分对介电损耗的影响　　图8-10 小麦介电特性与含水率的关系

（2）盐溶液　盐在食品中主要以离子状态存在，在外电场作用下发生迁移。盐对介电性能的影响如图8-11所示，加盐（3%）鱼子酱与不加盐（0.2%）鱼子酱介电性能差异较大。加盐鱼子酱的相对介电常数较小，其原因是离子与水分子作用，束缚了极性水分子的自由度，降低了水分子的极化强度（Polarization）。加盐使鱼子酱的相对介电损耗因数增大，是带电粒子浓度增加和迁移增强的结果。有研究报道，盐浓度低于1%时，介电损耗随温度的升高而下降，而高浓度的盐溶液，其介电损耗随温度升高而增加。

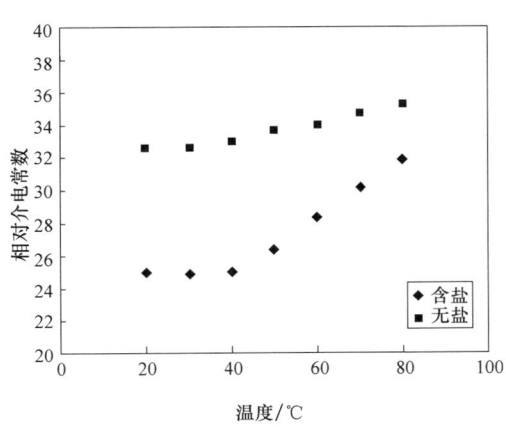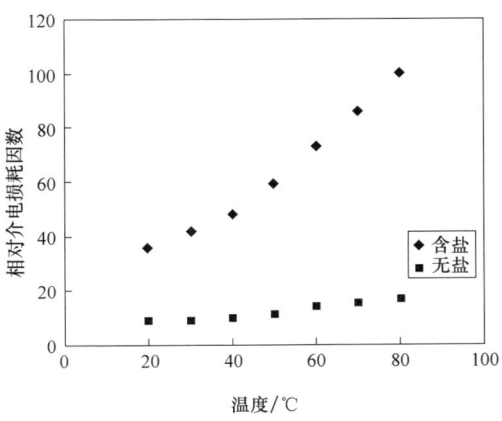

图8-11 盐对介电性能的影响（915MHz）

(3) 碳水化合物　在微波频率范围内，碳水化合物的介电性能很弱。但是，碳水化合物通过氢键和羟基与水分子的作用，对蔗糖、麦芽糖、乳糖以及淀粉水解物的介电性能有很强的作用。葡萄糖的羟基很容易和水反应，从而改变水的介电性能。而淀粉的羟基很少暴露在水中，不能形成稳定的氢键结构，因此，淀粉水溶液介电损耗小于蔗糖水溶液的介电损耗。随着淀粉浓度增加，淀粉对水分子的束缚量也增加，介电常数和介电损耗因数均下降。研究发现，介电损耗也与淀粉种类有关，如图8-12所示。小麦淀粉、水稻淀粉和玉米淀粉的介电损耗因数明显高于木薯淀粉、糯玉米淀粉和高直链淀粉的介电损耗因数。在研发微波焙烤食品时应该选择介电参数高的淀粉材料。糊化淀粉对水分子的束缚作用较小，因此，糊化淀粉比未糊化淀粉的介电性能高。多糖凝胶也是食品加工中常用的添加剂，对水分子的束缚作用很强，添加0.1%~2.0%的凝胶就能束缚25%~60%的水分，因此，对介电性能影响很大。

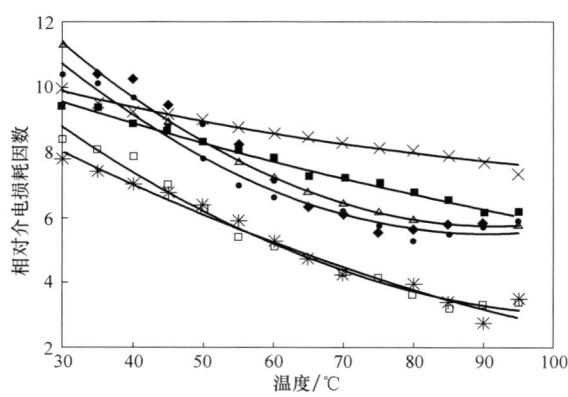

图8-12　淀粉水溶液介电损耗因数

淀粉与水比例：1∶2，2450MHz。□糯玉米淀粉[d]，
＊高直链淀粉[d]，■玉米淀粉[b]，△小麦淀粉[b]，
◆糊化淀粉[c]，●木薯淀粉[c]，×水稻淀粉[a]。
上标字母不同表示存在显著差异。

(4) 蛋白质　蛋白质的介电性能与其氨基酸组成和环境pH有关，因此，不同来源的蛋白质有不同的介电性能。此外，蛋白质与水分子的作用也影响介电性能，蛋白质吸附自由水越多，介电性能越差。蛋白质发生变性，其介电性能也将发生变化。蛋白质变性是分子构象发生变化，将产生非对称的电荷分布，增加了偶极矩数量。此外，蛋白质变性也将影响对水分子的束缚，其束缚作用可能增加也可能降低，因此，也影响蛋白质的介电性能。目前，人们通过检测蛋白质的介电性能，即可确定蛋白质是否发生变性，这一方法得到越来越多人的认可。表8-2是利用介电检测法和DSC检测法确定的蛋白质变性温度，可以看出，两种方法确定的变性温度非常接近。

表8-2　蛋白质变性温度

蛋白质样品	变性温度/℃	
	介电检测法	DSC检测法
20%乳清蛋白液	75~80	78.6
20%乳清蛋白液+5%蔗糖	75~80	79.3
20%乳清蛋白液+15%蔗糖	80~85	82.4
20%乳清蛋白液+2%盐	83.8	81.2
20%乳清蛋白液（pH 4）	85~90	85.5
10%β-乳球蛋白液	75~80	78.8

续表

蛋白质样品	变性温度/℃	
	介电检测法	DSC 检测法
20%α-乳球蛋白液	70~75	75.0
10%牛血清蛋白	85~90	87.6

（5）脂肪 除了可离子化的脂肪酸羧基外，脂肪在微波场中的介电性能非常弱。由于脂肪的疏水性，当脂肪含量增加时，将降低体系中的水分，由此可影响到体系的介电性能。

第三节　介电松弛

食品在电场中的另一个特征现象就是介电松弛，介电松弛本质上是反映分子运动的难易程度。前面介绍了电介质在电场中的几种极化情况，无论哪种极化方式，介质的极化都伴随着内部电子、原子或分子跟随电场方向的移动或转动。极化时，由非极化状态到极化状态总需要一定的时间，把这个时间称为松弛时间（Relaxation Time）。

食品材料除了含有水和矿物质以外，还有碳水化合物和蛋白质等高分子，以及由它们构成的细胞组织。在外电场作用下，由于它们的大小、结构和性质等不同，不能随电场作同步极化，即出现了不同的松弛时间。在频率松弛谱上，常称为 α、β、γ 耗散（Dispersion），如图 8-13 所示。α 耗散又称偶极-弹性耗散，与高分子链段偶极的取向运动相关，发生在几千赫兹以下。β 耗散又称构造耗散，在数十千赫兹至数十兆赫兹之间，与高分子链上侧基等较小运动单元的受限制运动相关。如极性侧基绕主链的旋转运动［图 8-14（1）］，环单元的构象振荡［图 8-14（2）］。早在 20 世纪初，人们在血细胞研究中即确认了生物膜系统界面极化（Interfacial Polarization）造成的耗散为 β 耗散（图 8-15）。γ 耗散出现在微波频率范围内，主要是水的取向运动引起的耗散。

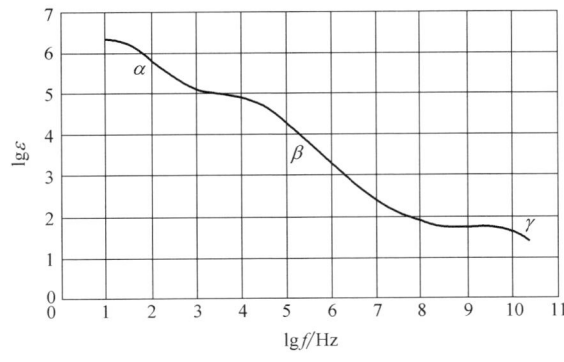

图 8-13　生物材料介电耗散　　　　　图 8-14　β 耗散运动单元示意图

在水中，由于只有偶极子，所以只有单一的松弛结构，用一个松弛时间表示即可。对于这

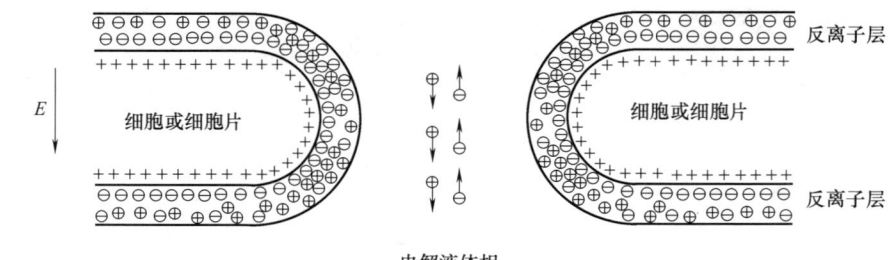

图 8-15 膜孔双电层

样的体系,介电常数和介电损耗因数由式(8-6)和式(8-7)表示。如果从上两式中消去 $\omega\tau$,则有:

$$\left(\varepsilon_r' - \frac{\varepsilon_s + \varepsilon_\infty}{2}\right)^2 + \varepsilon_r''^2 = \left(\frac{\varepsilon_s - \varepsilon_\infty}{2}\right)^2 \tag{8-9}$$

这是一个圆的方程,圆心为 $\left(\frac{\varepsilon_s+\varepsilon_\infty}{2}, 0\right)$,半径为 $\frac{\varepsilon_s-\varepsilon_\infty}{2}$,如图 8-16(1)所示或者图 8-16(2)虚线所示。

实际食品中,存在着如图 8-16 所示的各种松弛现象,其中很多都显示出与水不同的行为。例如:图 8-16(2)中,复平面上的图形变成中心在 x 轴以下的圆弧,这样的圆弧可用 Cole-Cole 经验公式表示:

$$\varepsilon_r^* = \varepsilon_\infty + \frac{\varepsilon_s - \varepsilon_\infty}{[1 + (i\omega\tau)^\beta]} \tag{8-10}$$

式中 β——实验系数($0<\beta<1$)。

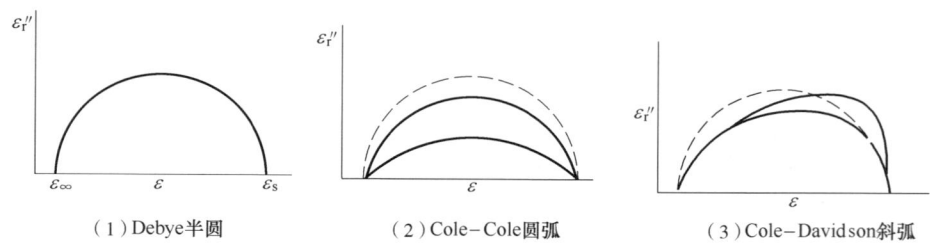

(1)Debye 半圆　　(2)Cole-Cole 圆弧　　(3)Cole-Davidson 斜弧

图 8-16 松弛现象的各种形式

在此松弛结构中,由某个松弛时间 τ_0,在此 τ_0 的前后分布着其他松弛时间,β 就表示了它的分布程度。前面已经叙述过,拥有细胞组织的生物材料在低频范围内的结构耗散,其中大多数被认为是遵从式(8-10)Cole-Cole 圆弧法则。

同样,对于图 8-16(3)的歪圆弧,Cole-Davidson 提出了下式:

$$\varepsilon_r^* = \varepsilon_\infty + \frac{\varepsilon_s - \varepsilon_\infty}{[1 + (i\omega\tau)]^\alpha} \tag{8-11}$$

式中 α——实验系数（0<α<1）。

当α=1时，式（8-11）与式（8-8）Debye模型相同。α越小于1，圆弧越向外。此外，还有Maxwell-Wagner模型，它表示发生在界面上的松弛现象（β耗散），常见于乳浊液中，与Debye模型相似。

第四节 电导特性

电导（Electrical Conductivity）是描述物体传导电流性能的物理量，记作G。物体的电导为通过该物体电流与该物体所加电压的比值。对于直流电路而言，这个数值就是电阻的倒数，其单位为S。电导率（Specific Electric Conductivity）是电阻率（Specific Electric Resistivity）的倒数，电导率的单位为S/m。电导和电导率的差别在于前者是对具体物体而言，因此，它除了与物体性质有关外，还与该物体的大小、形状与导电时的端点位置有关；而电导率则仅与物体的性质有关。

物体传导电流是通过带电粒子的定向传递完成，带电粒子可能是电子、空穴、离子甚至是极化的粒子。电子或者空穴传递的媒介与离子不同，电子传递是通过紧邻分子间的电子轨道能级"跃迁"完成。而离子传递是通过分子间的自由体积或者流动介质完成。食品含有大量的离子和水，因此，离子浓度和水的性质决定食品电导特性（表8-3）。新鲜果蔬和肉类都含有大量的水分，其中大部分被束缚在细胞内而无法流动，因此，具有细胞结构的食品材料，其电导率较低。如果经过粉碎、打浆、酶解等加工处理，细胞内的水分和离子得到释放，其电导率明显增加。图8-17是香蕉泥（1）和香蕉块（2）电导率与温度的关系。由图可见，香蕉泥电导率高于香蕉块，且随温度有较好的正相关关系。表8-4和图8-18是大蒜贮藏过程中的电特性变化，从电导率变化可以看出，随着贮藏时间的延长，可以推测大蒜的组织结构发生较大变化。

表8-3　　　　　　　　　　部分食品材料的电导率

材料	温度/℃	电导率/(S/m)
0.01mol/L KCl 溶液	25	0.14
0.1mol/L KCl 溶液	25	1.28
1.0mol/L KCl 溶液	25	11.11
牛乳（脂肪1.5%）	20	1.75
橙汁	20	2.27
苹果汁	20	3.45
小麦啤酒	20	5.00
自来水	20	16.67
番茄汁	20	0.67
盐渍泡菜	20	0.48

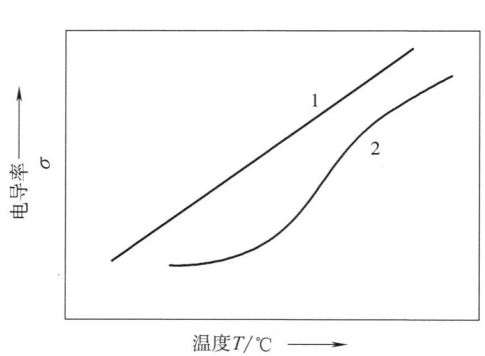

图 8-17 香蕉泥和香蕉块电导率与温度的关系
1—香蕉泥 2—香蕉块

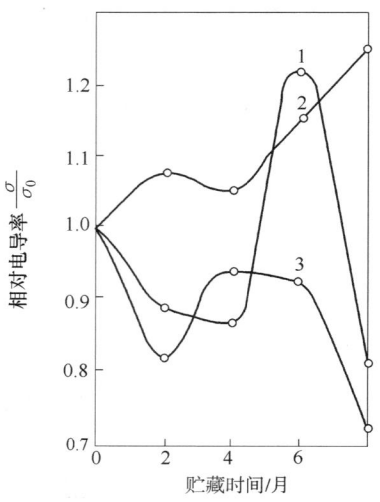

图 8-18 大蒜电导率与贮藏时间的关系
1—适熟大蒜 2—过熟大蒜 3—干燥大蒜

表 8-4 大蒜贮藏过程中电特性与理化指标的变化

理化指标	贮藏时间/月							
	初始	1	2	3	4	5	6	7
电导率/($\times 10^{-2}$S/m)	2.11	2.36	2.27	2.24	2.15	3.25	2.81	2.43
介电常数/($\times 10^3$F/m)	12.5	16.3	15.2	13.0	13.0	16.7	13.8	13.6
呼吸强度/[mgCO_2/(kg·h)]	2.7	3.2	2.7	2.4	2.3	2.5	2.3	2.5
糖分/%	4.72	4.93	4.90	4.65	4.54	4.87	4.46	4.13

温度对电导率的影响与黏度有关，温度升高，黏度下降，这有利于带电粒子的传递。因此，在一定温度范围内，电导率与温度往往呈线性正相关（图 8-19、图 8-20）。

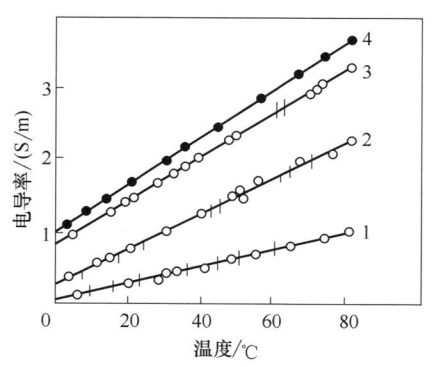

图 8-19 不同浓度血液、生理盐水电导率与温度的关系
1—浓缩血液 2—血液 3—血浆 4—生理盐水

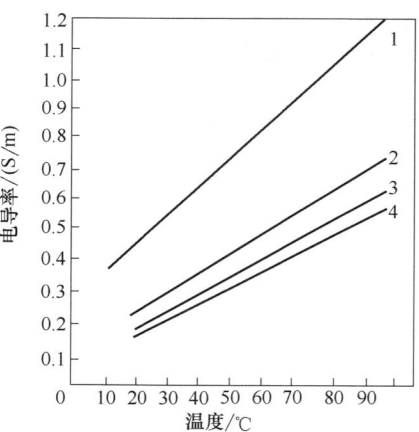

图 8-20 电导率与温度的关系
1—牛乳 2—葡萄汁
3—葡萄酒 4—啤酒

$$\sigma = \sigma_0(1 + b_0 \cdot \Delta T) \tag{8-12}$$

式中 σ——电导率，S/m；

σ_0——参考温度下的电导率，S/m；

b_0——温度系数，K^{-1}；

ΔT——与参考温度的温差，℃。

对于肉类，温度 20~60℃时，$b_0 = 0.022 K^{-1}$。温度超过60℃时，由于胶原蛋白发生水解，电导率与温度关系不再是线性。表8-5是动物血液电导率与温度关系的相关系数，其表达式为：

$$\sigma = A + BT \pm C \tag{8-13}$$

式中 A、B、C——系数，如表8-5所示；

T——温度，℃

表8-5 血液电导率与温度关联系数 A、B、C

物质名称	干物质浓度/%	A	B	C
生理食盐水	0.9	0.950	0.0340	0.0012
血液血浆	10.0	0.780	0.0310	0.0010
血液	20.0	0.250	0.0247	0.0008
浓缩血液	30.0	0.060	0.0124	0.0009
	40.0	0.025	0.0050	0.0010
	50.0	0.012	0.0023	0.0010

图8-21归纳总结了不同频率段的电导率。图中可见，频率、物体状态和性质均影响材料的电导率。在实际测量中，我们所观察到的将是这些因素的综合效应，并可将其视作串联或者并联电路分析。因此，根据要求进行在适当频率下的测量，这一点是十分重要的。

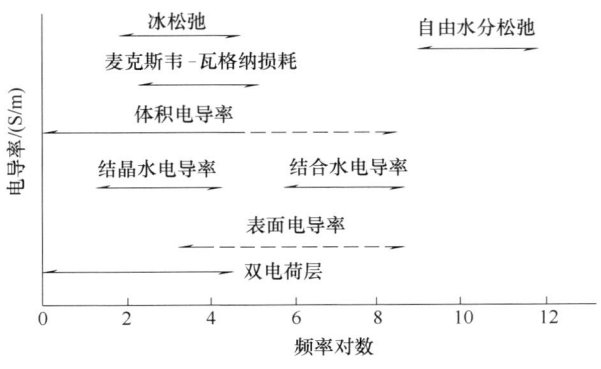

图8-21 电导率与其频率带

第五节 食品介电特性的测定

电场中食品的电物性与电场频率有关,目前所指的电场频率为 $0\sim10^{13}\,\text{Hz}$。在如此宽的电场频带内,测定食品的电物性应有不同的方法。这些方法及其适合的电场频率带如图 8-22 所示。从图可以看出,各频率段所对应的电物性测定法往往有好几种。这是因为测定方法与食品材料形状、性质等因素有关。有时要根据试样的尺寸,或对各向异性试样按一定方向来选定方法。

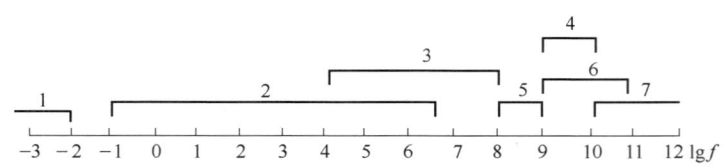

图 8-22　电场频率域与电物性测定方法

1—冲击电流计法　2—电桥电路法　3—共鸣法　4—恒波法　5—正面间隙同轴谐振器法
6—空洞谐振器法　7—导波管和光学法

一、直流条件下介电常数的测定

静介电常数由冲击电流计法测定。它的原理是:使被测容器带上静电荷,并精确地达到一定静电压,然后用冲击电流计进行放电测定,记录电流计的摆动。根据仪器的参数值,确定电容容量。如果电荷、电压及容量已知,就可以计算出静介电常数。这种方法最适于电导率不大的材料。

二、交流条件下介电常数的测定

(1) 电桥电路法　电桥法是在低频下测量物料介电常数和介电损耗正切的主要方法。这种测定的原理主要是利用各种形式的惠斯顿电桥电路来测定的。测定时通常在 $1\sim10\,\text{MHz}$ 的电磁波频率下进行,因为在这种情况下电极不会产生极化现象。

具体测定方法是把被测试样作为一个桥臂,其他三个桥臂的阻抗是已知的,调节电桥达到平衡。根据平衡条件求出试样的并联等值电容和电阻,从而计算出试样相对介电常数和损耗角正切。

图 8-23 是电容电桥的平衡原理。图中 C_d、R_d 为被测试样的等值并联电容和电阻,R_3 和 R_4 表示电阻比例臂,C_N 为平衡试样电容 C_d 的标准电容器,C_4 为平衡试样损耗角正

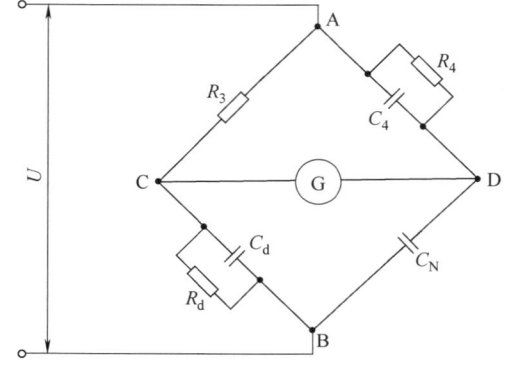

图 8-23　电容电桥平衡原理

切的可变电容。根据交流电桥平衡原理，当：

$$Z_d \times Z_4 = Z_N \times Z_3 \tag{8-14}$$

时，电桥即达到平衡。

式中　Z_d——试样阻抗；

　　　Z_N——标准电容器阻抗；

　Z_3，Z_4——桥臂 3 和 4 的阻抗。

由图 8-23 可得：

$$1/Z_d = 1/R_d + j\omega C_d$$

$$Z_N = 1/(j\omega C_N) \tag{8-15}$$

$$Z_3 = R_3$$

$$1/Z_4 = 1/R_4 + j\omega C_4$$

把式（8-15）代入式（8-14）中，再把实部和虚部分别列成等式，然后解所得方程式，得：

$$C_d = -(R_4/R_3)\,C_N \times [1/(1+\tan^2\delta)] \tag{8-16}$$

$$\tan\delta = \omega C_N R_4 \tag{8-17}$$

式中　$\tan\delta$——试样损耗角正切，$\tan\delta = 1/\omega C_d R_d$。

当 $\tan\delta < 0.1$ 时，C_d 可近似地按式（8-18）计算：

$$C_d = (R_4/R_3)\,C_N \tag{8-18}$$

因此，当桥臂电阻 R_3、R_4，电容 C_N、C_N 已知时，就可以求得试样电容和损耗角正切。求出 C_d 后，即可求出相对介电常数 ε'_r。

但这种方法会因为寄生（或残存）电容和电感引起不可忽视的误差。在 500kHz 以内的频率下，测定损失较小的介电体的介电常数，广泛使用精度较高的谢林（Schelling）电路。主要误差来自标准电桥元件的电感和残存电容，或电桥本身各元件之间，或与地面之间产生的寄生电容。因此，要求对各元件进行严格的屏蔽。电桥各支路要有屏蔽膜，导线要接地。在变压器电桥开发的基础上，人们开发成功了阻抗测定法。这一方法可以避免其他交流电桥难以避免的问题。

(2) 谐振法　谐振法可用 Q 表来测定。Q 表是一个由可调频率的振荡器激励一个 RLC 电路，如图 8-24 所示。它由电源 e (r-f)、谐振元件（可调电容器）和电压表（电子管伏特计）等三个主要元件组成。当振谐回路加入电压 e 时，调节电容 C 使电路谐振，即 $\omega L = 1/\omega C$，则回路电流 I 达到最大值 I_r。I_r 与 e 和 R 有下列关系：

$$I_r = e/R$$

此时，电容 C 两端的电压 E 为：

$$E = I_r \times (1/\omega C) = e/R\omega C$$

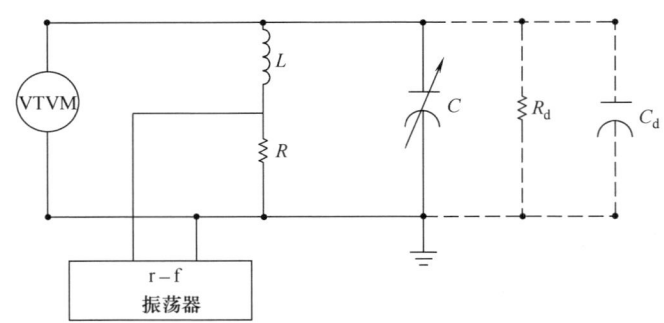

图 8-24　Q 表测定介电特性原理

而
$$E/e = 1/R\omega C = Q \tag{8-19}$$

或
$$E = eQ \tag{8-20}$$

如果输入电压 e 不变，则电容器两端的电压 E 与 Q 成正比。因此，在一定输入电压下，E 值即可代表 Q 值。

利用 Q 表可测定物料的电导率 σ、损耗角正切 $\tan\delta$ 和相对介电常数 ε_r'。测定时调整可变电容 C，使电压表读数达到最大，将 Q 与 C 值记作 Q_1 和 C_1。然后将介质试样放于平板电容器间，重新调节可变电容器使回路达到谐振，记下 Q_2 和 C_2 值。利用所测数据，根据平板电容器各量的基本关系即可求出各参数。介电常数 ε_r' 为：

$$\varepsilon_r' = C_d d/(\varepsilon_0 A) \tag{8-21}$$

式中　C_d——电容器电容，F，$C_d = C_1 - C_2$；

　　　A——电容器平板面积，cm^2；

　　　d——平板间距离，cm。

损耗角正切 $\tan\delta$ 为：

$$\tan\delta = C_1/(C_1 - C_2)(1/Q_1 - 1/Q_2) \tag{8-22}$$

功率因数 P_F 与 $\tan\delta$ 大小有关，当 $\tan\delta > 0.1$ 时，

$$P_F = \tan\delta/\sqrt{1+\tan^2\delta} \tag{8-23}$$

当 $\tan\delta < 0.1$ 时，

$$P_F = \tan\delta \tag{8-24}$$

电导率　$\sigma = \omega\varepsilon_0\varepsilon_r'/\tan\delta \tag{8-25}$

在物料介电特性测定中，需对不同物料设计相应的试样盒。图 8-25 为测定花生时使用的试样盒。对于频带宽度较宽的试

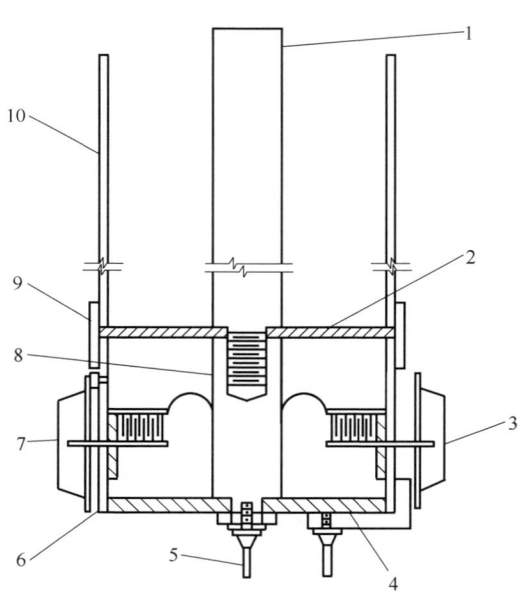

图 8-25　试样盒

1—内电极上部　2—云母盘　3、7—电容器
4—聚苯烯盘　5—插头　6—外电极下部
8—内电极下部　9—连接器　10—外电极上部

样,通常使用以下三种方法。

(1) 具有正面间隙的同轴谐振器法　与开放型电路相比,电容性谐振器的优点是可以完全屏蔽杂波和使 Q 具有较高值。这就使得具有极小损耗值的电解质也可以得到测定。其次,谐振器的构造没有连接导线,却能保证电解质的方便连接,能够防止产生寄生参量的不利影响。对于波长为 $10\sim100m$ 的短波域,最理想的谐振器的形式就是同轴谐振器。

(2) 空洞谐振器装置测定法　对于 $1\sim10cm$（微波）波长域电解质的介电特性可以采用这种谐振法。在这一领域,装置元件的尺寸大约与波长相同或比波长大,所以不大可能有寄生参量产生。

(3) 导波管（同轴）法　对于高频电磁波,介电常数将是一个综合的量。这也相当于其他物理量的扩散和吸收,因此,对微波扩散和吸收的测定可以给出试样在微波场中的电磁性质。对微波的测定必须采用原理上完全不同的微波元件波导管、谐振腔。

第六节　电磁辐射

一、电磁波谱

图 8-26 是各种波长 λ 和频率 f 的电磁波谱。电磁辐射以波的形式传输,因此可以根据波长 λ 和频率 f 分类,波长与频率的关系为 $\lambda f=c$,其中,常数 c 为 $3.0\times10^8m/s$,即真空中光速。波

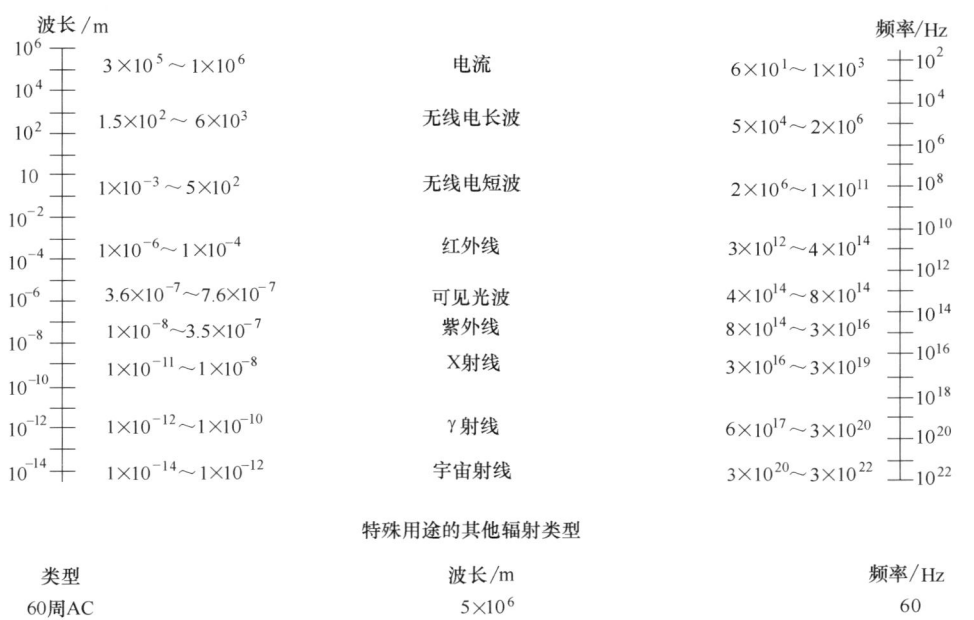

图 8-26　各种波长 λ 和频率 f 的电磁波谱

谱的一端是 X 射线和 γ 射线，它是波长最短（数量级是 10^{-12} m）和频率最高（数量级是 10^{20} Hz）的波，与可见光在波谱中所占的条带比较相对狭窄。雷达波和无线电波的波长相对较长，频率相对较低。电流波非常长，60Hz 的交变电流的波长大约等于美国东海岸到西海岸的距离。

辐射具有波和粒子的特性。例如，每个光子有能量 E，可由 $E=hf$ 算出，其中 h 为普朗克常数，6.626×10^{-34} J/s。X 射线有相对高的能量级，数量级为 $(1\times10^{-16}) \sim (1\times10^{-15})$ J。波长为 450nm 的蓝光的光子能量很小，约为 4.2×10^{-19} J。表 8-6 总结了通过气体、液体和固体的各种辐射形式的吸收效果。

表 8-6　　　　　　　　　　各种电磁辐射的吸收效果

辐射类型/波长	辐射对物质的影响
长波（无线电波和微波）	水蒸气和气体被激发为旋转状态；如果场强大，液体和固体仅进行介质和电阻加热
远红外线	水蒸气被激发为旋转状态，液体发生氢键合振动，固体发生点阵振动
红外线 [$(2.5\times10^{-6}) \sim (2.0\times10^{-4})$ m]	在短波下，水蒸气和气体被激发到基本振荡旋转状态（而不是纯旋转）；液体和固体发生基本的分子振荡
红外线 [$(1.0\times10^{-6}) \sim (2.0\times10^{-4})$ m]	吸收削弱
近红外线 [$(1.0\times10^{-7}) \sim (1.0\times10^{-6})$ m]	中子有足够的能量激发电子振荡，打破不太稳定的有机分子中的（如染料的变化）化学束缚（因此进行化学反应），产生荧光，从真空光电发射表面喷射出电子
可见光 [$(3.8\times10^{-7}) \sim (7.6\times10^{-7})$ m]	人眼视网膜的可见颜色的激活。植物叶绿体部分减少二氧化碳量（注：在这一区域水蒸气几乎是透明的，使可见光辐射穿透地球大气层）
紫外线	如果中子被吸收，则会引起杀伤作用
低于 $(1.0\times10^{-8}) \sim (10.0\times10^{-8})$ m（包括 X 射线和 γ 射线）	如果中子被吸收，会引起电离作用

二、电离辐射

α、β、γ 射线及中子射线、原子射线、电子射线、紫外线等都属于射线类，当这些射线穿过食品或农产品时，会对分子起到离子化作用，这种现象称为电离辐射。

1. 电离辐射机理

在农产品和一些食品的生物细胞组织中，维持其生命现象的各种生物活性物质，都是以溶解状态存在的。当细胞受到射线照射时，生物活性物质遭到钝化而失去活性，进而由于生理代谢作用的严重损伤，细胞的活性机能遭到破坏。其中繁殖机能对射线最敏感，损伤最大。对于各种微生物，先是停止繁殖，继而抵挡不住射线的照射作用而死亡。农产品活体是含水物质，其水分经辐射处理后产生一系列复杂的电化学反应。

电离辐射对生物作用的全过程，可以简化如下：

辐射物理学过程 —→ 辐射化学过程 —→ 生物化学过程 —→ 生物学过程
$10^{-18} \sim 10^{15}$ s　　　　$10^{-12} \sim 10$ s　　　　$10^{-1} \sim 10^{2}$ min　　　　$10^{-1} \sim 10^{4}$ h

↓　　　　　　　↓　　　　　　　↓　　　　　　　↓

造成分子离子化，　脱氧核糖核酸的损　损伤增大，代　个体死亡，组织死亡，
激发分子　　　　伤，酶钝化，造成　谢异常　　　生长异常，代谢异常
　　　　　　　　成分的变化

2. 电离辐射对农产品和食品的影响

射线对农产品和食品的照射剂量不同，产生的效果也不同。

（1）生物学效应　生物学效应有杀菌、杀虫作用，使果树生长发育异常化，抑制马铃薯、洋葱、大蒜、地瓜等生根发芽，防止蘑菇开伞，延缓香蕉、番茄后熟，促进桃子、柿子成熟等。

（2）化学效应　化学效应有增加干制食品的复水性能，提高小麦面粉加工面包的性能，改进酒的品质，促使蛋白质、淀粉等变性，提高发酵饲料中各种酶类的分解能力等。

三、 远红外线加热

远红外线和微波一样都属于非电离辐射电磁波，波长为 $0.78 \sim 1000 \mu m$ 的电磁波称为红外线。红外线电磁波波长范围相当宽。因此，又进一步把这部分电磁波划分为近红外线（$0.78 \sim 1.4 \mu m$）、中间红外线（$1.4 \sim 3 \mu m$）和远红外线（$3 \mu m \sim 1 mm$）。在实际应用中，常使用的波长范围在 $2 \sim 25 \mu m$，因此，也有人将这一段电磁波称为远红外线。远红外线加热之所以在食品加工中得到很广泛的应用，主要是因为与热风干燥或热风加热相比，远红外辐射的能量可以直接被食品物料吸收，减少了能量损失。其主要特征有如下几个方面。

1. 远红外辐射

由物理学可知，热源物体的热辐射效率与物体的材质有关。热辐射效率最大的理想物体称为黑体。如图 8-27 所示，各种温度下，黑体的分光辐射能量 M_λ [$W/(cm^2 \cdot \mu m)$] 分布是一组曲线，其表达式为：

$$M_\lambda = c_1 \lambda^{-5} [\exp(c_2/\lambda T) - 1]^{-1} \quad (8-26)$$

式中　$c_1 = 37402 \times 10^{-12} W \cdot cm^2$，

　　　$c_2 = 143848 cm \cdot K$；

　　　λ——波长，μm；

　　　T——热力学温度，K。

图 8-27 所示，随黑体温度的上升，各波长的能量都有所增加，但分布曲线的峰值却偏向短波方向。能量密度最大的波长（峰值）λ_{max}（μm）

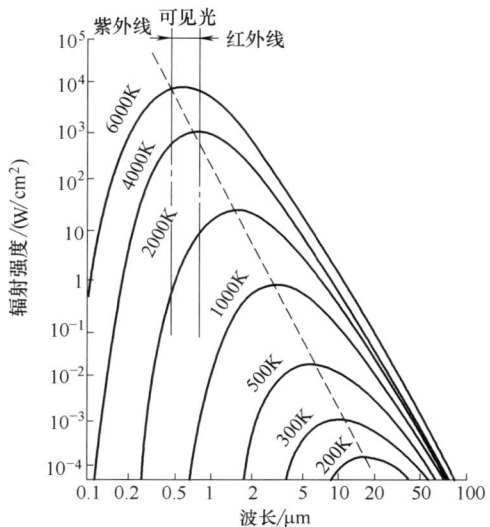

图 8-27　黑体的分光辐射能量分布曲线

与温度的反比例关系可用维恩位移定律表示：

$$\lambda_{max} = 2897/T$$

普通食品加工中所使用的加热温度范围大都在 300~500K。由图 8-27 知，在这一温度范围内，黑体或近似黑体物质辐射能量密度最大波长正是在 2.5~20μm 的远红外线波长范围。因此，使用远红外线有着较高的辐射效率。黑体只是理想的物质。实际的远红外辐射体，其能量密度最大波长虽然也是随温度升高向左偏，但与黑体的维恩位移定律公式存在差距。一般电热炉镍铬合金（Nichrome）电阻丝与远红外电热丝在 500℃ 时的分光辐射分布曲线如图 8-28 所示。

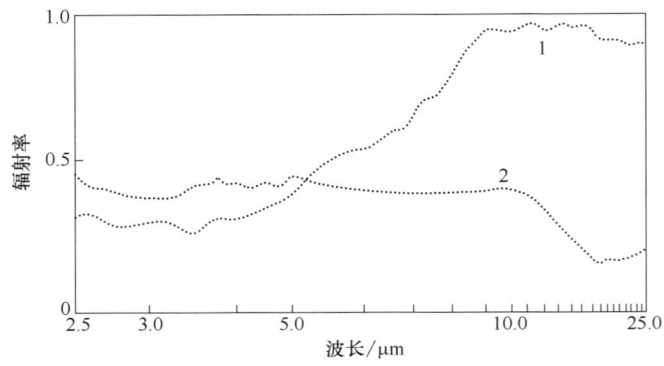

图 8-28　普通镍铬电阻丝（2）与远红外电热丝（1）在 500℃ 时的分光辐射分布曲线

2. 食品对远红外线的吸收

因为物体的温度是其分子运动动能的表现。从分子运动的观点看，物体的分子结构与其对各种电磁波的吸收关系很大。不同结构的分子、原子团都有其固有的振动频率。例如，电介质偶极子的取向振动固有频率就是它的特征频率。当辐射电磁波的频率与分子或原子团的固有频率相同时，就会产生共振现象。也就是说，被照射物质对这样的电磁波反射较小，吸收最完全，从而使本身分子或原子团更强烈地振动，引起温度升高。如果说与微波频率共振的是偶极子的取向振动，那么远红外电磁波的频率则与食品分子中原子振动的频率接近，而原子振动的固有频率与结合键种类以及分子的结构有关。图 8-29 是淀粉、水和纤维素三种物质在不同波长光下的吸收率，其中，水的 O—H 键伸缩振动和转角振动分别对应 2.7μm 和 6.1μm 的波长。而淀粉和纤维素在 2.7μm 处也有相似的吸收峰。在 2~20μm 的远红外波长范围，大部分食品材料对远红外辐射的吸收率都较高，这也是远红外辐射技术在食品工业中得到极大重视的原因之一。

远红外辐射对食品中水和其他物质分子的特殊振动效果，还是促进分子间互相结合、交联的动力，这对食品的熟成（陈化）有一定作用。例如，在挂面制造中，用远红外干燥，不仅干燥效率好，而且可以促进面筋的水合作用，使制品比普通方法的口感滑润、更加筋道。用远红外处理酒，可以使酒的陈放时间大大缩短，味道更香醇。

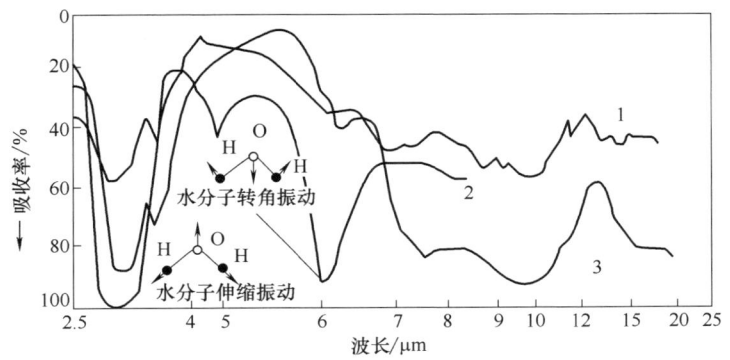

图 8-29　几种食品材料的电磁波吸收频谱图
1—淀粉　2—水　3—纤维素

3. 远红外线在食品中辐射深度

从电磁波传播的原理可知，波长越长，透过物体的深度越大。因此，比起其他光波，远红外辐射不仅可以直接把能量传播到物体表面，而且还能把能量传播到物体的一定深度。尽管这深度只有 1~2mm，但对于一些薄的物料，可以显著提高加热效率。远红外被物体吸收的程度与被照射物体的颜色无关。因此，使用远红外辐射加热时，可使物料不受本身颜色影响，受热比较均匀。

远红外线对材料的辐射深度与材料对远红外的吸收率成反比。因此，远红外的穿透深度不仅与电磁波波长有关，也与物质本身的成分，尤其是水分含量有关。不同深度处水的远红外吸收光谱如图 8-30 所示，当辐射至厚度 10μm 处，3μm 附近的红外线几乎完全被吸收，在 6μm 附近有 90% 被吸收。

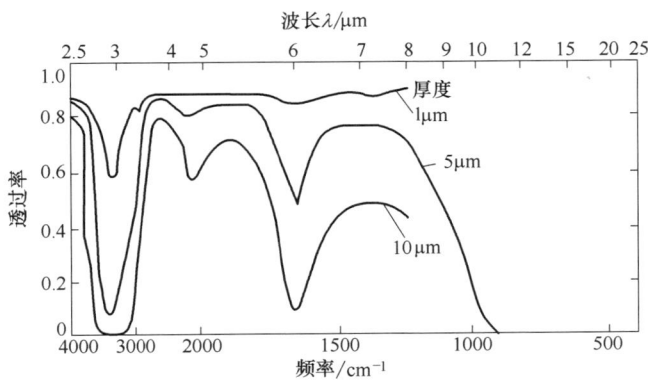

图 8-30　水在不同深度的远红外吸收光谱

吸收性与穿透性成反比例关系，即吸收性越好，穿透性越差。由于吸收性或穿透性与波长有关，所以，工程上用积分特性来衡量红外线对物质的穿透特性。积分特性是指红外线发射体发出的最大能量密度波长（λ_{max}）。穿透特性往往用穿过试样的厚度与达到此厚度红外线能量的衰减率——穿透能表示。各种食品原料对积分红外线束的穿透能如表 8-7 所示。

表 8-7　几种食品材料对积分红外线束的穿透能　　　　　　单位:%

食品名称	含水率/%	试样厚度/mm	λ_{max}/μm				
			1.04	2.3~2.5	2.7~2.9	3.8	4.5
猪肉	70~72	0.5	42.0	18.1	14.4	7.6	5.1
		1.0	21.0	7.2	5.2	2.3	1.4
		2.0	10.6	2.6	2.0	1.5	0.39
		4.0	5.2	1.1	0.75	0.72	0.11
牛肉	75~78	0.5	34.0	15.2	12.4	10.1	4.6
		1.0	17.3	5.3	4.4	3.3	1.15
		2.0	8.8	2.2	1.5	1.1	0.23
		4.0	5.9	1.2	0.84	0.58	0.13
		4.4	0.8	0.55	0.37	0.07	
鸡肉	69.0	0.5	54.6	17.2	13.4	11.6	9.0
		1.0	33.1	9.5	8.6	7.3	5.1
		2.0	21.3	3.1	2.8	2.0	1.8
		4.0	10.0	0.5	0.3	0.2	
香肠鱼糕	71~72	0.5	30.9	10.2	7.8	5.6	3.3
		1.0	16.3	6.3	4.3	2.5	1.0
		2.0	7.6	1.0	0.5		
茄子	90.4	0.1	50.9	33.9	12.6	1.3	
		0.5	33.1	18.1	5.1		
		1.0	22.0	11.2	3.6		
		2.0	14.6	3.8	1.2		
		4.0	6.0	1.7	0.1		
胡萝卜	90.7	0.1	44.3	27.2	8.3	1.1	
		0.5	32.3	15.7	3.8		
		1.0	31.3	12.5	2.2		
		2.1	10.4	2.1	0.7		
		4.0	3.0	0.8	0.1		
马铃薯	79.8~85.5	0.1	25.8	19.6	12.3	7.0	
		0.5	22.4	17.1	10.0	6.0	
		1.0	17.6	11.7	7.3	3.0	
		2.1	10.8	7.6	4.2	1.9	
		4.0	7.3	5.5	1.1		

4. 远红外线辐射在食品加工中的应用

从远红外线辐射及食品对远红外线吸收的特性可以看出，远红外线作为食品加热的方式之一，有以下优点：

（1）食品不必接触热源或传热介质就可以直接得到加热。

（2）在食品周围保持低温状态下，可对食品进行加热。

（3）加热可以不受食品周围气流影响。

（4）加热速度快、效率高。

（5）在热辐射电磁波中，远红外的光子能量级比起紫外线、可见光线都要小。因此，一般只会产生热效果，不会引起物质的化学变化，所以可以减少加热过程中营养成分或色、香、味的损失。

四、微波加热

食品工业中利用材料对电磁波的吸收进行加热，除前述的红外线加热外，还有高频波和微波。高频波（High Frequency Wave）是指 10kHz～300MHz 频率范围的电磁波。微波（Microwave）多指频率为 300MHz～300GHz 的电磁波。微波又称超高频，是无线电波中波长最短的波段。它最早是从雷达的应用中开发起来的，距今仅半个世纪左右。由于微波电磁振荡周期（10^{-9}，10^{-12}s）很短，已经和电子管中电子在电极间飞越所经历的时间（约 10^{-9}s）可以比拟，甚至还要小。因此，普通的电子管已经不能用于微波振荡器、放大器和检波器了，必须采用原理上完全不同的微波电子管（速调管、磁控管和行波管等）来代替。直到 1965 年，美国开发出了大功率磁控管，微波在食品工业加热中的应用才全面展开。

1. 微波加热原理

微波加热原理是利用水分子在微波场中的快速旋转而产生摩擦热，如图 8-31 所示。对于家用微波炉，在频率 2450MHz 下，水分子在 1s 内将发生 24.5 亿次的转动，从而产生足够的热量。高频波加热原理与微波相同，因此，这两种加热又称介电感应加热。

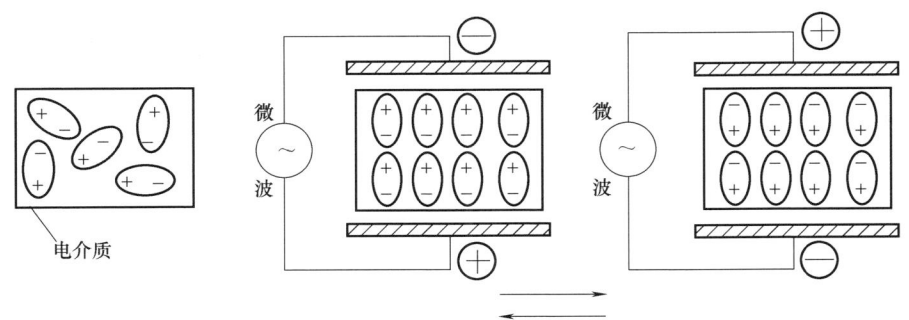

图 8-31 水分子在微波场中的极化运动

2. 微波加热特点

（1）微波吸收的特点和加热的选择性　如前所述，介电损耗因数与电场频率有关，当电磁波的频率超过偶极子的特征频率（或称固有频率）时，偶极子运动的频率可能会减慢，也就是说对微波的吸收效率降低。水或其他食品物质在微波域的相对介电损耗 ε''_r 最大，即对微波能的吸收最大。每一种极性分子,都具有一定的吸收微波最大特征频率。即在同样频率的微波照射下,不同分子的吸收能力不同,这就使得微波加热具有选择性。

由表 8-8 可以看出,水或含水食品的相对介电损耗因数,比塑料、玻璃等容器要大数百倍甚至数万倍。水的相对介电损耗因数比蛋白质、淀粉等食品材料也要大十倍到数十倍。微波加热的选择性为食品加热带来很多有利因素,在加热包装食品时,绝大部分能量被食品吸收,只有少部分被容器或包装材料吸收。

表 8-8　　　　　　　　　　几种物质的相对介电损耗因数

材料名称	相对损耗因数（$\varepsilon_r' \cdot \tan\delta$）	材料名称	相对损耗因数（$\varepsilon_r' \cdot \tan\delta$）
冰（-13℃）	0.0028	塑料	0.00052
水（25℃）	12.3	纸	0.16
水（55℃）	4.62	玻璃	0.05
水（85℃）	3.1	陶器	0.085
牛肉（4.5℃）	12.0		

加热选择性还为微波带来的另一个用途就是微波杀虫。由于干燥食品（面粉等粮食）中的害虫含水较多,所以在微波场中会吸收大量的能量而被加热致死。

加热选择性也对微波的利用带来一些不利因素。例如,食品解冻时,由于微波对冰和水的吸收性质截然不同,当一部分冰变为水后,就会大量吸收微波,造成解冻不匀。

(2) 微波的反射和穿透特性　一般当波动遇到障碍物时,就会发生衍射。波长比障碍物尺寸越大,衍射越明显。当波长比障碍物尺寸小很多时,衍射效应可以忽略。这时波的传播服从几何光学规律。微波因波长很小,所以和几何光线很接近。当遇到不吸收微波的物体如金属时,就会像光线一样被反射回来。利用这一性质可对微波的传输进行导波,或对不需要加热的食品部分用金属进行屏蔽。

由于微波的反射特性,用微波加热食品时就不需要电极,只要像反光镜那样把微波射向食品就可进行加热。然而,对吸收微波的食品,除部分反射外,微波则会穿透食品表面,把能量直接传到食品内部。如果微波到达食品表面的能量为 P_0,当穿透深度为 D 时,微波能量为初始能量的（1/e）,即 63.2% 的能量已在 D 层内被食品吸收,剩余能量仅 36.8%。定义 D 值为微波的穿透深度 (Penetration Depth, m)。根据 Lambert 方程 [式（8-27）]：

$$Q = Q_0 \exp^{-2\alpha D} \tag{8-27}$$

式中　Q——材料表面至 D (m) 深处的微波能;

　　　Q_0——射入材料表面处的微波能;

　　　α——微波衰减系数。

$$\alpha = \frac{2\pi}{\lambda} \left[\frac{\varepsilon_r'}{2} \left(\sqrt{1+\tan^2\delta} - 1 \right) \right]^{\frac{1}{2}} \tag{8-28}$$

穿透深度 D 处的微波能为,$Q/Q_0 = 1/e$,即 $2\alpha D_p = 1$。根据微波衰减系数,可知：

$$D_P = \frac{\lambda}{2\pi}\left(\frac{2}{\varepsilon'_r(\sqrt{1+\tan^2\delta}-1)}\right)^{\frac{1}{2}} \tag{8-29}$$

式中　λ——微波波长，m，$\lambda=c/f$；

　　　c——真空中光速，3.0×10^8 m/s；

　　　f——微波频率，Hz。

【例题 7-9】 用微波加热马铃薯，已知微波频率为 2450MHz，马铃薯相对介电常数和相对介电损耗因数分别为 64 和 15。计算微波穿透深度。

解：

$$\tan\delta = \frac{\varepsilon''_r}{\varepsilon'_r} = \frac{15}{64} = 0.23$$

$$\lambda = \frac{c}{f} = \frac{3.0\times10^8}{2450\times10^6} = 0.122\text{m}$$

$$D_P = \frac{\lambda}{2\pi}\left(\frac{2}{\varepsilon'_r(\sqrt{1+\tan^2\delta}-1)}\right)^{\frac{1}{2}}$$

$$= \frac{0.122}{2\pi}\left[\frac{2}{64(\sqrt{1+0.23^2}-1)}\right]^{1/2}$$

$$= 0.0212\text{m} = 21.2\text{mm}$$

在工业上还用半衰深度 D_h（m）表示微波的穿透能力。D_h 即入射电场强度衰减至一半时的深度。由 $Q/Q_0=1/2$，即 $e^{-2\alpha D_h}=1/2$，可知：

$$D_h = 0.694 D_P \tag{8-30}$$

式中　D_h——半衰深度，m。

可见半衰深度也是 ε'_r、$\tan\delta$ 的函数，与微波频率有关。表 8-9 为几种食品材料的半衰深度。

表 8-9　　　　　　　　　　几种食品材料的半衰深度

材料名称	温度/℃	半衰深度/cm	
		915MHz	2450MHz
水	-12.5	1500	780
	14.5	6.6	0.9
	55.0	16.3	2.3
	95.0	29.5	4.8
牛肉	4.5	1.12	18.2
	-17.7	9.8	7.6
	-51.1	70.0	46.0
冻干肉	-17.7	550.0	190.0
	-60.0	180.0	64.0

微波的穿透性给微波加热也带来许多优点：①由于它对不吸收微波的玻璃、塑料等电介质穿透性极好，可使能量直接到达食品内部一定深度。所以只要选择适当的频率、电压，就可以实现对容器内食品的迅速加热或大块食品的内外均匀加热。②微波可把能量直接传给食品内部，尤其是食品内部的水，这就可使食品内的水分在极短时间内升温甚至汽化，大大加快干燥速度或使食品膨化。

3. 微波加热的问题

微波加热的最大问题就是加热不均匀。其原因主要有以下几点：①微波加热的选择性。在微波场中不同的食品材料，以及它们的温度、状态不同，都会引起各部分对微波能吸收的差异。②微波虽有好的穿透性，但在实际加热中受反射、穿透、折射吸收等影响，使各部产生的热量不同。③电场的尖角集中效应。这种效应又称棱角效应（Edge Effect）。微波场也是电场，因此在加热时，对食品不同曲率的表面，也会产生棱角效应。即在棱角的地方电场强度大，产热多、升温快。由于这些原因，微波加热时，食品往往会出现一些温度上升特别快的热点（Hot Spot），如图 8-32（1）所示。对容器中食品进行适当分割，使热点分散，减少食品的棱角，改善微波照射分布等是解决这一问题的方法，如图 8-32（2）所示。

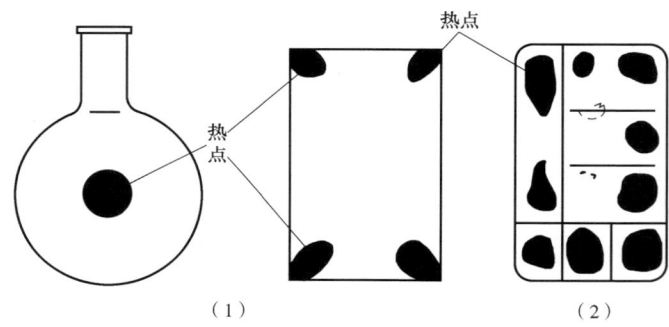

图 8-32　微波加热容器内食品的热点

4. 水的微波吸收特性和微波频率的选择

偶极子的水是食品微波处理时主要吸收能量的物质。那么水对微波吸收的性能，即水的介电损耗因数 ε_r'' 也能在一定程度上代表含水较多食品的微波吸收性质。水的 ε_r'' 与微波频率的关系如图 8-33 所示，在很大的频率范围内，水的 ε_r'' 都保持较大值。自由水的 ε_r'' 在微波频率为 17GHz 时最大，但是在数兆赫范围也保持一定有效值。因此，除微波外，高频波对含水食品也有偶极矩的极化加热效应。结合水的频率特性与自由水不同，在较低的频率范围内，ε_r'' 保持较大值。对于干燥食品或考虑微波对食品的非热效应时，应考虑到对结合水的作用。食品中的水往往还会有电解质离子，因此这部分的通电加热效果也会加大微波加热的效果。当考虑到电介质的电导率 σ 时，介电损耗因数 ε_r'' 应该由实效介电损耗因数 ε_e'' 替代：

$$\varepsilon_e''=\sigma/2\pi f+\varepsilon_L'' \tag{8-31}$$

式中　ε_L''——偶极子（Dipole）介电损耗；

$\sigma/2\pi f$——电导率引起的损耗，这部分损耗在图 8-33 中是一条斜线，表示与频率成反比。

当频率很高时，这部分损耗接近于 0，但在数兆赫以下的高频波，加热主要来自这一项。

当食品含有食盐时，这两部分效果相加，会产生更多的热。

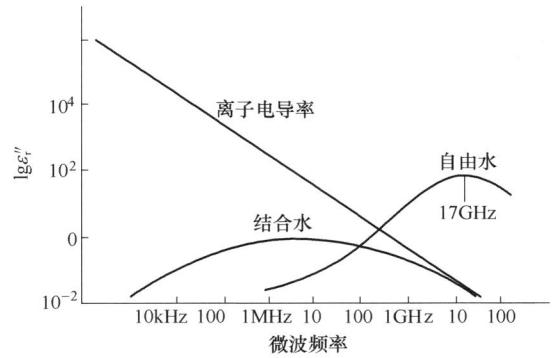

图 8-33　水的 ε_r'' 与微波频率的关系

在食品电介质的特征频率（$1/\tau$）附近，应该存在最大的介电损耗因数。这也是选择微波的最佳频率。然而从对实际的电介质测定发现，ε_r'' 的特征频率往往是一个非常宽的频带。在这一宽的频带域内，改变频率对加热特性几乎没有影响。再考虑到微波除加热外，在通讯领域也有极广泛的用途，所以国际上对工业用微波的频率带做了统一规定，称作工业、科学和医疗电波频带。这些微波的频带规定为：（915±25）MHz、（2450±50）MHz、（2800±75）MHz、（24125±125）MHz 等。我国工业用微波或家用微波炉多采用 2450MHz 频率。

第七节　静电利用

一、气体离子化

气体离子化后，在电场内移动并向物质的散体微粒（尘埃、熏烟等）传递电荷，散体粒子带电后，受电场作用从一极向另一极进行定向移动，达到分离和加工的目的。

气体的离子化通常采用两种方法：被激电离法和自激电离法。被激电离法是利用电极间的电离剂（X射线、短波辐射、紫外线辐射和高温等）进行离子化的方法。当外部电离剂去掉后，离子化便会停止，产生的相反电荷离子又会重新结合。自激电离是使电路内电压达一定值，在静电场中使荷电粒子加速并与中性气体分子碰撞而产生电离的离子化过程。这样的气体碰撞电离可以在有外部激发源（电离剂）的情况下持续进行。这种导电又称气体的自持导电。

非匀强电场的放电现象非常复杂，当电压增大时，在最大电场强度时发生气体离子化，进而进入稳定的电晕放电状态。当电场很不均匀时，局部的气体离子化放电可能使整个间隙电场强度消失。

电晕放电区内产生的离子，按与电场强度成正比的速度在电场内移动。

$$v = \mu E \tag{8-32}$$

式中　v——离子漂移速度，m/s；
　　　μ——离子淌度（Ionic Mobility），m²/(s·V)；
　　　E——电场强度梯度，V/m。

电场中正、负离子淌度并不相等，负离子淌度为 1.87×10^{-2} m²/(V·s)，正离子淌度为 1.35×10^{-2} m²/(V·s)。也就是说正、负离子的漂移速度分别为：

$$v_+ = \mu_+ E, \quad v_- = \mu_- E \tag{8-33}$$

在气体中电离，总是产生正负两种离子，设它们的数密度分别为 n^+ 和 n^-。决定 n^+ 和 n^- 的有多种因素：①电离不断产生的正负电子对；②正负离子对相遇时，又会重新结合成中性分子；③在外电场作用下离子迁移到电极上，与那里的异号电荷中和。电离系统平衡时，产生的离子数由下式决定：

$$n = \psi n_0^2 \tag{8-34}$$

式中　ψ——再结合系数；
　　　n_0——正（负）离子数。

因此，单位体积中同符号离子数 $n_0 = (n/\psi)^{1/2}$。

实际的电场净化空气时，采用负的电晕放电。放电的两极由圆筒极和同轴的棒状芯极组成，产生电晕所需最小电压 U 由式（8-35）求出：

$$U = 31\delta(1 + 0.308/\sqrt{r\delta})r\ln(R/r) \tag{8-35}$$

式中　R——外圆筒极半径，m；
　　　r——棒极半径，m；
　　　δ——由式 $\delta = 0.392p/(273+T)$ 决定；
　　　p——气体压力，Pa；
　　　T——气体温度，K。

二、静电分离原理

由于散粒体（包括尘埃）各自成分、几何形状不同，因此在一定场合下，荷电性质不同。通过电晕放电可使离子吸附到粒子表面，使粒子带电。另外，与电极接触或摩擦也可以使粒子带电。使荷电粒子在电场中移动时，由于各自电荷的不同，受电场作用，运动的轨迹也不同。据此，就可以将各种成分分离。

被分离粒子往往是球状粒子的集合体。在电场中运动的粒子所受的力如图 8-34（2）所示。设粒子密度为 ρ（kg/m³）、半径为 a（m）。它受的力有：惯性力 F_N，重力 F_τ，电场力 F_K 和介质阻力 F_C。这时，据达朗伯原理（d'Alembert's Principle）有：

$$F_N + F_\tau + F_K + F_C = 0 \tag{8-36}$$

重力 $F_\tau = mgj$，j 为 y 轴（重力方向）的单位矢量。$F_K = Eqi$，i 为 x 轴（电场方向）的单位矢量。当粒子电荷一定时，即 $q_{(粒子电荷)} = $ const（常量），这时根据斯托克斯（Stokes）定律，介质对粒子的阻力为：$F_C = -6\pi\mu a(v_x i + v_y j)$。这里，$v_x$ 和 v_y 分别为粒子速度在 x、y 方向上的分速度。μ 为介质流体黏度，a 是粒子半径。因此，各力在 x、y 方向上的投影和可用下式表示：

$$-m\mathrm{d}v_x/\mathrm{d}t + Eq - 6\pi\mu a v_x = 0$$

$$-m\mathrm{d}v_y/\mathrm{d}t + mq - 6\pi\mu a v_y = 0 \tag{8-37}$$

令 $\gamma = 9\mu/2a^2\rho$，$A = 3Eg/4\pi a^3\rho$，则上两式可简化为：

$$\begin{cases} \mathrm{d}v_x/\mathrm{d}t + \gamma v_x - A = 0 \\ \mathrm{d}v_y/\mathrm{d}t + \gamma v_y - q = 0 \end{cases} \tag{8-38}$$

此方程组的解为：

$$v_x = (A - c_1 \mathrm{e}^{-t\gamma})/\gamma, \quad v_y = (g - c_2 \mathrm{e}^{-t\gamma})/\gamma \tag{8-39}$$

因 $\quad v_x = \mathrm{d}x/\mathrm{d}t, \ v_y = \mathrm{d}y/\mathrm{d}t$

故 $\quad x = (At + c_1\mathrm{e}^{-t\gamma}/\gamma)/\gamma + c_3, \ y = (gt + c_2\mathrm{e}^{-t\gamma}/\gamma)/\gamma + c_4$

设粒子从 O 点以初速度为 0 出发，当 $t = 0$ 时，$x = x_0$，$y = y_0$；$\dot{x} = 0$，$\dot{y} = 0$。因而可求出 $c_1 = A$，$c_2 = g$，$c_3 = (x_0\gamma^2 - A)/\gamma$，$c_4 = (y_0\gamma^2 - g)/\gamma$。最终可变换为式（8-40）：

$$\begin{cases} x = Af(t) + x_0 \\ y = gf(t) + y_0 \end{cases} \tag{8-40}$$

式中，$f(t) = (\gamma t + \mathrm{e}^{-t\gamma} - 1)/\gamma^2$。这便是在与重力垂直的恒强电场中，粒子移动轨迹介质变量方程式。

根据以上计算方法对各种肉、骨粉料的计算轨迹和实际测定轨迹，如图 8-34（1）所示。肉、骨粉料是平均粒径为（1600±1000）μm 的畜肉结缔组织、脂肪组织、肌肉组织、软骨组织、骨组织和海绵状组织。电场强度 $E = 1.8 \times 10^5$ V/m。从图可以看出，各种肉骨成分的实际运动轨迹是计算轨迹线周围的较宽分布域。这说明这些粒子的实际大小呈一定粒度分布。另外，在移动过程中相互黏附以及粒子的形状，也对轨迹分布有一定影响。由于实际轨迹分布的影响，荷电性质差异大的粒子可以很好地分离，而荷电性质差异不大的粒子分离效果差一些。

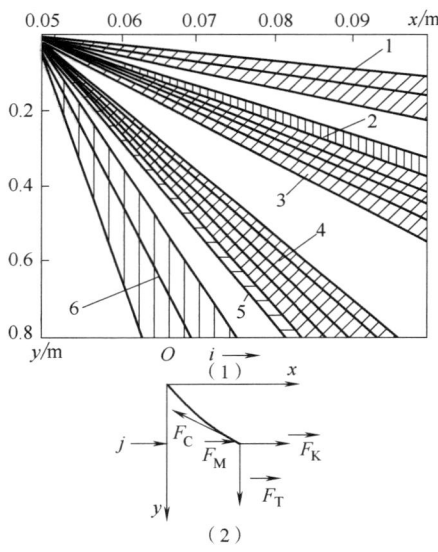

图 8-34 平均粒径为（1600±1000）μm 粒子在静电场内运动的计算轨迹、实际轨迹（1）和粒子受力（2）

1—结缔组织 2—脂肪组织 3—肌肉组织
4—软骨组织 5—海绵状组织 6—骨组织

三、静电分离装置

静电分离装置有多种形式，按结构划分，可分为室型、转鼓型、传送带型和锥桶型。图 8-35 为室型静电分离装置原理图。如图所示，长方形室内有两列电极。负极 1 由电晕电极组和静电电极组成。食品混合物从料口 2 进入电极空间，电晕放电使物料粒子荷电，然后在重力、静电电极即沉淀极 3 形成的电场中下降。各种不同成分粒子便因轨迹不同而落入下部不同的接料斗 4 中，达到分离的目的。室型分离装置的电离放电方式除电晕方式外，还有摩擦生电方式。

转鼓式静电分离装置的类型和原理如图 8-36 所示，其基本原理相同，只是分离能力有所差别。静电分离靠转鼓上的沉淀极——正极，和静电（电晕）极——负极形成的静电场，使从料斗落下的食品粒子带电。由于各种粒子导电性质不同，带电粒子与转鼓的依附力也不同，导致落下的位置产生差异而分离。传送带式静电分离装置原理如图 8-37 所示，其基本原理与前述的转鼓式静电分离装置相同。

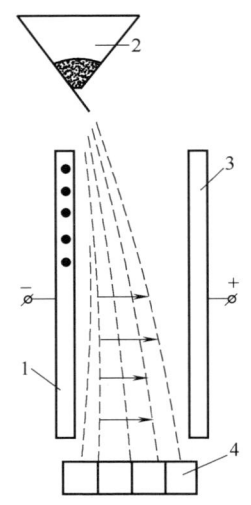

图 8-35 室型静电分离装置

1—负极　2—料口
3—静电电极（沉淀极）　4—接料斗

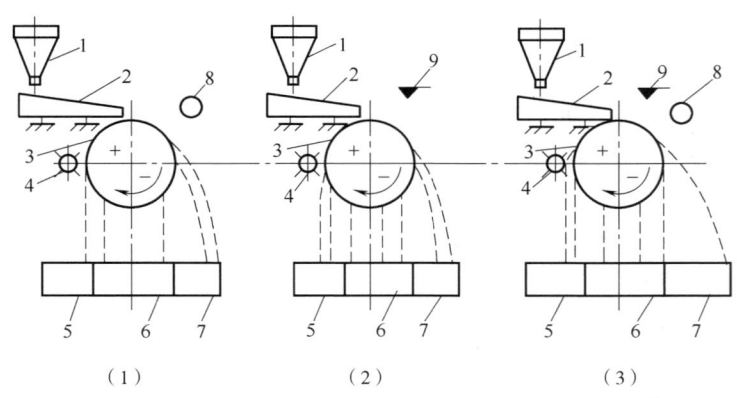

图 8-36 转鼓式静电分离装置

（1）静电型　（2）电晕放电型　（3）电晕静电复合型

1—料斗　2—供料器　3—沉淀电极　4—刷子　5，6，7—接料斗　8—电晕电极　9—静电极

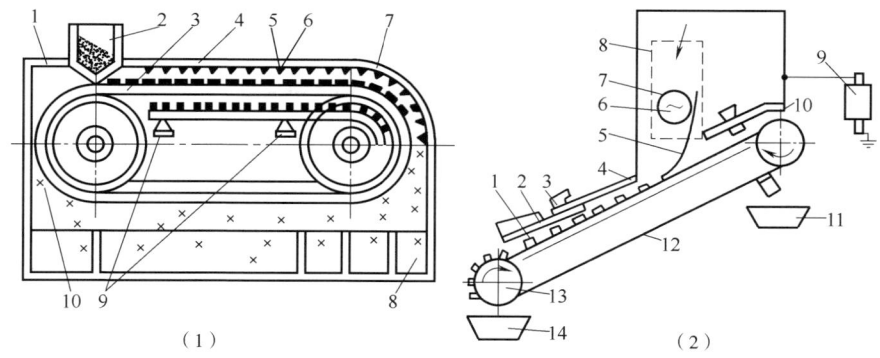

图 8-37 传送带式静电分离装置

（1）电晕型
1—机壳　2—料斗　3，7—导板
4—传送带　5，6—外部和内部电晕极
8—接料斗　9—挡块　10—刷子

（2）斜架型
1—混合物料　2，10—框架　3—电晕极
4—接地　5—滑板　6—木制供料器　7—罩
8—进料斗　9—激振器　11，14—接料斗
12—传送带　13—转辊

四、静电熏制

电熏制加工的特点是高效率。在中等烟密度条件下，熏制速度非常迅速（2~5min）。但有一个缺点是不能起到通常烟熏那样的干燥效果，所以电熏后还要配以微波或远红外处理。

电熏制有几种方式，其原理也非常简单。如图 8-38（1）所示，为了使自持离子化稳定，这里利用了导线电极和平板电极所产生的非匀强电场。在电晕电极（能动极）与正的极板之间存在一个与制品大小无关的非匀强电场。在能动极附近，由于电场强度最大，产生电晕放电，于是从下方送来的熏烟成分在这里发生离子化。负离子的淌度较正离子的淌度大，所以电晕极采用负极。在电晕域内形成的离子被烟粒子吸附，并使烟粒子荷电。荷电的烟粒子在电场中定向运动，与肉制品碰撞沉积于它的表面。图 8-38（2）的电熏烟方式，由于制品本身成了受动电极，电晕极放在两侧，这样很难保证稳定的非匀强电场。因此，制品上锐角突出部分就可能沉积过量的烟物质而形成黑白壳并引起反电晕发生。

图 8-38（3）是先将烟在离子化网格内离子化，然后漂向制品沉积。此法的缺点是在距离

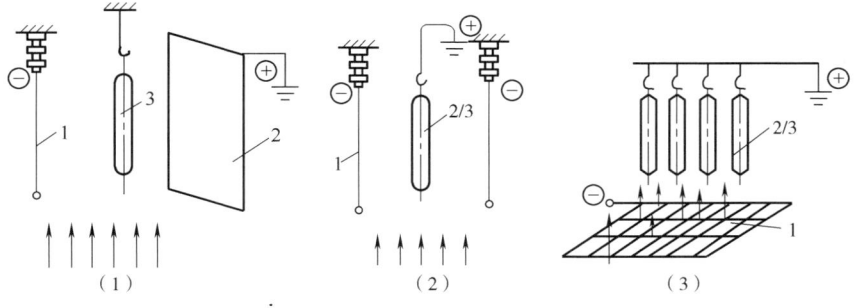

图 8-38 静电熏制的原理与主要方式
1—电晕电极　2—受动电极　3—制品

子化网格较近的地方，制品容易烟熏过度。

五、 静电成型及撒粉装置

静电场处理在加工中的应用除分离、熏烟外，还有成型和撒粉操作。带状制品的静电成型装置如图8-39 所示，装置由一组料斗、供料器、原料计量器（配量盐、砂糖、酵母液等）和静电喷洒器、植物油的计量及电喷洒器组成。所有的电喷洒器都与高压电源的负极连接。首先植物油滴成为荷电粒子，在电场中飞向加热转筒表面，形成油层。然后，面粉和其他原料液滴形成的荷电粒子，在电极之间的空间内交叉混合，喷向转筒表面，形成一定厚度的带状料坯。转筒不仅作为电场的正极，而且还是用电热丝加热的加热体。转筒在转动过程中使喷洒在其上的原料成型、加热、胀发、干燥，最后被切断成为成品。

类似的装置也被用来完成在鱼、肉和其他制品表面撒粉（面包屑）的加工操作。各类静电加工装置所用电源功率一般为 0.4~5kW。

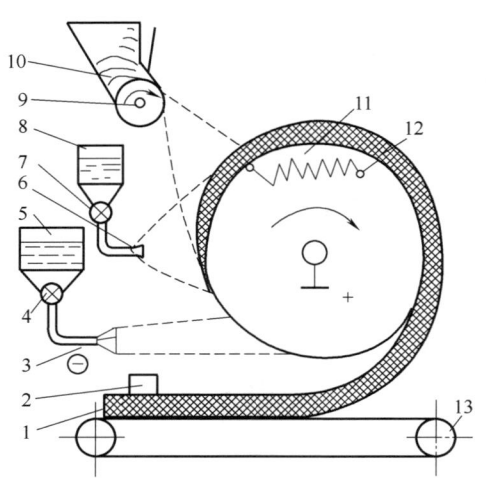

图 8-39 带状制品的静电成型装置

1—制品　2—切断器　3，6，9—植物油、盐、砂糖、发粉或酵母液等的静电喷撒器　4，7—自动计量器　5—容器　8—料罐　10—补充料斗　11—转筒　12—电热器　13—传送带

第八节　电渗透脱水

电渗透（Electroosmosis）的研究历史相当长远。约一个世纪以前，Quincke、Helmholtz 等就提出了电渗透和电泳动的动电现象理论。1920 年，德国、英国分别有人申请了这方面的专利。1931 年，Schwerin 利用电渗透现象进行了泥炭脱水的应用试验。近几年，由于科学技术的进步，电渗脱水技术取得长足进展，尤其在日本，已开发出一系列实用型电渗透脱水机。

一、 电渗透原理

以蛋白质水溶液为例，由于存在 ξ 电位和周围的离子气氛，在外电场作用下，带电荷的液体做定向移动，如图 8-40 所示。水在蛋白质颗粒间的流动相当于毛细管流动。由于毛细管壁固体的 ξ 电位的作用，液体带有与毛细管壁等量而符号相反的过剩电荷。当沿毛细管方向有静电场存在时，毛细管内的液体受自身所带电荷影响，将对于管壁产生相对运动。

Holmholtz 对这一现象进行了定量分析。当胶体粒子表面带有电荷 $-\sigma$ 时，那么在其非常接近的距离 d 的位置，液体受静电感应，带上电荷 $+\sigma$ 与其中和。这时粒子与周围的液体可以看成

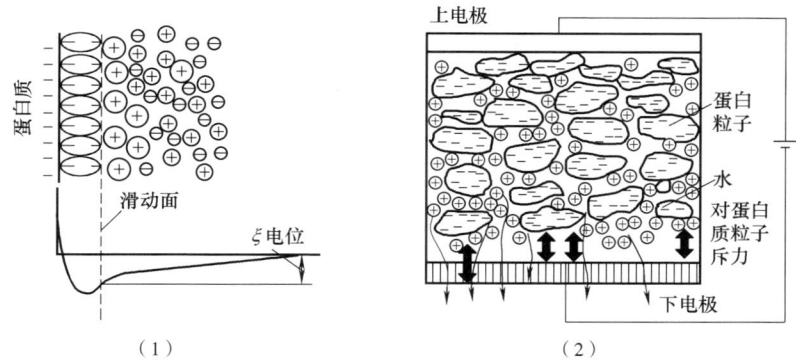

图 8-40　双电层离子气氛（1）和食品电渗透脱水（2）原理模型

一个等效电容，极板间距为 d，带电荷为 σ，电位差相当于胶体粒子的 ξ 电位。于是可得到式（8-41）：

$$\xi = d\sigma/\varepsilon \tag{8-41}$$

式中　ξ——极板间电位差；
　　　d——极板间距离，mm；
　　　ε——介质的电容，F；
　　　σ——单位面积的带电量，C。

当给固液界面加以与之平行的、电场强度为 E 的静电场时，液体所受的作用力 F_1 可由下式求出：

$$F_1 = \sigma E \tag{8-42}$$

式中　F_1——单位面积电荷所受电场力，N；
　　　E——电场强度，N/C。

这时受 F_1 力的作用，液体沿毛细管（界面壁）壁运动，当 F_1 与液体流动所受毛细管阻力相等时，流速可由牛顿流体公式算出：

$$F_2 = \mu u/d \tag{8-43}$$

式中　F_2——液体与界面壁之间的摩擦阻力，N；
　　　μ——液体的黏度，Pa·s；
　　　u——流速，mm/s。

假设毛细管半径为 r，流量可由下式算出：

$$q_0 = u\pi r^2 \tag{8-44}$$

式中　r——毛细管半径，mm；
　　　q_0——液体流量，mm³/s。由欧姆定律：

260 食品物性学（第三版）

$$E = \rho I/S \tag{8-45}$$

式中 ρ——阻抗，Ω；
I——电流，A；
S——截面积，mm^2。

可推导出以下电渗透流量 Q_0 公式：

$$Q_0 = \varepsilon \xi I\rho/\mu \tag{8-46}$$

从式（8-44）可以看出电渗透流量与多孔质隔膜的厚度及截面积无关，这也被称作 Wiedemann 定律。但是，实际电渗透分离过程中，存在着不同的边界条件，所以，Debye-Huckel 提出了脱水浆料层中电渗透液体流速公式：

$$u_E = (1/300)^2 D\xi E/k\pi\mu \tag{8-47}$$

式中 u_E——脱水浆层中液体流速，mm/s；
D——为液体的介电常数；
k——粒子形状系数；
μ——液体黏度，Pa·s；
E——脱水层电场强度，N/C。

二、电渗透的应用

电渗透在食品脱水或固液分离方面有很好的应用前景。例如，铃木等在单螺杆挤压机上使用电渗透处理的方法进行鱼肉的脱水，脱水后鱼的含水率由 75% 降至 38%。经过对大豆蛋白、玉米蛋白在静电场下进行脱水试验，其结果如图8-41 所示。试验结果表明：同样条件下，只压榨不加电压时，滤饼的最终水分为 60% 左右，且滤饼水分上下基本一致；然而加电压后，电渗透不仅使脱水过程加快，而且随电压的加大，最终滤饼水分减少。电渗电压为 80V 时，滤饼终水分可达 30% 以下。可以看出滤饼下部的水分大于上部水分。

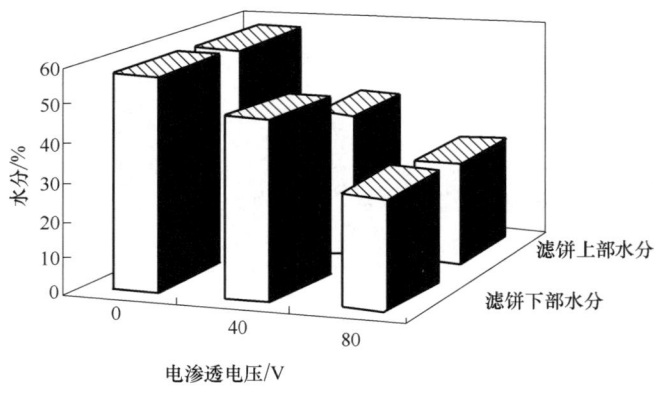

图8-41　滤饼脱水实验

第九节 通电加热

一、基本原理

通电加热又称欧姆加热（Ohmic Heating）或电抗加热（Resistance Heating）。当电流通过物体时，由于阻抗损失、介电损耗等存在，最终使电能转化为热能。通电加热便是利用这种方法使食品加热的，如图8-42所示。

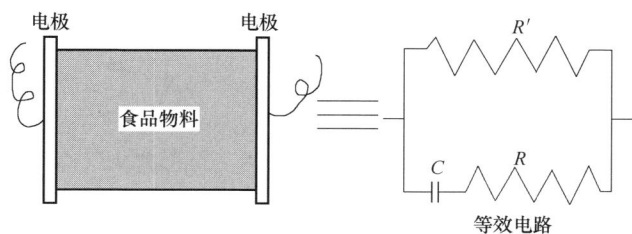

图8-42 食品通电加热原理示意图

R'—阻抗 C—电容 R—相当于介电损耗的阻抗

在食品工业中，通电加热技术是20世纪80年代初首先在英国和苏联得到重视和开发。目前这方面的研究在欧、美、日也得到广泛的重视并逐步走向实用化。

通电加热与一般电阻发热有所不同。电阻发热，利用直流电也可发热，但对于食品加工，利用直流电不仅会引起食品成分的电解变质，还会使电极很快发生电解腐蚀，造成食品被金属离子的污染。所以通电加热在食品加工中一般采用交流电，其发热量为：

$$Q = U^2/R \tag{8-48}$$

食品各部分的加热速度为：

$$dT/dt = U^2/Rc_p\rho \tag{8-49}$$

式中 ρ——密度，kg/m^3；

c_p——各部分物料比热容，$J/kg \cdot K$；

R——电阻，Ω。

一般食品或食品原料都含有较多的水分，而且在这些分散体系中也同时含有各种电解质，所以电阻抗都比较小。从以上公式可知，当通电时发热效率比较大。在电导率低的介质中，有些食品在通电加热时，温度上升比介质液体还要快。图8-43表示对泡在食盐水中的茄子片（直径

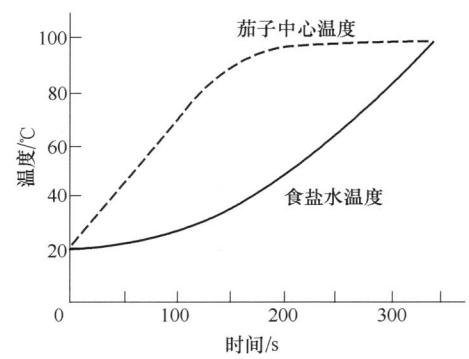

图8-43 通电加热中茄子试样中心温度变化

6cm，厚1cm）通电加热时，茄子片中心和盐水温度的上升情况。对于电导率大的食品，无论是用商用电流频率（50Hz、60Hz），还是直流，都可达到上述加热目的。然而对有细胞结构的食品材料，它们的导电性较差，应用低频电流就比较困难。

对于细胞组织的材料，其通电时阻抗与频率的关系如图8-44所示。虽然一般可以选择使阻抗最小的交流频率加热处理，但还应考虑其他因素。从食品材料的微观构造可把它作为一个RC电路分析。如前文所述该电路的复介电常数为 $\varepsilon^* = \varepsilon_r' + \varepsilon_r''$，其中的介电损耗因数 ε_r'' 与材料的发热有直接关系。它与单位时间发热量 Q 有如下关系：

$$Q = 1/2\omega\varepsilon_r''SU_0^2/d \tag{8-50}$$

式中　ω——电流频率，Hz；
　　　S——电极面积，cm^2；
　　　d——电极间距离，cm；
　　　U_0——交流等效电压，V。

如图8-44所示频率与 ε_r' 和 ε_r'' 有一定对应关系，存在着一个通电时发热最大的电流频率。也就是说仅使阻抗为最小值还不够，只有使用使 ε_r'' 为最大的电流频率才能达到最佳发热效率。

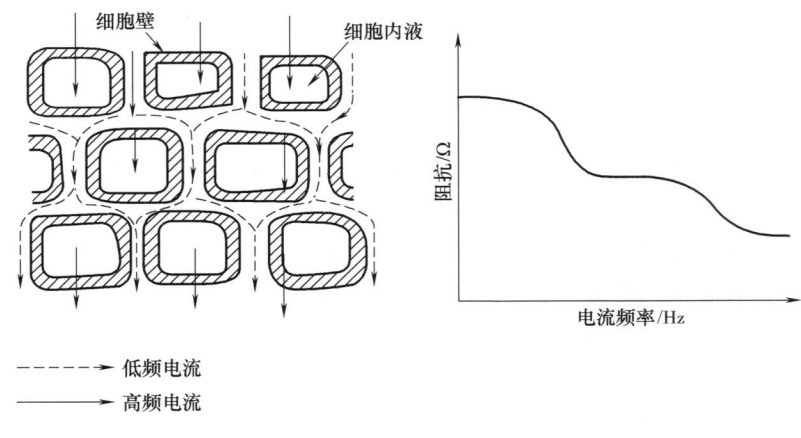

图8-44　细胞组织材料通电加热的阻抗与电流频率

二、通电加热的应用

图8-45（1）所示装置，主要用来对流态食品进行加工。配合非绝缘包装材料，该技术已在欧美生产中应用。图8-45（2）所示装置主要适用于黏弹性体食品材料，如鱼糕、鱼丸、肉丸、汉堡包等食品的通电加工，在日本进入实用化生产阶段。值得注意的是，鱼糕和肉糜制品经通电加热处理，制品的黏弹性和口感比一般的烘烤加热处理有明显提高。实用中电流频率多选用8~15kHz。从目前使用情况看，通电加热主要在以下几个方面表现了很大的优点：①加热均匀，克服了其他加热方式的外表升温快、内部升温慢的缺点；②加热过程中不需要搅拌或混合；③由于加热能量只在被加热物料处发热，因此，热损失少，节约能源；④较大形状的物料可实现快速、均匀加热；⑤设备体积小、无污染；⑥通电加热还有特殊的杀菌效果。

综上所述，通电加热技术具有很大发展潜力，也有许多课题需要探索。目前需要解决的主

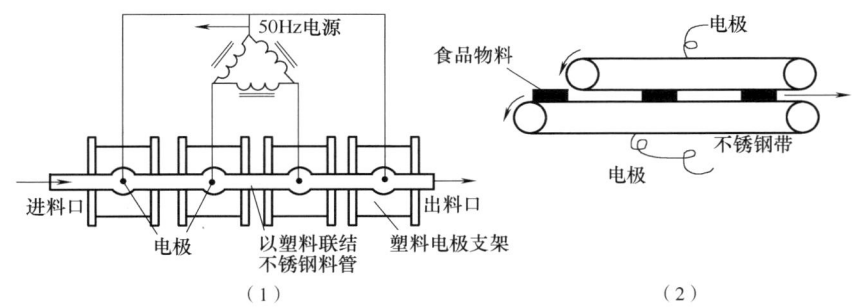

图 8-45　目前实用化通电加热设备示意图
(1) 流态食品加工装置　(2) 黏弹性食品装置

要问题有：①加热速度的控制问题。在加热过程中，由于食品物料的电阻会发生变化，这时如何按物料的阻抗调节通电条件，控制加热速度，成为目前该技术实用化的关键之一。②对于非均质的复杂食品物质，各部分电阻都会不同，在通电时内部电流能否均匀地分布，成为影响加工品质的关键。尤其是含有细胞结构的食品材料，由于细胞壁和细胞质导电率不同，加热将出现复杂情况。解决这一问题，主要通过改变电流的交变频率，使物料的阻抗发生变化，达到均匀快速加热的目的。

🔍 思考题

1. 请说明食品材料的导电机理，它与金属材料导电有何不同？
2. 什么是介电松弛，它与应力松弛有何不同？
3. 什么是介电损耗，食品中哪些成分和因素影响介电损耗？
4. 根据式 (8-5) 和式 (8-27)，讨论 915MHz 和 2450MHz 两个频率在微波加热设备上的优缺点。
5. 从食品材料电特性角度说明远红外加热机理。
6. 油漆静电喷涂技术早已成功应用在金属制品中，而果蔬等食品涂膜加工多数采用浸泡涂刷，你认为果蔬保鲜膜静电喷涂最大瓶颈是什么？

第九章 食品的光学性质

本章内容提要

本章介绍光学和色度学基本概念，食品品质光学检验基本原理，食品工业中利用光反射、透射、近红外、延迟发光等检测示例，说明食品光学性质的作用。食品（尤其是果蔬产品）表面色度与贮藏加工品质密切相关，因此，重点介绍色差仪参数及其应用实例。

众所周知，食品不仅对可见光，而且对波长范围更广的电磁波有复杂的反应。光照射到食品上时，一部分被表面反射，其余部分经过折射进入其组织内部。进入组织内部的光，一部分被吸收变为热量，另一部分散射到各个方向，其余部分可以穿过食品或农产品。这种对光的反射、折射、透过等性能，就是食品的光特性。不同种类的食品物料具有不同的光特性，利用食品的这种特性，能够对其品质进行检测。

根据食品的力学性质检测食品品质一般费时费事，而且多为破坏性测定。取样的食品往往受力或变形后不能再利用，所以在生产线上很难实现全面、迅速的检测。食品无损检测和分级是光、机、电一体化的产物，通过食品光物性的测定来检验其品质，是目前比较常用和可靠的方法。

大部分的食品是由无数细小的内部界面组成，在光学上是各向异性的。光进入这种物料后在各个方向上散射，而不是以直线方式透过物体，在物料内的多次散射和重新分布是光和食品相互作用的主要特征。反射光提供了食品表面特征的信息，如颜色、表面缺陷、病变和损伤等，而光的吸收和透射则是食品内部结构组成、内部颜色和缺陷等信息的载体。对这些量的分析可以判断食品物料的不同颜色、区分质量优劣、指示成熟与否，从而可以对食品进行分选和质量分析。对食品光学性质的测定，最大优点就是可以实现对食品快速、无破坏、无损伤检测。食品的无破坏检测有以下优点：①可以对食品进行全部逐个检查，在食品方面的各种研究中，也可以实现对同一试样的反复品质跟踪实验；②测定时间短，便于在产品之间检测和大量试样分析；③能够保持食品的原有状态，不会对食品的内部组织结构及外观构成影响。

第一节 色度学基础

为便于理解及应用光学性质，了解色度学的基本知识是十分必要的。但篇幅所限，深入了解请读者参阅本书参考文献中有关色度学方面的著作。

一、基本物理量

1. 光度与光通量（Luminosity and Luminous Flux）

光度是表示光辐射照度产生光感的程度，但由于在通常范围内，光度的大小与辐射照度成正比，并适合加法定律，因此，可以借用计算辐射照度的方法计算光度。不过为避免混乱，在光度学中用光通量表示光度，设在波长 λ 与 $\lambda+d\lambda$ 之间光的辐射照度为 $E_\lambda d\lambda$，则光通量的定义式为：$\Phi_\lambda = V_\lambda E_\lambda d\lambda$。对于波长为 $\lambda_1 \sim \lambda_2$ 的连续光谱：

$$\Phi = k\int_{\lambda_1}^{\lambda_2} V_\lambda E_\lambda d\lambda \tag{9-1}$$

式中　k——常数；

　　　V_λ——光谱光视效率；

　　　E_λ——光谱强度；

　　　Φ——光通量（Luminous Flux），其单位为流明（lm，Lumen）。

2. 照度（Illumination）

照度表示某一受光点单位面积的光通量，单位为 lm/m^2，或表示式为：

$$E = d\Phi/dA_2 \tag{9-2}$$

式中　Φ——光通量，lm；

　　　A_2——受光面积，m^2；

　　　E——照度，lm/m^2。

3. 光出射度（Luminous Emittance）

光出射度表示某发光点单位面积的发光光通量，符号为 M，单位为 lm/m^2，表达式为：

$$M \equiv d\Phi/dA_1 \tag{9-3}$$

式中　Φ——光通量，lm；

　　　A_1——受光面积，m^2。

4. 发光强度（Luminous Intensity）

发光强度定义为从某个光源或光源的一个元素发射出包含该方向在内的一个无限小角锥中的光通量 $d\Phi$ 与该小角锥立体角 $d\Omega_1$ 的商，符号为 I，单位为 lm/sr 或 cd，其表达式为：

$$I \equiv d\Phi/d\Omega_1 \tag{9-4}$$

式中 Φ——光通量，lm；
Ω_1——锥体角。

5. 亮度（Luminance）

亮度指发光体单位面积在指定方向的明亮程度。设发光体表面积为 A，观测方向的发光强度为 I，发光体表面法线与观测方向夹角为 θ，则亮度（符号为 L）定义为：

$$L = \frac{dI}{dA\cos\theta} \tag{9-5}$$

二、颜色的表色系统及其转换

为充分了解并利用食品的光学性质，特别是利用图像处理技术对食品和农产品进行无损检测和在线分级，以及对食品的颜色进行定量化评价等，了解颜色的表色系统及其转换方法是十分必要的。

1. 颜色的表色系统介绍

（1）*RGB* 表色系统 1931 年，国际发光照明委员会（International Commission on Illumination，CIE）建立了两种表色系统，简称表色系。一种为 *RGB* 表色系统，另一种为 *XYZ* 表色系统。图像处理中最基础、最常用的是 *RGB* 表色系统。摄像机获取的彩色图像被表示成 *R*（红）、*G*（绿）、*B*（蓝）值，图像处理中使用的其他表色系统一般都是从 *RGB* 表色系统转换而来的。*RGB* 表色系统的主要缺点是不直观，从 *RGB* 值中很难知道该值所表示颜色的认知属性；其次，*RGB* 表色系统是最不均匀的表色系统之一，两个颜色之间的知觉差异不能表示为该表色系统中两个色点之间的距离。

用摄像机采集到的 *RGB* 值很容易受到环境光强和物体阴暗的影响，为了降低这些影响，人们将 *RGB* 值经归一化形成 *rgb*（色品坐标），其关系式如式（9-6）所示：

$$r = \frac{R}{R+G+B} \quad g = \frac{G}{R+G+B} \quad b = 1-r-g \tag{9-6}$$

（2）*XYZ* 表色系统 CIE-*XYZ* 系统又称 CIE1931 标准色度学系统，是以三个假想的原色 *X*、*Y*、*Z* 建立起来的一个新色度系统，可以由 *RGB* 表色系统转换得到。在此系统中可以用色品坐标确定颜色 [式（9-7）]，因此在食品及农产品颜色检测中具有极高的使用价值，尤其是 CIE-*XYZ* 把三维表色系统（*X*, *Y*, *Z*）用二维（*x*, *y*）表示，更有利于颜色分类时求出被测样本与标准样本的匹配程度，而无须知道样本的实际颜色，同时还减少了光源亮度不稳定产生的噪声影响，对有阴影的单一颜色背景去除效果也远优于 *RGB* 表色系统。

$$x = \frac{X}{X+Y+Z} \quad y = \frac{Y}{X+Y+Z} \quad z = 1-x-y \tag{9-7}$$

（3）CIE$L^*a^*b^*$ 表色系统 为了评价颜色或颜色差别，必须选择恰当的表色系统。尽管 CIE-*XYZ* 的空间定义是基于人的视觉模型，但其分量不能为观察者所识别，因此无法表达人的视觉心理。另外，CIE-*XYZ* 色度系统也不是均匀的色空间，即人们对颜色、颜色差别的感知差异与色差的大小不是线性关系。因此，CIE 推荐了许多均匀色空间，其中 1976 年推荐的 $L^*a^*b^*$ 颜色系统是比较理想的均匀色空间。

CIE1976$L^*a^*b^*$ 空间可由 CIE-XYZ 转换得到，$L^*a^*b^*$ 表色空间又称独立色坐标，它是把颜色按其所含红、绿、黄、蓝的程度来度量的。视网膜锥体细胞有三种不同响应的视觉神经，分别对红绿、黄蓝和黑白起作用，颜色感觉是由各个视觉神经的破坏和恢复而产生，例如红光刺激绿视觉神经时绿视觉神经受到破坏，绿光刺激时得以恢复。每发生一次恢复和破坏，就发出一脉冲信号给大脑，于是得到一种色感。根据这一色觉说，将红度（正向）和绿度（负向）同置于一根横轴（a^* 轴）上，而将黄度（正向）和蓝度（负向）同置于纵横轴（b^* 轴）上（图 9-1），垂直于 a^*b^* 平面的第三根轴为明度 L^*，这就是 $L^*a^*b^*$ 表色空间。

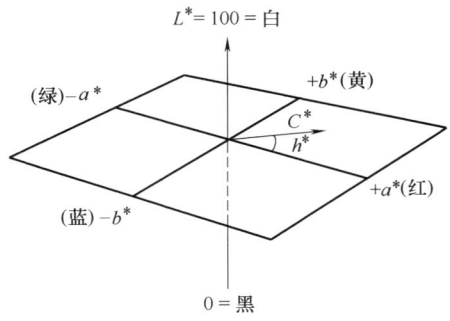

图 9-1　CIE1976$L^*a^*b^*$ 表色空间系统

2. 颜色系统的相互转换

（1）RGB 与 CIE-XYZ 的转换　摄像机输出的 RGB 用式（9-8）表示：

$$RGB_i = \int_\Lambda S(\lambda)S_i(\lambda)d\lambda \tag{9-8}$$

式中　RGB_i——摄像机输出的 R、G 和 B 值；

$S(\lambda)$——由光源和输出目标光谱发射率决定的摄像机输入光谱分布；

$S_i(\lambda)$——摄像机三个通道的光谱响应；

Λ——波长的积分区间，常取 380～780nm。

摄像机输入目标的三刺激值公式是：

$$TSV_j = k\int_\Lambda S(\lambda)CMF_j(\lambda)d(\lambda) \tag{9-9}$$

式中　TSV_j——三刺激值 X、Y 和 Z；

CMF_j——人眼的光谱三刺激值；

k——调整因子，光源一定时是一个常数。

当且仅当摄像机三个通道光谱响应是光谱三刺激值的线性组合时，摄像机 RGB 表色系统与 CIE-XYZ 表色系统转换为线性关系，即有如下表达式：

$$\begin{bmatrix} S_R(\lambda) \\ S_G(\lambda) \\ S_B(\lambda) \end{bmatrix} = A \begin{bmatrix} CMF_X(\lambda) \\ CMF_Y(\lambda) \\ CMF_Z(\lambda) \end{bmatrix} \tag{9-10}$$

如果摄像机系统获得的 RGB 值与 XYZ 值为线性齐次函数，则可用式（9-11）表示：

$$X = a_{11}R + a_{12}G + a_{13}B$$
$$Y = a_{21}R + a_{22}G + a_{23}G$$
$$Z = a_{31}R + a_{32}G + a_{33}B \tag{9-11}$$

不同图像采集系统上述表达式中的 9 个系数会不相同，为了求得这些系数，需要有实测样本数据。

食品及农产品的颜色种类繁多，因此，要设计食品及农产品的颜色测试系统，为使该系统可以测试各种颜色，要求样本集合应由各种颜色组成。

通常，标准色样取自孟塞尔（Munsell）颜色体系（图 9-2），在该体系中，物体的颜色用 V（明度）、H（色调）和 C（彩度）表示。

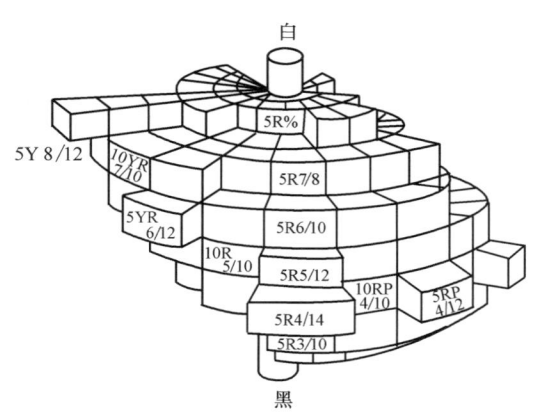

图 9-2 孟塞尔颜色立体示意图

例如，为测试蔬菜在保藏过程中颜色的变化，采用 1980A 彩色亮度计（美国）测试标准色卡的测量值作为计算机图像采集系统目标色卡的"真实"颜色值。彩色亮度计与摄像机同步测量，照明和测量条件都是 0/45，1°视场。为了使彩色亮度计测量的结果能够交流，即符合表面色三刺激值的范围，需要按比例用标准白板彩色亮度计的测量结果 X_0、Y_0、Z_0 来修正 XYZ 值，使 Y 处于 100 以内。为使选取的样本能够代表整个色谱范围的各种颜色，又要尽可能地减少样本数量，根据蔬菜的颜色特点，增加红、黄、绿颜色区间的色卡密度，其他颜色区间均布的取样原则。最终，所有色卡总共选取了 580 个数据，共分 26 组，从每组中随机抽取一个数据，组成 26 个数据的检验集，用于检验式（9-11）的关系是否成立；其余 554 个数据为样本集，用于计算式（9-11）的系数，同时这些数据还将用于神经网络的训练，用以建立蔬菜颜色定量化测试，更多内容请读者参阅本书的参考文献。

(2) XYZ 与 CIE1976$L^*a^*b^*$ 之间的转换 在 CIE1976$L^*a^*b^*$ 表色系统中，对应的变换关系为：

$$\begin{cases} L^* = 116Y^* - 16 \\ a^* = 500(X^* - Y^*) \\ b^* = 200(X^* - Z^*) \end{cases} \tag{9-12}$$

当 $X/X_n > 0.008856$ 时：

$$X^* = (X/X_n)^{\frac{1}{3}} \quad Y^* = (Y/Y_n)^{\frac{1}{3}} \quad Z^* = (Z/Z_n)^{\frac{1}{3}} \tag{9-13}$$

当 $X/X_n < 0.008856$ 时：

$$\begin{cases} X^* = 7.787X/X_n + 0.138 \\ Y^* = 7.787Y/Y_n + 0.138 \\ Z^* = 7.787Z/Z_n + 0.138 \end{cases} \quad (9-14)$$

式中 X_n、Y_n、Z_n——CIE 标准照明体照射在完全漫反射体上,经反射到观察者眼中的三刺激值。对于标准 A 光源,X_n、Y_n、Z_n 分别取 109.8472、100、35.5824。

L^* 为米制明度,a^*、b^* 为米制色品。这样,(L_1^*, a_1^*, b_1^*) 和 (L_2^*, a_2^*, b_2^*) 两个颜色的明度差为:$\Delta L^* = L_2^* - L_1^*$,色品差为:$\Delta a^* = a_2^* - a_1^*$ 和 $\Delta b^* = b_2^* - b_1^*$,总体色差可用空间的几何距离表示:

$$\Delta E = \sqrt{(\Delta L^*)^2 + (\Delta a^*)^2 + (\Delta b^*)^2} \quad (9-15)$$

当 $\Delta L^* > 0$ 时,说明样品色比标准色浅,明度高,反之则低。

当 $\Delta a^* > 0$ 时,说明样品色比标准色偏红,反之则偏绿。

当 $\Delta b^* > 0$ 时,说明样品色比标准色偏黄,反之则偏蓝。

色差 ΔE 的单位是 NBS,$\Delta E = 1$ 时,称为 1 个 NBS 色差单位,表 9-1 列出了 NBS 单位的感觉值。

表 9-1   NBS 单位的感觉值

NBS 单位	0~0.5	0.5~1.5	1.5~3.0	3.0~6.0	6.0~12.0	12.0 以上
色差的感觉值	痕迹	轻微	可觉察	可识别	大	非常大

三、光的吸收、反射、散射和色散

光通过介质时,一部分在界面上被反射,一部分被介质吸收,另一部分被介质散射,余下部分按一定折射方向继续前进(这部分也可以称为透射光)。因此,通过介质透出的光强度必然比入射光弱。同时,由于不同波长的光在介质中的传播速度不同,因而同一介质对不同波长的光有不同的折射率,所以一束白光或复合光在折射时,只要入射角不为零,则不同波长的光,将按不同的折射角而散开,称为色散。由此可见,光的吸收、散射、反射和色散是光在介质中传播时所发生的普遍现象。

1. 光的吸收

光通过任何介质都不同程度地被吸收。物质对光的吸收有选择性。同一介质对不同波长(不同颜色)光的吸收程度不等。无色透明物质,例如玻璃,对可见光(波长在 400~800nm)吸收很少。通常 1cm 厚的玻璃对可见光只吸收约 1%,但玻璃对紫外线吸收较为显著。石英对紫外线吸收不多,而对红外线吸收性较强。一般有色透明体,例如红色玻璃对红、橙色光吸收较弱(透过较多),而对其他色光吸收较强。诸如此类现象称为透明介质对光的选择透射。相对来说,也就是选择吸收。故当绿色或蓝色光投入红色玻璃片,则红色玻璃片呈现非透明现象。

不透明物质对光也有选择性,相对来说也就是选择反射。白色物体对各种波长的可见光的吸收程度很小,而反射程度很大。有色物体对可见光的选择反射性显著。例如黄色物体对黄色光反射最强,对橙色和绿色光反射很弱,而对其他红、蓝等色光吸收很强;蓝色物体对蓝色反射最强，对绿色和靛色光反射很弱，对其他黄、紫、红等色光吸收很强。因此，黄色颜料与蓝色颜料混合而成绿色颜料，即为剩余反射现象。

介质吸收光能，引起介质中电子的受迫振动，进而转化为其他形式的能。设强度为 I 的某种光，通过厚度为 $\mathrm{d}x$ 的某种均匀介质层，因被介质吸收部分光能量而使强度减少 $\mathrm{d}I$，如图 9-3 所示，朗伯（Lambert）指出 $\left(-\dfrac{\mathrm{d}I}{I}\right)$ 与吸收层厚度 $\mathrm{d}x$ 成正比，即有：

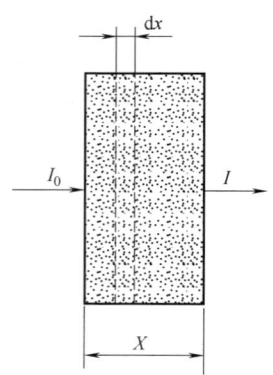

图 9-3　光束通过介质层

$$\frac{\mathrm{d}I}{I} = -\alpha_\lambda \mathrm{d}x \qquad (9\text{-}16)$$

式中，α_λ 与介质性质和光波的波长有关，称为该介质对该种光的吸收系数。当介质总厚度为 x，原入射光强度为 I_0，通过整个介质以后的光强度为 I，将上式积分，得：

$$\int_{I_0}^{I} -\frac{\mathrm{d}I}{I} = -\alpha_\lambda \int_0^x \mathrm{d}x$$

即：

$$\ln \frac{I}{I_0} = -\alpha_\lambda x \quad \text{或} \quad I = I_0 \mathrm{e}^{-\alpha_\lambda x} \qquad (9\text{-}17)$$

此即为朗伯定律的数学表达式。对于选择吸收的物质来说，在吸收波段内，α_λ 值可以很大，α_λ 值越大，表示吸收越强。当介质总厚度 $x = 1/\alpha_\lambda$ 时，由式（9-17）得：

$$I = \frac{I_0}{\mathrm{e}} \approx \frac{I_0}{2.72} \qquad (9\text{-}18)$$

也就是说，厚度为 $1/\alpha_\lambda$ 的介质层，可使光强减弱到原有光强的 $1/2.72$。

实验证明，稀溶液对光的吸收系数 α_λ 与其浓度 c 成正比，即有 $\alpha_\lambda = k_i c$ 的关系，式中 k_i 为决定于吸收物质的分子特性，而与浓度无关的另一常数。由此，式（9-17）变为：

$$I = I_0 \mathrm{e}^{-k_i c x} \qquad (9\text{-}19)$$

根据光在溶液中被吸收的程度可以决定溶液的浓度，这就是吸收光谱分析的原理。此式称为比尔定律。

2. 光的反射

当光从一种介质进入另一种介质时，一部分被反射，另一部分穿入。反射的多少视两种介质折射率的比例而定，此外，还依赖于入射角度，这种关系可由菲涅耳公式阐明：

$$\frac{R_\mathrm{S}}{E_\mathrm{S}} = -\frac{\sin(\theta - \varphi)}{\sin(\theta + \varphi)} \qquad (9\text{-}20)$$

$$\frac{R_\mathrm{P}}{E_\mathrm{P}} = \frac{\tan(\theta - \varphi)}{\tan(\theta + \varphi)} \qquad (9\text{-}21)$$

式中　θ——入射角；
　　　　φ——折射角；
　下标 S——垂直于入射面的电场分量；
　　　　P——在入射面内的电场分量；
R_S、R_P——反射光的电场分量；
E_S、E_P——入射光的电场分量。

θ 与 φ 的关系由式（9-22）决定：

$$\frac{\sin\theta}{\sin\varphi} = n = \frac{n_2}{n_1} \tag{9-22}$$

式中　n——两介质的折射率 n_1 和 n_2 之比。

一切非金属物体的反射均可由上述公式推出。

3. 光的散射

光波投到一般物体表面（非光学表面）时，由于物体的线度远大于光波的波长，因而产生漫射（又称漫反射），这是常见的现象。当光波投到细小质点上的时候，根据惠更斯原理，从质点表面上各点激发次级子波，进而形成同样波长的光波向各方向散开，如图9-4（1）所示，这种现象称为光的散射现象。散射物质对入射光没有经过共振吸收作用，所以此种现象不是共振辐射，而是直接从被照射物体的微粒表面"反射"而来，但是它又不服从反射定律，所以它又不完全是反射光。事实上，光的散射是与反射和衍射有着密切的关系。例如光波投入混浊介质（含有许多悬浮微粒的透明物质）时，由于介质中有许多线度大于波长的微粒呈无规则的分布，则有部分光波被散射，散射光波将绕过微粒两边，向各方散发，类似于单径衍射现象。然而，混浊介质中，由于悬浮微粒的存在，破坏了介质的光学均匀性（存在微小区域有密度起伏现象）。因此，虽有些类似于衍射现象，而没有干涉现象的伴随，故此呈现为散射现象。这种光的散射现象称为廷德尔（Tyndll）散射。如图9-4（2）所示，在一杯清水中加入几滴豆浆，成为混浊透明介质，光沿 X 轴方向通过时，在 Y 轴方向可以看到杯中有光亮散发出来，这就是属于廷德尔散射的一个实例。

又如某些从表面看来是均匀纯净的介质，当有光波通过时，也会产生散射现象，只是它的散射光强度比不上混浊介质的散射光强。这种散射现象是由线度小于光波长的介质分子所产生，称为分子散射，又称瑞利散射。例如大气中的空气分子，对太阳光中的蓝色光波散射特别显著，所以呈现蔚蓝色天空。至于为什么空气分子对蓝色光的散射特别显著呢？因为根据光的电磁理论，次波振幅 A 与其波动频率 v 的平方成正比，次波光强 I 又与振幅 A 的平方成正比，同时频率 v 与波长 λ 成反比，故散射光强度：

$$I \propto A^2 \propto v^4 \propto \frac{1}{\lambda^4} \tag{9-23}$$

可见散射光强度与波长的四次方成反比，称为瑞利定律。由此可知白光中的短波成分的散射效应较为显著。波长越大散射越不显著，所以空气分子对太阳光的散射呈现蔚蓝色。质点足够微小的烟雾，在白光照耀下，往往呈现淡蓝色，所谓"一缕蓝烟"也是这个道理。早、晚太阳偏东、西方，太阳光线通过大气层的厚度比中午阳光通过大气层厚度要大得多，如图9-4

(3) 所示，根据瑞利定律，早、晚太阳光中的短波成分被空气分子的散射较多，因而橙红色光透射相对较为显著，所以早、晚天空多现橙红色光；空中如有云彩，则将出现红霞。

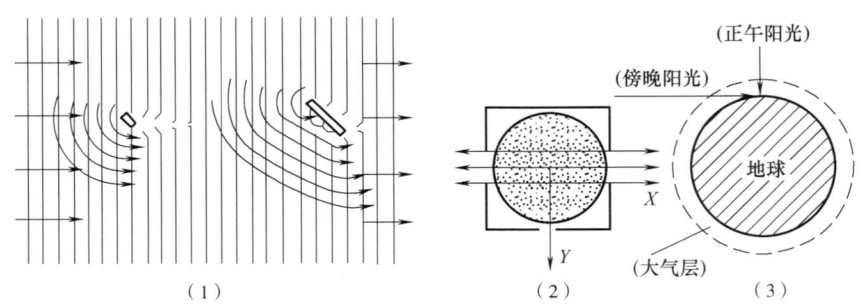

图 9-4　廷德尔（Tyndll）散射

光波通过介质时，由于介质的吸收作用，足以使透射光强减弱，介质的散射，也足以使透射光强度进一步减弱。设光波通过厚度为 dx 的薄层介质时，因介质的散射作用而使入射光强 I 减小一个微量 dI，则此光强的相对减少量 $\frac{dI}{I}$ 与光波通过该介质的厚度 dx 成正比，即有：

$$\frac{dI}{I} = -\delta dx \tag{9-24}$$

式中　δ——比例系数，称为该介质对该波长光波的散射系数。

将上式积分，得：

$$I = I_0 e^{-\delta x} \tag{9-25}$$

式中　I_0——入射于介质之前的光强度；
　　　I——通过厚度为 x 的介质，除去被散射以外（不考虑纯吸收）的透过光强度。

如果结合前面讲的光的吸收，一般测量所得光的"吸收系数"应包括纯吸收系数 α 和散射系数 δ 两个部分。因此，实际上，入射光强 I_0 通过厚度为 x 的介质以后，透出光强度 I 应为：

$$I = I_0 e^{-(\alpha+\delta)x} \tag{9-26}$$

以上所述的瑞利散射，它的散射光波长与入射光的波长相同；此外还有一类散射现象，其散射光波长与入射光波长不同。这类散射称为拉曼（Raman）散射，或称拉曼效应。拉曼散射的特点是：①在每一条瑞利散射谱线两侧，伴有若干条散射谱线，其中波长大于原入射光波长 λ_0 的（即频率小于 v_0）称为斯托克斯（Stokes）线，其中波长小于原入射光波长 λ_0 的（即频率大于 v_0）称为反斯托克斯线。它们两者各自与原入射光频率之差相等，呈对称式分列于瑞利散射谱线的两侧。反斯托克斯线的光强度稍弱。②不同频率的入射光所产生的拉曼散射线与各该入射光频率之差均相同。③散射物质产生拉曼效应的入射光波的波长，不一定和该物质的吸收线或吸收带的波长相对应。可见荧光效应是与光的吸收过程相联系的，而拉曼效应不经吸收过程。同时荧光的波长永远是大于入射光的波长，而拉曼效应的散射光波长可以大于，也可以小于原入射光的波长，因此与荧光效应有所区别。拉曼效应的基本原理需要量子理论才能获得圆满的解释。

拉曼效应与分子的极化率的变化有密切关系，因此研究拉曼效应是研究分子结构的重要方法之一。近年来，激光研究发展很快，由于激光的单色性好，而且较强，因此使用强而细的激光光束投射到很少量的试样上，也可以获得足够强的散射光谱；同时频率相差很小（十多个波数）的散射谱线，也可以清楚地观测到，所以使用激光光源对研究光的散射是非常有利的。

4. 光的色散

白光通过玻璃三角棱镜后，出现彩色光带，称为光的色散现象。究其原因是由于透明介质对不同波长的光波（不同颜色的光）有不同的折射率。可知波长 λ 是介质折射率 n 的函数。

为了表征介质折射率因波长不同而变化的程度，引入色散率 η 这个概念，并且定义：介质色散率的量值等于介质折射率对波长的变化率。

$$\eta = \frac{dn}{d\lambda} \tag{9-27}$$

四、标准光源及观测条件

1. 标准光源

测量物体表面颜色，必须在一定光源下进行。光源选择是颜色测量系统中最重要的环节。不同光源光谱功率分布不同，因此，在它们的照射下，物体表面呈现不同颜色。从色度学的实践考虑，人们不可能也没有必要在各种光源下测量颜色，而只需在约定的某些具有代表性的光源下测定物体颜色。为此，国际发光照明委员会（CIE）推荐了五种标准照明体 A、B、C、D、E。

（1）标准照明体 A　代表色温（指该光源在可见光区域的光谱分布曲线，与在某一温度下黑体辐射时的光谱分布曲线完全相似）为 2856K 的完全辐射体。CIE 规定用分布温度 2856K 的充气钨丝灯来实现标准照明体 A。

（2）标准照明体 B　代表相关色温大约为 4874K 的直射阳光，CIE 规定用 A 光源添加一组特定的 DG 滤光器实现标准照明体 B。

（3）标准照明体 C　代表相关色温大约为 6774K 的平均日光，CIE 规定用 A 光源添加另一组特定的 DG 滤光器实现标准照明体 C。

（4）标准照明体 D　代表各时段日光的相对光谱功率分布。为了促进色度学标准化，1967 年 CIE 建议采用 D_{65} 作为标准光源，它相应于色温 6504K 的白昼光。对于标准照明体 D，CIE 尚未推荐出相应的标准光源。因此 D 照明体模拟成为当前光源研究的重要课题之一。

（5）标准照明体 E　将在可见光波段内光谱辐射功率为恒定值的光刺激定义为标准照明体 E，也称为等能光谱或等能白光。这是一种人为规定的光谱分布，实际不存在具有这种光谱分布的光源。

研究表明，标准照明体 B 和 C 不能正确代表相应时段的日光，预料将来会被淘汰而用标准照明体 D 代表日光；而标准照明体 E 只是一种人为规定的光源。因此，只有标准照明体 A 和 D 成为可供选择的光源。

但光源的选择还要考察色差评价与视觉感知是否相一致，色差计算应在 CIE1976 $L^*u^*v^*$ 或 CIE1976 $L^*a^*b^*$ 均匀色空间内进行。所以标准照明体的颜色宽容量范围在色空间中分布是否均匀，即是否趋近于圆形，这是判断采用相应色空间和标准照明体是否合适的标准。荆其诚等在1982年用4种标准照明体（A、D_{65}、D_{55}、D_{75}）颜色宽容量范围考察了CIE1976色空间的均匀性，结果表明，标准照明体A和D_{65}在CIE1976$L^*u^*v^*$色空间上颜色宽容量范围接近圆形，因此该色品图上两个颜色点的位置和距离能够较正确地反映出两者的知觉差异，并可用色差这个概念较正确地判断色知觉差异。但是，模拟D_{65}标准光源非常困难，许多技术指标（光谱功率分布、色温、显色指数等）难以实现。

标准A光源具有较好的显色性，使物体颜色失真小，方便易得，价格较低。如白炽灯与日光都是连续光谱分布光源，均有较好显色性，适用于辨色要求较高的视觉工作。充气卤钨灯更是典型的标准A光源。因此，在食品及农产品颜色检测或定量化测试中，可采用A光源作为标准光源。

需要注意的是：并非市售的标准照明体A直接可以用作标准A光源，需要测试并通过调节电源参数优化光源的色温，符合要求后方可用作标准光源。以充气钨灯为例，因为充气卤钨灯的相对光谱功率分布曲线，随卤钨灯电流强度改变而改变，即灯的色温随电流变化而变化。因此，通过改变电流强度，用1980A彩色亮度计测试卤钨灯的颜色三刺激值X、Y、Z，经过一系列的计算，求解出光源的相关色温，并经多次优化获得标准光源A。

2. 观测条件

由于照明和观察条件对于光谱反射率因数测量精确度和实际结果有一定影响，因此，CIE于1931年正式推荐四种测色标准照明和观察条件（图9-5）。

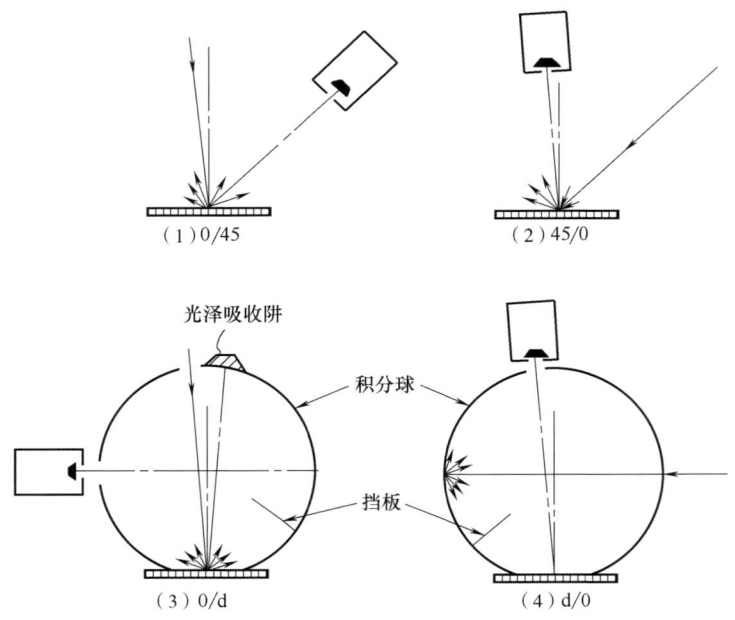

图9-5 四种测色的标准照明和观察条件

（1）**垂直/45°**（缩写：0/45） 样品被一束光照明，照明光束的光轴和样品表面法线间夹角不应超过10°。在与样品表面法线成45°±5°的方向观测。照明光束任一光线和其轴之间的夹角不超过5°。观测光束也应遵守同样的限制。

(2) 45°/垂直（缩写：45/0） 样品可以被一束或多束光照明，照明光束的轴线与样品表面法线成 45°±5°。观测方向和样品法线之间的夹角不应超过 10°。照明光束任一光线和其轴之间的夹角不应超过 5°，观测光束也应遵守同样的限制。

(3) 垂直/漫射（缩写：0/d） 样品被一束光照明，照明光束的光轴和样品法线之间的夹角不超过 10°。漫反射通量借助于积分球来收集，镜面反射通量被吸收阱吸收。照明光束的任一光线和其轴之间的夹角不超过 5°。

(4) 漫射/垂直（缩写：d/0） 用积分球漫射照明样品。样品法线和观测光束轴之间的夹角不应超过 10°，观测光束任一光线和其轴之间的夹角不应超过 5°。

反射样品中采用 45/0（或 0/45）条件更符合目视观察样品条件，所以它常用于彩色图像测量和彩色复制品评价。

第二节 食品光学测定原理

一、利用透光特性的测定

根据式（9-19）可知，被吸收的光能与光路中吸光的分子数成正比，通过测定吸收系数 α_λ，求出透明液体食品的浓度。比尔定律适用于检测稀溶液，即要求光路中吸收光的每个分子对光的吸取不受周围分子的影响。

根据比尔定律，溶液的某特定波长的光密度（D）正比于吸光物质浓度和它在该波长时的吸收系数。

$$D = \lg(I_1/I_2) = \alpha_\lambda b/2.303 = k_\lambda cb/2.303 \tag{9-28}$$

式中 b——光程或光穿过的介质厚度；
k_λ——吸收系数。

如果光程单位用 cm，吸光物质浓度单位用 mol/cm^3，则吸收系数 k_λ 单位为 cm^2/mol。当采用 m^2/mol 单位时，称为摩尔吸收系数。

当液体中有一个以上的吸光成分时，式（9-28）可写为：

$$D = \sum (k_{\lambda i} c_i b)/2.303 \tag{9-29}$$

式中 c_i——第 i 个成分浓度；
$k_{\lambda i}$——波长为 λ 时的第 i 个成分的吸收系数。

以光密度 D 为纵坐标、波长为横坐标时，绘制的曲线称为摩尔吸收光谱曲线。

实际测量中，直接测定 D 值并不方便。应用较多的是用两个波长的光密度差 ΔD（或吸光度差 ΔA_λ）来确定食品的光透过特性。

设 $A_{\lambda 1}$ 和 $A_{\lambda 2}$ 是试样在两个波长 λ_1 和 λ_2 时的 D 值。$A_{\lambda 1}^S$ 和 $A_{\lambda 2}^S$ 分别为样品中某待测成分对应于波长 λ_1、λ_2 的 D 值。$A_{\lambda 1}^R$、$A_{\lambda 2}^R$ 分别为样品中其他成分相应的 D 值。则：

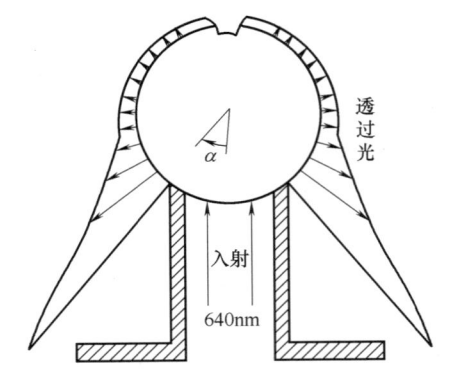

图 9-6 番茄内部光扩散性对透过光能量分布的影响（箭头线长与透过光能成正比）

$$A_{\lambda 1} = A_{\lambda 1}^S + A_{\lambda 1}^R, \quad A_{\lambda 2} = A_{\lambda 2}^S + A_{\lambda 2}^R$$

$$\Delta A = \Delta D = (A_{\lambda 1}^S - A_{\lambda 2}^S) + (A_{\lambda 1}^R - A_{\lambda 2}^R)$$

当选择合适波长 λ_1 和 λ_2 时，使 $A_{\lambda 1}^R = A_{\lambda 2}^R$，则：

$$\Delta D = (A_{\lambda 1}^S - A_{\lambda 2}^S) = (k_{\lambda 1} - k_{\lambda 2})cb/2.303 \tag{9-30}$$

显然，这时避免了其他成分引起的测量误差。分光光度计（Spectrophotometer）就是以光透过度为测量基础的光谱分析仪器。

图 9-6 是用单色光进行局部照射时，番茄的透光强度和透光方向变化情况，这种变化是番茄成分、组织结构等对光的反射、吸收与散射共同作用的结果。从透过光强度的分析可以看出，光穿过的距离对透光强度影响较大。

二、反射光特性的测定

与透过光相类似，我们同样可以定义反射率 $R = I_r/I_1$，I_r 为反射光强度，I_1 为入射光强度。反射光密度 D_τ 的定义式为：

$$D_\tau = \lg\left(\frac{1}{R}\right) = \lg\left(\frac{I_1}{I_\tau}\right) \tag{9-31}$$

反射光特性的测定与透射光的测定类似，也利用反射光密度差来进行。两个特定波长的反射光密度差为 ΔD_τ：

$$\Delta D_\tau = \lg(1/R_2) - \lg(1/R_1) \tag{9-32}$$

式中 R_1 和 R_2——两个特定波长的光对物体表面的反射率。

如果选定两个波长入射光的强度近似相等，则反射光密度差为：

$$\Delta D_\tau = \lg I_{r2} - \lg I_{r1} \tag{9-33}$$

第三节 食品光学性质的应用

一、光透过特性的测定方法和应用

1. 测定装置

检测食品的光透过特性或光反射特性所用仪器最典型的构造由以下部分组成：光源、光谱分离器、光波检测器、示波器、记录仪等。

光源：一般采用标准白光源，提供可见光范围的连续光谱。

光谱分离器：是可以把特定波长光分离出来的部件。到达试样的光的纯度或特性取决于分光手段，一般分光手段采用棱镜或衍射光栅做的单色仪（Monochromator），也可以使用滤光镜达到同样效果。例如，Birth 和 Norris 在开发单色仪时，采用了光劈干涉滤光器（Wedge Inter Ference Filter）。

光波检测器：检测器选择时要考虑到反应速度、光谱响应、灵敏度、杂波水平、电阻抗、尺寸、价格等因素。一般测定透光或反射光的检测器，在可见光领域常用硫化铅光敏电阻（Lead Sulfide Photoconductive Cell）。

示波器、记录仪：把检测器感知的信号放大，并且显示、记录。

下面以一种 ΔD 测定仪——差分仪（Difference Meter）为例，简述这种装置。如图 9-7 所示，光源发出的光通过缝隙、滤光转盘、反射镜和透镜射入试样。入射波的波长由滤光盘上 A 和 B 滤光器决定。即同步马达转动时，A、B 滤光器使得从光源发出的光变成不同波长的两个特定光波，交替射入试样。校正屏 9 又称校正滤光镜（Calibrating Screens）。用它校正试样的光密度。当光线通过试样，被光电管感知可得到两种脉冲信号，信号由光电开关 3（光控继电器）控制，分别送入记忆电容中去。记忆电容按照由光电管传来的电信号强弱产生相应电压。这两者电压的差可以通过图 9-7 中的电压计刻度盘读取，于是经过换算就可以测定出光密度差 ΔD。

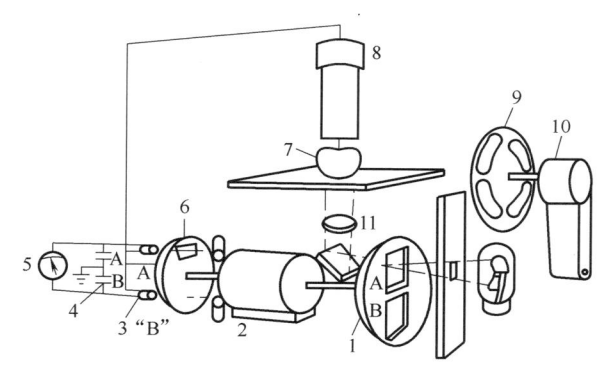

图 9-7 差分仪的构造及测定示意图

1—滤光盘 2—同步电机 3—光电开关 4—记忆电容 5—电压计 6—同步开口
7—试样 8—光电管 9—校正屏 10—透镜 A，B—滤光器

2. 光密度差的求出与两种波长的选择

为了提高测定精度，如前文所述，在测定光密度差时要选择两种特定波长的光。一种波长应该是对于待测成分的变化十分敏感；另一种波长相反，应是对待测成分变化几乎没有反应。由于两波长一般都对试样尺寸、光源，检测器等因素的变化反应敏感，故后一种波长就作为参照波长，用来抵消这些因素的影响。例如，根据温州蜜橘颜色选果时，所使用的两种波长分别为 681.5nm 和 700.0nm，那么得到的 ΔD 值与叶绿素含量有着很好的相关关系［图 9-8（1）］。如图 9-8（2）所示，即使橘果的大小有差异，但对 ΔD 值几乎没有影响。也就是说，使用这两种波长光测定时，果实的尺寸即使大小不齐，也可以完成颜色选果。

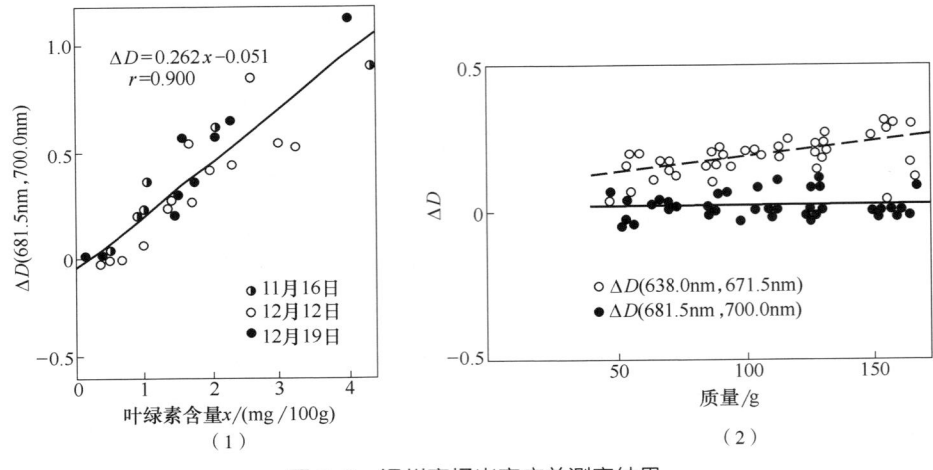

图9-8 温州蜜橘光密度差测定结果
(1) 叶绿素含量与 ΔD 的关系　(2) 蜜橘质量与 ΔD 的关系

3. 利用光密度比测定

当测定厚度不同的果实时,为了消除果实尺寸的影响,可以利用两个不同波长的光密度比进行测定。其理由如下:

根据朗伯-比尔定律,$I_2 = I_1 e^{-\alpha_\lambda \delta}$, α_λ 为吸收系数,δ 为试样厚度。$D = \lg(I_1/I_2) = \alpha_\lambda \delta/2.303$,当分别用单色光测定同一试样的 D 时,$D(\lambda_1)/D(\lambda_2) = \alpha_{\lambda_1}/\alpha_{\lambda_2}$,即在关系式中不会出现厚度。

4. 透光测定法在食品品质评价上的应用

透光测定法是食品无损检测的一种常用方法,比较典型的应用有:果蔬成熟度的检测、谷类水分含量测定、玉米霉变损伤检测、碎米程度、食品颜色、鸡蛋内血丝混入的检测等。

应用这种方法的前提是,食品中与光透过有关的物质或色素,必须与食品的品质指标有好的相关性。例如,测定果实的成熟度,是利用了果实中含有的叶绿素量与成熟度明显相关这一规律。另外有关的物质还有花色苷类、胡萝卜素等。

例如,对花生熟度测定常采用 Kramer(1963) 开发的花生熟度计(Peanut Maturity Meter)。该仪器就是用波长分别为480nm和510nm的两波长光来测定光密度,判断花生熟度。因为花生随着成熟,其光密度减少。对于花生油,在特定的波长光照射时,成熟花生的油比生花生的油透光性要好,其差异在425nm、455nm和480nm最为显著。

对食品水分测定利用透光特性也比较多。Norris 开发了以水的光谱吸收曲线为基础的水分计。水的吸收光谱中有5个吸收带,波长分别为:760nm、970nm、1190nm、1450nm 和 1940nm。对谷物的甲醇提取物水分测定使用1940nm光吸收带,其测定结果与化学试剂法测值相比,标准偏差为±0.24%。Norris 等人利用此原理对花生水分测定,发现 ΔD(970nm,900nm) 与水分含量相关。在含水率30%左右的试样范围,测定精度在0.7%。

对于大豆水分测定,采用 ΔD(1940nm,2080nm) 法,比干燥法测定标准偏差仅为0.1%。

果实内部的空洞、褐变、病变等也可以通过透光法测定。例如对苹果的糖蜜病,由于糖蜜病区细胞间的空隙充满了水,因此,对入射光扩散减少,D 值也减少。如图9-9所示,使用水吸收峰值的760nm和810nm两个波,即可发现糖蜜病变。对于苹果内部的褐变,如图9-10所示，随褐变加重，D 增加。采用的基本波长为 600nm 和 740nm。

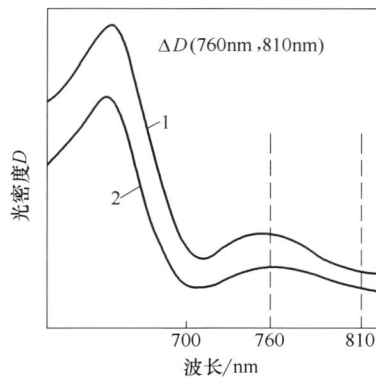

图 9-9　苹果的糖蜜病与 D 变化
1—正常果　2—糖蜜果

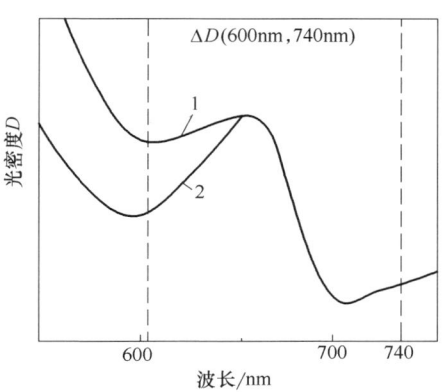

图 9-10　苹果内部褐变与 D 变化
1—内褐变果　2—正常果

透光检测在自动选果机上也得到广泛应用。1968 年 Nelson 利用光密度差原理成功地开发了玉米分选机。主要是将菜用的甜玉米（Yellow Sweet Corn）与饲料玉米（Yellow Field Corn）分开。这两种玉米虽然表面颜色相同，但内部组成有显著差别，用肉眼难以分辨。用透光法就可以正确判断。Allen 等人（1966）根据透光测定原理开发了果实中有无种子的选果机。其装置如图 9-11 所示，图的下方为透光检测部分，称为阴影检测器（Shadow Detector）。光源与阴影检测部位正对。光源发出的光通过散射可以传到旁边的辉光检测器。辉光检测器接收的信号不受种子有无的影响，只给出果实有无阴影一个参照信号，即自动补偿表皮颜色、果肉特性、果实大小和光源变化等引起的误差。把两检测器信号经过差

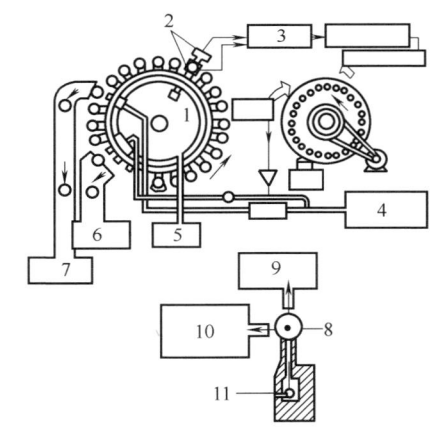

图 9-11　樱桃种子分检装置
1—光源　2—检测器　3—识别电路　4—加压空气
5—真空泵　6—接收料斗　7—排除料斗　8—樱桃
9—阴影检测器　10—辉光检测器　11—光源

动放大，当信号达到一定值时，则由排除机构去除。对于苹果按叶绿素含量进行自动分选的机械，也是按透光原理设计的，称为内部品质分选机（Internal Quality Sorter）。该机常采用 690nm 和 744nm 的单色光对无损伤果实进行测定，并由 ΔD 将苹果分选为 5 个等级。

二、光反射特性的测定方法和应用

图 9-12 表示测定光的反射率时光源、物料和检测器的配置方法，阴影部分表示测定光近似通过的区域。测定反射率时一般是将一束光同时照射到物料样品和一个标准的白色参照表面（一层氧化镁）上，并对它们的反射光强度进行比较，以确定反射率，如图 9-13 所示。由光源

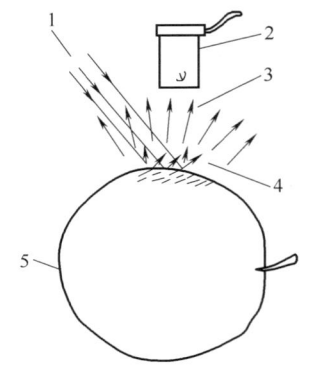

图 9-12 测定物体反射率时光源、物料和检测器的相互位置

1—入射光 2—检测器 3—体反射
4—常规反射 5—样品

A 发出的光经三棱镜 B 色散，并被 C 分隔成一个狭窄的波长范围。通过狭缝的光束被涂银的镜片 D 分成两束相同强度的光束。通过镜片 D 的光束投射到一个标准的白色氧化镁表面上，而由镜片 D 反射的光束被镜片 E 再反射到试样表面。一般来讲，试样表面的反射率比白色表面低，投射到标准白色表面上的光强度可通过光量调节器 F 来减弱，直至标准表面和试样表面具有相等的反射光强度。例如，投射到标准白色表面上的光减弱到 70% 时才能和试样表面反射的光强度保持一致，则物料在该波长的反射率为 70%。在实际应用中，测定物料各个波长时的反射率，以波长 λ 为横坐标，以反射率 R 为纵坐标，即可绘制出物料反射率光谱特性曲线。

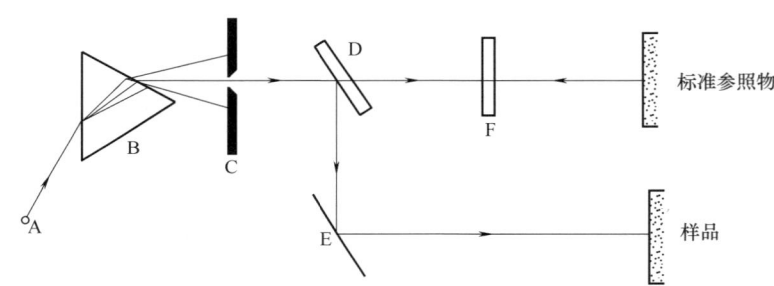

图 9-13 用于测定反射率的分光光度法原理

图 9-14 是一些食品物料的光反射率特性曲线的实例。不同物料之间光谱特性曲线的差异主要是由于物料吸收特性的差异。由图 9-14 可见，反射率曲线有若干明显的吸收带。这些吸收带存在于高水分含量的物料中，如苹果、马铃薯和肉，而干的土块却没有。由此可见，这是水的吸收带。其波长约为 970nm、1190nm 和 1450nm，大多数在红外线范围内。根据这个特性我们可用红外线照射的方法测得其水分含量。由图 9-14 还可看出，在波长为 675nm 左右绿苹果有一个明显的吸收带，而红苹果的吸收带则不太明显。这是叶绿素的吸收带，由于随着物料成熟度提高，叶绿素含量下降，因此绿苹果比红苹果的吸收带明显得多。根据这种分析，我们可用 675nm 波长的光照射物料，以测定物料叶绿素含量，从而可以确定物

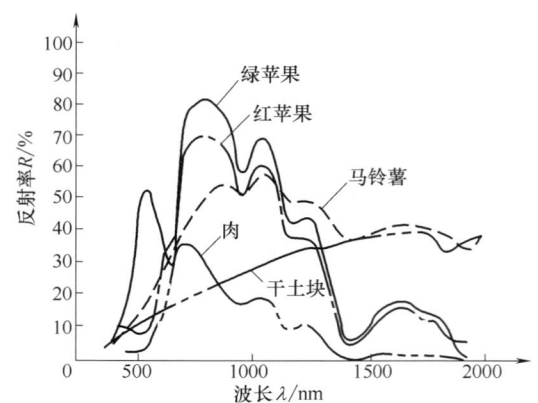

图 9-14 食品物料光反射率曲线实例

料的成熟度。

图 9-15 是两种不同成熟度的番茄反射率曲线。选 550nm 波长为参照波长，它对反射率变化是不敏感的，另一个波长选作 670nm，它是叶绿素吸收带，对成熟度是比较敏感的。于是，红番茄的 ΔR 值（550~670nm）为正值，而绿番茄的 ΔR 值为负值，这样就可将成熟和不成熟番茄完全分开。单用 670nm 波长的反射率值是无法将两种番茄有效地分开的。

图 9-16 为马铃薯、土块和石块的反射率曲线。用不同波长的光照射马铃薯、土块和石块发现，马铃薯在波长 600~1300nm 的反射率 R_{λ_1} 比土块和石块大，而马铃薯在波长 1500~2400nm 时的反射率 R_{λ_2} 比土块和石块小。因此，在这两个波长范围内马铃薯的 $R_{\lambda_1}/R_{\lambda_2}$ 值始终比土块和石块大。利用这个特性即有可能从土块和石块中把马铃薯分离出来。

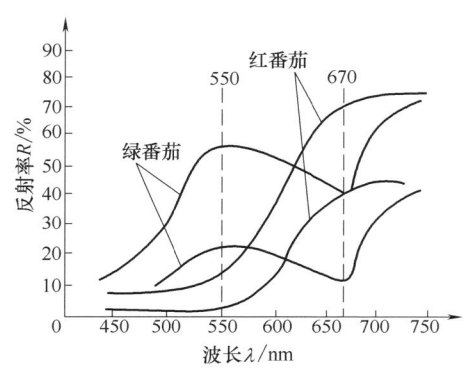 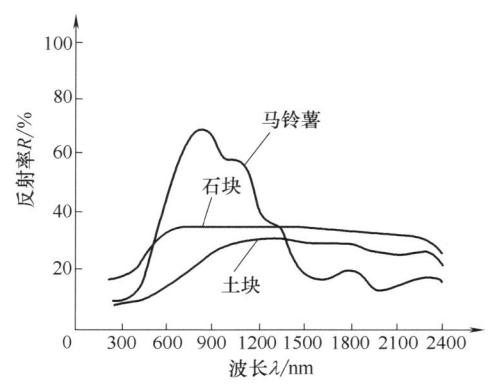

图 9-15　两种不同成熟度番茄的反射率曲线　　图 9-16　马铃薯、土块和石块的反射率曲线

三、延迟发光现象的利用

延迟发光（DLE）具有暗期恢复（Dark Recovery）、光饱和以及感温性等特点，常用于含叶绿素的果蔬类食品检测。利用延迟发光特性对果蔬进行分选具有以下优点：

(1) 选择光源的范围大，因此装置简单（注意，在 625~725nm 的光激发作用较强）。

(2) 照射和测定 DLE 的时刻可在不同场所进行，给机械的设计带来方便。

(3) 除光电管外，不需要其他光学元件，装置比较简单。

(4) 没有一般透光测定时，荧光带来的影响误差。荧光给 D 带来的误差有时高达 25%。

以上优点，都使得食品加工或精选工程中应用 DLE 非常方便。DLE 的利用在迅速测定生鲜农产品的叶绿素含量和判断新鲜程度方面有着一定优势。

图 9-17 表示农产品延迟发光特性的测定装置简图。光源 LS 通过一组透镜 L_1、L_2 和 3 个中性密度滤色片 F_1、快门 SH，照在镜片 M 上。光被镜片 M 反射，照射到放置在暗室 CH 内的样品 S 上。光源利用风扇 F 冷却。为研究温度对延迟发光强度的影响，在暗室内还装有加热器 H、隔热屏 HS 和热电偶 TC。镜片 M 是铰接的，当快门 SH 关闭后，镜片及时地切断光源通路。样品的延迟发光通过干涉滤色片 F_2、紫外光 F_3 和聚光镜 L_3，由光电倍增管 PMT 接收。暗室和光的通道的内壁均涂黑以吸收散射光。样品激励光照射面积由暗室中的罩子 MA 调节。电源和读出系统如图 9-17 所示。

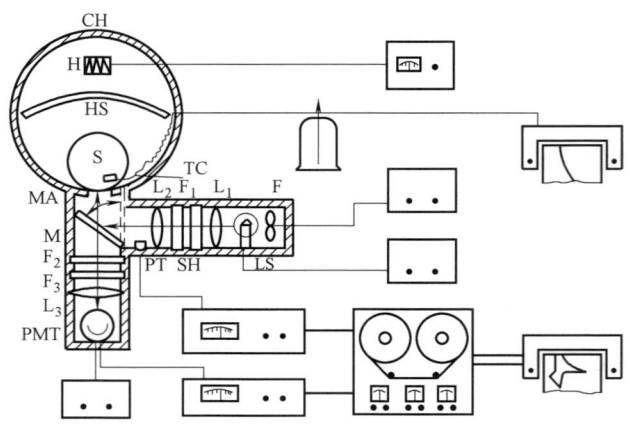

图 9-17　延迟发光测定装置

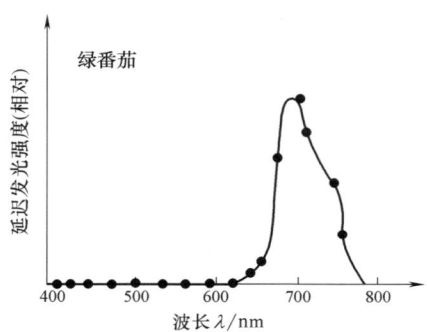

图 9-18　用白炽灯激励时
番茄的延迟发光光谱曲线

番茄、柿子和橘子在白炽光激励下的延迟发光光谱曲线，如图 9-18、图 9-19 和图 9-20 所示。由图可见，延迟发光强度的峰值是在波长为 650～750nm，该光谱范围正好是在红光光谱区域。因此，在测定装置中所选择的光电管应对红光有良好的响应。激励光源采用白炽灯或荧光灯均可得到良好的延迟发光输出。

延迟发光强度受多种因素的影响。图 9-21 表示光照激励时间对番茄延迟发光强度的影响。当光照激励时间延长时，延迟发光强度也随之增加到最大值，之后随光照时间继续延长，延迟发光强度反而缓慢下降，最后达到一个稳定值，称为达到饱和状态。对番茄试验表明，当激励光照度为 5500lx 时，激励时间为 3~6s，延迟发光强度达到最大值。

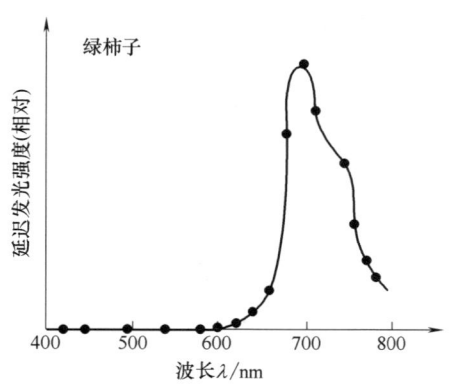

图 9-19　用白炽灯激励时
柿子的延迟发光光谱曲线

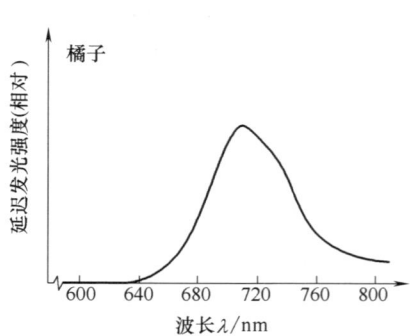

图 9-20　用白炽灯激励时橘子
的延迟发光光谱曲线

图 9-22 表示激励光强度对番茄延迟发光强度的影响。光照激励强度越高,达到延迟发光饱和状态所需时间越短。为保证延迟发光达到饱和状态,激励光强度应尽可能的高。当延迟发光达到饱和水平后,增加光照激励时间或强度对增加延迟发光强度已不起多大作用。由于在饱和状态下激励光强度变化不再影响延迟发光强度,因此,延迟发光强度检测应在延迟发光饱和状态下进行。

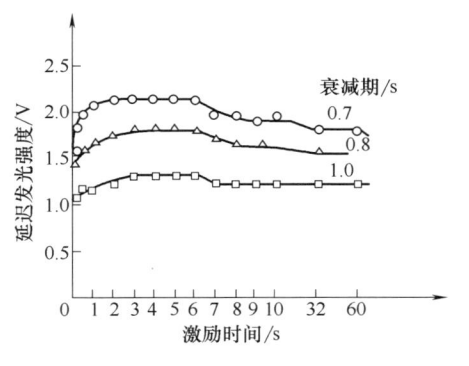

图 9-21　光照激励时间对番茄延迟发光强度的影响

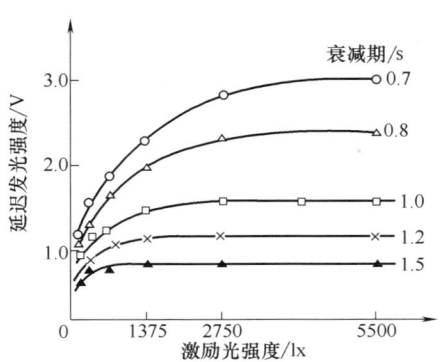

图 9-22　激励光强度对番茄延迟发光强度的影响

在用光照激励食品之前,首先需将物料在暗室中放置一段时间,我们把这段时间称为暗期(Dark Period)。图 9-23 表示番茄的延迟发光强度的衰减曲线。光照激励前的暗期长短对延迟发光曲线有明显影响。图 9-24 表示暗期对延迟发光强度的影响。暗期短使延迟发光强度减弱,暗期长可使延迟发光达到饱和状态。

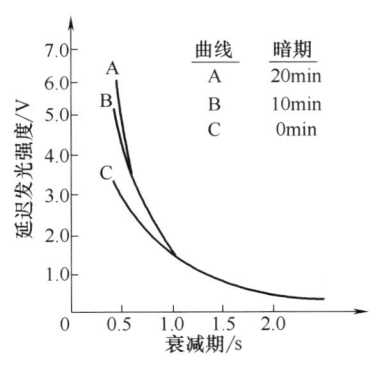

图 9-23　番茄延迟发光强度的衰减曲线

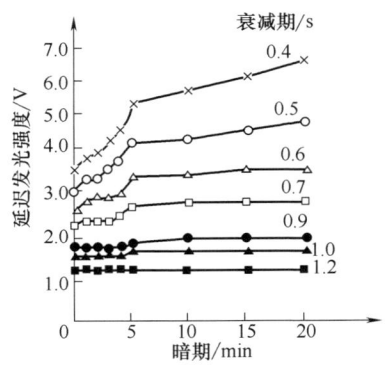

图 9-24　暗期对番茄延迟发光强度的影响

样品温度对延迟发光强度也有一定影响。对番茄和柿子的测定表明,当温度低于 13℃ 时,延迟发光强度随温度升高而稍有增加,随着温度继续升高,延迟发光强度反而下降。对茶叶和烟叶试验表明,当温度分别低于 31℃ 和 35℃ 时,延迟发光强度随温度升高而增加,当高于上述温度时,延迟发光强度随温度升高而下降。为得到一些食品的高强度延迟发光,各项测定参数组合如表 9-2 所示。

表 9-2　　　　　　　高强度延迟发光的各项测定参数组合（衰减期为 0.7s）

产品	暗期/min	激励光		温度/℃
		照度/lx	时间/s	
番茄	10	5500	3~6	13~17
萨摩橘子（日本）	20	2750	4~7	—
柿子	15	2800	1~3	21~32
杏（日本）	20	5500	1	23~28
香蕉	10	2750	1~2	18~25
木瓜	20	5500	2~4	15~22

四、食品近红外测定的原理和应用

食品的外观、色彩、内部状态检测在可见光范围可通过反射、透过、延迟发光等光学特性测定来完成。对食品中水分、蛋白质、碳水化合物、脂质等一般成分的评价，近年来，应用近红外线、微波甚至核磁共振等方法受到越来越多的重视。尤其是近红外线技术，在食品的无损检测方面取得较大进步。

许多食品可应用红外光谱分析进行成分的测定，但在这方面使用的红外线波长多为大于 3.0μm 的光波，从非破坏、无损伤测定的要求来看，由于大多数食品属于含水的复合体，水分的影响及其吸光特性的复杂性，使得在这一波长域的测定变得非常困难。20 世纪 70 年代以来，美国等国家的研究部门发现，利用食品成分对近红外线（0.7~3.0μm）的吸收特性，如对谷类、乳制品、肉制品、饲料等的水分、蛋白质、脂质、糖、氨基酸等，可以进行有效的无损伤测定。1978 年，美国 FGIS（Federal Grain Inspection Service）及加拿大 CGC（Canadian Grain Commission）都把近红外测定法作为国家标准测定法，逐渐取代了原有的谷类蛋白定量测定法（Kjeldahl Method）。

1. 近红外法的原理和定量方法

近红外线的范围为可见光到红外线之间，即波长为 0.7~3.0μm 的光波。物质对红外线的吸收，除极少数例外，都是由结合键联结的两个原子间简正伸缩振动的谐波或结合振动的吸收引起的。其中大部分都与物质中的氢原子的简正伸缩振动有直线相关关系。也就是当光波频率与分子构造中原子结合振动频率相同或是倍数关系时，该波长的波就被吸收。

吸收光谱受到各种成分含量比例的影响，是一个叠加而成的曲线。大豆及其主要成分的近红外吸收光谱如图 9-25 所示。

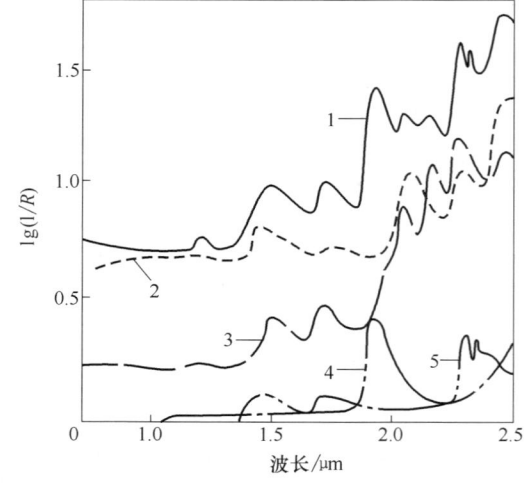

图 9-25　大豆及其主要成分的近红外吸收光谱

1—大豆　2—淀粉　3—蛋白质　4—水　5—脂质

注：R 为反射率，$\lg(1/R)$ 为减光度，$\lg(1/R)$ 越大，说明吸收越大

其中，水的吸收波长为 1.94μm。水以外还有蛋白质、脂质、淀粉等成分对吸收光谱的影响。因此，必须用多元回归分析的方法对曲线进行解析。例如，大豆中水的吸收光谱受脂质和蛋白质影响时，水分含量 w_W（%）可由式（9-34）求出：

$$w_W = K_0 + K_1 \Delta D_W + K_2 \Delta D_L + K_3 \Delta D_P \tag{9-34}$$

式中　ΔD_W——水吸收带的光密度差；

　　　ΔD_L——脂质吸收带的光密度差；

　　　ΔD_P——蛋白质吸收带的光密度差。

脂质含量 w_L 和蛋白含量 w_P 也可用类似式表示：

$$w_L = K'_0 + K'_1 \Delta D_W + K'_2 \Delta D_L + K'_3 \Delta D_P \tag{9-35}$$

$$w_P = K''_0 + K''_1 \Delta D_W + K''_2 \Delta D_L + K''_3 \Delta D_P \tag{9-36}$$

以上三式中 K 值称为待定系数，可以用已知成分的数据校正试样的方法求出。

2. 光谱的特殊处理

（1）平均化处理（Smoothing）　由光电传感器接收到的吸收光谱往往受杂波的干扰。杂波来自光源和传感元件的不稳定性以及温度等环境因素。增幅器的电杂波干扰也难以避免。所谓平均化处理是根据移动平均的方法，在移动平均时，所取平均数据的点数，由杂波的性质、吸收光谱特性确定。宽频带吸收，即使平均点数多一点也没有问题。但吸收带很狭窄时（例如脂质）增加点数会使吸收峰消失。在确定适当点数时，作为参考可以选择当平均点数增加时，原来光谱吸收带的值开始发生变化之处。

（2）微分光谱（Derivative）　作为无损伤测定，食品成分的近红外吸收光谱由于受多种成分影响，吸收带较宽，互相重叠。为了区别各成分的吸收光谱情况，常采用微分处理的方法。微分光谱具有以下特点：①2个或2个以上光谱，即使吸收带波长差很小而重叠，也可容易地区分；②光谱里对于明显上升的波长中遮蔽的弱吸收带也能辨认；③可以确认宽频带吸收光谱的单一极大吸收位置；④由于微分值与浓度之间存在直线关系，在背景信号存在时，可容易地进行定量分析。

一般情况下，微分次数为一次及二次微分。从数学上讲，一次微分为原光谱曲线的变化率，反映光密度差的变化。原光谱吸收峰处，微分值为零。二次微分为一次微分曲线的变化率，与原光谱曲线的吸收带相位相反。原吸收光谱的极大值的二次微分曲线也出现极大值。因此，对确定吸收光谱带来方便。

3. 测定仪器

应用近红外测定方法对食品成分进行定量分析时，一般要使用前文所述的多元回归式，因此，实用型测定仪只要有能检出与多元回归变量有关波长的分光装置就行。但如果对更广泛的新食品进行测定，则需要开发光谱统计解析方法。那么，要求能够扫描近红外域的分光器和计算机光谱曲线处理系统组成测定装置。

美国农业部贝鲁特维尔（Beltsville）农业研究中心研制的近红外分光光谱解析装置如图9-26所示。该装置分光器可提供 0.7~2.6μm 近红外光线。试样的光谱作为光密度 D 由记录仪记录。计算 D 所需的标准板：对反射光使用白瓷板；对透射光是空气，或相当试样最大 D 的金属网。测定对象含水率在15%~20%的低水平时,水分对 D 影响较小。分析主要在1.6~2.6μm的光波范围进行。对果蔬、鲜肉等多水分食品及像透过谷粒全粒层光谱那样光密度较大的场合,使用波长多为0.7~1.1μm的短波。

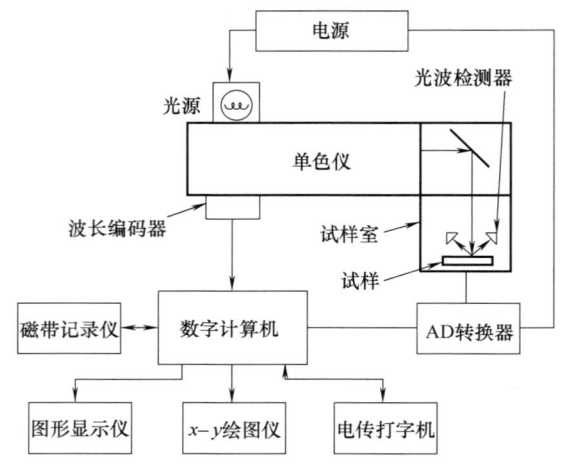

图9-26 近红外分光光谱解析装置示意图

4. 近红外测定的应用

近红外测定在食品成分分析中应用较多,目前常见的应用如表9-3所示。

表9-3 近红外分光光谱测定的对象和成分

测定品种	分析成分	测定品种	分析成分
谷类		肉制品	
小麦	水分、蛋白质、糖、氨基酸	肉糜	水分、脂质
大豆	水分、蛋白质、糖、脂质	香肠、腊肠	水分、脂质
玉米	水分、脂质	膨化食品	纤维量、糖
豌豆	水分、脂质	饮料类	
高粱	水分	葡萄酒	酒精
大米	水分、蛋白质	牛乳	水分、脂质
咖啡豆	咖啡因、水分、糖、脂质	果汁	糖、灰分、转化糖
可可豆	水分、脂质	果蔬类	
巧克力	水分、脂质	马铃薯	水分、蛋白质、糖
核桃	水分	苹果	糖
花生	水分	甜瓜	糖

对于谷类的近红外成分测定最早是由测定水分含量开始的。经过近20年的开发,随着电子技术和计算机技术的进步,目前已能对谷类含蛋白质、脂质和糖等进行分析测定。

小麦粉的近红外吸收光谱及其微分光谱如图9-27所示,从小麦的吸收光谱和微分光谱,就可以找出小麦各种成分的光谱吸收特性和归属，如表9-4所示。

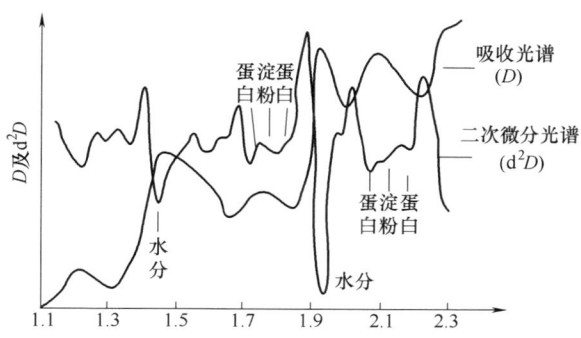

图9-27　小麦粉近红外吸收光谱及其微分光谱

表9-4　小麦蛋白（面筋）、小麦淀粉和戊聚糖、小麦脂质的光谱吸收特性和归属

物质名称	特征吸收波长/μm	官能团	归　属
小麦蛋白（面筋）	2.47，2.34，2.30	·CH_2·	C—H 结合
	2.29		
	2.18	·CONH·	C=O + 酰胺Ⅱ
		·CONH·+·CONH·$_2$	C=O+酰胺Ⅲ结合
	2.05	·CONH·+·CONH·	N—H+酰胺Ⅱ结合
		·CONH·+·CONH·$_2$	N—H+酰胺Ⅱ结合
	1.98	·$CONH_2$	N—H+酰胺Ⅱ结合
	1.79	H_2O	O—H 结合
	1.76，1.73，1.70	CH·$_2$	C—H 1次谐振
	1.57，1.50	·NH·	N—H 1次谐振
	1.46	·$CONH_2$	N—H 1次谐振
	1.39	·CH·$_2$	C—H 结合
	1.19	·CH·$_2$	C—H 2次谐振
小麦淀粉和戊聚糖	2.49，2.32，2.29	·CH·$_2$	C—H 结合
	2.09	·OH	O—H 结合
	1.93	·H_2O	O—H 结合
	1.79，1.72，1.70	·CH·$_2$	C—H 1次谐振
	1.54，1.45	·OH	O—H 1次谐振
	1.37	·CH·$_2$	C—H 结合
	1.20	·CH·$_2$	C—H 2次谐振

续表

物质名称	特征吸收波长/μm	官能团	归属
小麦脂质	2.34，2.31	·CH·$_2$	C—H 结合
	2.17，2.14	·HC：CH·	C—H 结合
	2.07	·OH	C—H 结合
	1.76，1.72	·CH·$_2$	C—H 1 次谐振
	1.41	·OH	C—H 1 次谐振
	1.39	·CH·$_2$	C—H 结合
	1.21	·CH·$_2$	C—H 2 次谐振

关于小麦、大豆中蛋白质含量，以及大豆中脂质含量的近红外测定仪，目前已达到相当精确的测定水平。比较试验表明，近红外测定法已可以代替化学分析法对蛋白质、脂质等成分进行精确的定量分析测定。

一些国家利用近红外线对桃、梨等瓜果的糖分分选已经达到实用化。在这些测定中主要还有以下问题：①果实表面凹凸不平会带来较大误差；②瓜果不同部位糖分含量不同，测定点的选择也会影响精度；③扩散反射使得厚皮瓜果（西瓜、甜瓜等）内部成分测定比较困难；④过大的瓜果利用透过光测定比较困难。

在肉糜、肉制品的水分、脂质测定方面，目前所开发的近红外成分分析仪也达到了相当高的精度（表 9-5）。

表 9-5　　　　　　近红外测定结果与化学分析法定量的比较

成　分	生肉		熟肉制品	
	相关系数	标准偏差/%	相关系数	标准偏差/%
水分	0.972	1.32	0.984	1.16
脂质	0.996	0.56	0.996	0.86

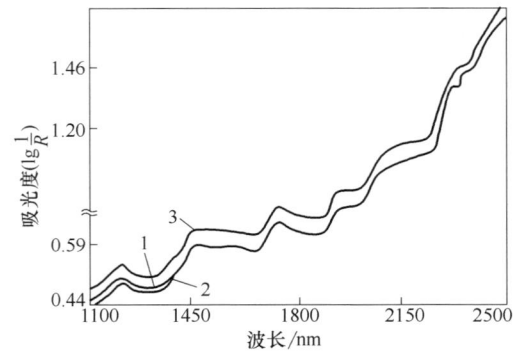

图 9-28　乳粉的反射吸收光谱
1—2.37%水分　2—2.88%水分　3—4.57%水分

乳粉的反射吸收光谱与二次微分光谱分别如图 9-28、图 9-29 所示。图 9-28 所示的三个试样的水分分别为 2.37%、2.88%、4.57%，水的光谱吸收峰值为 1928nm 和 1434nm。本来水对光谱的吸光度应与水分含量成正比，但图 9-28 中却表现不明显，这是因为乳粉粒径等因素影响所致。如果将图 9-28 所示曲线二次微分（图 9-29）并局部放大（图 9-30），那么就可以减少试样其他物理因素的影响，使得水分含量与吸光度呈显著直线关系。即 1 与 2，2 与 3 之间的距离与水分差异成比例。这种测定系统，水分测定精度可达 0.05%。

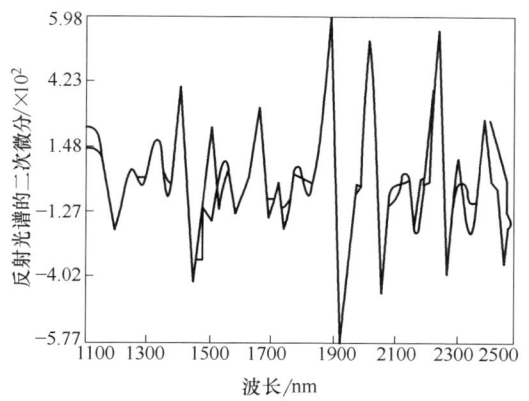

图 9-29 乳粉吸收光谱曲线的二次微分

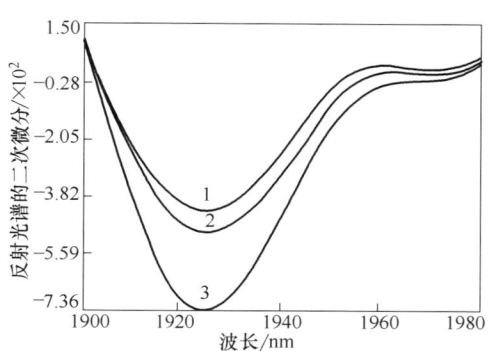

图 9-30 曲线的部分扩大图
1—2.37% 水分　2—2.88% 水分　3—4.57% 水分

关于食品的光学性质及其开发应用，本章只介绍了有关可见光、近红外光的部分内容。作为对食品的无损伤测定，其他范围的光波（电磁波）检测也得到很广泛的应用。如紫外分光法、红外分光法、激光检测法、X 射线、CT 检测法、核磁共振等方法。

食品光学性质的研究和应用虽然是一个比较新的领域，但由于它在食品的快速、无损伤检测方面发挥着越来越大的作用，因此，近年发展较快。本章内容只作为基础内容的介绍。

第四节　应用实例

一、利用机器视觉技术进行水果品质高速实时监测与分级

1. 机器视觉技术简介

机器视觉技术（Machine Vision Technology）是随着计算机的发展而开拓出来的一个新的计算机应用领域，近年来，人们对采用机器视觉系统来代替人眼视觉的研究越来越感兴趣。机器视觉是利用一个用以代替人眼的图像传感器，获取一个物体的图像，将图像转换成一个数据矩阵，并利用一个用以代替人脑的计算机来分析图像并完成一个与视觉有关的任务。它是计算机、光学、数学、信息论、模式识别、数学形态学、人工智能、自动化、CCD 技术、视觉学、心理学、脑科学、数字图像处理等众多学科交叉综合的一门学科。机器视觉技术是 20 世纪 70 年代初期在遥感图片和生物医学图片分析两项应用技术取得显著成效后开始崭露头角的。其后，发达国家利用该技术开展了多方面的研究，并在多种产业领域中得到了应用。

2. 水果品质高速实时监测与分级系统

Miller W. M. 等（1995）研究出一台柑橘分级机（图 9-31），但分级效果不理想，分级正确率为 57.5%~82.5%，受柑橘品种和柑橘的采后处理情况（涂蜡或不涂蜡）的影响很大。

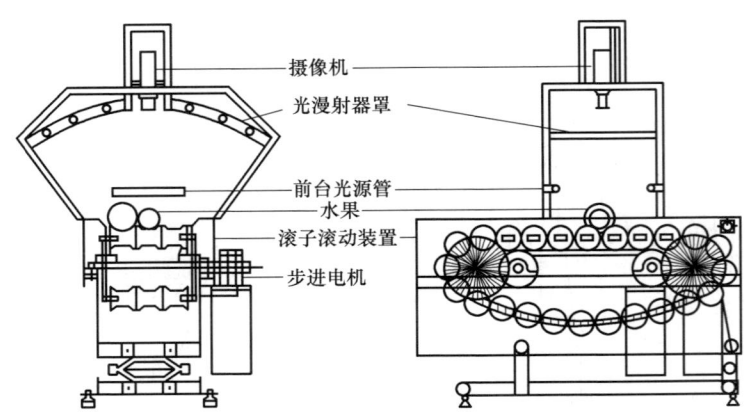

图 9-31　柑橘机器视觉分级机示意图

Crowe T. G. 等（1996）为对水果表面损伤进行实时检测设计了一套硬件系统，他采用双锥体的浪子链传动，使得被检测的水果总是在同一位置上被摄取图像。为了能够同步进行色彩分析和果面坏损及花梗花萼的检测，采用了三台摄像机，对三个频段的图像进行了分析，可见光段的图像由加了近红外滤镜的彩色摄像机获得，用来进行颜色分级；在漫射光照射下摄取用于检测可能坏损部位的 750nm 波段的图像；而 780nm 波段的图像在结构光（Structured Illumination）照射下获得，用于检测花梗或花萼处的凹陷。与此相适应，开发了一套用于果实处理和图像采集的硬件，该硬件系统包括一台单轨滚动输送机、接口电路、CCD 摄像机、光源和激光发生器，控制电路能控制滚子滚动和摄像机摄像的同步进行，系统结构如图 9-32 所示。

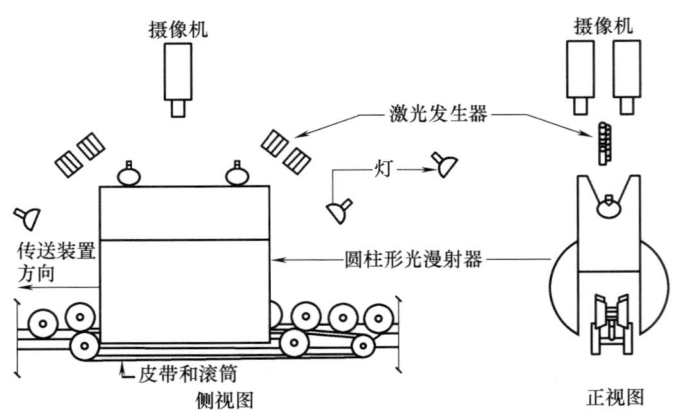

图 9-32　水果表面损伤实时检测系统模型

Y. Tao（1995）的研究则更为深入。他研制成功了 MERLIN® 高速高频机器视觉水果分级系统（图 9-33），并论述了该系统所涉及的各种技术环节，包括频谱增强、彩色图像分析、噪声过滤与变换等技术，提出了具体的设计要求，该机的生产率为 44t/h，可用于苹果、橘子、桃子、番茄及其他水果的分级。目前，该系统已广泛用于各类水果的分级，美国每年有 50% 以上的苹果经该设备处理，并已推广到加拿大等其他国家。在如图 9-33 所示的大规模生产设备中，对多台协同作业的摄像机进行在线自动校正是一个难题。Y. Tao（1995）发明了一种基于树状搜索法的人工智能方法来寻找多台在线摄像机的最优参数，并自动控制摄像机进行同步作业，这一方法同时还考虑了由于灰尘、光照不足和其他环境变化而带来的影响，该方法可以使不同摄像机所采集的信号误差从 1.8%降到 0.9%，是一种自动化、智能化的快速在线校正方法，已获得了美国发明专利（United States Patent 5799105）。

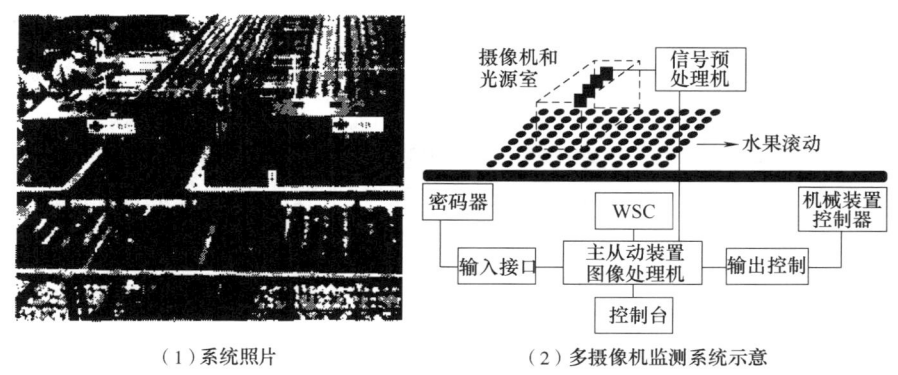

（1）系统照片　　　　　　　（2）多摄像机监测系统示意

图 9-33　MERLIN®高速高频机器视觉水果分级系统

二、利用生物超弱发光技术进行果蔬的检测与分级

1. 超弱发光技术简介

超弱发光（Ultraweak Biolum Inescence）是任何有生命的物质都发射的一种超弱光子流，其发射光谱是从红外经可见光到近紫外的很宽光谱（200~800nm）。实际上超弱发光早已为人们所知。早在 1923 年，苏联科学家 G. Gurwith 在著名的"洋葱试验"中就已发现了超弱发光现象。但是由于仪器条件的限制，直到 1954 年意大利人 Colli 等利用装有光电倍增管的仪器才首次证明了超弱发光现象。

我国超弱发光研究起步较晚，20 世纪 70 年代末以来才逐渐活跃起来，涉及农业、医学、药理学、环境科学等许多领域。在农业方面特别是对种子的抗性、发芽率与超弱发光的关系等研究较多。但用于果蔬分级检测方面的研究还比较少，目前还处于尝试阶段。与应用计算机视觉进行果蔬检测分级相比，除具有无损伤检测的特点外，由于超弱发光是测试活体物质的生命活性，故能更好地检测果蔬内部的变化情况，因而，检测结果更加准确、客观。

2. 光子成像探测系统

光子成像探测系统的测试原理是将生物样品置于黑暗环境中，用灵敏度极高的光探测器接受来自样品的超弱发光，将其转换成电信号，再用电路放大，用计算机分析处理，从而获得样品的发光信息。由于生物超弱发光的强度极小，所以必须使用背景噪声极低和探测灵敏度极高的光电探测仪器才能进行有效探测。用于生物超弱发光的探测仪器种类很多，按照仪器的结构和性能可以归为以下两大类。

一类是以光电倍增管为主的单光子计数探测系统，检测方法主要有四种：①测量输出光电流的 DC 法；②测量输出电流中交流成分的 AC 法；③单光子计数（SPC）法；④同步的单光子计数（SSDC）法。根据 Inaba 的理论分析，AC 法较 DC 法的信噪比高三倍，SPC 法在弱信号下比 AC 法优越，而 SSCD 法比 SPC 法更灵敏。光电倍增管配合光子计数有极高的灵敏度，但是只能得到生物体表面发光的总和，在获得生物发光的空间分布信息时存在一定局限性。

另一类是以微通道板像增强器为主的超高灵敏度超弱发光图像探测系统。此系统由 CCD 摄像系统、微通道板像增强器、图像处理器、监视器、计算机、暗箱等组成。核心器件是微通道板像增强器，它不仅有极高的光子放大能力，同时具有较好的空间分辨率和时间分辨率，每个落在像增强器上的光子，经过放大后，在像增强器的出射荧光屏的光斑直径为 60μm，最大荧光屏弛豫时间为 0.1ms。该系统可实时提供被测样品的二维光强度分布信息和图像，光阴极灵敏度达 0.5 光子/($mm^2 \cdot s$)，可探测到 $1 \sim 10^7$ 光子/($mm^2 \cdot s$) 的超微弱图像，是二维成像探测器中灵敏度最高的。

如图 9-34 所示的为 HAMAMATSU 公司（日本）生产的超弱发光图像探测系统。该系统由图像增强器（Image Intensifier Controller）、图像处理器（Argus20 Image Processor）、摄像系统（Photon Counting ICCD Camera C2400-30 Series）等组成，是以微通道板像增强器为主的超弱发光图像探测系统。

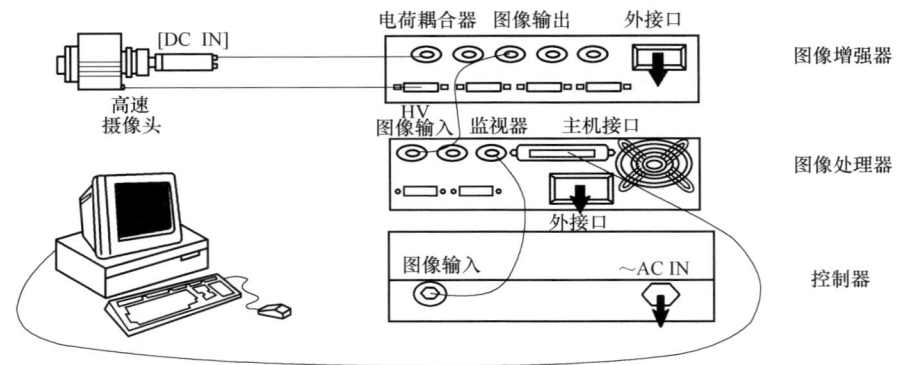

图 9-34 超弱发光图像探测系统

3. 番茄成熟度的超弱发光检测

（1）测试方法　利用图 9-34 所示的超弱发光测试系统，使用前先将仪器开机预热 30min，再将样品置于暗室的黑箱中，静置 5min 后测试。在 300mm×300mm 的面积上每 30s 记录一次数据，每种样选 10 个样品，每个样品采集 20 次数据求平均值并减去本底值后，作为该样品的最终测量值。为消除环境因素的影响，实验均在室温 25℃、相对湿度 60% 的条件下进行。

（2）番茄成熟度的超弱发光检测结果与分析　按照 GH/T 1193—2021《番茄》中所界定的番茄成熟期的标准，分别测试了未熟期、绿熟期、红熟期、红熟后期、过熟期番茄的超弱发光强度，列于表 9-6 中。不同成熟期番茄的超弱发光对比情况如图 9-35 所示。

表 9-6　　不同成熟期番茄的超弱发光强度

成熟度	未熟期（1号）	绿熟期（2号）	红熟期（3号）	红熟后期（4号）	过熟期（5号）
发光强度/(counts/30s)	198	180	150	100	78

实验表明：番茄的发光强度与其成熟度有很大的关系，成熟度越低，发光强度越高（图 9-

35)。这是因为成熟度越低，器官分化、细胞分裂及呼吸作用越强；进入红熟后期，新陈代谢和细胞分裂减弱，超弱发光也相应减弱。这在作物籽粒的超弱发光特性的研究中也得到了证实。利用番茄的这一特性，可以对番茄按成熟度不同进行分级检测。通过大量的实验，结果可以满足国标中所界定的番茄成熟度分类要求。

此外，一般来讲果蔬的超弱发光越强，其生理生化反应越活跃，表明其代谢越强，而且，当果蔬内部发生腐烂和虫蛀等变化时，其超弱发光特性会发生显著变化。利用果蔬生命活性和超弱发光强度的关系，可以通过测试果蔬的超弱发光强度，来检测果蔬保鲜及贮藏效果，并对其进行分级、分类，是一种简便、无损伤、效果较好、可行的果蔬检测分级新方法。

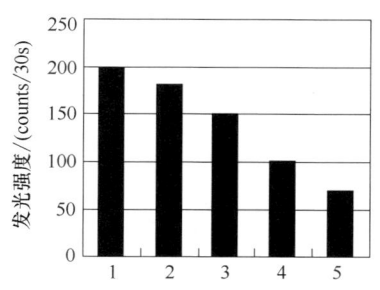

图 9-35　不同成熟期番茄的超弱发光强度

三、食品颜色的定量化测试及评价

食品颜色是食品重要的感官特性，也是关系食品食用价值和品质的重要评价指标，因为颜色的变化本质上是由于食品内部组织和成分的复杂生化反应所造成的。然而，人的肉眼对颜色的识别阈是有限的，单纯通过感官检验来评价食品的颜色具有很大的局限性，所以，对食品颜色进行定量化测试与评价是十分必要的。本章将结合具体实例加以介绍。

1. 食品颜色定量化测试与评价的基本原理

食品颜色的定量化测试是基于 CIE1976$L^*a^*b^*$ 表色系统对食品的相关色度学指标加以测试计算，从而获得食品的色差来定量化评价食品的颜色。CIE1976$L^*a^*b^*$ 表色系统的主要组成如图 9-1 所示。

表色系统中立轴代表明度，用 L^* 表示，称为明度指数，$L^*=100$ 表示白色，$L^*=0$ 表示黑色，中间有 100 个等级，代表不同的灰度。与立轴垂直的平面分为 4 个象限，由红绿线和黄蓝线划分。$+a^*$ 代表红色，$-a^*$ 代表绿色；$+b^*$ 代表黄色，$-b^*$ 代表蓝色；$c^*=\sqrt{(a^*)^2+(b^*)^2}$，$h=\tan(b^*/a^*)$，$a^*$、$b^*$ 称为彩度指数，c^* 称为彩度，h^* 称为色调角。a^*、b^*、c^* 绝对值越大，色彩越饱和，越纯正。实际上，CIELAB 表色系统是一个椭球体，在椭球体上任意一点都代表一种颜色，色差的计算可采用式（9-15），色差与实际观察感觉之间的关系如表 9-1 所示。

根据测试和计算所获得的色差 ΔE^* 和 ΔL^*、Δa^*、Δb^* 值，即可对所测试食品的颜色进行定量化评价。评价方法请参阅本章第一节。

需要说明的是：光源对食品的颜色具有较大的影响，有关光源的选择，请读者参阅本章的前述内容。图 9-36 所示为部分食品在三种光源下的 L^*、a^* 和 b^* 值。

2. 小包装牛肉的颜色定量化测试与评价

图 9-37 是对 100 包小包装牛肉，在 5℃ 和 1000lm 荧光灯下，肉颜色的变化情况。从明度看肉色变化很小，但从色调角和彩度看，肉色变化较大。色调角增加意味着 a^* 在减少，而 b^* 在增加，也就是说，肉的红色在下降，而黄色在增加，再结合彩度变化，肉的颜色实际呈轻微的灰褐色。

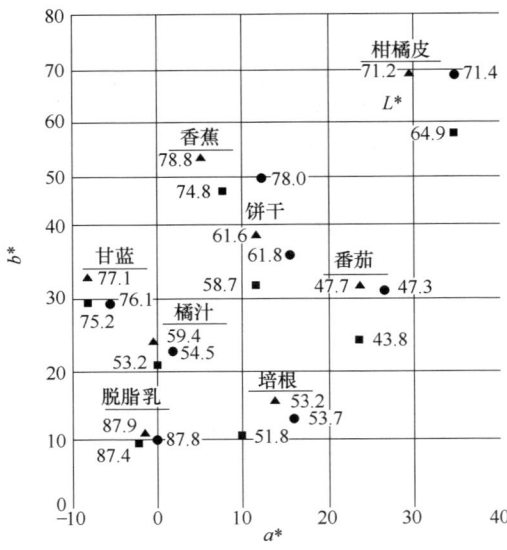

图 9-36　部分食品在三种不同光源下的
L^*、a^* 和 b^* 值（图中数字）

■光源 D65（模拟日光 Artificia Daylight，色温 6500K）
●光源 A（钨丝灯，色温 2854K）
▲光源 83（色温 3000K）

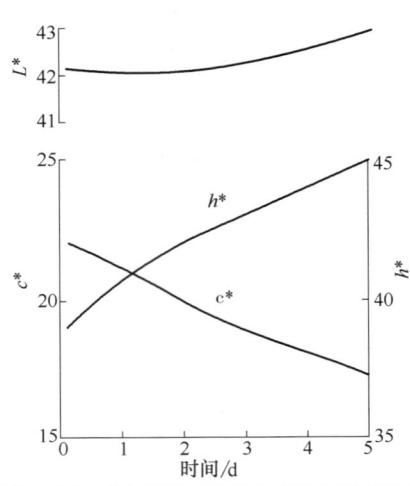

图 9-37　小包装牛肉贮藏过程中颜色变化
c^*—彩度　h^*—色调角

3. 微波加工薯片颜色的定量化评价

微波加工会引起食品颜色的变化。本例中基于 CIE1976$L^*a^*b^*$ 颜色系统，研究了在葵花子油中利用微波煎制的薯片的颜色特性。研究表明，采用 L^*，a^*，b^* 值分别为 96.9，0.0，7.7 的 $BaSO_4$ 色盘作为标准色盘。微波煎制薯片的 L^*，a^*，b^* 值列于表 9-7 中。本例通过计算微波煎制薯片的 ΔE^* 和 ΔL^*、Δa^*、Δb^* 值，来评价微波加工对薯片颜色的影响。

表 9-7　　　　　　　　　　微波煎制薯片的颜色值

加工时间/min	L^*	a^*	b^*
2.0	69.63	0.567	39.20
2.5	67.47	2.467	54.10
3.0	63.67	3.033	46.00

依据以下各式，从薯片颜色测试值中减去标准颜色值，计算获得 ΔL^*、Δa^*、Δb^* 值：

$$\Delta L^* = L^*_{样品} - L^*_{标准}; \quad \Delta a^* = a^*_{样品} - a^*_{标准}; \quad \Delta b^* = b^*_{样品} - b^*_{标准}$$

以下式计算薯片的色差值 ΔE^*：

$$\Delta E^* = [(\Delta L^*)^2 + (\Delta a^*)^2 + (\Delta b^*)^2]^{1/2}$$

将微波煎制薯片的 ΔL^*、Δa^*、Δb^* 和 ΔE^* 值列于表 9-8 中。

表 9-8　　　　　　　　微波煎制薯片的 ΔL^*、Δa^*、Δb^* 和 ΔE^* 值

加工时间/min	ΔL^*	Δa^*	Δb^*	ΔE^*
2.0	-27.27	0.567	32.00	42.05
2.5	-29.43	2.467	37.90	48.05
3.0	-33.23	3.033	38.80	51.17

由表 9-8 可知：薯片经微波煎制后，其 $\Delta L^*<0$，说明样品色比标准色变深，明度降低；而 $\Delta a^*>0$，说明样品色比标准色偏红；$\Delta b^*>0$ 时，说明样品色比标准色偏黄。而且，其 ΔE^* 值很大。由表 9-1 可知，其色度变化均达到了肉眼可以识别的程度。

可见，薯片经微波煎制后，颜色加深，而且，加工时间越长，颜色变化越大。

4. 高压加工蔬菜的颜色定量化测试评价

市售新鲜芹菜经清洗切分、真空包装后，分别进行 200MPa、300MPa、400MPa、500MPa、600MPa，5min 的高压加工处理，然后利用颜色测试系统（该颜色测试系统的相关内容请读者参阅本书第一节），首先获取图像一定面积上的红（R）、绿（G）、蓝（B）三原色刺激值，然后依次计算出该面积上的 XYZ 与 $L^*a^*b^*$ 值，最后通过计算色差 ΔE^* 来分析蔬菜颜色的变化。测试结果及色差计算结果分别如表 9-9 和表 9-10 所示。

表 9-9　　　　　　　　　　　高压加工芹菜的颜色测试结果

样品处理压力/MPa	R	G	B	X	Y	Z	L^*	a^*	b^*
200	119.3	122.3	92.1	26.8	21.9	6.0	53.9	11.0	14.5
300	115.7	120.1	96.6	24.4	20.3	7.6	52.2	8.9	1.6
400	115.8	120.0	100.1	23.3	20.0	7.4	51.8	5.8	0.8
500	111.7	114.3	93.5	23.5	19.6	7.3	51.4	8.6	1.7
600	112.5	116.0	92.3	25.1	19.9	6.8	51.1	13.8	7.1

表 9-10　　　　　　　　　不同压力加工芹菜的色差比较

样品处理压力/MPa	ΔL^*	Δa^*	Δb^*	ΔE^*
200	-1.966	-7.413	11.482	13.807
300	-3.172	-9.506	-1.425	10.304
400	-4.050	-12.672	-2.215	13.486
500	-4.505	-9.859	-1.339	10.922
600	-4.163	-4.695	4.074	7.481

高压加工芹菜颜色的定量化评价分析：

（1）经高压加工后，均出现了 $\Delta L^*<0$ 的现象，说明芹菜经高压加工后，颜色变深了。而且，压力越高，变化幅度越大。

（2）$\Delta a^*<0$ 时，说明样品色比标准偏绿。高压加工后，芹菜的 $\Delta a^*<0$，说明芹菜颜色

变绿。

(3) $\Delta b^* <0$ 时，说明样品色比标准偏蓝。高压加工后，在绝大多数压力参数作用下，$\Delta b^* <0$，说明芹菜颜色变蓝。

(4) 颜色变化的程度可以从色差 ΔE^* 得到反应，芹菜经高压加工后 ΔE^* 均大于 6，由表 9-1 可知，颜色变化幅度很大，已超出了人眼可察觉的范围。而在实验研究中观察发现，芹菜经高压加工后，颜色变得更深、更鲜艳。并且压力越高，效果越显著，这与芹菜颜色定量化测试的结果是相符的。而且，在胡萝卜、番茄等蔬菜的相关研究中也获得了同样的结果。

更多有关食品光学测定和质量因素之间的关系列于表 9-11 中。

表 9-11　食品质量光学测定

质量因素	物料	光学测定	质量因素	物料	光学测定
花色苷含量	红酸樱桃	$OD540\sim612$	外部损伤及疵点	柑橘	各个波长的 R
β-胡萝卜素含量	番茄	$OD550\sim580$		玉米	由染色损伤玉米配制的染料的 $A610$，$A800\sim930$
血	鸡蛋	$OD660\sim577$		梅脯干	$R1300$，$R1700$
	白壳鸡蛋	$T575$			
褐变	烟叶	$T575$，$T(500\sim700)$	繁殖力	鸡蛋清	$R780$，$R790$，$R450$，$R500$，$R600$
撞伤	苹果	$R800$，$R1200$，$R1700$		熟鸡蛋	$R530$，$R490$，$R760$，$R770$，$R480$
	桃	$R800$			
叶绿素含量	苹果	$OD740\sim695$	空心	马铃薯	$OD710\sim800$
	桃	$OD695\sim725$	成熟度	苹果	$OD740\sim695$
	番茄	$OD690\sim780$，$OD710\sim780$			$R580/R620$
破碎程度	水稻	$OD660\sim850$，$OD710\sim880$，$R928$，$R1215$，$R1725$		杏	$T590/T650$
				蓝莓	$OD740\sim800$
				水果	DLE
脂肪含量	肉制品	$OD1725\sim1650$		油桃	$T730/T810$
	牛乳	$OD970\sim990$		桃	峰值 T 的 λ
颜色	柠檬	$(R720\sim678)/R678$			$OD700\sim740$
	桃	$R675/R800\sim1200$			$R580/R620$
	红酸樱桃	$OD590\sim620$			$R675/R625$
	番茄	$T520$，$T545$，$T620$，$T67$，峰值 T 的 λ 激励时间 4s，衰减时间 0.7s 的 DLE，$R(640\sim700)$，$R(480\sim540)$，$OD640/OD700$，$R860/R550$			$T730/T810$
					$R675/R(800\sim1200)$
				生花生	$T425$，$T455$，$T480$
				花生	$OD480\sim510$
				梨	$R670/R730$

续表

质量因素	物料	光学测定	质量因素	物料	光学测定
成熟度	李	$T580/T685$	水分含量	谷物	$A1940$，$A970$
	番茄	峰值 T 的 $\lambda 500$, 540, 595, 650 时的 R 和 $TOD510\sim600$, $OD600\sim690$		肉制品	$OD1800\sim1725$
				花生和利马豆	$OD970\sim900$
霉菌	玉米	$\Delta\lg$（$F442\sim F607$）		玉米、小麦、燕麦的种子	种子甲醇萃取物的 $A1830$
		$OD800\sim930$		大豆	$OD1940\sim2080$
	番茄	$OD640/OD700$		小麦	$A1940\sim1800$
烫伤	红酸樱桃	$OD780\sim695$	分离杂质	从马铃薯中分离土块	$R(800\sim900)/R(325\sim400)$, $R(800\sim900)/R1000$
尺寸	番茄	$R550+R660$			$R(740\sim1300)/R(1400\sim2800)$
黑穗病含量	小麦	$OD800\sim930$		从洋葱和蒜头中分离土块	$R980/R850$, $R600/R980$, $R600$

注：A—吸收率；DLE—延迟发光；F—荧光；OD—光密度；R—反射率；T—透光率。

🔍 思考题

1. 自然光源与标准照明体光源有何异同？哪种标准照明体光源更接近于日光？
2. 简述 GRB 表色系统、XYZ 表色系统、CIE $L^*a^*b^*$ 表色系统的关系。
3. 简述近红外线食品成分分析仪原理。

第十章

物性分析与微观成像技术

CHAPTER 10

本章内容提要

本章简单介绍食品物性常用检测仪器，其中重点介绍微观形态方面的检测仪器，包括核磁共振仪成像、原子力显微镜成像、共聚焦激光显微镜成像和电子显微镜成像技术。简单介绍差示扫描量热仪和热重分析仪。

在前面几章中，已经提及食品物性的一些检测技术，如食品流变特性、热物性、电特性和质构参数等检测技术。其中有些检测技术介绍得比较详细，如流变特性的检测、质构参数的检测等，这里不再赘述。本章主要介绍一些应用较广且以物性为基础的检测技术，使大家对食品物性现代化检测方法有更广泛的了解。

第一节 差示扫描量热技术

在升温或降温的过程中，物质的结构（如相态）和化学性质会发生变化，其质量及光、电、磁、热、力等物理性质也会发生相应的变化。差示扫描热量技术（DSC）就是在改变温度或者热量条件下测量物质物理性质的变化。在食品科学中，人们利用这一技术检测脂肪、水的结晶温度和融化温度以及结晶数量与融化数量；通过蒸发吸热来检测水的性质；检测蛋白质变性和淀粉凝胶等物理化学变化。在玻璃化转变温度确定和热物性分析中，已经多次提到 DSC 曲线。下面对 DSC 仪器结构与原理等问题作介绍。

一、DSC 结构

图 10-1 是 DSC 主要组成和结构示意图，其大致由四个部分组成：①温度程序控制系统；②测量系统（物理性能的测量）；③数据记录、处理和显示系统；④样品室。温度程序控制的内容包括整个实验过程中温度变化的顺序、变温的起始温度和终止温度、变温速率、恒温温度及恒温时间等。测量系统将样品的某种物理量转换成电信号，进行放大，用来进一步处理和记

录。数据记录、处理和显示系统把所测量的物理量随温度和时间的变化记录下来，并可以进行各种处理和计算，再显示和输出到相应设备。样品室除了提供样品本身放置的容器（样品杯或样品管）、样品容器的支撑装置、进样装置等外，还包括提供样品室内各种实验环境的系统，如需要维持环境的气体（氮气、氧气、氢气、氦气等）的输入测量系统，压力控制系统、环境温度控制系统等。这些控制系统和数据处理均由计算机完成。

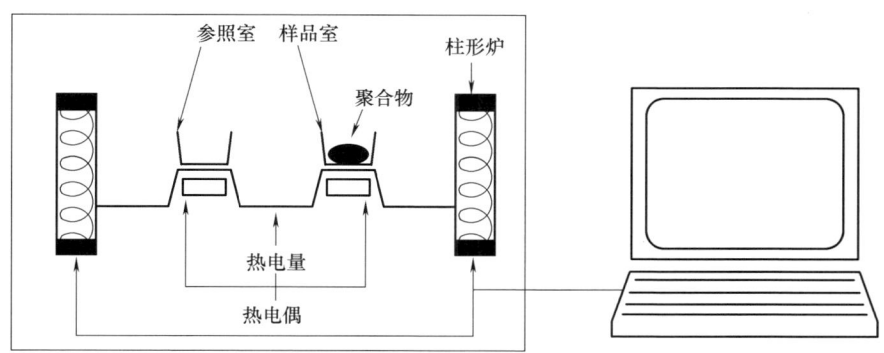

图 10-1　DSC 结构示意图

二、热流型 DSC（T-measuring System）

热流型 DSC 是在一定的炉温 T_0 加热或者冷却下，测量流过样品的热量和流过参照品的热量，并用热量差或者温度差表示。如图 10-2 所示，样品盘和参照盘同时加热，根据傅里叶导热定律，流过样品的热流量为：

$$\dot{Q}_{OP} = k \cdot A \cdot (T_0 - T_P) \tag{10-1}$$

式中　k——总传热系数，W/(m²·K)；
　　　A——传热面积，m²；
　　　T_0——加热炉温度，℃；
　　　T_P——样品温度，℃。

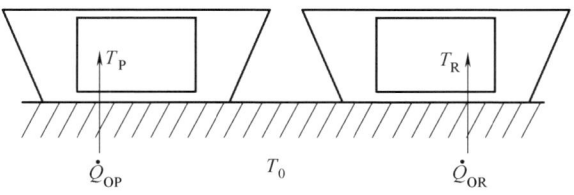

图 10-2　样品和参照品加热情况

流过参照品的热流量为：

$$\dot{Q}_{OR} = k \cdot A \cdot (T_0 - T_R) \tag{10-2}$$

式中　T_R——参考品温度，℃。

流过样品和参照品的热流量差为：

$$\dot{Q} = \dot{Q}_{OP} - \dot{Q}_{OR} \quad (10\text{-}3)$$
$$= k \cdot A[T_0 - T_P - (T_0 - T_R)]$$

或者：

$$\dot{Q} = k \cdot A(T_R - T_P) \quad (10\text{-}4)$$
$$= K\Delta T$$

式中 K——仪器参数，$K = k \cdot A$。

图 10-3（1）所示是温度与加热时间的关系图。由图可见，炉温 T_0 以恒定的加热速率线性升高，参照品温度也呈线性升高，而样品温度却出现峰值。样品温度与参照品温度的差值如图 10-3（2）所示。如果以炉温为横坐标，流过样品和参照品的热流量差为纵坐标，可得到如图 10-5 所示的 DSC 曲线。

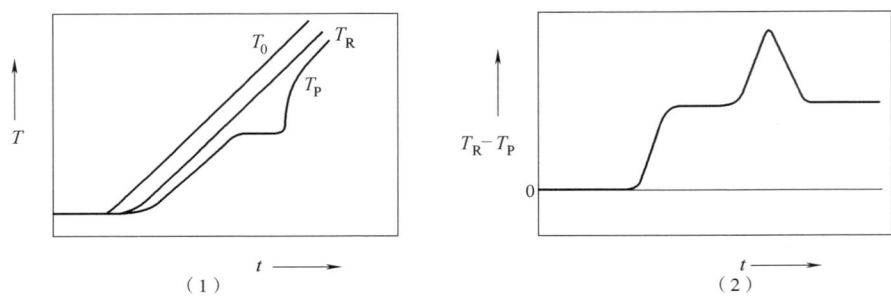

图 10-3　样品与参照品温差与时间的关系

三、功率补偿型 DSC（Power Compensation System）

图 10-4 是功率补偿型 DSC 结构示意图。其主要特点是用独立的加热器和传感器来测量和控制样品和参照品的温度并使之相等。或者说，根据样品和参照品的温度差，对流入或流出样品和参照品的热量进行功率补偿使二者温度相等。它所测量的参数是两个加热器输入功率之差 $\mathrm{d}(\Delta Q)/\mathrm{d}t$ 或 $\mathrm{d}H/\mathrm{d}t$。以功率差为纵坐标，温度为横坐标，得到如图 10-5 所示的 DSC 曲线。

$$\dot{Q} = \frac{\mathrm{d}Q_P}{\mathrm{d}t} - \frac{\mathrm{d}Q_R}{\mathrm{d}t} = \frac{\mathrm{d}H}{\mathrm{d}t} \quad (10\text{-}5)$$

式中 $\dot{Q}$——所补偿的功率（热流量），mJ；

Q_P——流过样品的热量，mJ；

Q_R——流过参照品的热量，mJ；

t——时间，s；

$\mathrm{d}H/\mathrm{d}t$——单位时间内的焓差，即热流率，mJ/s。

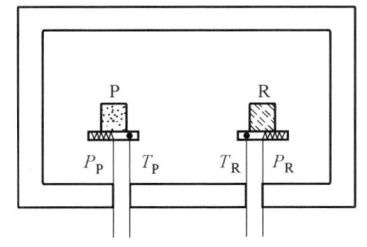

图 10-4 功率补偿型 DSC 结构示意图
(P_P、P_R 分别表示样品室和参照品室的压力)

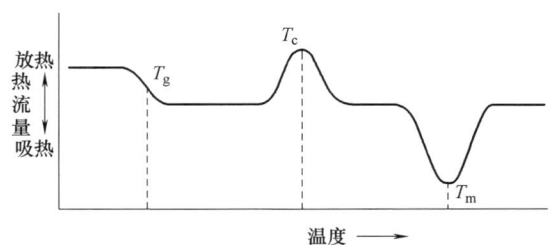

图 10-5 热流量与温度关系

四、温度调制式 DSC

20 世纪 90 年代初，一种改进的 DSC 开始投入商业应用——Modulated Temperature DSC（MTDSC 或 MDSC）。该技术与常规 DSC 相比，两种仪器的基本原理相同，而 MTDSC 仅在软件方面的改进使检测仪器具有更高的功能。热流量基本表达式为：

$$dQ/dt = c_p dT/dt + f(t, T) \tag{10-6}$$

式中 $f(t, T)$ ——与时间和温度有关的由动力学决定的热流量；
c_p——材料的比热容，J/kg·K；
Q——热量，J；
T——热力学温度，K；
t——时间，min。

在常规 DSC 检测中，加热温度与时间呈线性关系。而在 MTDSC 检测中，温度增加了正弦分量（图 10-6）。

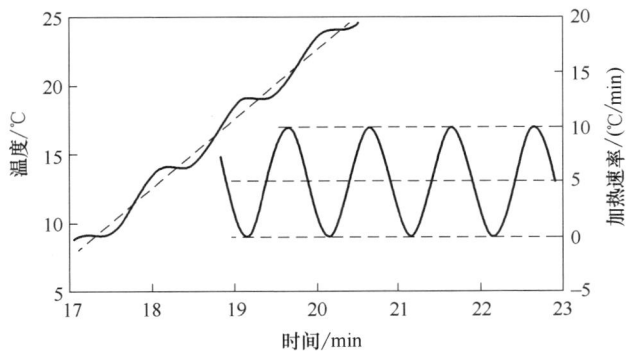

图 10-6 MTDSC 与常规 DSC 加热温度和热流量比较

$$T = T_0 + bt + B\sin(\omega t) \tag{10-7}$$

式中 T_0——初始温度，℃；
b——线性加热速率（即图 10-6 中的倾斜虚线）。

将式（10-7）带入式（10-6）得：

$$dQ/dt = c_p[b + B\omega\cos(\omega t)] + f(t, T) + C\sin(\omega t) \tag{10-8}$$

许多情况下，$C \to 0$，因此，上式为：

$$dQ/dt = c_p[b + B\omega\cos(\omega t)] + f(t, T) \tag{10-9}$$

利用离散傅里叶变换，可将调制温度产生的热流量 $c_p B\omega\cos(\omega t)$ 和基准热流量 $c_p b$ 分离，$c_p[b+B\omega\cos(\omega t)]$ 称为可逆热流量，它与材料分子的振动、转动和平动有关，反映材料的玻璃化转变和融化现象，与材料的热容有关。$f(t, T)$ 称为不可逆热流量，它与材料的物理化学现象有关，反映聚合物的陈化、结晶、晶体重组、材料降解等现象，是一个与温度和时间有关的动力学控制问题。常规 DSC 只能检测出总的热流量，而 MTDSC 可将总热流量与可逆热流量、不可逆热流量分开（图 10-7）。MTDSC 不但能够提供更多的热学信息，也特别适合检测玻璃化转变现象不明显的材料。当然，该技术也存在一定不足，由于用调制温度模式代替常规 DSC 的线性加热温度模式，因此，需要确定合适的调制温度频率和幅值，此外，对热流量信息的解析还不十分完善。

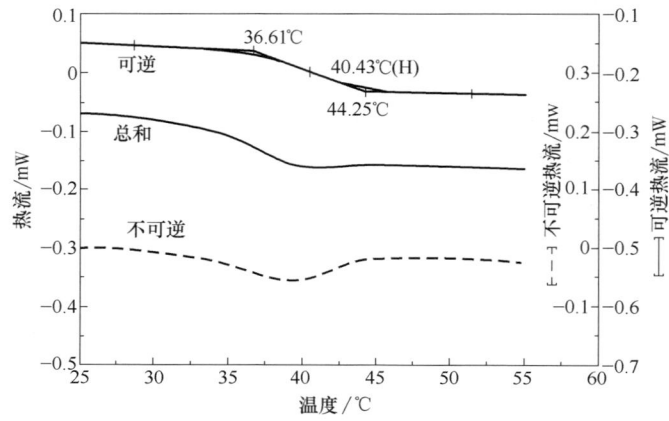

图 10-7　MTDSC 热流量曲线和玻璃化转变温度的确定

五、测量结果影响因素

差示扫描量热法的影响因素与具体的仪器类型有关。一般来说，影响 DSC 测量结果的主要因素有下列几方面：实验条件，例如起始和终止温度、升温速率、恒温时间等；样品特性如样品用量、固体样品的粒度、装填情况，溶液样品的缓冲液类型、浓度及热历史等；参照物特性、参照物用量、参照物的热历史等。

1. 实验条件的影响

升温速率可能影响 DSC 测量的分辨率。实验中常常会遇到这种情况：对于某种蛋白质溶液样品，升温速率高于某个值时，某个热变性峰根本无法分辨，而当升温速率低于某个值后，就可以分辨出这个峰。升温速率还可能影响峰温和峰形。事实上，改变升温速率也是获得有关样品的某些重要参量的重要手段。

2. 样品特性的影响

（1）样品量　一般来说，样品量太少，仪器灵敏度不足以测出所要得到的峰。而样品量过多，又会使样品内部传热变慢，使峰形展宽，分辨率下降。实验中发现，不同物质其样品用量也不同。一般的原则是，在得到足够强信号的前提下，样品量要尽量少，且用量要恒定，保证结果的重复性。

（2）固体样品的几何形状　样品的几何形状如厚度、与样品盘的接触面积等会影响热阻，对测量结果也有明显影响。为获得比较精确的结果，要增大样品盘的接触面积，减小样品的厚度，并采用较慢的升温速率。样品池和池座要接触良好，样品池或池座不干净，或样品池底不平整，会影响测量结果。

（3）样品池在样品座上的位置　样品池在样品座上的位置会影响热阻的大小，应该尽量标准化。

（4）固体样品的粒度　样品粒度太大，热阻变大，样品熔融温度和熔融热焓偏低；但粒度太小，由于晶体结构的破坏和结晶度的下降，也会影响测量结果。带静电的粉状样品，由于静电引力使粉末聚集，也会影响熔融热焓。总的来看，粒度的影响比较复杂，有时难以得到合理的解释。

（5）样品的热历史　许多材料往往由于热历史的不同而产生不同的晶型和相态（包括某些亚稳态），对 DSC 测量结果也会有较大的影响。

（6）溶液样品中溶剂或稀释剂的选择　溶剂或稀释剂对样品的相变温度和热焓也有影响，特别是蛋白质等样品在升温过程中有时会发生聚沉的现象，而聚沉产生的放热峰往往会与热变性吸热峰发生重叠，并使得一些热变性的可逆性无法观察到，影响测量结果。选择适当的缓冲液系统有可能避免聚沉。

第二节　热重分析仪

热重分析仪（Thermogravimetry，TG）是食品科学研究中常用仪器之一，主要用于研究食品热加工中的质量变化问题，包括干燥（蒸发与解吸附）、升华、氧化等。图 10-8 是热重分析仪原理图，由精密分析天平、程序控温系统、炉体和气体成分控制系统组成。控温系统可实现等速加热和阶梯状加热，气体成分控制系统可实现炉内环境（如惰性气体、干燥气体）。在加热过程中，水分、挥发性物质、CO_2 等气体将释放出来，质量下降，如果与空气发生氧化，质量将增加。质量随温度变化曲线称为 DG 曲线，质量变化率随温度变化曲线称为 DTG 曲线（图 10-9），DTG 曲线下面的面积即是某一温度段内质量损失或者增加的量。通过 DTG 曲线，可利用数学方法确定质量变化开始温度、结束温度和峰值温度。对分析食品质量变化、确定食品加工工艺参数有重要价值。图 10-10 和图 10-11 分别为二水草酸钙和甜味剂天门冬酰苯丙氨酸甲酯的热降解 TG 和 DTG 曲线，图中可见在食品烧烤和焙烤温度范围内，两种物质的热稳定性以及发生降解的温度。

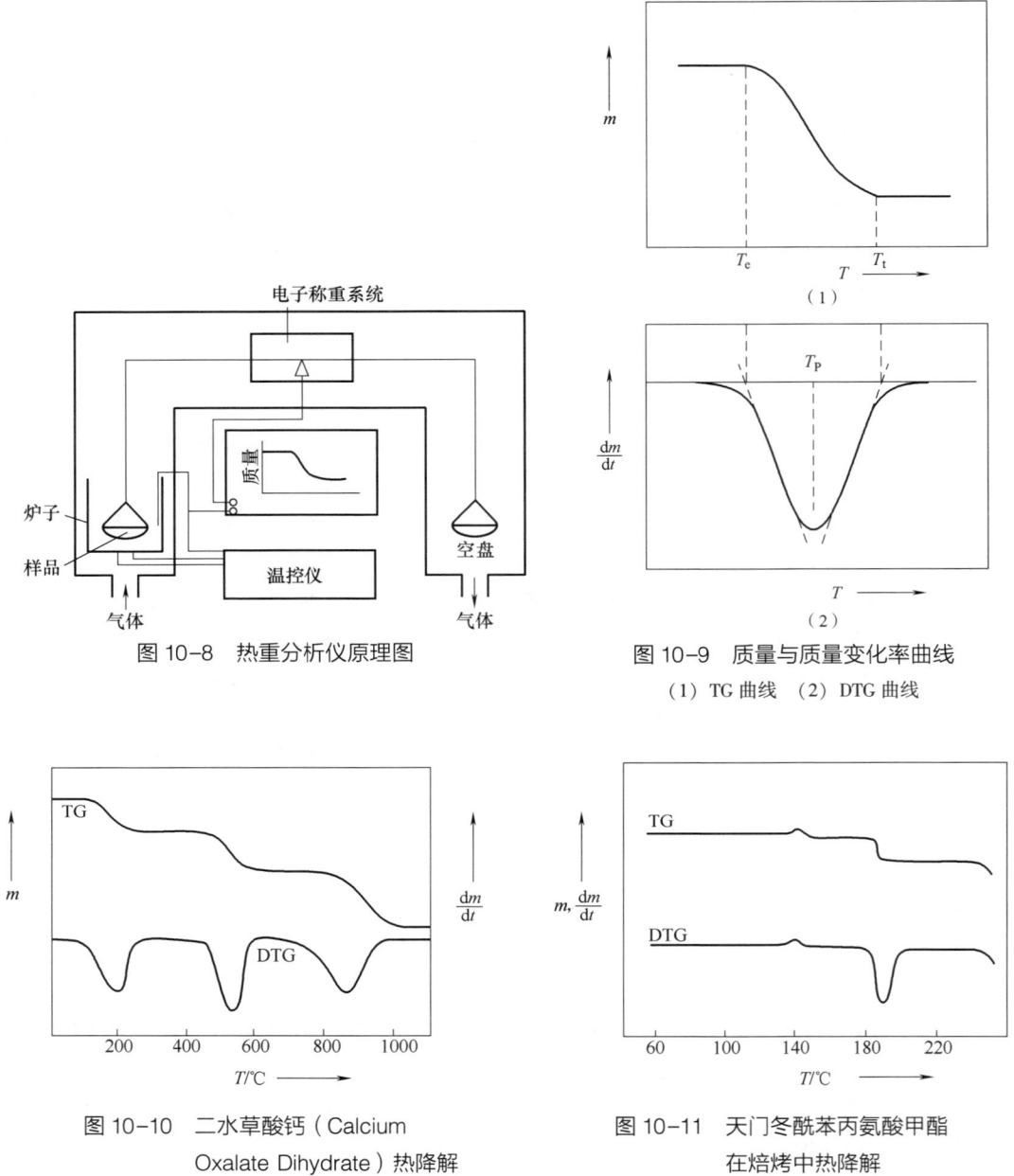

图 10-8　热重分析仪原理图

图 10-9　质量与质量变化率曲线
(1) TG 曲线　(2) DTG 曲线

图 10-10　二水草酸钙（Calcium Oxalate Dihydrate）热降解

图 10-11　天门冬酰苯丙氨酸甲酯在焙烤中热降解

第三节　核磁共振

一、共振条件

核磁共振（NMR）中某些原子核能绕轴做自旋运动，其自旋角动量 P 与自旋量子数 I 有关：

$$P = \frac{h}{2\pi}\sqrt{I(I+1)} \tag{10-10}$$

式中 h——普朗克常数。

自旋量子数 I 与原子核质量数和原子序数有关,如果原子核的原子序数和质量数均为偶数时,$I=0$,原子核无自旋,如 ^{12}C 原子和 ^{16}O 原子。如果原子序数为奇数或者偶数,而质量数为奇数时,自旋量子数为半整数,$I=0.5$、1.5、2.5,如 ^{1}H、^{13}C、^{15}N、^{19}F、^{31}P。如果原子核序数为奇数,质量数为偶数,$I=1$、3,如 ^{2}D、^{10}B 原子。

由于原子核带有电荷,在自旋运动中沿核轴方向产生一个磁场,相当于一个具有 N 极和 S 极的小条形磁铁(图10-12),其磁矩 μ 为:

$$\mu = \gamma \cdot P \tag{10-11}$$

式中 γ——磁旋比,是核的特征常数。

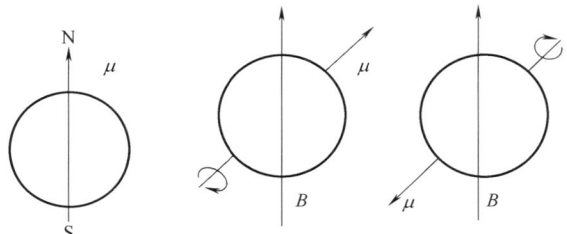

图 10-12 核磁矩与外磁场关系

在没有外界磁场作用时,自旋的核磁矩可任意取向,当施加一个磁场 B 时,原子核还将绕 B 运动。在核磁矩和外磁场相互作用下,核磁矩的取向增加,设 m 为磁量子数 $[m=I、I-1、I-2、\cdots、-(I-1)、-I]$,则核磁矩在外磁场方向上的分量为 μ_B:

$$\mu_B = \gamma \cdot m \cdot \frac{h}{2\pi} \tag{10-12}$$

自旋核在外磁场中的能级为:

$$E = -\mu_B B = -\gamma m \frac{h}{2\pi} \cdot B \tag{10-13}$$

根据量子力学原理,只有 $\Delta m = \pm 1$,原子核能级之间的跃迁才是允许的。相邻能级之间跃迁的能级差为:

$$\Delta E = \gamma \cdot \Delta m \cdot \frac{h}{2\pi} \cdot B \tag{10-14}$$

原子核在外磁场中有 $(2I+1)$ 个能级,而趋于低能级状态。如果用一个电磁波照射原子核,当电磁波的能量等于原子核相邻能级间的能量差时,该原子核吸收电磁波能量并改变磁矩取向,即该原子核发生了能级跃迁,此现象称为核磁共振(图10-13)。能够产生共振的电磁波频率称为拉莫尔（Larmor）频率 f，形成核磁共振的条件为：

$$f = \frac{\Delta E}{h} = \frac{\gamma \cdot B}{2\pi} \qquad (10-15)$$

由式可知，共振频率与原子核性质和外磁场强度有关。为了满足共振条件，有如下方法：

（1）扫频法　在磁场恒定情况下，连续不断地改变频率，当频率满足某类自旋核的共振条件时发生共振。这种方法类似于半导体收音机旋钮的调台方法。

（2）扫场法　在频率不变的情况下，不断改变磁场的强度，以满足共振条件。扫频法和扫场法都是连续波法，样品自旋原子核是逐个被激活的。

（3）脉冲法　在磁场恒定的情况下，对样品施加一个全频率范围内的强脉冲，样品中所有的自旋原子核被同时激活。脉冲结束后，产生共振的原子核将释放能量返回低能级状态，从而获得能量随时间的衰减信号［称为自由感应衰减信号，Free Induction Decay（FID）Signal］，如图 10-14（1）所示。由于共振同时发生，不同自旋原子核的信号叠加在一起，无法解读。采用数学方法傅里叶变换（FT），将时间函数信号转换为频率函数信号［图 10-14（2）］，从而获得有用信息。

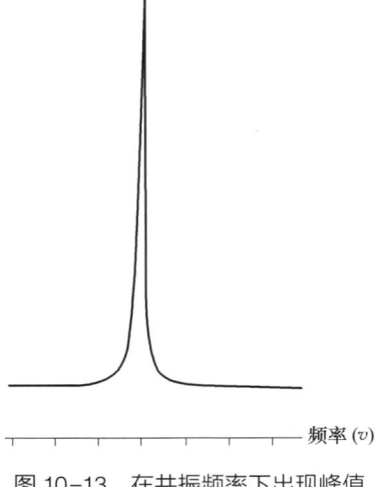

图 10-13　在共振频率下出现峰值

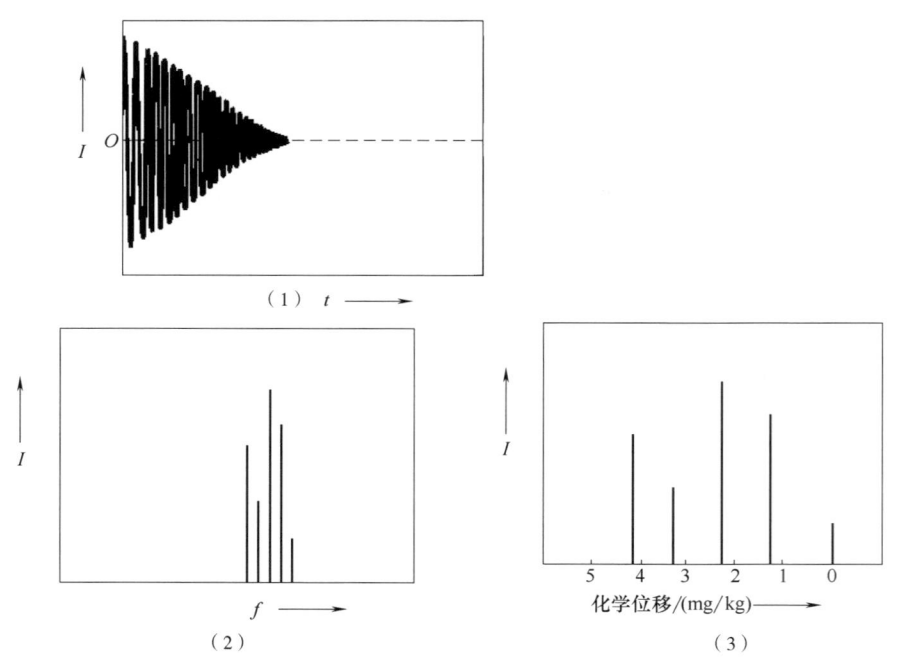

图 10-14　共振信号

二、饱和与松弛

核磁共振是基于低能级自旋原子核吸收共振频率下的电磁能，发生能级跃迁，并释放出能量信号。如果低能级自旋原子核不断跃迁或者跃迁数量大于高能级自旋原子核的回落数量，则低能级自旋原子核数量下降，能级跃迁释放出来的能量信号减弱。当低能级自旋原子核数量与高能级自旋原子核数量相等时，即跃迁与回落相等时，体系没有能量变化信号，这时称为饱和。饱和状态下核磁共振失去检测信号。事实上，高能级的自旋原子核会通过非辐射途径将能量释放掉，重新回到低能级状态上，这种能量释放过程称为松弛。

(1) 自旋-晶格松弛（Spin-lattice Relaxation） 高能级的自旋原子核将能量传递给周围物质，以热能形式释放掉，并重新回到低能级状态，这种能量释放方式称为自旋-晶格松弛。自旋-晶格松弛所需要的时间（半衰期）以 T_1 表示，与核的种类、样品状态和温度有关。液体样品松弛时间短，可小于1s，固体样品松弛时间长，可大于数小时。

(2) 自旋-自旋松弛（Spin-Spin Relaxation） 高能级的自旋原子核将能量传递给同类低能级的自旋原子核上，即高能级的变为低能级，而低能级变为高能级。高、低能级的自旋原子核数量不变，总能量也不变。自旋-自旋松弛所需要的时间以 T_2 表示。由于固体样品分子排列紧密，自旋-自旋松弛显著，即 T_2 很小。

三、检测信息

(1) 化学位移 根据磁旋比 γ 不同，核磁共振仪可检测到不同的元素和同位素。也就是说，同类原子核应该有相同的磁旋比 γ，也应该有相同的共振频率。但是，实际情况并不是这样。自旋原子核不是一个裸核，其外电子自旋也产生一个附加磁场，并对共振频率产生影响。如果核外电子的化学环境（化学键性质、相邻基团性质、溶剂种类等）不同，虽然是同类原子核，但是附加磁场使共振频率偏移程度不同，同类原子核会出现多个共振峰值 [图10-14 (3)]。把因化学环境不同引起的共振频率偏移称为化学位移。

(2) 自旋-自旋耦合 分子内自旋原子核与自旋原子核之间的磁矩干扰，使核磁共振谱峰发生分裂。这种现象称为自旋-自旋耦合。耦合程度用耦合常数表示，它反映了自旋原子核之间的化学键性质和数量等信息，是研究分子结构的重要参数。

(3) 磁共振成像（MRI） 核磁共振成像是通过检测氢核在生物体内的分布，从而确定组织病变和损伤的位置与程度。氢核有很强的磁矩，它是食品和农产品的主要成分，在水、淀粉、糖和油中均有大量氢核。所以，氢核（质子）磁共振（^{1}H-MR）常用于食品含水量和成分的非破坏性检验。水分含量高，氢核密度大，磁共振图像明亮。空穴、絮状结构和脱水组织，其磁共振图像黯淡。图10-15是新鲜柑橘和存放6周后柑橘的磁共振图像，新鲜柑橘亮度均匀，表明水分均匀，而6周后的柑橘有明显的组织变化。目前，磁共振成像技术

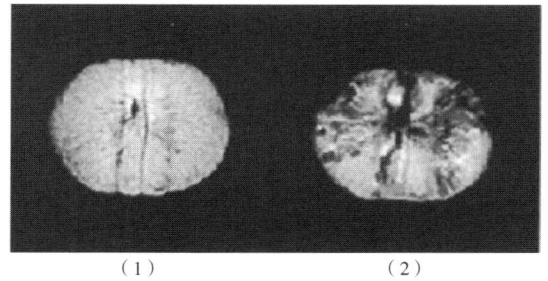

图 10-15 新鲜柑橘（1）和存放6周后的柑橘 [（2），23℃] 的磁共振图像

在果蔬涂膜保鲜、运输振动损伤、气调冷藏品质变化以及各种病变方面有研究报道。此外，还有马铃薯、稻米烹饪过程中水分分布、面团干燥过程中水分分布以及冷冻肉束缚水分分布等方面的研究报道。

（4）其他信息　由于磁共振成像给出氢核信息，主要是水分信息，因此，根据图像灰度等信息，建立与食品水分相关的物性关系，如黏度、水分活度、玻璃化转变、质构等，是研发新型食品、揭示食品品质变化过程的有力工具。

四、核磁共振仪

自 1945 年 F. Bloch 和 E. Purcell 独立发现核磁共振现象以来，核磁共振在医学和生物学领域应用非常快。由式（10-15）可知，外磁场发生器和共振电磁波发生器是重要组成部分。外磁场由最早的永久磁铁、电磁铁发展到低温超导磁铁，共振电磁波发生方式也由扫频或者扫场方式转变为脉冲傅里叶变换方式，显著提高了仪器的灵敏度和信号分辨率。图 10-16 是脉冲傅里叶变换磁共振波谱仪（PFT-NMR）组成。由图可见，样品被强脉冲照射后，产生共振信号，经过傅里叶变换后直接输出共振波谱。PFT-NMR 是一种复杂的高分辨率波谱仪，占用空间大，使用成本高，适合于高聚物的动态过程和反应动力学方面的研究。在食品科学研究领域，使用较多的是低分辨率的磁共振仪，它没有傅里叶转换，即图谱仍以时间为函数，主要分析共振衰减图形形状，找出自旋-晶格松弛时间 T_1 和自旋-自旋松弛时间 T_2，从而获得食品成分与结构信息。

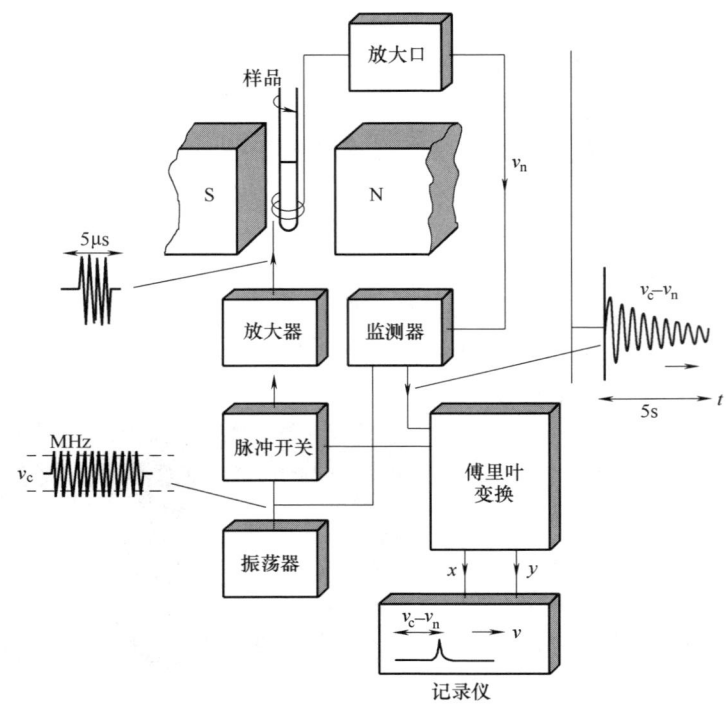

图 10-16　PFT-NMR 波谱仪组成

第四节　原子力显微镜技术

原子力显微镜技术（AFM）是一种观察材料表面状态图像的新技术（1986年第一台原子力显微镜诞生），尤其适合于导电性能较差的生物材料。与其他显微图像技术相比，它不需要对样品材料做过多的处理。例如，不需要材料表面镀金，不需要染色，不需要真空环境，可在自然环境或者生理溶液环境下成像。而且，其分辨率非常高（约1nm），是生物细胞和大分子结构形态（2D、3D）较好的成像方法。

一、结构与原理

图10-17是原子力显微镜结构示意图，由探针、激光监测和样品移动系统组成。其工作原理是，在微小探针（针尖半径约10nm）与样品表面之间的力（0.01~1nN）的作用下，探针悬臂发生振动，由激光监测器记录悬臂的振动信息，从而获得样品表面形态图像。

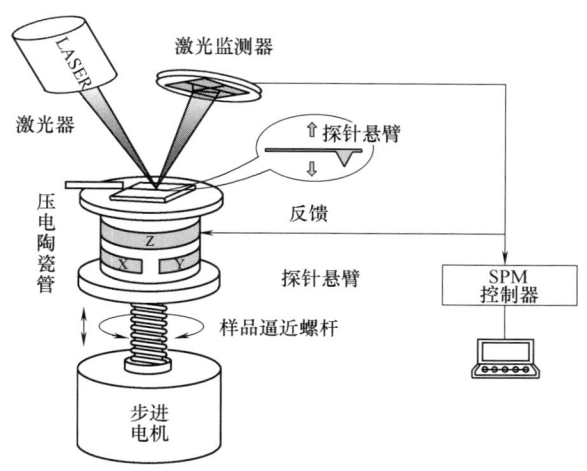

图 10-17　原子力显微镜结构示意图

二、扫描方式

原子力显微镜对样品有三种扫描方式：接触式（Contact Mode），非接触式（Noncontact Mode）和敲击式（Tapping Mode）。不同方式下，探针对样品的作用效果也不同，如图10-18所示。

（1）接触式　探针与样品表面距离仅几纳米，二者之间的力为斥力。这种方式容易造成柔软材料表面的皱褶或者划伤。对于表面具有一定硬度的材料，接触式扫描可达到原子水平的分辨率，是三种模式中分辨率最高的一种。接触式又细分为两种，一种是等作用力方式，即保持探针与样品表面之间力的恒定，调节（即检测）它们之间的距离；另一种是等距离方式，即保持探针与样品表面之间的距离恒定，检测它们之间力的变化（图10-19）。

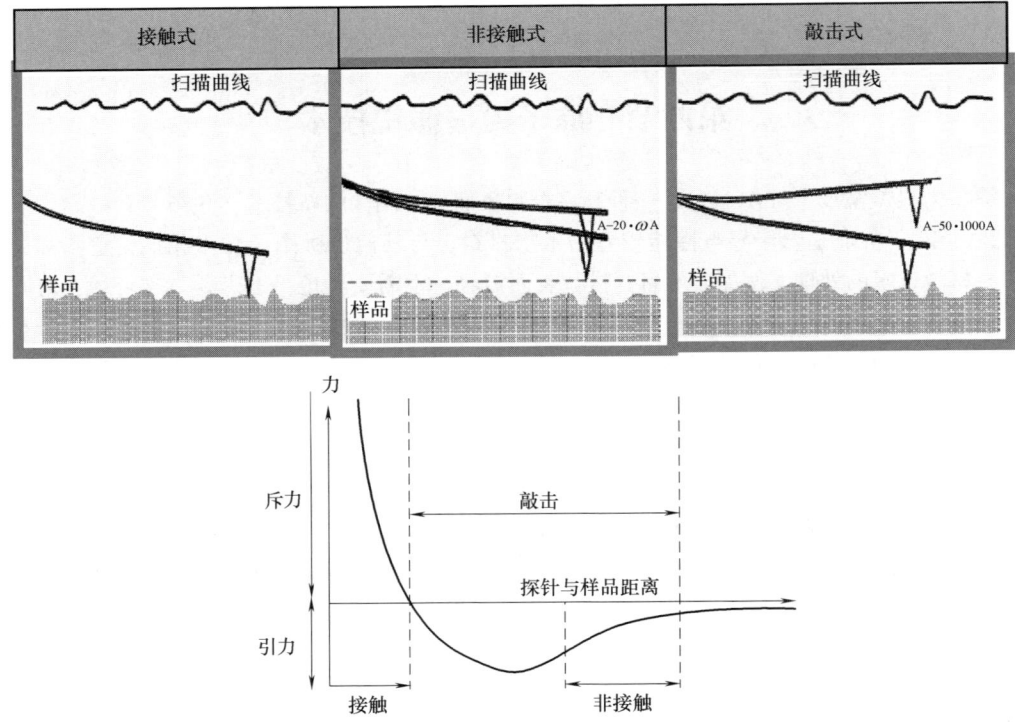

图 10-18　工作模式与探针、样品表面距离的关系

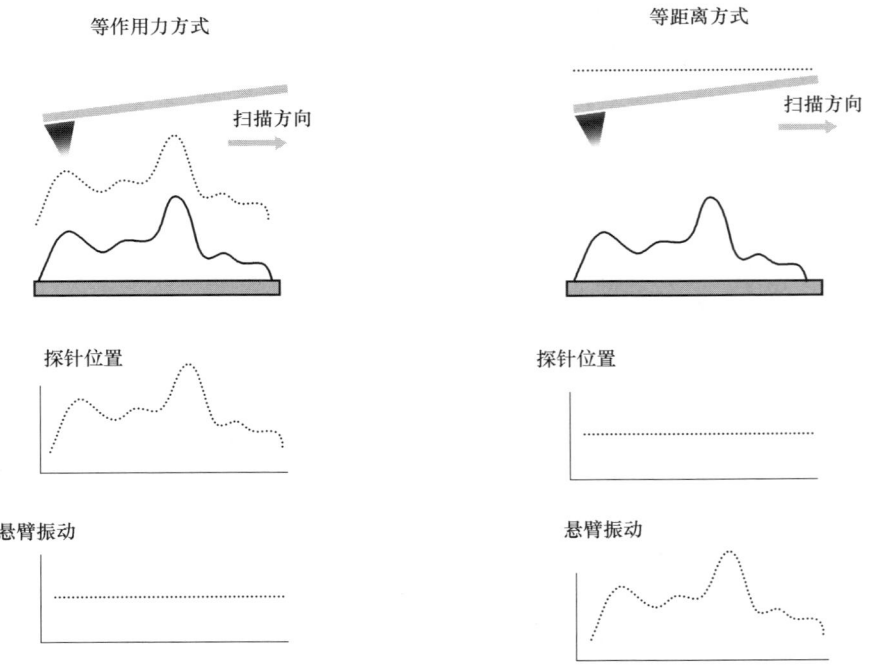

图 10-19　接触式的两种扫描方式

（2）非接触式　探针与材料表面有十几纳米，以吸力为主，适用于柔软材料。
（3）敲击式　探针以一定频率敲击材料表面，降低了侧向力对材料表面的影响，是柔软材料首选模式。

三、AFM 在食品科学研究中的应用

（1）大分子结构研究　国内外许多学者对蛋白质、多糖等物质结构进行研究，从加工、贮藏、凝胶性、成膜性等多方面均有报道。图 10-20 是黄桃冷藏过程中螯溶性果胶分子二维图像和三维图像。

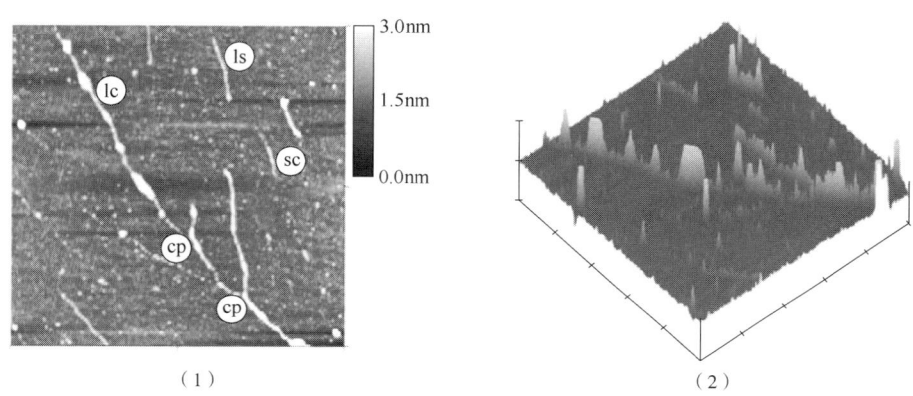

图 10-20　黄桃螯溶性果胶分子结构
（1）二维图像　（2）三维图像
lc—长链　sc—短链　ls—线形单体　cp—分叉点

（2）表面特征研究　利用 AFM 技术，可以获得成膜过程、界面特征及其表面结构。图 10-21 是 α-醇溶蛋白质和 ω-醇溶蛋白质 1∶3 混合物的微观结构，图 10-22 是 β-乳球蛋白膜被吐温 20 表面活性剂逐步替代的过程。这些图清晰地反映出膜的特征和微相结构，从尺度上达到分子水平甚至原子水平。此外，还有学者报道果蔬表面特征与涂膜关系问题。

（3）食品流变特性微观机理研究　食品黏稠性、凝胶性、黏附性、弹性和稳定性与分子间的交联结构有关，利用 AFM 技术，可在分子水

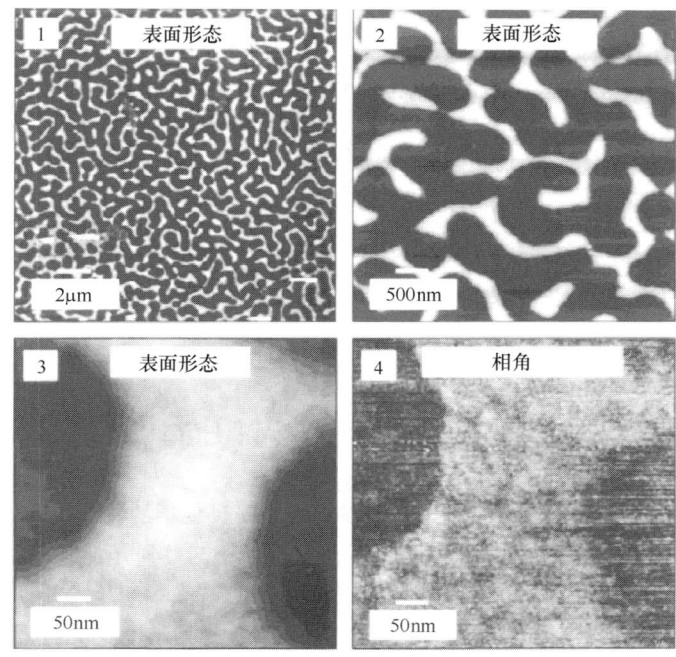

图 10-21　α-醇溶蛋白质和 ω-醇溶蛋白质 1∶3 混合物的微观结构
（z=0~10nm，表示材料在厚度方向上的差异）

平上解释流变特性。图10-23是黄原胶水溶液微观结构,可看出分子形态与聚集程度。当改变外部条件时,可获得更多的微观图像,从而解释黄原胶的流变特性。

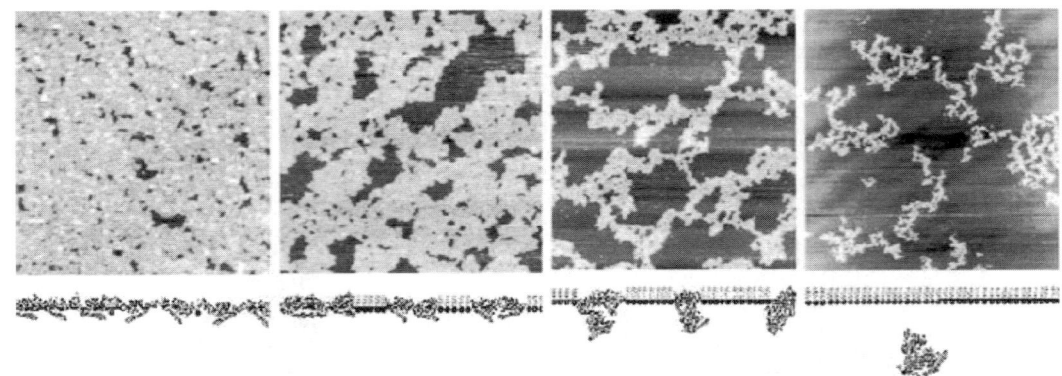

图10-22　β-乳球蛋白膜被吐温20表面活性剂逐步替代的过程

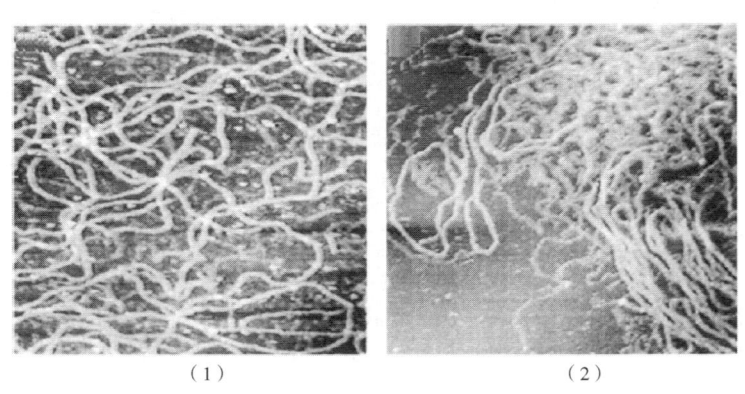

图10-23　黄原胶水溶液与微凝胶（z约为1.8nm）
分子上的亮点是两个分子的交叉点,即两个分子厚度

（4）分子间次价力检测　除了具有高分辨率以外,AFM还可用于检测单个受体-配体对的附着力,包括静电引力、范德瓦耳斯力、水合作用、疏水作用和空间力等。

第五节　激光扫描共聚焦显微镜技术

激光扫描共聚焦显微镜（LSCM）是一种新型的显微成像仪器,于1987年上市,并于20世纪90年代不断完善。激光扫描共聚焦显微镜与普通光学显微镜的差异主要在于：①采用激光共聚焦技术,横向图像分辨率显著提高；②具有光学切片功能,借助于计算机数字处理软件,可获得样品表面形态和内部结构的三维图像；③可检测样品的反射光、透射光和荧光,检测深度可达100~200μm,样品尺寸明显大于普通光学显微镜的样品切片。适用于生物活体细胞和组织的检测。

一、基本原理

如图 10-24 所示，激光发生器发出的激光经过分色镜和物镜后到达样品，样品表面的反射光回到分色镜后，一部分光通过共聚焦针孔，在检测器上成像，一部分光被针孔挡住不能成像。通过针孔能够成像的是样品焦点面上反射出来的光，不能通过针孔成像的是焦点面以上和以下层面上反射出来的光。在普通光学显微镜中，非焦点面上的反射光同样会到达检测器成像，从而使图像分辨率下降。共聚焦针孔只允许样品焦点面的反射光通过，从而提高了成像的分辨率（约 $0.2\mu m$）。当改变样品与物镜距离时，形成一个新的焦点面，从而实现光学切片或者光学扫描功能。

二、在食品科学研究中的应用

(1) 动态观察微观结构　在载物台上制作透明的可控环境的容器，记录环境变化时样品结构变化。图 10-25 是奶酪脂肪熔化过程，可见随着温度升高，脂肪球不断增大。图 10-26 是面团冷冻时冰晶的形成与生长过程，图中（1）为冷冻前面团结构，其中突出颗粒是和

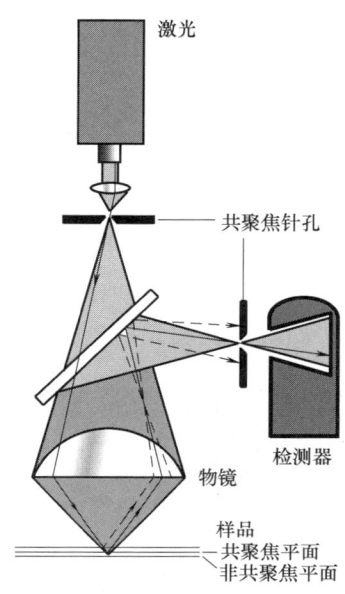

图 10-24　激光扫描共聚焦显微镜原理图

面时混进的气泡，(2) 为温度降至-8℃时结构，(3) 为温度降至-15℃并恒温 4h 的结构。从原文放大图像可以看出，在-8℃时可观察到气泡界面出现冰晶，并在-15℃恒温 4h 过程中冰晶向面团内部生长。升温至冰点以上，冰晶消失，气泡重新呈圆滑状态。图 10-27 为玉米秸秆细胞组织降解过程，图中 (1) 为新鲜秸秆，(2) 为纤维素酶处理 40℃，24h 后细胞表皮和厚壁组织的变化情况。

(2) 三维结构分析　激光扫描共聚焦显微镜具有合成三维图像的软件功能，借此功能可获得食品材料内部信息。图 10-28、图 10-29 分别是切达奶酪光学切片图像和合成三维图像。

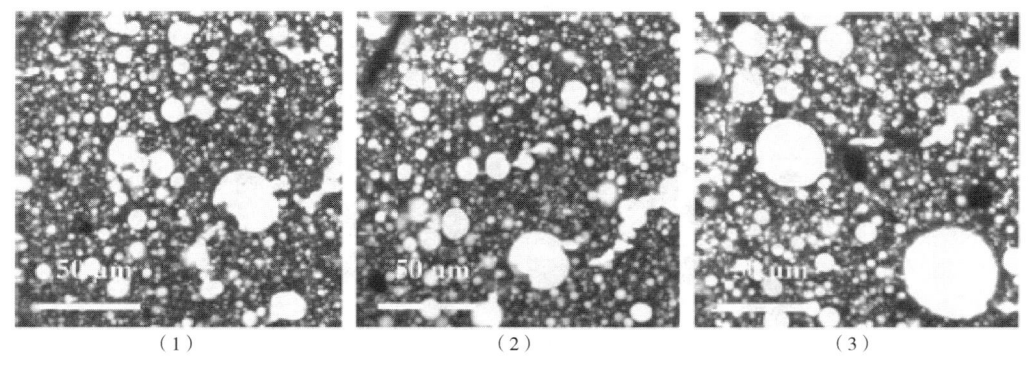

图 10-25　奶酪脂肪熔化过程
(1) 25℃　(2) 50℃　(3) 70℃

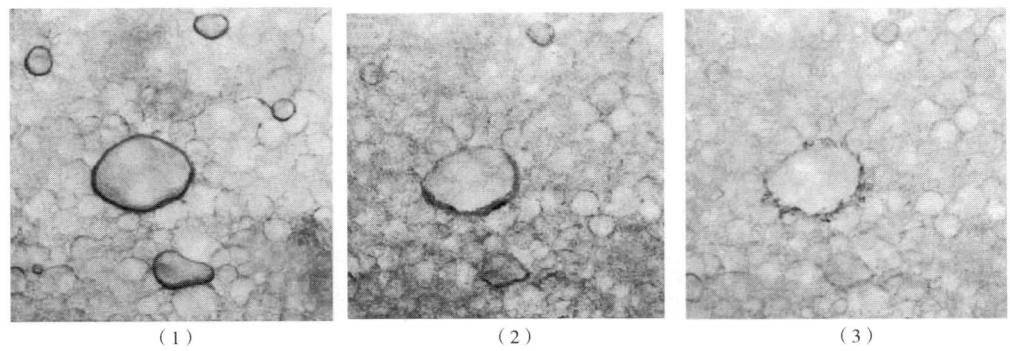

图 10-26　面团冰晶形成过程（突出的球形颗粒为气泡）

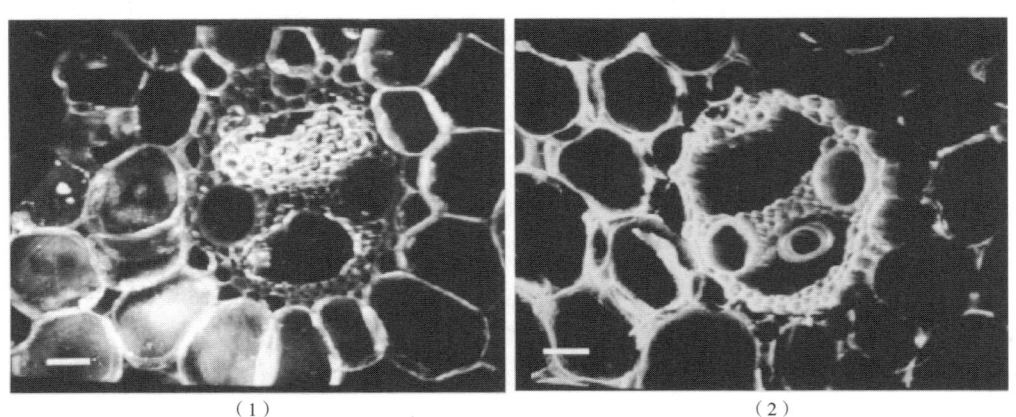

图 10-27　玉米秸秆细胞组织降解过程

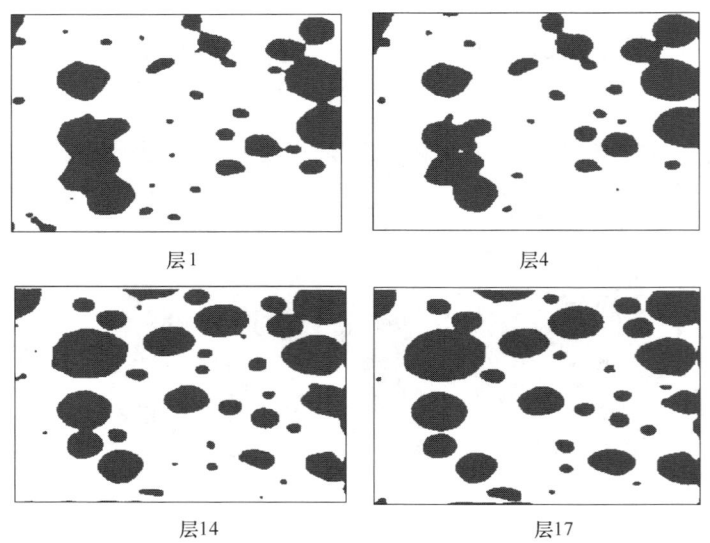

图 10-28　切达奶酪光学切片图像（黑色为脂肪球）

图 10-30是明胶与葡聚糖混合物在两种冷却速率下的结构变化,慢速冷却出现明显的相分离。

(3) 表面状态分析　激光扫描共聚焦显微镜可断层扫描,因此,可获得表面形态的微观结构。图 10-31是盐对乳清蛋白热凝胶结构影响,从表层横断面看出,有盐的乳清蛋白,其凝胶表面起伏很大。

图 10-29　切达奶酪合成三维图像(亮色为脂肪球)

(1)

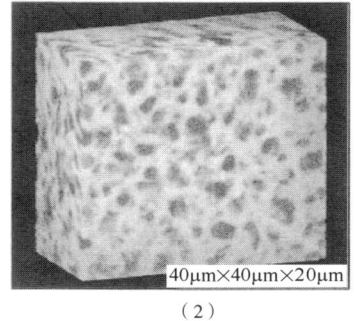

(2)

图 10-30　明胶与葡聚糖混合物在两种冷却速率下的结构变化

注:70℃至室温,冷却速率为(1)1℃/min　(2)6℃/min

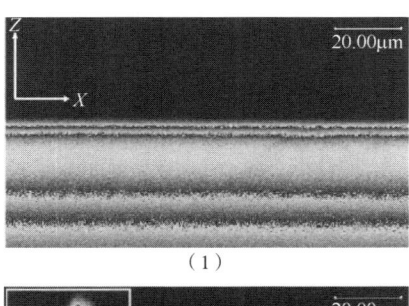

(1)

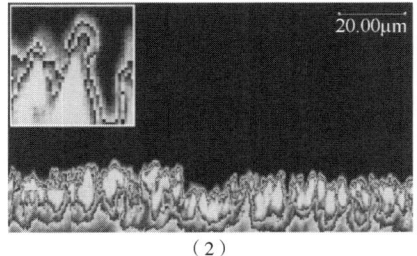

(2)

图 10-31　盐对乳清蛋白热凝胶结构影响

(1) 无盐　(2) 200mmol/L 氯化钠

第六节 透射电镜与扫描电镜

光学显微镜的分辨率与波长有关,在可见光波长范围内,光学显微镜的极限分辨率为 0.25μm。为了研究更精细的微观结构,人们用电子束替代光波,其分辨率可达到 1nm 以下。

一、基本原理

当样品受到高能电子束照射时,照射电子与样品原子核和电子发生作用,照射电子可能被样品反射、吸收和穿透,而样品的电子能级将发生变化,产生 X 射线、二次电子、背散电子、透射电子等(图 10-32)。

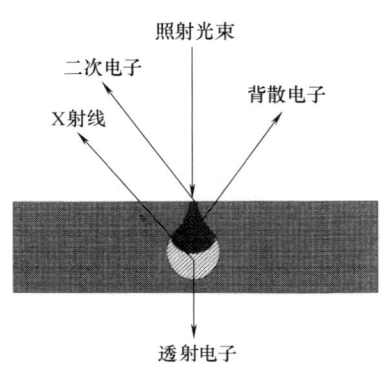

图 10-32 样品被电子束激发

(1) 透射电子(Transmitted Electrons) 当样品厚度小于照射电子的穿透深度时,照射电子将以弹性散射(能量不变,仅入射方向改变)和非弹性散射(能量和入射方向均发生变化)穿过样品,称为透射电子。样品厚度越薄(几十纳米),弹性散射越多,图像越清晰。

(2) 二次电子(Secondary Electrons) 当样品受到电子束照射时,样品表面被电离,被激发的表面电子离开样品,称为二次电子。二次电子能量很低,一般穿透深度仅 5~10nm。对于样品内部的二次电子或者受其他结构阻挡的二次电子都无法逸出表面。因此,二次电子成像反映的是样品可视的表面特征。

(3) 背散电子(Backscattered Electrons) 照射电子受样品作用,以弹性散射和非弹性散射方式离开样品表面的电子称为背散电子。背散电子能量较大,穿透深度可达 1μm。其成像更能反映样品表面的深层结构。

(4) X 射线(X-Rays) 样品受高能电子束照射时,产生电子空穴,高能级电子填充后出现剩余能量,该能量以辐射方式释放形成 X 射线。

二、透射电镜

透射电镜(Transmission Electron Microscopy,TEM)是接收透射电子成像。它与普通光学成像的主要区别在于(图 10-33):

(1) 采用电子束作为光源,因此,有电子枪、电子加速器、高真空室。电子加速器是为了获得高能电子束,而高真空室是为了避免空气分子对电子的碰撞以及对高温灯丝的氧化等。

(2) 由于电子束穿透深度有限,样品非常薄以保证清晰的图像。对于超薄样品(约 50nm),为了提高图像的对比度,往往对样品进行重金属染色处理。

(3) 由于高真空要求,液态、潮湿、易升华、低熔点、易分解的样品不能用透射电镜。

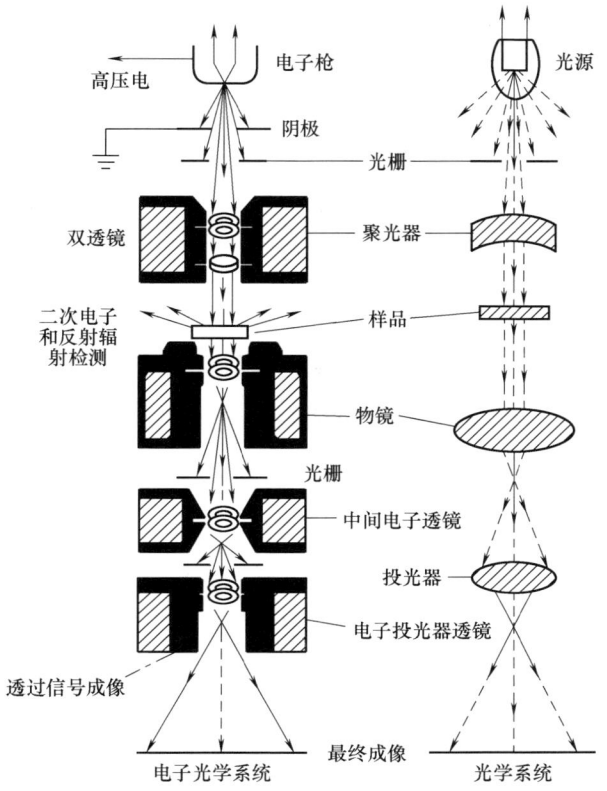

图 10-33 透射电镜成像与普通光学成像对比

三、扫描电镜

扫描电镜（Scanning Elect on Microscopy, SEM）是接收二次电子成像。其分辨率低于透射电镜，但是景深较大，是普通光学显微镜的 500 倍。扫描电镜对样品制备要求较低，由于是接收二次电子成像，对样品厚度没有特殊的要求。但是，对于二次电子的发射强度有要求。生物材料都是导电性差的材料，在电子束照射下会出现电荷积聚，影响图像质量甚至烧伤样品。因此，扫描电镜样品须进行金属镀膜，避免电荷积聚，同时可增强二次电子的发射量，使图像更加清晰。图 10-34 是扫描电镜结构示意图。

四、电镜在食品科学中的应用

透射电镜在研究蛋白质等分子结构、细胞器等纳米级尺度上应用较多，而扫描电镜在更大长度上应用较多。在研究食品结构、质构与物性关系方面，扫描电镜有更多的应用报道。图10-35 是两种电镜图像，从图像上可看出，扫描电镜具有较大的景深，对于食品材料质构研究具有直观的效果。

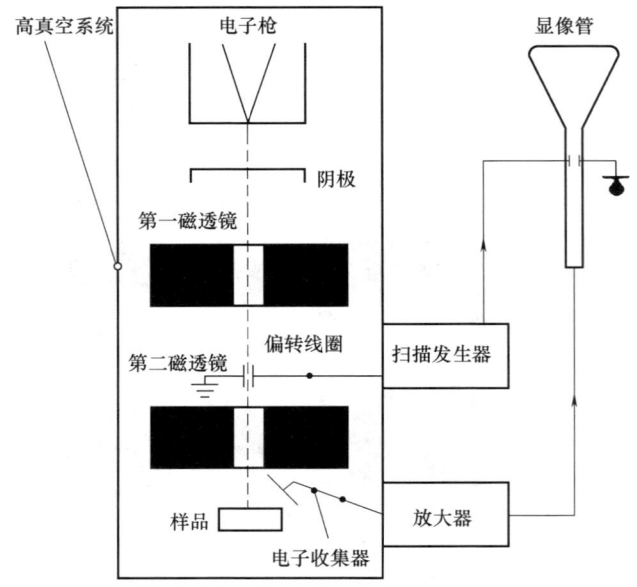

图 10-34　扫描电镜结构

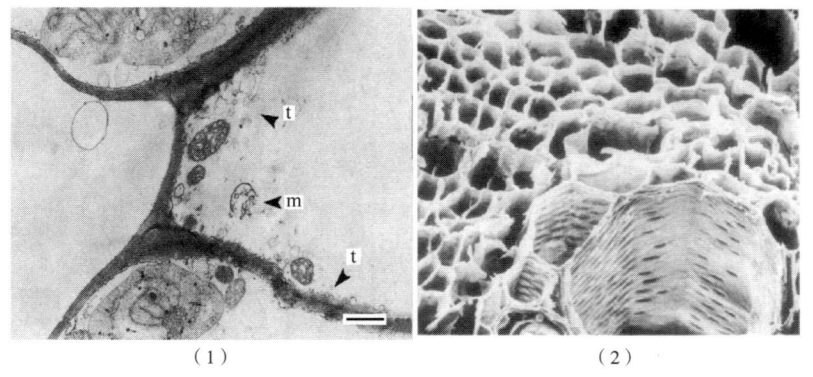

（1）　　　　　　　　　　　　　（2）

图 10-35　电镜图像

（1）甘蓝细胞 TEM 图　（2）植物茎秆 SEM 图

t—液泡膜　m—线粒体

思考题

1. 从样品制备方面简述原子力显微镜成像和电子显微镜成像特点。
2. 简述透射电镜与扫描电镜成像特点。
3. 简述热流型 DSC、功率补偿型 DSC、温度调制式 DSC 各自特点。
4. 为了满足核磁共振频率要求，常用的三种扫描方式是什么？有哪些特点？
5. 简述自旋-晶格松弛时间 T_1 和自旋-自旋松弛时间 T_2 的物理意义。

第十一章 食品物性学实验

实验一 食品质构仪器测试及感官检验实验

一、实验目的

利用质构仪测试食品的主要质构特性,同时利用感官检验法测试相同样品的感官指标。掌握质构仪的基本原理、操作及分析方法,以及感官检验的设计方案、实施步骤、基本原理和统计分析方法。通过对实验结果的对比分析,了解仪器测试与感官检验的相关性,掌握食品感官检验与仪器测试的相互关系。

二、实验样品及仪器设备

1. 实验样品

(1) 不同储藏条件下的市售切片面包:
样品 1　常温下封口保存 24h;
样品 2　0~4℃冷藏开口保存 24h;
(2) 漱口或饮用的纯净水。

2. 实验仪器设备

(1) 质构仪　实验测试所用质构仪型号为美国 FTC 公司制造的 TMS-PRO,如图 11-1 所示。其测量方法是依据样品特性和实验目的,选择合适的力量感应元和检测探头。实验过程中,质构仪软件程序可精准控制检测探头的移动速度、移动方向,对样品进行挤压、剪切、折断、拉伸等基本形变作用或复杂形变作用,从而测得样品在形变瞬时的力、位移、时间等基本数据信息。同时,软件将进一步依据食品物性学原理分析出样品的硬度、嫩度、韧性、内聚性、弹性、延展性、黏附性、脆性、胶黏性、咀嚼性等物性参数,评

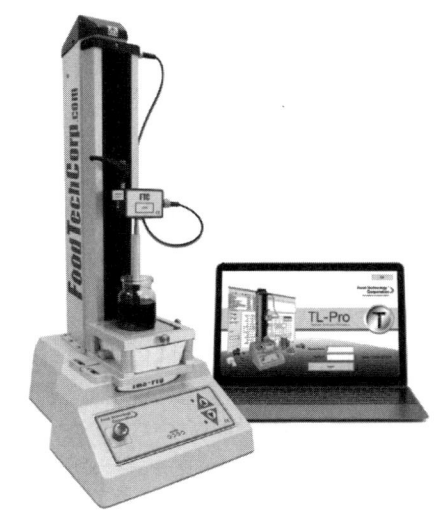

图 11-1　质构仪

价样品的质构特性。

(2) 其他器具　样品托、漱口杯、一次性塑料刀叉等。

三、实验步骤

1. 质构测试实验步骤

(1) 样品前处理　切片面包样品无须前处理，可直接上机测试（如果是形状不规则的样品，需要进行切割处理，尽量保证样品间的厚度及外形一致）；

(2) 设备测试前调试准备

①力量感应单元：50N 力量感应元；

②实验用探头：TMS AACC（直径 36mm 铝制圆柱检测探头）；

(3) 安装力量感应元和实验用探头；

(4) 依次打开质构仪和操作电脑，启动质构仪软件；

(5) 调用实验程序（例如：单次挤压程序）；

(6) 点击"Start"，根据软件提示依次输入实验参数，包括测试速度、探头提升高度、触发力、变形量等；

(7) 根据提示放置样品，按照实验参数对样品进行测试；测试完成后保存实验结果，导出实验数据并打印图像；

(8) 实验结束后，关闭电源，清理操作平台和探头，用纸巾或柔软的毛巾将探头和平台擦拭干净。

2. 感官检验实验步骤

(1) 全体品评员集中，先对样品做预备品评，讨论其特性特征和感觉顺序，确定 5~8 个描述该产品特性特征的感官词汇（如弹性、黏性、硬度、咀嚼性等），确定各指标的标度，供品评样品时选用。允许主持人结合质构测试修正感官词汇及标度；

(2) 讨论感觉出现的顺序作为品评样品时参考，然后进行综合印象评估；

(3) 分组进入感官品评室（根据班级人数分组，如 30 人可分 3 组，每组 10 人），按随机顺序分发样品进行独立品评，用前述选取的感官词汇及标度对各个样品进行评估描述和定量评价。允许根据不同样品的特性特征出现差异时选用新的词汇。

四、实验结果及讨论

1. 质构测试结果及分析讨论

(1) 质构测试数据结果如图 11-2 和表 11-1 所示。

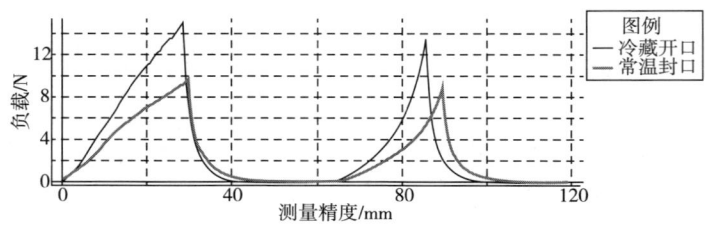

图 11-2　不同储藏方式面包片的质构曲线

表 11-1　　　　　　　　不同储藏方式面包片的主要质构指标测试结果

质构指标	单位	常温封口	冷藏开口
硬度 1	N	10.12	13.95
第一次循环挤压做功	N·mm	145.81	178.01
第一次循环回程做功	N·mm	24.20	25.07
最大黏附力	N	-0.09	-0.05
黏附性	N·mm	0.49	0.25
硬度 2	N	9.17	12.43
第二次循环的挤压做功	N·mm	66.64	72.83
第二次循环的回程做功	N·mm	22.04	22.82
内聚性	Ratio	0.46	0.41
弹性	mm	23.37	21.56
	Ratio	0.81	0.79
胶黏性	N	4.66	5.71
咀嚼性	MJ	108.86	123.28
起始模量	N/mm	0.31	0.46

（2）基于质构特性测试结果，绘制两种面包片的感官剖面图，分析不同储藏条件对面包片品质的影响。

2. 感官检验分析

统计分析感官检验数据结果，根据感官检验结果，绘制两种面包片的感官剖面图，分析不同储藏条件对面包片感官特性的影响。

3. 仪器测定和感官检验的相关性分析

根据同一种面包片的质构测试和感官检验结果，绘制同一种面包片的感官剖面图，分析仪器测试和感官检验的差异，进一步分析二者之间的相互关系。

实验二　食品挥发性风味物质的电子鼻测试实验

一、实验目的

了解电子鼻的结构组成、工作原理及操作要点，掌握电子鼻使用过程中的基本操作方法和测试结果的分析方法。

二、实验样品及仪器设备

1. 实验样品

市售乳酸菌饮料：饮品 A、饮品 B、饮品 C、饮品 D。

2. 实验仪器及设备

（1）电子鼻 实验测试所用电子鼻型号为德国 AIRSENSE 公司生产的 PEN3 型，如图 11-3 所示。电子鼻核心是由 10 个不同的具有交互响应特性的金属氧化物传感器组成的阵列、进样控制系统和分析软件组成。通过进样控制系统将样品挥发的气体吸入并穿过传感器阵列，每个传感器产生不同的信号响应变化曲线，不同的样品由于挥发出来的气体略有差异而呈现出不同的变化曲线，称为特定样品的指纹图谱。依据这些指纹图谱利用分析软件的主成分分析法（PCA）和线性判别法（LDA）可以对样品进行聚类分析，形成类别分析模型，在类别分析模型基础上利用马氏距离、欧氏距离、DFA 判别判定、相关性分析方法对未知样品进行类别归类的定性判定。同时可以利用 PLS 方法建立定量预测模型，可以对未知样品的气味进行定量化分析。同时利用 LOADING 算法分析样品区分的各支传感器的区分贡献率。

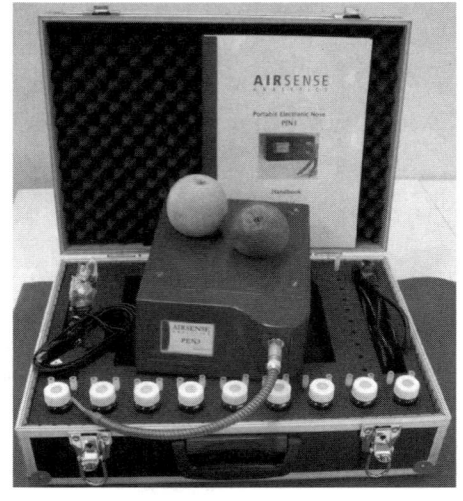

图 11-3 电子鼻

（2）其他器具 样品杯，如顶空进样杯或同一规格的烧杯等。

三、实验步骤

1. 样品前处理

样品温度保持在室温，摇匀后用吸管吸取 10mL 样品置于 40mL 的顶空样品瓶中，盖好盖子，室温下静置 2min 后上机测试。

2. 设备测试前调试准备

正确连接电子鼻电源线、数据线等，开机预热（约 1min），预热结束后打开电子鼻操作软件，确定电子鼻与电脑已连接，同时设置好电子鼻清洗时间、进样时间、时间间隔、校零时间、进样和清洗流量等基本参数，仪器运行正常便可准备测样。

3. 启动检测

待软件提示进样时迅速将进样针头插入到进样瓶的顶空中，可外插一个活性炭过滤器的补气装置确保样品瓶中的压力平衡。

4. 测试结束

将进样针和补气针拔出，保存测试结果。依次完成所有样品的测试。

5. 实验结束

关闭电子鼻，及时清洗样品瓶和进样针，活性炭妥善保存。

四、实验结果及讨论

1. 测试结果及分析

电子鼻可直接测试出上述各种乳酸菌饮料的 60s 时各传感器响应值；系统软件采用聚类分析方法自动生成上述各种乳酸菌饮料的 60s 时传感器响应值雷达图；然后采用主成分分析法（PCA）或者线性相关性分析法（LDA）对不同品牌乳酸菌饮料的气味进行区分分析比较，自动生成上述各种乳酸菌饮料的 PCA 和 LDA 分析图；采用马氏距离、欧氏距离、DFA 判断和相关性分析四种方法，对未知的几个样品（本实验在分析模型中没有出现的同类样品测试）进行归类定性判断；最后，通过建立乳饮料气味浓郁度的曲线后可实现对各个样品气味浓郁度比较，其中 A 饮品的气味最为浓郁，而 C 饮品则是浓郁度最小，D 饮品的浓郁度只是 A 饮品的一半左右。结果如图 11-4 所示：

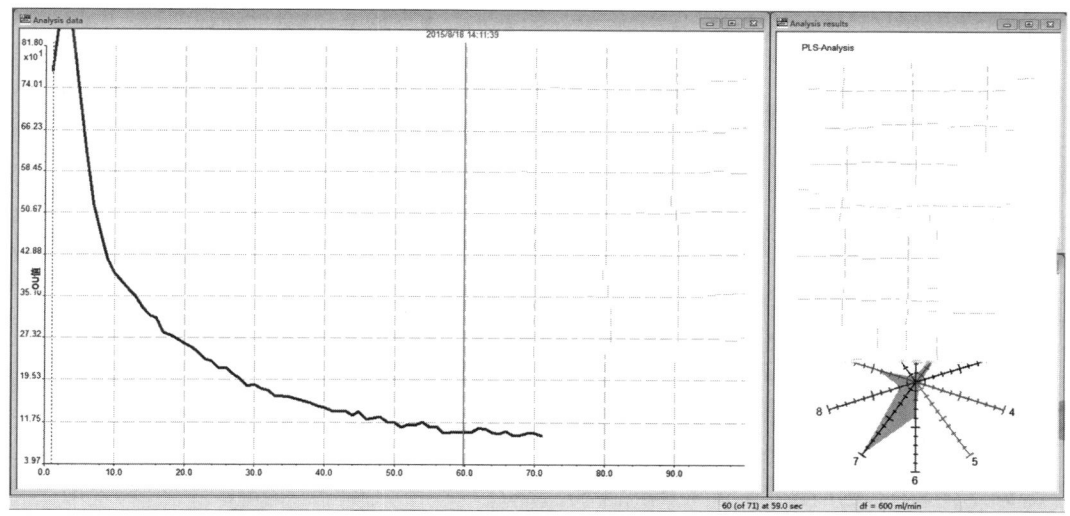

图 11-4　乳饮料样品气味浓郁度
OU 值：B 60、D 50、C 20、A 100

2. 分析及讨论

请同学结合本实验内容进一步分析讨论电子鼻在食品测试分析应用中的优缺点，深入讨论电子鼻在其他工程领域中的应用前景，如环保领域。

实验三　食品味觉识别的电子舌测试实验

一、实验目的

了解电子舌的结构组成，工作原理及应用特点；掌握电子舌基本操作方法，数据分析方法和操作注意事项以及在食品工程中的应用。

二、实验样品及仪器设备

1. 实验样品

市售啤酒。

2. 实验仪器设备

（1）电子舌 实验测试所用电子舌为日本 INSENT 公司的电子舌味觉分析系统，型号：TS-5000Z，如图 11-5 所示。该设备使用具有广域选择特异性的人工脂膜传感器模拟生物活体的味觉感受机理，通过检测各种呈味物质和人工脂膜之间的静电作用或疏水性相互作用产生的膜电势的变化，无须借助任何数学统计分析和建模方法，直接实现对 5 种基本味（酸味、甜味、苦味、咸味、鲜味）和涩味的定量检测。同时，可分析苦的回味、涩的回味和鲜的回味，是目前最先进的人工智能味觉识别设备。

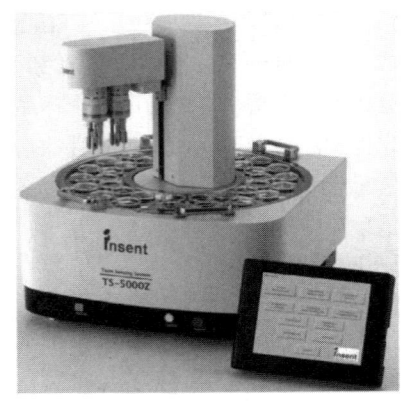

图 11-5 电子舌

（2）其他器具 35mL 样品杯 26 个。

三、实验步骤

1. 样品前处理

啤酒常温下储藏，开盖后沿电子舌样品杯口缓缓倒入至刻度线处，静置脱气后上机测试。

2. 设备测试前调试准备

实验用传感器包括：AAE（鲜味）、CT0（咸味）、CA0（酸味）、C00（苦味）、AE1（涩味）和 GL1（甜味）。按照传感器的活化要求提前一天进行传感器的活化。实验前对传感器进行自检，以确保传感器输出正常且稳定。

3. 按步骤测试

按照电子舌的测试步骤进行测试程序、传感器、样品等内容的设置，根据设置对应放置被测样品和清洗溶液，然后开始测试，整个实验过程自动进行，实验结束后自动保存结果。

4. 实验结束

及时倒掉样品和清洗溶液，按照电子舌传感器的维护要求对传感器进行清洁和保存。

注意事项：为避免样品在样品杯中残留而导致呈味物质交叉污染，建议选用一次性的样品杯，测试不同样品时需更换样品杯；若必须使用同一样品杯，更换样品前需彻底进行清洗，推荐使用超声波清洗机进行清洗。

四、实验结果及讨论

1. 实验结果

电子舌对市售啤酒样品的主要味觉指标的测试结果，如表 11-2 所示。基于市售啤酒产品主要味觉数据测试结果，电子鼻系统软件系统将自动生成味觉感官剖面图，如图 11-6 所示。

表 11-2　　　　　　　　市售啤酒主要味觉指标的电子舌测试结果

啤酒产品	酸味	苦味	涩味	苦味回味	涩味回味	鲜味	丰富性	咸味	甜味
啤酒 A	-11.38	12.9	-0.06	5.8	0.3	5.46	0.97	-0.83	-0.66
啤酒 B	-12.16	10.76	-0.2	3.06	0.03	6.37	0.39	-2.1	0.2
啤酒 C	-14.08	13.31	-0.61	6.56	0.92	8.09	1.62	-0.04	-1.26
啤酒 D	-17.17	18.01	0.32	10.18	1.59	9.67	1.65	2.43	-2.14
啤酒 E	-18.8	8.9	-2.75	1.22	-0.04	9.08	1.12	-4.96	3

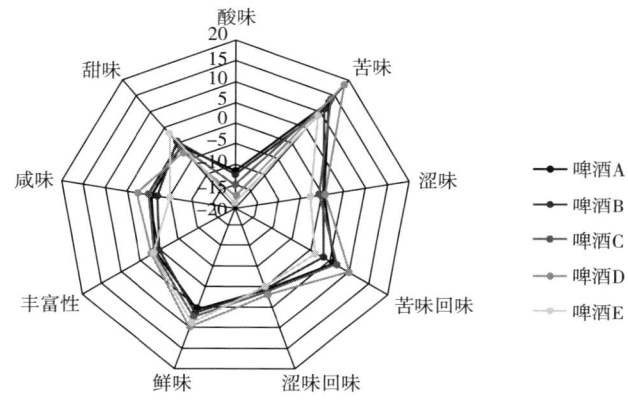

图 11-6　市售啤酒主要味觉指标的电子舌测试结果感官剖面图

可结合不同市售啤酒产品主要味觉指标的电子舌测试结果，分析啤酒产品的味觉差异性及风味特点。

2. 分析讨论

可按照感官检验的实施方法，分别品尝上述啤酒产品，就某一味觉指标（如苦味）来分析讨论感官检验和仪器测试的相关性。

参 考 文 献

[1] Serpil Sahin and Servet Gülüm Sumnu. Physical Properties of Foods [M]. New York: United States of America. Springer, 2006.

[2] Ludger O. Figura and Arthur A. Teixeira. Food Physics: Physical Properties – Measurement and Applications [M]. LE-TEX Jelonek, Schmidt &Vöckler GbR, Leipzig, Germany: Springer, 2007.

[3] Gustavo V. Barbosa-C'anovas, Enrique Ortega-Rivas, Pablo Juliano and Hong Yan. Kluwer Food Powders: Physical Properties, Processing, and Functionality [M]. New York: United States of America. Academic/Plenum publishers, 2005.

[4] R. B. Miller. Electronic Irradiation of Foods: an introduction to the technology [M]. New York: United States of America. Springer, 2005.

[5] Jose Miguel Aguilera and David W. Stanley. Microstructural Principles of Food Processing and Engineering [M]. 2nd Edition. Gaithersburg, Maryland: Aspen Publishers, Inc, 1999.

[6] Andrew J. Rosenthal. Food Texture Measurement and Perception. Gaithersburg [M]. Maryland: Aspen Publishers, Inc. 1999.

[7] R. Brummer. Rheology Essentials of Cosmetic and Food Emulsions [M]. Verlag Berlin Heidelberg Germany: Springer, 2006.

[8] M. A. Rao. Rheology of Fluid and Semisolid Foods: Principles and Applications. Gaithersburg [M]. Maryland: Aspen Publishers, Inc, 1999.

[9] Vickie A. Vaclavik and Elizabeth W. Christian. Essentials of Food Science [M]. Third Edition. New York: United States of America. Springer, 2008.

[10] Tom A. Waigh. Applied Biophysics: A molecular approach for physical scientists [M]. Padstow, Cornwall: Wiley, 2007.

[11] H. D. Belitz, W. Grosch and P. Schieberle. Food Chemistry [M]. 3rd revised edition. Verlag Berlin Heidelberg Germany: Springer, 2004.

[12] Malcolm Bourne. Food Texture and Viscosity: Concept and Measurement [M]. 2nd Edition. New York: United States of America. Academic Press, 2002.

[13] S. F. Sun. Physical Chemistry of Macromolecules: Basic Principles and Issues [M]. 2nd Edition. Padstow, Cornwall: Wiley, 2004.

[14] J. M. Aguilera and P. J. Lillford. Food Materials Science: Principles and Practice [M]. New York: United States of America. Springer, 2008.

[15] K. Khodabandehloo. Robotics in Meat. Fish and Poultry Processing [M]. UK: Blackie Academic and Professional, 1993.

[16] Baier-Schena, S. Handschina, M. von Schönau et al. In situ observation of the freezing process in wheat dough by confocal laser scanning microscopy (CLSM): Formation of ice and changes in the gluten network [J]. Journal of Cereal Science 2005, 42: 255-260.

[17] Victor J. Morris, Alan R. Mackie, Pete J. Wilde, et al. Atomic Force Microscopy as a Tool

for Interpreting the Rheology of Food Biopolymers at the Molecular Level [J]. Lebensm. -Wiss. u. -Technol., 2001, 34, (3): 10.

[18] Hong-Shun Yang, Guo-Ping Feng, and Yun-Fei Li, Microstructure changes of sodium carbonate-soluble pectin of peach by AFM during controlled atmosphere storage [J]. Food Chemistry, 2006, 94: 179~192.

[19] Kress-Rogers, E.; Brimelow, C. J. B. Instrumentation and Sensors for the Food Industry [M]. 2nd Edition. Woodhead Publishing, 2001.

[20] 李云飞, 殷涌光, 金万镐. 食品物性学 [M]. 北京: 中国轻工业出版社, 2005.

[21] B. M. McKenna. 食品质构学: 半固态食品 [M]. 李云飞译. 北京: 化学工业出版社, 2007.

[22] 励杭泉, 张晨. 聚合物物理学 [M]. 北京: 化学工业出版社, 2007.

[23] 符若文, 李谷, 冯开才. 高分子物理 [M]. 北京: 化学工业出版社, 2005.

[24] 朱诚身. 聚合物结构分析 [M]. 北京: 科学出版社, 2004.

[25] Owen R. Fennema. 食品化学 [M]. 3 版. 王璋, 许时婴, 江波等译. 北京: 中国轻工业出版社, 2003.

[26] 蓝立文. 高分子物理 [M]. 西安: 西北工业大学出版社, 1993.

[27] 赵南明, 周海梦. 生物物理学 [M]. 北京: 高等教育出版社, 2000.

[28] 金万镐. 食品物性学 [M]. 北京: 中国科学技术出版社, 1991.

[29] 李里特. 食品物性学 [M]. 北京: 中国农业出版社, 1998.

[30] 荆其诚, 焦书兰, 喻柏林, 等. 色度学 [M]. 北京: 科学出版社, 1979.

[31] 汤顺青. 色度学 [M]. 北京: 北京理工大学出版社, 1990.

[32] 应义斌, 韩东海. 农产品无损检测技术 [M]. 北京: 化学工业出版社, 2005.

[33] 徐树来. 不同成熟期番茄及其储藏过程中超弱发光特性的研究 [J]. 食品科学, 2005, 9.

[34] 胡永宏. 综合评价方法 [M]. 北京: 中国科学技术出版社, 2000.

[35] Harry T. Lawless, Hildegrads Heymann. 食品感官评价原理与技术 [M]. 王栋等译. 北京: 中国轻工业出版社, 2001.

[36] 张水华, 徐树来, 王华. 食品感官分析与实验 [M]. 北京: 化学工业出版社, 2006.

[37] 藤炯华. 基于电子舌的饮料识别技术 [J]. 测控技术, 2004 (30) 11: 4~5.